James Hervey, James Hervey

Erbauliche Betrachtungen über die Herrlichkeit der Schöpfung in den Gärten und Feldern

James Hervey, James Hervey

Erbauliche Betrachtungen über die Herrlichkeit der Schöpfung in den Gärten und Feldern

ISBN/EAN: 9783743316720

Hergestellt in Europa, USA, Kanada, Australien, Japan

Cover: Foto ©Lupo / pixelio.de

Manufactured and distributed by brebook publishing software
(www.brebook.com)

James Hervey, James Hervey

Erbauliche Betrachtungen über die Herrlichkeit der Schöpfung in den Gärten und Feldern

Herrn James Hervey
Erbauliche
Betrachtungen
zwischen
Theron und Aspasio,
über die
Herrlichkeit der Schöpfung
und die Mittel der Gnade.

Zweyter Theil.
Mit Churfürstl. Sächsischer allergnädigsten Freyheit.
Hamburg und Leipzig,
bey Grunds Erben, und Adam Heinrich Hollens Wittwe.
1765.

Vorrede.

Vermuthlich wird der Leser einige Nachricht von dem folgenden Werke verlangen; und es wird dem Verfasser ein wirkliches Vergnügen seyn, ihm darinnen zu willfahren.

Die Schönheit und Vortrefflichkeit der heiligen Schrift; — der Fall und das Verderben der menschlichen Natur; — deren glückliche Wiederherstellung, die sich auf die Versöhnung Christi gründet, und durch dessen Geist ins Werk gerichtet worden; — das sind einige von denen Hauptpuncten, welche in den folgenden Blättern bewiesen, erläutert,

Vorrede.

und angewendet worden. — Der Hauptartikel aber, welcher die vornehmste Figur darinnen machet, ist die zugerechnete Gerechtigkeit unsers göttlichen Heilandes, von welcher unsere Rechtfertigung vor Gott und unser erneuerter Anspruch zu allem himmlischen Segen entsteht. Ob nun dieser Artikel gleich wegen seiner Wichtigkeit erhaben ist: so scheint er doch wenig verstanden und noch weniger beobachtet zu werden, wo er nicht gar unrecht genommen und beynahe vergessen wird.

Wie würdig das Ansehen und die Wichtigkeit dieser großen evangelischen Lehre der aufmerksamsten Betrachtung und allgemeinen Annehmung ist, — solches wird in dem zweyten Gespräche angezeiget, so, daß ich an diesem Orte nichts weiter zu thun brauche, als daß ich den Verstand von einer Stelle aus dem Witsius erkläre, welche daselbst in der Anmerkung angeführet ist. „Die Lehre von der Rechtfertigung, saget „dieser vortreffliche Schriftsteller, breitet sich „durch die ganze Lehrverfassung der Gottes„gelahrtheit aus. Nachdem solche entwe„der gründlich festgesetzet, oder obenhin be„rühret,

Vorrede.

„rühret, völlig befestiget oder mir schlecht-
„weg vorbey gelassen worden: nach dem er-
„hebet sich auch der ganze Bau der Religion
„entweder herrlich und prächtig über alle
„Anfälle und Gewalt des Verfalles, oder er-
„scheint auch ohne Ebenmaaß und mangelhaft,
„wanket bis auf den Grund, und drohet einem
„schändlichen Fall„.

Das Vorhaben ist gesprächsweise ausgeführet; diejenigen Stücke nur ausgenommen, wo es nicht leicht war, eine Unterredung fortzuführen, und einer jeden
Person einen gehörigen Grad des Nach-
drucks zu geben. Bey solchen verändert sich
der Schauplatz, um den Vorwurf zu vermeiden, daß man einen Stummen oder einen
Schatten, einen, der ohne Waffen ficht und
sich ohne Widerrede ergiebt, auf die Bühne
bringt. Unsere Herren trennen sich; und anstatt, daß sie sich mit einander unterreden, lassen sie sich in einen Briefwechsel ein.

Die Gesprächart scheint in mancherley
Betrachtung eine vorzügliche Art zu schreiben

Vorrede.

ben zu seyn. — Hierdurch giebt der Verfasser seinen Meynungen das Ansehen sowohl einer Würde, als Bescheidenheit. Einer Würde, indem er sie aus dem Munde solcher Personen vortragen läßt, die auf alle Art und Weise höher sind, als er selbst; einer Bescheidenheit, weil wir ihn nicht länger in der erhabenen aber beneideten Fähigkeit eines Lehrers ansehen. Anstatt daß er uns zu seinen Füßen rufet und seine Lehrsätze vorsaget, befriediget er unsere Neugier. Er zieht einen Vorhang zurück und läßt uns zu einer merkwürdigen Zusammenkunft oder wichtigen Unterredung hinein. Wir hören durch eine Art eines unschuldigen oder eingebildeten Diebstahles den Wortwechsel mit an, der ingeheim vorgeht, der mit der größten Freyheit im Reden und Offenherzigkeit geführet wird. — Dieser Umstand wird einige besondere Stücke entschuldigen, die sonst nicht mit der Demuth bestehen könnten, oder der Zärtlichkeit zuwider laufen würden. Insbesondere kann es dem Ekel vorbeugen, welcher gemeiniglich und in der That verdientermaßen die häufige

Vorrede.

sige Eindringung des hochmüthigen und alles sich zueignenden Wörtchens Ich begleitet.

Die Namen der Personen sind dem Antheile eines jeden an der Unterredung, nach dem Beyspiele des Cicero, und aus denen von ihm angeführten Ursachen, vorgesetzet. Quasi enim ipsos induxi loquentes, ne *inquam* et *inquit* saepius interponerentur. Atque ideo feci, ut tanquam praesentibus coram haberi sermo videretur *a*). Er bemerket mit Rechte, daß diese Art von der erzählenden am weitesten abgeht, und sich dem Leben und der Wirklichkeit am stärksten nähert. Sie verbirgt den Schriftsteller gänzlich; und indem sie die Personen selbst einführet, so machet sie alles, was vorgeht, ganz zu ihrem Eigenen. — Sie beuget gleichfalls der Wiederholung dieser eingeschobenen Worte, er sagete, er antwortete, vor, welche, wenn die Reden nicht sehr lang sind, sehr oft vorkommen müssen, und dem Gehöre eben nicht angenehm klingen. Wenn aber die Reden lang sind, so geht das Wesen des Umganges verloren.

a) De amicitia.

Vorrede.

Die Personen sprechen nicht mehr mit einander, sondern einer von ihnen oder der Verfasser, hält eine Vorlesung.

Ob ich gleich so viel zum Behufe des Musters zu sagen habe: so habe ich doch sehr wenig in Absicht der Ausführung vorzubringen, — wofern es nicht geschieht, die Mängel derselben zu bekennen. Wie ich merke, so findet sich hier nicht die eigene und besondere Art und das unterscheidende Wesen, welches eine jede redende Person bezeichnen und kenntlich machen sollte. Dieses erfordert die Natur vollkommener Gespräche, und dieses lobet der Verfasser an einigen weit erhabenern Schriftstellern. Allein, da er nicht die Fähigkeit hat, solches ihnen nachzuthun: so hat er auch nicht die Eitelkeit, sich dazu zu zwingen. — Nichts destoweniger wird der aufmerksame Leser durchgehends einen Unterschied in der Meynung, wo nicht in der Sprache, wahrnehmen. Die Materialien verändern sich, auch wenn sie in einerley Form zusammenfließen und einerley Gestalt annehmen. — Auch in dem Ausdrucke muß einiger Unterschied seyn;

Vorrede.

seyn; weil einige von den Einwürfen in den eigenen Worten eines oder zweenen erhabenen Schriftsteller vorgetragen worden, welche an der andern Seite der Frage erschienen sind. Diese sind durch Anführung der Stellen nicht besonders bezeichnet; weil der belesene Mann den Beystand eines solchen Registers nicht nöthig haben, und der Mann, der Geschmack besitzt, sie vermuthlich durch die sonderbare Schreibart unterscheiden wird.

Einige von den folgenden Stücken, ich muß es gestehen, sind von der controversistischen Art, welche Art zu schreiben die Annehmlichkeiten am wenigsten annehmen kann, welche Schriften schmücken; oder vielmehr, welche derer Anreizungen am meisten beraubet ist, die eine Aufmerksamkeit erhalten und Vergnügen erwecken. — Ich habe aber doch zuweilen gedacht, es sey nicht durchaus unmöglich, selbst das finstere Gesicht der Religionsstreitigkeit ein Lächeln annehmen zu lassen, und aus den rauhen Furchen des Disputirens einige schätzbare Früchte zu erndten. Ob dieses in der gegenwärtigen Schrift ins Werk gerichtet wor-

Vorrede.

worden, davon muß die Welt urtheilen; daß es versuchet worden, wird dem Verfasser erlaubt seyn zu melden.

Um die Rauhigkeit des Inhalts zu mildern, sind Aussichten der Natur mit eingestreuet; damit, wenn der erstere das Ansehen eines rauhen verwachsenen Forstes, oder einer verdrüßlichen dunkeln Einsamkeit haben sollte, einige angenehme Oeffnungen und helle Zugänge darinnen seyn möchten, eine Aussicht von dem Lande zu geben, welches stets mit Reizungen geschmücket ist, und niemals unterläßt zu gefallen.

Der Verfasser gesteht, daß er in die liebenswürdigen Vorstellungen der Schöpfung sehr besonders verliebt sey. Es ist daher nicht unwahrscheinlich, daß seine Ausschweifungen in diesem Stücke, von der weitschweifigen Art, und seine Beschreibungen ein wenig gar zu reich seyn möchten. Gleichwohl hoffet er, der geneigte Leser werde ihm in dieser geliebten Schwäche etwas nachsehen. — Wenn jemand eben die starke Leidenschaft für die Schönheiten der Natur fühlen sollte: so ist es möglich, daß solche Personen geneigt seyn können,

Vorrede.

nen, diesen Fehler nicht nur zu entschuldigen, sondern auch zu loben, und sich mit dem Liebhaber, so gar wider die Critik, zu vereinigen.

Zur Abwechselung sind auch Stückchen aus der Weltweisheit beygebracht, welche leicht zu verstehen sind, und wovon man geglaubet, daß sie so wohl die Einbildungskraft unterhalten, als das Herz bessern können; noch weit mehr aber, daß sie die weise und gütige Absicht der Vorsehung in den mancherley Erscheinungen und unzähligen hervorgebrachten Dingen der materialischen Welt zeigen möchten. Es sind auch diese Anmerkungen zusammen bey der Hauptabsicht nicht so fremd: sondern dienen, in so weit die Wunder der Schöpfung mit den Reichthümern der Gnade übereinstimmen mögen, zu dem allgemeinen Endzwecke.

Was die Wahl meiner Materien betrifft: so haben einige Leute gewünschet, ich möchte wider die modischen und herrschenden Laster unserer Zeit losziehen. Dieses würde, meinen Gedanken nach, eben so viel seyn, als wenn man von einem zu
groß

Vorrede.

groß gewachsenen und schädlichen Baume die Blätter abpflücken oder die Zweige abhauen wollte. Ich wollte diese verdrüßliche und unnütze Arbeit fahren lassen, und dafür lieber meine Axt an die Wurzel legen. Man lasse nur die Kenntniß und Liebe Christi in dem Herzen Platz gewinnen: so werden nicht nur einige wenige Zweige, sondern der ganze Stamm der Sünden, fallen.

Einige verlangeten, der Verfasser sollte auf die gewissenhafte Beobachtung des Sabbathes dringen, den täglichen Gottesdienst in der Familie einschärfen, und die andächtige Abwartung der öffentlichen Anordnungen der Religion nachdrücklich empfehlen. Allein, wenn jemand nur von der Sünde überzeuget ist, und das Elend einsieht; wenn er das gütige Wort Gottes geschmecket hat b), und im Glauben den Christ des Herrn gesehen hat c): so wird er zu diesen Mitteln der Gnade und Ausübungen der Gottseligkeit keines Bittens, keiner Anreizung bedürfen. Er wird gerade eben diejenige

b) Ebräer VI, 5.   c) Lucä II, 26.

Vorrede.

nige Neigung zu denen allen haben, die ein hungeriger Appetit zu gesunden Speisen, oder das neugebohrne Kind zu der Milch der Brust hat *d*).

Andere mögen sich wohl einbilden, daß ich das Beste der Sittenlehre vergessen habe, weil hier kein offenbarer Versuch ist, deren Pflichten zu entwerfen, oder deren Ausübung zu verstärken. Diese mögen sich erinnern, daß die Sittenlehre niemals so frisch auf-

---

d) 1 Petr. II, 2. Diese Vergleichung ist vielleicht die genaueste und nachdrücklichste, die man mit Worten machen, oder die Einbildung ersinnen kann. Kinder verlangen nichts, als die Milch der Brust. Alle andere Dinge sind ihnen gleichgültig. Man gebe ihnen Reichthum, man gebe ihnen Ehre, man gebe ihnen, was man will, ohne diese reiche, annehmliche, balsamische Nahrung werden sie nicht, können sie nicht zufrieden seyn. Wie schön erläutert dieses, und wie nachdrücklich präget es das nicht ein, was unser Heiland das eine Auge, und das eine Nöthige nennet; oder die heilsamen Lehren und annehmlichen Vorrechte des Evangelii, nebst der hohen Achtung gegen dieselben, und ungetheilten Ergötzungen an denselben, welches die rechte Eigenschaft des Christen ist.

Vorrede.

aufschießt, niemals solche herrliche Früchte bringt, als wenn sie auf evangelische Grundsätze gepfropfet ist. Und wenn ich nicht die Rose und Nelke abpflücke, und wenn ich nicht die Pfirsich, die Nectarine, und die Tannzapfen sammele, und sie in meines Lesers Hand zu dessen unmittelbarem Gebrauche gebe: so bemühe ich mich doch, den Saamen zu säen, und die Wurzeln in seinem Garten zu pflanzen, welche wenn sie von dem gütigen Einflusse des Himmels beglücket werden, ihn nicht nur gelegentlich, sondern beständig mit allem versehen werden.

Weil verschiedene Schriftstellen mit in Betrachtung kommen: so sind häufig Untersuchungen des Grundtextes beygefüget, um einige Schwierigkeiten aufzuklären, einige falsche Uebersetzungen zurechte zu bringen, und die vielen zärtlichen und Meisterstriche anzuzeigen, die in der Bibel vorkommen. Es würde mir auch lieb seyn, ungemein lieb, wenn ich dieses unschätzbare Buch anpreisen und beliebt machen könnte; wenn diese Hand, da der göttliche Erlöser in dem Worte der Wahrheit, der Sanftmuth und Gerechtigkeit

Vorrede.

keit einherzeucht e), einen Palmzweig verstreuen; oder diese Schrift gleichsam eine Blume seyn könnte, seinen Weg zu bestreuen f), und seinen Triumph zu verherrlichen.

Ich darf mir nicht einbilden, daß ich in dem Fortgange dieser Streitigkeit alle die Beweisgründe untersuchet habe, welche die Scharfsinnigkeit erfinden, oder die Sophisterey vorbringen kann. Vielleicht habe ich auch nicht alle die Bedenken gehoben, welche das Vorurtheil erwecken, oder die Aufrichtigkeit verwirren können. Das aber kann ich gleichwohl zu behaupten wagen, daß ich selbst keinen beträchtlichen Einwurf gefunden, welcher in diesen Unterredungen nicht entweder ausdrücklich beantwortet, oder doch in der Kraft widerleget worden. Und ob ich gleich dem Widersprecher niemals genug thun, oder ihn zum Schweigen bringen werde: so werde ich doch meine Bemühungen für glücklich angewandt halten, wenn sie auf die

trübe

e) XXXXV Psalm, 4 Vers.
f) Dieß zielet auf Matth. XXI, 8.

Vorrede.

trübe Furcht ein Licht werfen, den wankenden Glauben befestigen, oder das betrübte Gewissen trösten.

Wenn einer diese ehrwürdigen Wahrheiten und erhabenen Vorrechte lächerlich machen sollte: so muß ich bloß mit meinem göttlichen Meister sagen: Wenn du es wüßtest: so würdest du es auch bedenken zu dieser deiner Zeit, was zu deinem Frieden dienet; nun aber ist es vor deinen Augen verborgen g), wie es aus einem solchen Verfahren augenscheinlich erhellet. Sollte einer mit Wohlanständigkeit und Aufrichtigkeit entweder neue Einwürfe erregen, oder alte wieder aufwärmen: so zweifele ich nicht, sie werden beyde gehörig untersuchet und beantwortet werden. Weil diese Lehren in das wahre Wesen des Evangelii einschlagen und die Herrlichkeit unserer Religion ausmachen: so kann es ihnen niemals an einer Reihe von Sachwaltern fehlen, so lange Sonne und Mond stehen werden. Ich für mein Theil muß um Erlaubniß bitten,

g) Luc. XIX, 42.

Vorrede.

ten, von deren Anzahl abzugehen, und die Waffen niederzulegen. Virgils Vers ist mein Entschluß:

Discedam, explebo numerum reddarque tenebris.

Diese Erklärung geschieht aus keinem Verdachte, als wenn meine Sätze nicht zu vertheidigen wären; sondern weil ich meine Freunde und die Freunde unsers gemeinschaftlichen Christenthums belehren wollte, daß das Feld für sie rein und offen ist, fortzurücken; daß ich andern den herrlichen Streit überlasse, und mich damit begnügen will, daß ich ihnen im Namen des Herrn guten Erfolg wünsche; weil es einer Person in meinem abnehmenden Zustande geziemet, sein Augenmerk mehr auf einen Kampf mit einem ganz andern Gegner zu richten, welcher gewiß siegen und nie Quartier geben wird. Jedoch durch dieß Wort meines Zeugnisses, und durch das Blut des Lammes *h*) hoffe ich, auch selbst alsdann zu siegen, wenn ich falle, und durch den Herrn, der

h) Offenb. XII, 11.

Vorrede.

der meine Gerechtigkeit ist, mehr als ein Sieger zu seyn.

Sollte etwas vorgebracht werden, das stark genug wäre, meine Beweise umzustoßen oder einen Irrthum in meinen Gedanken zu entdecken: so kann sich die Welt darauf verlassen, daß sie einen freyen und unverstellten Wiederruf sehen soll. Ich werde es als eine Pflicht ansehen, die ich meinem Gewissen, meinen Lesern und meinem Gotte schuldig bin, den Irrthum öffentlich zu bekennen. Es ist eine andere Sache stille zu schweigen; eine andere hartnäckig zu seyn. Weil ich der erstern unbeweglich zugethan bleiben werde, so wünsche ich mit gleicher Standhaftigkeit der letztern zu entsagen. Ob ich mich gleich dem Feder- und Zungenstreite entziehe: so werde ich doch Sorge tragen, ein Gemüth zu behalten, wozu die Wahrheit stets kommen kann, und das der Ueberzeugung stets offen steht; ein Gemüth, das unendlich mehr wegen der Reinigkeit und des Besten des Evangelii besorget ist, als wegen der Vorzüglichkeit meiner eigenen Meynung oder des Ansehens meiner eigenen Arbeit.

Weil

Vorrede

Weil ich das Glück habe, ein Glied, und die Ehre habe, ein Diener der eingeführten reformirten Kirche zu seyn: so kann ich nicht anders, als mit einem besondern Vergnügen anmerken, daß eine jede Hauptlehre, die in diesen Gesprächen und Briefen behauptet wird, entweder in unserer Liturgie enthalten, in unsern Artikeln behauptet, oder in unsern Homilien gelehret ist. — Es giebt mir gleichfalls einige Art des Vergnügens anzumerken, daß die wesentlichsten Meynungen vom Milton angenommen worden, seinem verlohrenen Paradiese einverleibet worden, und dem erhabensten Gedichte in der Welt eine Würde geben. Das höchste Zeugniß und den größten Geist der Nation auf eines Schriftstellers Seite haben ist keine verächtliche Unterstützung. Dieses muß in der That eine Bestätigung geben, wo nur unsere Religionsform verehret oder die schöne Gelehrsamkeit in Ehren gehalten wird. Doch eben diese Bestätigung, wenn man sie mit der göttlichen Offenbarung vergleicht, ist nur einer Reihe Nullen gleich, die mit der vordersten Zahl verbunden sind.

Vorrede.

Sie würden nichts bedeuten, wenn sie allein stünden; in einer solchen Vereinigung aber sind sie beträchtlich.

Vielleicht sollte ich ferner bekennen, daß ich mich nicht stets an die Methode unserer systematischen Schriftsteller gebunden habe, noch ihren Gedanken mit einer gewissenhaften Regelmäßigkeit gefolget bin. Ich wollte meine Nebenmenschen zu dem höchsten und ewigen Gute, Christo Jesu führen. Ich habe lieber den Pfad erwählet, der mir am angenehmsten und reizendsten zu seyn schien, als der am gebähntesten war, und am meisten besuchet wurde. Wenn dieser mit gleicher Gewißheit zu dem großen und wünschenswürdigen Endzwecke führt: so darf ich mir eine leichte Entschuldigung versprechen. Gleichwohl sind Methode und Ordnung in den lehrenden Theilen des Entwurfs nicht gänzlich vergessen worden. Dieses wird folgender kurzer Begriff des Inhaltes zeigen.

Inhalt.

Inhalt.

Das I Gespräch.

Charakter der sich unterredenden Personen. — Von Verbesserung des Umganges. — Zierlichkeit und Würde der heiligen Schrift.
Seite 1

Das II Gespräch.

Spatziergang durch die Gärten. — Die schöne Gestalt und nützliche Einrichtung der Dinge. — Vorbereitende Abhandlung von der Zurechnung der Gerechtigkeit Christi. — Die Bedeutung der Wörter wird fest gesetzet
45

Das III Gespräch.

Spatziergang über eine Wiese — Die Lehre von Christi Genugthuung wird festgesetzet; — Sie wird als ein Lösegeld und als ein Opfer für die Sünde betrachtet. — In der

Inhalt.

der mosaischen Einrichtung ist sie unter mancherley Vorbildern vorgestellet worden.
Seite 81

Das IV Gespräch.

Thiergarten und romanhafter Berg. — Christi Tod wird ferner betrachtet, als die eigentliche Strafe, welche unsere Sünden verdienet. — Alte und neue Einwürfe werden beantwortet. — Die ganze Lehre wird zusammen in eins gebracht und zum Nutzen angewendet. 140

Das V Gespräch.

Zierliche Sommerlaube in dem Blumengarten. — Zurechnung des Gehorsames Christi. — Einwürfe aus der Vernunft werden untersuchet. 206

Das VI Gespräch.

Bildergallerie. — Büchersaal und dessen Aufputz. — Ein schlechter Geschmack in der Malerey wird getadelt, und eine anmuthigere Art angegeben. — Die Zurechnung der Gerechtigkeit Christi wird wieder vorgenom=

Inhalt.

genommen. — Einwürfe aus der Schrift gemacht und widerleget. S. 263

Das VII Gespräch.

Das Heumachen. — Die Vergnügungen der Natur kann man frey genießen. — Die Güter der Gnade werden mit gleicher Freygebigkeit geschenket. — Therons Entwurf von Annehmung der Sünder bey Gott, besteht aus Aufrichtigkeit, Reue und guten Werken, welche durch das Verdienst Christi empfohlen werden. — Es wird gezeiget, daß dieses ein falscher Grund sey. — Es giebt eher keine gute Werke, als bis wir durch den Erlöser angenommen sind. 336

Das VIII Gespräch.

Zweykampf. — Anmerkungen über diese Gewohnheit. — Geistlichkeit und weiter Umfang des göttlichen Gesetzes — Unendliche Reinigkeit Gottes. 393

Das IX Gespräch.

Artiges Sommerhaus. — Keine Nachlaßung bey dem göttlichen Gesetze, was das Geboth

Inhalt.

Geboth oder die Strafe betrifft. — Dessen nicht zu beugende Strenge und Hauptendzwecke. S. 433

Das X Gespräch.

Therons letzte Bemühung den evangelischen Entwurf von der Rechtfertigung niederzureißen. — Unter andern mehr wahrscheinlichern und spitzfündigern Einwürfen besteht er nachdrücklich darauf, daß unser Glaube unsere Gerechtigkeit ist. — Alles zusammen wird wieder durchgesehen

475

Das XI Gespräch.

Ruinen von Babylon. — Schöne Stelle aus dem Herrn Howe. — Verderben und Verfall der menschlichen Natur, wie solches in der heiligen Schrift vorgestellet wird — Solches wird angewandt, in Absicht die noch zweifelhafte Untersuchung zu endigen 531

Das

Das I Geſpräch.

Charakter der ſich unterredenden Perſonen. — Von Verbeſſerung des Umganges. — Zierlichkeit und Würde der heiligen Schrift.

Theron war ein Herr von einem feinen Geſchmacke, mehr von einer richtigen, als weitläuftigen Beleſenheit, und beſonders in die Kenntniß der Natur verliebt. Er ſpührete den Planeten in ihrem Laufe nach; und unterſuchete die Bildung der geringſten Gewächſe; nicht bloß einer gereinigten Neugierde zu willfahren, ſondern vornehmlich die eblern Grundſätze der Religion und Sittlichkeit beſſer auszuüben. Er machete verſchiedene Entdeckungen; und eine jede Entdeckung wandte er zu dieſem wichtigen Endzwecke an — um in ſeiner Seele erhabene Begriffe von dem höchſten Weſen zu erwecken, und ſeine Zuneigungen mit einer uneigennützi-

Das I Gespräch.

gen Wohlgewogenheit zu erweitern; die einigermaßen der unumschränkten Freygebigkeit gemäß sey, welche die ganze Schöpfung durchdringt und sie beseelet.

Aspasio besaß auch etwas von der schönen Litteratur und philosophischen Erkenntniß. — Er war die Wissenschaften durchgegangen; und hatte, nachdem er dasjenige, was die menschliche Gelehrsamkeit hervorgebracht, im Vorbeygehen übersehen hatte, seine endliche Aufmerksamkeit denen von Gott eingegebenen Schriften gewiedmet. Diese studirte er mit der uneingenommenen Unparteylichkeit eines Kunstrichters, jedoch mit der ehrerbiethigen Einfalt eines Christen. Diese betrachtete er als die unfehlbare Richtschnur der Pflicht — als die bewährte Urkunde der Seligkeit — und den hellesten Spiegel der Gottheit, welcher die am meisten zufriedenstellende und erhabenste Entwickelung aller göttlichen Eigenschaften darreichet.

Theron war von etwas hitziger Gemüthsart, und bediente sich bey Gelegenheit einer kleinen unschuldigen Spötterey; nicht um seinen Freund lächerlich, sondern die Unterredung lebhaft zu machen. Zuweilen verstellete er seine wahre Meynung, um die Materie recht zu untersuchen, oder die Gedanken eines andern zu entdecken. — Aspasio hieng selten dem grillenfängerischen und satirischen Geiste nach, sondern stritt mit Sanftmuth des Geistes a). Er nahm

---

a) — Mitis sapientia Laeli. HORAT.
ist ein vortrefflicher Charakter und zärtlich entworfen. Mich dünkt aber, er sey mit größerer Stärke und erhabenerer Schönheit von dem heiligen Schriftsteller ausgedrückt worden: Er erzeige mit seinem guten Wandel seine Werke in der Sanftmuth der Weisheit. Jac. III, 13.

nahm niemals den Schein des Betruges an, sondern sagete stets, was sein Herz dachte.

Aspasio war auf Therons Gute zum Besuche — An einem Abende, da einige benachbarte Edelleute eben weggegangen waren, und sie allein gelassen hatten, nahm die Unterredung folgenden Schwung.

Aspasio. — Ich wollte stets bereit seyn, dasjenige zu erkennen und zu loben, was nur in der Aufführung anderer liebenswürdig ist. Die Herren, welche uns bey der Mittagstafel Gesellschaft geleistet, scheinen alle von einem verschiedenen Charakter zu seyn. Doch ist jeder, nach seiner Art, ungemein angenehm.

Lysander hat lebhafte Gemüthsgaben, und ist hurtig in Gegenantworten. Er misbrauchet aber seinen Witz niemals, einem ehrlichen Herzen Unruhe zu verursachen, oder einer bescheidenen Wange eine Schamröthe abzujagen. — Was für gründliche Beurtheilungskraft und tiefe Einsicht erscheint nicht am Crito! Doch, wie frey sind nicht seine Reden von dem schulmeisterischen Tone oder der dictatorischen Ernsthaftigkeit! — Philenors Geschmack in den schönen Künsten ist merklich richtig, jedoch ohne den geringsten Ansatz von Eitelkeit, oder ohne daß er auf eine schwache Art gar zu verliebt in den Beyfall wäre. Er unterbricht niemals den Fortgang, oder verdreht die Materie der Unterredung, um in seiner besondern Wissenschaft zu schimmern. — Tribonius hat sich, wie ich finde, in verschiedenen Feldzügen durch seine Tapferkeit gezeiget. Ob er gleich ein Kriegesmann, und gereiset ist: so giebt er sich doch kein überwältigendes oder prahlerisches Ansehen.

hen. Am Tribonius sieht man den tapfern Officier, der durch alle Wohlanständigkeit des Gelehrten eingerichtet, und mit aller Gesprächsamkeit eines Hofmannes geschmücket ist.

Kein einziger zwingt sich zu einem mürrischen Stillschweigen, oder maßet sich einer unbescheidenen Geschwätzigkeit an b). Das große Wort allein zu führen, ist tyrannisch; den Mund zuzuschließen, ist mönchhaft. Ein jeder trägt daher nach seiner gesunden Vernunft das Seinige bey; und ein jeder spricht nicht aus Ehrgeize, sich selbst zu erhöhen, sondern aus Begierde, die Gesellschaft zu vergnügen.

Theron. In der That, Aspasio, ich halte mich bey dieser vollkommenen Anzahl von Bekannten glücklich, welche mit aller Höflichkeit und Artigkeit eines Edelmannes auch noch die Wohlgewogenheit und Treue des Freundes verbindet.

Ihr Umgang ist eben so unschuldig, als ihr Geschmack geläutert ist — Sie haben einen edlen Widerwillen vor der Verleumdung, und verabscheuen die niederträchtigen gar nicht großmüthigen Kunstgriffe des Afterredens — Kein ungebundener Scherz kömmt entweder von ihrer Zunge, oder wird durch ihr Lächeln bestätiget. Wenn Sie, auch in denen
Augen-

---

b) Als Zeno mit gegenwärtig war, wo eine Person von dieser geschwätzigen Eigenschaft sich selbst vorstellete: so sagete er mit einem bekümmerten Wesen in seinem Gesichte: Der arme Mann befindet sich nicht wohl; er hat einen gewaltigen Fluß auf der Brust. Die Gesellschaft wurde beunruhiget, und der Redner hielt in seinem Laufe ein. Ja, setzete der Weltweise hinzu, der Fluß ist so gewaltig, daß er seine Ohren in seine Zunge geführet hat.

Das I Gespräch.

Augenblicken, da sie am allerfreyesten sind, bey ihnen wären; so würden Sie nichts hören, welches auf eine Entheiligung hinausliefe, oder der Reinigkeit der Sitten im geringsten nachtheilig wäre.

Aspasio. Es fehlet nur noch eine einzige Eigenschaft, Ihre Freunde vollkommen schäzbar, und ihre gesellschaftlichen Zusammenkünfte zu einem beständigen Sezen zu machen.

Theron. Und was denn für eine?

Aspasio. Eine Neigung zu ernsthaftern Unterredungen — Ihre gelehrten Wortwechsel sind schöne Grundrisse von dem, was nur in den Wissenschaften am merkwürdigsten, oder in den Künsten am feinsten ist. Von Ihren Anmerkungen über unsere Nationalangelegenheiten und fremde Begebenheiten kann sich einer fast ein Lehrgebäude der Staatskunst bilden — Sie berühren aber niemals einige Materie aus der Sittenlehre; sie preisen niemals die erhabenen Vollkommenheiten der Gottheit; sie erläutern niemals die Schönheiten, oder verstärken die Wahrheiten. —

Theron. Pfui, schämen Sie sich, Aspasio, über Ihre unhöfliche Anzeige! Wer kann sich enthalten, eine Rede zu unterbrechen, die einer solchen schimpflichen Uebertretung der Mode das Wort redet? Wollten Sie erbauliche Gespräche in unsere modischen Versammlungen einführen! — Wie kömmt es, da Sie in andern Dingen ein so feiner Mann sind, daß Sie in diesem Stücke auf eine so seltsame Art unmanierlich seyn können?

Aspasio. Wir haben zu einer solchen Gewohnheit, Theron, keine unansehnliche Vorgänger. —

Auf

Das I Gespräch.

Auf diese Art war der Umgang des weisesten unter den atheniensischen Weisen, des Sokrates c); so war auch des Scipio d), des vollkommensten römischen Feldherrn Umgang beschaffen —— Auf die Art nutzete Cicero e), der Fürst unter den Rednern, seine schöne Einsamkeit auf seinem tusculanischen Landgute —— Und Horaz f), der schönste Geist an Augusts Hofe, richtete nach eben diesem Grundrisse die angenehmsten Stunden seines Umganges ein.

Sollte ich alle Gönner desselben erzählen, verzeihe es mir, wenn ich es sage, ansehnlicherere Mode: so würden die berühmtesten Namen des Alterthumes in dem Verzeichnisse erscheinen.

Theron. Diese Gewohnheit würde, wenn sie gleich von dem kleinen philosophischen Adel der alten Zeiten erhoben worden, in den gegenwärtigen Zeiten eine sehr sonderbare Figur machen.

Aspasio. Und sollte denn nicht die Vorschrift, wornach die meisten Menschen überhaupt schreiben, sonderbar richtig seyn? Leute von großem Vermögen sind das Muster zur allgemeinen Nachahmung,

sind

---

c) Man sehe Socratis Memorabilia vom Xenophon.
d) Man sehe Cicerons Gespräch von der Freundschaft, worinnen wir Nachricht erhalten, daß solches die gewöhnliche Art des Scipio mit seinem gesitteten Freunde Lälius und einigen von den angesehensten von Adel in Rom war, von den Angelegenheiten und dem Besten des gemeinen Wesens und der Unsterblichkeit der Seele zu reden.
e) Man sehe die tusculanischen Fragen.
f) So waren die Zusammenkünfte beschaffen, wovon er mit einer Art von Entzückung redet:

O Noctes coenæque Deûm.

sind die Regel, wornach die geringere Welt ihre Sitten bequemet und ihre Aufführung einrichtet. Sie haben daher die stärkeste Verbindlichkeit auf sich, der Mode keinen verächtlichen Stempel zu geben — Wohlgewogenheit gegen ihre Nebengeschöpfe ruft sie laut auf, eine Achtung für das gemeine Beste fordert es von ihren Händen, daß sie sich durch einen Vorzug in allem dem, was vortrefflich ist, hervorthun sollen.

Theron. Fort, fort mit diesen strengen Begriffen! Eine solche Art vom Umgange würde die Fröhlichkeit unserer Lebensgeister dämpfen, und den Geschmack der Gesellschaft schaal machen. Sie würde die Assembleen in Conventicula verwandeln, und das ganze Jahr zu einer Fastenzeit machen.

Aspasio. Kann es denn eine strenge Uebung seyn, den Verstand vollkommener zu machen, und das Herz zu verbessern? — Kann es die Fröhlichkeit der Lebensgeister dämpfen, wenn man sie nach dem Grundrisse der höchsten Vollkommenheit läutert? — Oder wird es den Geschmack der Gesellschaft schaal machen, wenn man sich eines ewigen Vergnügens versichert, und einen Vorschmack davon schaffet?

Theron. Ewiges Vergnügen, Aspasio! — Wenn man von einer solchen Materie reden wollte: so würde es in einer jeden witzigen und galanten Gesellschaft heißen, man wolle dem Pfarrer unrechtmäßiger Weise ins Amt greifen. Es ist eine niedrige Methode, dasjenige in dem Zimmer brockenweise wieder zu vereinzeln, was der Mann im schwarzen Rocke im Ganzen von der Kanzel verkaufet. — Es würde uns unfehlbar als Pedanten bezeichnen. Uns

Das I Gespräch.

es möchte uns wohl gar in den Verdacht der Schwärmerey bringen.

Aspasio. Ihre witzigen Köpfe müssen mich entschuldigen, wenn ich mich nicht überreden kann, entweder die Feinheit ihrer Sprache, oder die Richtigkeit ihrer Meynung zu bewundern.

Das erste, es mag noch so leutselig und anmuthig seyn, überlasse ich denselben. — Was das andere betrifft, so würde ich um Erlaubniß bitten, zu fragen: „Sind denn die Geistlichen die einzi„gen Personen, welche die anständige Rolle spielen, „und wie vernünftige Wesen umgehen sollen? Ist „gründliche Weisheit und heilige Wahrheit das Vor„recht ihres Ordens? da inzwischen für Sie und „mich sonst nichts, als das Spiel der Phantasie oder „die Ueppigkeit des Gefühles übrig gelassen?

Ich wollte die galanten Gesellschaften weiter fragen: „Wo stecket denn das Unziemliche, wenn man „die edlen Lehrsätze, die von dem Prediger vorgetra„gen worden, in unsere gemeinen Gespräche mit ein„flicht? Oder was für Unbequemlichkeit ist es, „wenn man die liebenswürdigen Annehmlichkeiten, die „durch seine Predigten angepriesen werden, in die ge„wöhnlichen Ausübungen einführet?

Wird ein solcher Gebrauch unserer Sprache uns unter die Pedanten setzen? Ist dieß das Merkmaal der Schwärmerey? Warlich, ein herrliches und rühmliches Merkmaal! Ein solches Merkmaal, welches einer jeden Sache einen Nachdruck, und einem jeden Charakter einen Werth geben muß!

Theron. Dieses würde die muntern Einfälle des Witzes im Zaume halten; und die verbindliche

Gluth

Das I Gespräch.

Gluth der Gutartigkeit verlöschen, welche unsere manierliche Gemeinschaft mit einander belebet. Sie werden daher beobachten, daß wenn einige förmliche Creatur sich unterzieht, in einer feinen Gesellschaft einer Religionswahrheit oder eines Spruches aus der heiligen Schrift zu gedenken, das artige Geschwäz, wenn es auch noch so reichlich fließt, in einem Augenblicke stocket. Eine jede geläufige und scherzhafte Zunge scheint von einer plötzlichen Lähmung gerühret zu seyn. Ein jeder wundert sich über des fremden Mannes Gesicht; und sie schließen alle, er sey entweder wahnwitzig oder ein Methodist.

Aspasio. Angenehme witzige Einfälle können noch immer mit einem nützlichen Umgange bestehen; wenn wir nur nicht eine abgeschmackte Lebhaftigkeit oder phantastische Leichtsinnigkeit für Witz und Scherzhaftigkeit irriger Weise annehmen. — Ich habe auch noch niemals gehöret, daß unter allen unsern Parlamentsacten eine sey gemachet worden, die gesunde Vernunft von der Gutartigkeit zu scheiden. Warum kann nicht beydes auf einerley Lippen wohnen, und beydes durch einerley Versammlung gehen? — Ich für mein Theil wollte, daß unsere Gespräche weder mit gar zu großer Strenge versäuret wären, noch in Ungereimtheit ausdünsteten; sondern daß die Wohlthaten der Besserung mit den Liebkosungen des Scherzes vereiniget wären, wie ein scharfsinniger Alter räth g). — Und wenn ihre feinen Leute mehr Wohlklang an der Stimme einer Elster, als in den Tönen der Nachtigall finden können: so muß ich gestehen,

g) Cum quadam illecebra ac voluptate utilez
AVL. GELL.

stehen, daß ich mich eben so sehr über ihre Ohren, als sie sich über des fremden Mannes Gesicht verwundern.

Theron. Sie werden mit allen Ihren grauköpfichten Gewährsleuten, wie ich mir einbilde, wenig Neubekehrte unter denen bekommen, die sich zu der heutigen feinen Lebensart bekennen. Die Mode ist bey der Welt die Richtschnur sowohl der Sitten, als der Kleider. Und der muß in der That von einer sehr besondern Art seyn, welcher gern in einer von beyden lächerlich seyn wollte.

Aspasio. Der muß vielmehr von einer sehr biegsamen Art seyn, Theron, welcher seine Aufführung gelassen hingiebt, um nach einer Mode gegossen zu werden, welche weder wahre Zierlichkeit hat, ihr einen Glanz zu geben, noch den geringsten Nutzen besitzt, sie anzupreisen.

Und wer ist der lächerlichste, ich bitte Sie? — Derjenige, welcher einer jeden eiteln Mode knechtisch nachahmet, und ein rechter Affe der verderbten Gewohnheit ist? — Oder derjenige, welcher seine angebohrne Freyheit behauptet, und muthig folget, wohin Weisheit und Wahrheit leiten?

Theron. Wollten Sie denn einer jeden Gesellschaft geistliche Gespräche aufdringen? Bedenken Sie, Aspasio, wie buntschäckigt würde das aussehen. — Eine Hochzeit und eine Predigt! — Eine Quadrille und der Apostel Paulus! — Das letzte neue Schauspiel und das erste Christenthum!

Aspasio. Sie wissen die Regel, Theron, welche uns von dem großen Meister unserer Versammlungen gegeben worden: Eure Perlen sollet ihr
nicht

nicht vor die Säue werfen h). Einige sind darinnen in den Sinnlichkeiten so ersoffen, daß sie an nichts einen Geschmack finden können, als an den gröbesten Hülsen des Umganges. Diesen biethet eure Perlen nicht an, und bey denen verunehret eure genaue Vertraulichkeit nicht.

Aber, wenn Personen von einer guten Erziehung und erhabenen Gedanken zusammen kommen; warum sollten diese nicht ihre Gespräche nach ihrem erhabenen Range, und nach der Hoheit ihres Geistes einrichten? warum sollten sie sie nicht über die Ebene der abgedroschenen und weibischen Ausrufungen erheben: — „Bey meiner Ehre, die Actrice machte „ihre Rolle gut! Mein Himmel! wie reizend sang „sie! Mit was für Anmuth trat sie nicht auf die „Bühne!„

Theron. In der That, mein lieber Aspasio, ich bin gänzlich Ihrer Meynung; ob ich gleich bis hieher die Maske vorgenommen habe. — Die Gabe zu reden ist ein großer Vorzug unserer vernünftigen Natur. Und es ist zu bedauern, daß ein solches höheres Vermögen zu den allergeringsten Absichten sollte erniedriget werden.

Setzen Sie einmal, daß alle unsere stattlichen Schiffe, welche hin und her übers Meer gehen, nichts als Zindel, Flittergold und theatralische Verzierungen ausführen, und nichts, als schimmerndes Puppenwerk und artig ausgesonnenes Spielzeug einführen sollten; würde von einer solchen Art zu handeln wohl an sich selbst gut zu urtheilen seyn, oder
würde

h) Matth. VII, 6.

würde sie in ihren Folgen wohl zuträglich fallen? — Die ordentliche Sprache ist das Werkzeug zu einem weit eblern Gewerbe mit einander, welches die Schätze der Seele auszubreiten, und einander zu überbringen, abzielet. Und wird es nicht ganz und gar eben so unbedächtig gehandelt seyn; wird nicht der Ausgang unendlich weit schädlicher seyn, wenn dieses Fahrzeug des geistigen Reichthumes einzig und allein mit angenehmgefälligen Lappereyen befrachtet wird?

Aspasio. Eine solche Thorheit und Ausschweifung würde aus der handelnden Welt ausgezischet werden; warum soll sie denn in der gesellschaftlichen zugelassen und geliebt seyn?

Theron. In der That, warum? Derjenige muß noch weit scharfsinniger seyn, als Sie, Theron, der nur eine einzige Ursache angeben kann, sie zu vertheidigen. Sie zu verwerfen, kommen hundert tausend Gründe vor. — Ein beständiger Umlauf von fröhlichen und läppischen Unterredungen i), von ganz modischen Besuchen, und eben nicht sittlichen Zeitvertreiben, muß der Seele eine unempfindliche Eigenschaft geben; eine solche Eigenschaft, welche ihre Kräfte schwächen, sie zu großmüthigen Thaten ungeneigt machen; und nach und nach so gar den Grund der Tugend untergraben wird. — Dahingegen

---

i) Die Trefflichkeit und Wichtigkeit eines solchen Umganges wurde sehr beißend von einem Weltweisen vorgestellet. Man fragete ihn, womit er die Gesellschaft beschäfftiget gelassen, und er antwortete: einige *melken den Bock, und andere halten den Milcheimer.*

gegen würde eine öftere Unterredung von den Herrlichkeiten Gottes oder den Wundern der Schöpfung die Seele stärken und veredeln; sie würde ihre Kräfte erweitern und ihre Begierden erheben.

Aspasio. Brannte nicht unser Herz in uns, sageten die Jünger, die nach Emaus giengen, da er mit uns auf dem Wege redete k)? Es ist wahr, diese Gespräche wurden mit einem solchen Geiste geführet, und mit einem Nachdrucke verstärket, welcher durchaus nichts gleich kam. Jedoch eben diese glücklichen Wirkungen würden in etwas geringerm Grade, aus unsern freundschaftlichen Unterredungen entspringen, wenn sie auf eben die wichtigen Puncte giengen. Wir würden ebenfalls fühlen, daß unsere Herzen von einem heiligen Eifer erhitzet wären, und von einer himmlischen Liebe glüheten.

Theron. Solche Unterredungen würden nicht allein gegenwärtigen Vortheil bringen, sondern auch ein erneuertes Vergnügen machen, wenn man wieder zurück sähe. Wir könnten mit einer wirklichen Zufriedenheit an Stunden gedenken, die auf eine so vernünftige Art zugebracht worden. Und wer wollte nicht den stillen Beyfall des Herzens allen denen lärmenden Freuden vorziehen, welche muthwillige Scherzreden, und das herumgehende Glas einflößen?

Aspasio. Der König Salomon, welcher das menschliche Geschlecht durch und durch kannte, und den Werth einer fröhlichen und lustigen Tafel erfahren hatte, vergleicht sehr nachdrücklich solche Ausbrüche der Fröhlichkeit mit dem Krachen der Dornen

k) Lucä XXIV, 32.

nen unter einem Topfe 1). Das überhingehende Lodern des einen, und das sinnlose Geräusch des andern währet nur einen Augenblick; und darauf ersticket jenes in Schmauche und Finsterniß, und dieses in Milzsucht und Schwermuth.

Ich sage Milzsucht und Schwermuth. — Denn so munter und aufgeweckt die mannichfaltigen Arten der modischen Possen auch scheinen mögen; was für Erquickung und Anmuthigkeit sie auch, wie man voraussetzet, dem Umgange geben sollen: so bin ich doch versichert, es werde betrübt seyn, wenn man auf Zusammenkünfte zurücksieht, die in bloßer Eitelkeit verschleudert worden; und anstößig, wenn man auf die Rechenschaft vor sich hinaussieht, die wir alle in kurzem geben müssen. — Was für eine Figur wird ein solcher Artikel in der letztern Rechnung und vor dem entscheidenden Richterstuhle machen? „Unsere gesellschaftlichen Stunden, welche unsere ge„genseitigen Erbauungen hätten befördern und zu un„sers Schöpfers Herrlichkeit dienen können, sind alle „in Lustigkeit und Narrentheidungen verloren gegan„gen, oder was noch ärger ist als verloren gegangen, „mit Schmeicheley und Afterreden hingebracht. Ihre „Stelle ist leer oder befleckt."

Theron. Wir finden, Venus hat ihre eifrigen irrenden Ritter, und Bacchus seine offenbaren Verehrer fast in jeder Gesellschaft. Ist es aber nicht wirklich beweinenswürdig, daß der Gott der Natur allein niemanden hat, der seine Ehre behauptet, niemanden, der seine Vollkommenheiten preist; ob er gleich

1) Pred. Salom. VII, 7.

Das I Gespräch.

gleich das Urbild aller Schönheit und der Vater alles Guten ist.

Wenn ich des Morgens im Thaue unter den Blumen spatzieren gegangen, da die Sonne rund umher einen Glanz verbreitet und die glückliche Landschaft enthüllet; wie ist da nicht mein Auge von der lieblichen Aussicht gereizet worden! Wie ist mein Ohr nicht von der Musik des Gebüsches entzücket worden! Mich dünkte, jeder Ton war ein Tribut des Wohlklanges, und die ganze Natur schien mir ein großer Chor zu seyn, der mit dem Preise des Schöpfers anschwoll. — Allein, wie wurde der Schauplatz verändert, wenn ich mein Elysium auf dem Lande verließ, und in die Behausungen der Menschen trat! wo ich göttliche Kräfte mit Kinderspielen niederträchtiger Weise beschäfftiget sah, wo ich hörete, daß die Zunge fertig war, alles vorzubringen und geschwind floß, alles auszudrücken, nur ihres Schöpfers Herrlichkeit nicht.

Ich versichere Sie, ich habe mich bey dieser Gelegenheit oftmals geärgert; und zuweilen bey mir selbst gesaget: „Was! sollen Kinderspiele geachtet „werden, und die Majestät des Himmels hindange„setzet bleiben? Soll ein jeder Freund, und jeder „Besuch sein Antheil von Ehrerbiethung erhalten; „und dem erhabenen Wesen keine Erkenntlichkeit be„zeuget werden, welches doch aller unserer Verehrung „würdig, mehr als würdig ist?

Aspasio. Dieses wird einem aufrichtigen Gemüthe noch betrübter seyn, wenn wir erwägen, daß der unendliche und herrliche Gott bey allen unsern Zusammenkünften gegenwärtig ist; daß es ihm gütigst

tigst beliebet, sein Gefallen zu bezeugen und zu erkennen, daß er erhoben werde, wenn wir mit Bewunderung und Liebe von seinen überschwenglichen Vortrefflichkeiten reden. — Ja, wir sind versichert, daß der Herr aller Herren es nicht allein höret und merket, sondern auch einen Denkzettel vor sich hat, und an dem Tage der allgemeinen Vergeltung solche Personen hervorziehen wird. Wenn der ungebundene Haufen derjenigen, welche freye Reden geführet, wie verächtliches Spreu werden zerstreuet werden: so sollen diese zu seinem besondern Schatze ausgesuchet und unter die Kleinodien des Jehovah gezählet werden m).

Theron. Wenn die Herren, welche große Ansprüche auf die Vernunft machen, sich von den Lehren der Offenbarung frey zu seyn dünken: so sollten sie doch ihre eigenen Schriften nicht vergessen. — Ein Weltweiser wird ihnen sagen, daß sie schuldig sind, ihre Zeit so anzuwenden, als sichs in der schrecklichen Gegenwart und unter der unmittelbaren Aufsicht des höchsten Wesens geziemet n). — Ein

Redner

m) Maleach. III, 16. 17. Dieses ist eine Stelle, die wohl muß beobachtet werden. Eine höchstnachdrückliche Empfehlung zu geistlichen Gesprächen; vielleicht die allernachdrücklichste, deren man sich jemals bedienet hat, und die allerbeliebteste, die man vermuthlich nur erdenken kann.

n) Sic certe vivendum est, tanquam in conspectu vivamus: sic cogitandum, tanquam aliquis in pectus intimum inspicere possit: et potest. Quid enim prosit, ab homine aliquid esse secretum? Nihil Deo clausum est. Interest animis nostris et cogitationibus mediis intervenir. SENEC. *Epist.* 83.

Redner wird ihnen zeigen, wie überaus ungeziemend es sey, ihre freundschaftlichen Zusammenkünfte in dem Rauche der lustigen Schwänke oder dem Schaume der Ungereimtheit zu verwüsten p).

Aspasio. Wer wollte sich nun nicht, der weise ist, zu einer Ausübung angewöhnen, die von der Stimme der Vernunft angepriesen und durch das Ansehen Gottes verstärket wird? zu einer Ausübung, welche gegenwärtiges Gut austheilen — eine vergnügte Erinnerung machen — und sich mit ewiger Ehre endigen wird?

Theron. Es ist seltsam, daß Materien, welche verdienen, als die allgemeinen Hauptcapitel angenommen zu werden, fast durchgängig aus unserm Gespräche verbannet sind. — Wäre dieses Cabinet mit einer Folge von alten Münzen oder einer Sammlung der schönsten alten Edelgesteine bereichert: so würde mein Freund natürlicher Weise erwarten, mit einer Vorzeigung dieser Seltenheiten und einer Erklärung, was sie bedeuteten, unterhalten zu werden. Warum sollten wir nun nicht eben so natürlicher Weise erwarten, und eben so beständig zulassen, daß wir einander mit Anmerkungen über diejenigen vortrefflichen Seltenheiten unterhielten, welche in das gränzenlose Musäum q) der Welt verwahrlich beygeleget sind?

Wenn

---

p) Cicero saget mit einem angenehmen Unwillen: Quasi vero clarorum virorum aut tacitos congressus esse oporteat, aut ludicros sermones, aut rerum colloquia leviorum. *Academ. Quaest. Lib. IV.*

q) Musäum. Er zielet damit auf ein merkwürdiges Gebäude in Oxford, welches diesen Namen führet,

II Theil. B und

Wenn ein Feldherr einen wichtigen Sieg erföchten, oder ein Admiral die feindliche Flotte zu Grunde gerichtet hat: so erschallet jede Gesellschaft von ihren Heldenthaten; jede Zunge wird zu einer Posaune ihres Ruhmes. Und warum sollten wir nicht mit gleichem Vergnügen und Eifer die allmächtige Hand preisen, welche den Bau dieses erstaunlichen Weltgebäudes aufgeführet, und alles wohl versehen hat?

Aspasio. Vornehmlich wenn wir seinen unermeßlich glorreichen Vollkommenheiten noch seine höchst liebreichen beyfügen. — Wenn der siegreiche Befehlshaber unser größter Herzensfreund ist; wenn er die zärtlichste Liebe gegen uns bekannt, wenn er uns ausnehmend viel Gutes erwiesen, und uns einen beständigen Genuß seiner Gewogenheiten versprochen hat: so wird es unmöglich seyn, eine so erlauchte und großmüthige Person hindanzusetzen. Ihr Name muß in unser Herz gegraben seyn, muß sich unvermerkt auf unsere Zunge schleichen, und unseren Ohren als eine Musik seyn.

Ist nicht dieses alles und in dem allererhabensten Grade in Absicht auf den großen Gott wahr? — Kann wohl eine größere Gütigkeit ausgeübet, oder eine größere Liebe gedacht werden, als daß er seinen eignen Sohn zur Versöhnung unserer Sünde in die Marter und den Tod gegeben? — Kann uns wohl eine erwünschtere Wohlthat gewähret werden, als daß er uns zu seinen Kindern angenommen, und durch

seinen

und zur Verwahrung sowohl der natürlichen, als künstlichen Seltenheiten bestimmet ist.

seinen Geist geheiliget hat? — Kann uns ein unschätzbarer Versprechen gethan werden, als dasjenige, welches uns eine Stelle im Himmel, und die Reichthümer der Ewigkeit gewiß verheißt?

Alles dieses wird von der allmächtigen Majestät in den Schriften der Wahrheit bestätiget. Was für ein reicher Vorrath zu einem geläuterten Umgange ist doch daher die heilige Schrift!

Theron. Hier habe ich also das Vergnügen, mit meinem Aspasio übereinzustimmen, ob ich gleich glaube, daß er mich in dem Verdachte hat, als sey ich in meiner Verehrung gegen die Schrift etwas wankend und mangelhaft.

Aspasio. Nein, Theron, ich habe eine bessere Meynung von Ihrem Geschmacke und Ihrer Unterscheidungskraft, als daß ich einen solchen Verdacht hegen sollte.

Theron. Die Schrift ist gewiß ein unerschöpflicher Vorrath von Materialien zu den ergötzlichsten und edelsten Gesprächen. Wenn wir den Urheber dieser heiligen Bücher betrachten, — wenn wir erwägen, daß sie ursprünglich vom Himmel gekommen, — daß sie von der göttlichen Weisheit eingegeben worden, — daß sie eben die vollkommene Vortrefflichkeit haben, als die Werke der Schöpfung: — so ist es in der That erstaunlich, daß wir nicht stets durch Studieren, durch Nachdenken, oder Umgang in einem oder dem andern von diesen großen Büchern forschen.

Aspasio. Wenn Secker prediger, oder Murray vor Gerichte redet: so ist die Kirche voll und auf dem Gerichtssaale ein Gedränge. Wenn Spence die seinen critischen Untersuchungen vorbringt, oder

Young

Young die Annehmlichkeiten der Poesie entwickelt: so schwitzt die Presse, und ist doch kaum vermögend, so viel zu liefern, als die Welt verlanget. — Sind wir begierig dasjenige zu hören, und ungeduldig, dasjenige zu kaufen, was von solchen beredten Zungen und meisterlichen Federn kömmt? Und können wir kaltsinniger Weise gleichgültig seyn, wenn — nicht der allervollkommenste unter den Menschen — nicht das allererhabenste unter den Geschöpfen — sondern der anbethenswürdige Urheber aller Weisheit in seinem geoffenbarten Worte spricht? Es ist seltsam, daß unsere Aufmerksamkeit nicht an den ehrwürdigen Tönen hängt r), und unser Gespräch bey den unvergleichlichen Wahrheiten wohnet.

Theron. Ich muß es gestehen, ich bewundere selbst die Sprache der Bibel. Hierinnen, dünkt mich, erkenne ich eine Gleichförmigkeit zwischen dem Buche der Natur, und dem Buche der Schrift.

In dem Buche der Natur redet der göttliche Lehrer nicht bloß zu unsern Ohren, sondern zu allen unsern Sinnen. Und es ist sehr merkwürdig, wie er seine Anreden verändert! — Man beobachte seine großen und herrlichen Werke. In diesen bedienet er sich der majestätischen Schreibart. Wir können sie

das

---

r) Der heilige Lucas bedienet sich in seiner evangelischen Geschichte dieses schönen Bildes ἐξεκρεματο. Das Volk hing an den Lippen ihres allweisen Lehrers. Luc. XIX, 48. Hierinnen stecken zween starke Begriffe — eine Aufmerksamkeit, die nichts unterbrechen konnte — und eine Begierde, welcher kaum genug zu thun war.
— Pendetque loquentis ab Ore.

VIRG.

das wahrhaftig Erhabene nennen. Es rühret mit
Ehrfurcht und entzücket das Gemüth. — Man
sehe seine ordentlichen Wirkungen an. Hier läßt er
sich zu einer schlechtern Mundart herab. Diese mag
man die vertrauliche oder gemeine Schreibart nennen. Wir begreifen sie leicht und geben mit Vergnügen darauf Achtung. — In den mehr ausgeschmück-
ten Theilen der Schöpfung kleidet er seine Meynung
zierlich ein. Alles ist reich und schimmernd. Wir
werden ergötzet; wir werden gereizet. Und was ist
dieses anders, als die geschmückte Schreibart.

Eine etwas gleiche Mannichfaltigkeit geht durch
die heilige Schrift. — Wollen Sie die Geschichte
in aller ihrer Einfalt und aller ihrer Stärke, höchst
schön leicht, jedoch unwiderstehlich rührend sehen? —
Sehen Sie oder fühlen Sie vielmehr ihren Nachdruck, welcher die zartesten Bewegungen der Seele
berühret und über unsere Leidenschaften in der unnachahmlichen Erzählung von Josephs Leben trium-
phiret. — Die Vorstellung von Esaus bitterer Betrübniß s); das Stück von Jonathans Unterredung mit seinem tapfern Freunde t); das merkwürdige Tagebuch der Jünger, die nach Emaus giengen u); sind vollkommene Muster von dem Uneingenommenen und Rührenden. — Hier ist nichts
gesuchtes; keine Ausschweifungen der Einbildungskraft; keine rednerische Ausschmückungen x). Doch
wie

s) 1 B. Mose XXVII. 30. u. f.
t) 1 Sam. XVIII, XIX, XX. u) Lucä XXIV. 13. u. f.
x) Man lasse einen Mann von einem wahren Geschmacke in einer critischen Absicht die beyden ersten Capitel
des

wie weit geringer ist die Nebenfabel vom Nisus und Eurialus, ob sie gleich von der Hand des größten Meisters in der Welt gemacht worden, gegen den unverstellten ungekünstelten Eifer dieser Stücke aus der heiligen Schrift.

Finden wir ein Vergnügen an der Hoheit und Würde eines Heldengedichtes; oder an der Zärtlichkeit und Verwickelung eines dramatischen Stückes? In dem Buche Hiob ist beydes vereiniget, und diesem beyden kömmt nichts gleich. — Die Zufälle werden, den genauesten Regeln der Kunst gemäß, so wie die Handlung fortgeht, immer erschrecklicher und die Bilder prächtiger. Die Sprache ist feurig und das Rührende nimmt zu; bis endlich die Gottheit selbst auftritt. Sie redet aus dem Wetter, und fordert die Schöpfung auf; sie fordert den Himmel, und dessen ganzes leuchtendes Heer auf, die Elemente und was sie wunderbares hervorbringen, von der Weisheit der Fügungen der göttlichen Vorsehung Aussage zu thun. — Ihr Wort rühret mit Schrecken

des Evangelisten Lucas lesen. Er wird daselbst eine Folge von den erstaunlichsten Zufällen finden, die mit der größten Einfalt, jedoch mit der äußersten Majestät erzählet werden. — Alles dieses, welches an sich schon wundersam rührend ist, wird durch eine scharfsinnige Einmischung der erhabensten poetischen Stücke, noch erhöhet und erleuchtet. Ich für mein Theil weiß nicht, wie solches eigentlicher charakterisiren soll, als durch Salomons zierliche Vergleichung. — Sie sind wie goldene Ringe voll Türkisse, oder wie reines Elfenbein, mit Sapphiren ausgelegt. Hohe Lied Salom. V, 14.

cken und blitzet mit Ueberzeugung; entscheidet die wichtige Streitigkeit, und schließt das prächtige Drama mit aller möglichen Feyerlichkeit und Größe.

Wenn wir zuweilen gern einen klagenden Ton hören; einen solchen, der die Seele erweicht, und eine angenehme Schwermuth einschmeichelt; übertrifft da wohl eines von den alten Trauerspielen, in der Beredtsamkeit des Traurens, Davids bewegliche Elegie auf seinen geliebten Jonathan y); sein höchst zärtliches und untröstliches Seufzen über den geliebten aber unglücklichen Absalom z); oder das melodiereiche

y) 2 Sam. I, 19. u. f.

z) 2 Sam. XVIII. 33. Der König war gewaltig gerühret, (וַיִּרְגַּז) und gieng hin auf den Saal im Thore, und weinete; und im Gehen sprach er also: Mein Sohn, Absalom, mein Sohn, mein Sohn, Absalom! Wollte Gott, ich müßte für dich sterben, o Absalom, mein Sohn, mein Sohn! — Eine solche Abschilderung und so viel Gemüthsbewegung, beyde so ungekünstelt und so ausgesuchet, habe ich unter allen Vorstellungen der Würde in Betrübniß, ich muß es gestehen, niemals angetroffen. — Des Königs Völker hatten einen großen Sieg erhalten. Seine Krone und sein Leben waren von der nahe über ihm schwebenden Gefahr befreyet. Doch alle diese freudigen Nachrichten wurden durch die überwältigende Heftigkeit seines Herzeleids aus seinem Gedächtnisse verlöschet. — Die Zeitung von Absaloms Tode durchbohrete ihm das Herz wie ein Dolch. Er fuhr von seinem Stuhle auf. Er eilete allein zu seyn, um daselbst sein Herz in häufigen Wehklagen auszulassen. Allein, seine Beängstigung ist viel zu heftig, als daß sie einen Augenblick Zwang ausstehen könnte. Er bricht sogleich in eine Fluth von Thränen aus, und rufet im Hingehen: mein Sohn, Absalom ꝛc.

diereiche Weh, welches in jeder Zeile der Klagelieder Jeremiä girret und blutet?

Wollten wir mit Homers kühner Hoheit, oder Virgils richtigern Majestät, mit Horazens viel ausdrückenden Artigkeit oder Pindars hinreißenden Ausschweifungen unterhalten werden: so sieht man sie in Mosis Liedern, in dem Lobgesange der Debora, in der erhabenen Andacht der Psalmen, und in der glorreichen Entzückung der Propheten vereiniget; so sieht man sie da noch übertroffen.

Aspasio. Nur mit diesem Unterschiede, daß die erstern tonreiche Possenreißer a) sind, und die Einbildungskraft mit leerer Erdichtung aufhalten; die letztern aber Lehrer von Gott gesandt sind, und die Seele zur Seligkeit weise machen. — Die Bibel

Was saget Mezentius, als sein Sohn erschlagen worden? Wenn, um seinen Kummer zu schärfen, der erblaßte Leichnam, der erbärmliche Anblick, vor seinen Augen und in seinen Armen ist: so sind dieses die pathetischten Worte, die er ausstößt:

— Heu! nunc misero mihi demum
Exilium infelix, nunc alte vulnus adactum.
VIRG. X.

— Ach! nun ist mir Armen das Elend
Erst unglücklich; nun ist zu tief die Wunde geschlagen.

Wie matt ist Virgil! Wie wenig drücket doch der Fürst der lateinischen Dichtkunst aus, wenn man ihn mit dem traurenden Könige in Israel vergleicht! Aus diesem und vielen andern Beyspielen erhellet augenscheinlich, wie weit die Schrift in der Nachahmung der Natur und Schilderung der Leidenschaften vorgeht.

a) Ludit amabiliter. Der liebenswürdig spielt.

Bibel ist nicht allein die schönste Zierde, sondern auch das unschätzbarste Depositum. Von einer richtigen, von einer thätigen Kenntniß dieser lebhaften Aussprüche hängt der gegenwärtige Trost und die unendliche Glückseligkeit des menschlichen Geschlechtes ab. Was daher beym Studieren oder bey dem Umgange keine Verbindung mit ihrem göttlichen Inhalte hat, kann unter die Spielwerke der Gelehrsamkeit oder die Nullen des Gesprächs gerechnet werden.

Theron. Hier ist das Buch der heiligen Schrift wiederum dem Magazine der Natur etwas gleich. Was können wir zu unserer Bedürfniß oder zu unserm Vergnügen wohl wünschen, welches dieses Vorrathshaus von Bequemlichkeiten nicht darreichet? Was können wir zu unserer Erbauung und Besserung wünschen, welches diese Quelle der Kenntniß nicht giebt? Von dieser können wir mit Wahrheit behaupten, ein jeder in seiner Art, sie sey zu allen Dingen nütze.

Sind wir Bewunderer des Alterthums? — Hier werden wir zurück über die allgemeine Sündfluth hinaus, und weit über die Zeiten irgend einiger anderer Jahrbücher, geführet. — Wir werden unter die allerersten Einwohner der Erde gebracht. Wir beschauen das menschliche Geschlecht in seiner unverkleideten ersten Einfalt, da die Tage des Lebens der Menschen noch nicht viel kürzer waren, als tausend Jahre. — Wir werden mit dem Stammvater der Nationen, mit der Schöpfung der Welt und mit der Geburt der Zeit selbst bekannt gemacht.

Das I Gespräch.

Haben wir ein Vergnügen an großen Thaten?
— Wo ist etwas mit den Wunderwerken in Aegypten, und mit den Wundern in dem Felde Zoan zu vergleichen? Mit den Nachrichten der Israeliten, die durch die Tiefen der See giengen, in einer unwirthbaren Wüste sich aufhielten und die Königreiche Canaans eroberten? — Wo werden wir Beyspiele von kriegerischer Tapferkeit antreffen, welche den erstaunlichen Thaten der Richter oder den Wagestücken des tapfern Sohnes Isai und seiner unvergleichlichen Schaar der Helden gleich sind? — Hier sehen wir die Grundgesetze des Weltgebäudes zuweilen aufgehoben, zuweilen umgekehret, und nicht allein dem Strome des Jordans, sondern dem Laufe der Natur Einhalt gethan. Kurz, wenn wir auf das Feld der heiligen Schrift kommen, so treten wir auf einen bezauberten, soll ich so sagen? nein, vielmehr — auf einen geweiheten Grund, woselbst Erstaunen und Ehrfurcht bey einer jeden Wendung erwecket werden; woselbst alles, mehr denn alles das Wunderbare der Romanen b), mit aller Genauigkeit und Heiligkeit der Wahrheit verbunden ist.

Wenn wir Weisheitsregeln brauchen, oder einen Geschmack an einer kurzgefaßten Schreibart haben, wie überflüßig kann nicht unserm Mangel abgeholfen, und wie zärtlich unserm Geschmacke gewillfahret werden! vornehmlich in den Sprüchen Salomonis, dem
Buche

---

b) — — Heroum fabula veris
   Vincitur historiis.
   — — Wahrhaftige Geschichte
   Besieget leicht von Helden das Gedichte.

Buche der Weisheit und einigen von den kleinern Propheten. Hier sind die weisesten Lehren des Unterrichts nach einem jeden Umstande des Lebens eingerichtet, nach der Erfahrung aller vorhergehenden Zeiten gebildet, und von dem unbetrüglichen Geiste der Eingebung vollkommen gemacht. — Diese werden mit einer solchen merkwürdigen Kürze vorgebracht, daß es einer wagen könnte zu sagen, jedes Wort sey ein Spruch c). Wenigstens kann ein jeder Spruch eine kurze, sinnreiche Rede genennet werden, die mit einem hellen Gedanken funkelt oder von gründlichem Verstande schwer ist. Alle zusammen sind wie eine große Menge Perlen — deren jede in einem sehr kleinen Umfange einen fast unermeßlichen Werth hat — die zusammen, wie ein scharfsinniger Kunstrichter saget, mit einer verwirrten Pracht über alle Ordnung auf einander gehäufet sind.

Wenn wir uns nach der Stärke der Vernunftschlüsse und der Hitze der Ermahnung; nach den einschmeichelnden Künsten einer edeln und freundlichen Anrede, oder der männlichen Kühnheit eines unparteyischen Verweises; nach allem Donner des Redners ohne etwas von seiner Prahlerey; nach aller Höflich-

---

c) Was Cicero vom Thucydides saget, ist in Ansehung unsers königlichen Sittenlehrers und seiner reichen Sammlung von Sittensprüchen; in Ansehung unserer evangelischen Geschichtschreiber und ihrer großen Mannichfaltigkeit von Begebenheiten, noch weit mehr wahr: Eum adeo esse rebus plenum refertumque ut prope verborum numerum numero rerum aequet. „Er ist so voller Sachen, daß beynahe die Anzahl der „Wörter der Anzahl der Sachen gleich kömmt.„

lichkeit des Hofmannes ohne etwas von seiner Schmeicheley umsehen —: so mögen wir unsere Zuflucht zu den Apostelgeschichten und zu den Briefen des Apostels Paulus nehmen d). Diese sind eine Probe oder besser, diese sind eine Richtschnur von dem allen.

Ich wundere mich daher nicht, daß ein so feiner Geschmack und eine so richtige Beurtheilungskraft als Miltons seine, höhere Anreizungen in den von Gott eingegebenen Schriften, als bey den berühmtesten griechischen und römischen Schriftstellern entdecken müssen.

— Doch

d) Ein anderer sehr merkwürdiger Beweis von der eigentlichen Art in den Schriften des Apostels Paulus ist: daß sie an denen Orten, wo er unterrichtet, weitläuftig, wo er aber gebeut, kurzgefasset sind. Bey dem erstern war es unumgänglich nöthig, ausführlich zu seyn; bey dem letztern ist es stets vernünftig, kurz zu seyn. Die berühmte Regel des Horaz
  Quicquid præcipies, esto brevis,
  Was du befiehlst, sey kurz,
ist niemals genauer beobachtet, noch davon ein besser Beyspiel gegeben worden, als bey unserm apostolischen Schriftsteller. Man sehe die edle Reihe von Gebothen 1 Thessal. V, 16. u. f. — Man sehe eine andere dergleichen auserlesene Sammlung Röm. XII. 9. 10. u. s. w. worinnen die Stärke des Ausdruckes eben so zu bewundern ist, als die Kürze des Ausspruches. Im Grundtexte sind ἀποστυγοῦντες — κολλώμενοι — φιλόστοργοι — ζέοντες — προσκαρτεροῦντες — διώκοντες einige, von den kräftigsten Wörtern, welche die Sprache darbiethen kann, und bilden die lebhafteste Meynung, welche sich die Einbildungskraft nur vorstellen kann.

Das I Gespräch.

— — Doch hör ich darum noch
Nicht auf, dorthinzugehen, woselbst den klaren Quell,
Das schattigte Gebüsch, den sonnenvollen Hügel
Der Musenschaar besucht, entzündet von der Liebe
Zum heiligen Gesang: vornehmlich aber doch
Besuch ich, Zion dich, und die beblühmten Bäche,
Die den geweihten Fuß dir unterhalb bespühlen
Und mit wohlklingendem Geräusch vorüber fließen,
Des Nachts e).

Aspasio. Eine andere Anpreisung der heiligen Schrift ist, daß sie uns die allerehrfurchtsvollesten und allerliebenswürdigsten Offenbarungen der Gottheit giebt. In diesen heiligen Blättern scheint ihre Herrlichkeit, und lächelt ihre Güte mit einem Glanze, dem nichts gleich kömmt. — Hier haben wir eine hinlängliche Erklärung unsers eigenen Zustandes. Der Ursprung des Uebels ist darinnen entworfen; die Ursache alles unsers Elendes entdecket; und das Hülfsmittel, das unfehlbare Hülfsmittel, sowol klärlich gezeiget als frey angebothen. — Das Verdienst des blutvergießenden Jesus leget einen festen Grund zu aller unserer Hoffnung, da die Dankbarkeit für seine sterbende Liebe den allerstärksten Antrieb, der uns nur gewinnen kann, zu einer jeden Pflicht beybringt. — Die Sittenlehre, Theron, Ihre, und ich will

e) Das ist: „Er hatte noch immer ein Vergnügen, in „den alten Dichtern zu studieren: sein größtes Ver„gnügen aber fand er an den Gesängen Zions in der „heiligen Schrift, und diese überdachte er Tag und „Nacht." Man sehe Newtons Ausgabe vom Milton.

will auch hinzusetzen, meine so bewunderte Sittenlehre ist in allen ihren Zweigen darinnen entworfen; sie ist auf ihren gehörigen Grund gesetzet, und zu ihrer höchsten Höhe erhaben. — Es wird versprochen, der Geist Gottes solle die Finsterniß unsers Verstandes erleuchten, und die Schwachheit unsers Willens stärken. — Was für ein reicher Vorrath! — Können Sie mir es zu Gute halten, daß ich mich über diese mir so angenehme Materie herauslasse?

Theron. Sie ist mir eben so angenehm, ich versichere Sie. Ihre weitern Vorstellungen bedürfen daher keiner Schutzrede.

Aspasio. Was für ein reicher Vorrath ist nicht in diesen heiligen Büchern zu allen unsern geistlichen Bedürfnissen! Und wie unstreitig übertreffen sie nicht in dieser Absicht alle andere Schriften!

Ist irgend einer eines Verbrechens überzeuget, welches den Himmel zur Strafe reizet, und die Seele ins Verderben stürzet: — so mag er doch die Vernunft bitten, ihm Mittel zur Versöhnung und eine sichere Zuflucht anzuweisen. Die Vernunft stocket, wenn sie erwiedert: „Die Gottheit mag wohl vielleicht unser Bitten annehmen und Verzeihung gewähren.„ — Allein, die heilige Schrift überläßt uns nicht der traurigen Ungewißheit einer Muthmaßung. Sie redet die Sprache der klaren Versicherung: Gott hat einen Gnadenstuhl vorgestellet f); er vergiebt alle unsere Sünde g); er
will

f) Röm. III, 25. g) Pf. CIII, 3.

will unserer Ungerechtigkeiten nicht mehr gedenken h).

Werden wir von Versuchungen angefallen, oder haben einen Widerwillen vor unserer Pflicht: — so kann die Weltweisheit wohl einen Versuch thun, den Anfall abzuwenden, oder das widerspänstige Gemüth dadurch aufzumuntern, daß sie die Häßlichkeit des Lasters aufdecket, und auf die Anständigkeit seine Pflicht zu thun, bringt. Schwache Hülfsmittel! Man kann sich gerade eben so viel Rechnung darauf machen, den vorgesetzten Endzweck zu erreichen, als auf die lockere Befestigung einer Spinnewebe, uns vor einer Stückkugel zu vertheidigen, oder auf die sanften Schwingungen eines Frauenzimmerfächers, ein vom Winde aufgehaltenes Schiff zum Segeln zu bringen. — Die Bibel empfiehlt uns solchen unzulänglichen Beystand nicht. Laß dir, saget ihr allmächtiger Urheber, an meiner Gnade genügen i). Die Sünde wird nicht herrschen können über euch k). — Der große Jehovah, bey welchem ewige Stärke ist, der wirket in uns, beyde das Wollen und das Vollbringen, nach seinem Wohlgefallen l).

Sollten wir mit Krankheit heimgesuchet, oder von einiger Trübsal überfallen werden: so ist dieses der Trost, den uns Plato darbeut: Daß solche Verfügungen mit in den allgemeinen Grundriß der göttlichen Regierung gehören. Virgil wird uns zu unserer Ermunterung sagen, daß mehr oder weniger

schmerz-

h) Ebr. VIII, 12.
i) 2 Cor. XII, 9.
k) Röm. VI, 15.
l) Phil. II, 13.

schmerzliche Heimsuchungen das unvermeidliche Loos aller Menschen sind. Ein anderer Sittenlehrer zischelt dem niedergeschlagenen Kreuzträger in die Ohren: „Ungeduld vermehret nur die Last; dahingegen „eine gelassene Unterwerfung solche erträglicher ma„chet." — Theilet das Wort der Offenbarung solche geistlose und flüchtige Herzstärkungen aus? Nein, diese heiligen Blätter lehren uns, daß Trübsal und Leiden väterliche Züchtigungen, Zeichen von unsers Schöpfers Liebe und Früchte seiner Sorgfalt sind, daß sie abzielen, die friedlichen Früchte der Gerechtigkeit in uns zu wirken, und uns eine ewige und über alle Maaßen wichtige Herrlichkeit zu verschaffen m).

Wollten

---

m) 2 Cor. IV, 17. Was sind alle die tröstenden Hülfsmittel, die in allen Büchern der heidnischen Sittenlehre vorgeschrieben werden, in Vergleichung mit diesem einzigen Recepte der Offenbarung? Sie sind in dem Puncte der ermunternden Kraft dem Schaume von dem Zusammenflusse vieler reißenden Ströme in Vergleichung mit einem einzigen Tropfen von Homers Nepenthe etwas gleich. Denn dieses war, wie er uns meldet:

Vermischt mit Spezerey von allgemeiner Kraft,
Die von der wilden Wuth dem Herzen Lindrung schafft,
Die finstre Stirn vom Gram und Sorgen froh verkläret,
Den Augen heitern Glanz, doch Thränen nicht, gewähret.
Ein Schluck macht schon entzückt; der frohe Geist vergißt
Und fühlt nicht mehr, was sonst betrübt und schmerzhaft ist.

Odyss. IV.

Das I Gespräch.

Wollten wir bey den Aufforderungen des Todes unsere Zuflucht zu den berühmtesten Tröstern in der heidnischen Welt nehmen: so würden sie unsere Furcht viel eher vermehren, als unser Schrecken mildern. Der Tod wird von den größten Meistern ihrer Schulen, als „das fürchterlichste unter allen „Uebeln„ vorgestellet. Sie waren nicht im Stande, gewiß zu entscheiden: ob die Seele den Körper überleben würde; und von der Auferstehung des Leibes hatte ihnen nicht einmal etwas geträumet. — Das Buch Gottes hingegen benimmt dem Ungeheuer seine Schrecken, oder verwandelt es in einen Bothen des Friedens, giebt ihm eines Engels Gesicht und die Hand eines Befreyers. Es versichert den Seelen der Gerechten eine unmittelbare Versetzung in die Wohnungen der Glückseligkeit, und vergewissert ihre Leiber einer vortheilhaften Wiederauflebung, bey der Wiederherstellung aller Dinge.

Unschätzbares Buch! Es heilet die Krankheiten des Leibes, und überwindet die Furcht des Todes. Es machet einen lichten Gang durch die Dunkelheit des Grabes, und eröffnet eine reizende, eine herrliche Aussicht der Unsterblichkeit in dem Himmel.

Man würde sich einbilden, daß diese nebst vielen andern Vortrefflichkeiten, die der heiligen Schrift eigen sind, mehr als zureichend wären, ein jedes empfindliches Herz zu ihrem Besten einzunehmen, und sie mit der größten Hochachtung in einen jeden verbesserten Umgang einzuführen. — Sie hatte eine solche Wirkung bey dem feinesten Geiste und der voll-

II Theil   C   kommen-

kommensten Person n), deren sich die vorigen oder
letztern Zeiten rühmen können; so daß dieser Mann
auch bey seinem Leben diese öffentliche Erklärung that,
und sie, da er starb, in einem ewigen Denkbuche
hinter-

n) Betrachten wir Daviden in der großen Mannichfaltigkeit seiner schönen Eigenschaften — die Schönheiten seiner Person, und die noch weit herrlichern Gaben seiner Seele — die erstaunlichen Abwechselungen seines Glückes, da er zuweilen zu der niedrigsten Ebbe der Widerwärtigkeit gebracht war, zuweilen auf der höchsten Fluth des guten Wohlstandes einherfuhr — seine sonderbare Geschicklichkeit sich aus den Schwierigkeiten zu wickeln, und sonderbare Glückseligkeit sich nach allen Umständen zu bequemen — die Beute, die er als ein junger Kämpfer machete, und die Siege, die er als ein erfahrener Heerführer erhielt — seine meisterliche Hand auf der Harfe, und seine unnachahmliche Gabe zur Dichtkunst. — Die bewundernswürdigen Einrichtungen seiner königlichen Regierung, und die unvergleichliche Nutzbarkeit seiner öffentlichen Schriften — die Tiefe seiner Reue, und die Höhe seiner Andacht. — Die Kraft seines Glaubens bey den göttlichen Verheißungen, und die Inbrunst seiner Liebe gegen die göttliche Majestät; — Betrachten wir dieses nebst einigen andern Merkmaalen der Ehre und Annehmlichkeit, welche die Geschichte seines Lebens veredeln: so werden wir so viele glänzende Eigenschaften beysammen sehen, dergleichen vielleicht niemals in einem andern bloß menschlichen Charakter vereiniget gewesen.

Diese Anmerkung wurde erst wieder weggestrichen. Bey reiferm Nachdenken aber wird sie der Welt vorgeleget, um einen wohlgesitteten Leser zu überzeugen, daß die Liebe zu Gottes Wort, und die Ausübung der Andacht auf keinerley Art und Weise die niederträchtigen Eigenthümlichkeiten einer pöbelhaften Seele sind.

Das I Gespräch. 35

unterließ. — Dein Wort ist meinem Munde süßer, denn Honig o). — Wie habe ich dein Gesetz so lieb, täglich rede ich davon p). — Ich rede von deinen Zeugnissen vor Königen, und schäme mich nicht q). — Hat David so viele Süßigkeit in einem kleinen und noch dazu in dem am wenigsten schätzbaren Theile des göttlichen Wortes geschmecket; wie weit mehr müssen nicht wir schmecken, sintemal das Evangelium dem Gesetze beygefüget, und der Canon der heiligen Schrift geschlossen ist; sintemal, um dem Propheten seine Worte zuborgen, Gott der Herr die Summe besiegelt; die letzte Hand an sein Werk geleget, und es voll von Weisheit und vollkommen an Schönheit gemacht hat r).

Theron. Es fällt mir eben itzt noch eine andere sehr unterscheidende besondere eigenthümliche Eigenschaft der heiligen Schriften ein. — Die Lehrart nämlich, durch Gleichnisse Ermahnungen zu ertheilen, oder Verweise zu geben; eine Lehrart, die sich dem niedrigsten Verstande gleich machet, ohne die allerhochmüthigste Gemüthsart zu beleidigen. Doch ist sie über die schlechte ungeschmückte Vorschrift eben so sehr erhaben, als die belebten Auftritte eines wohlausgearbeiteten Trauerspieles mehr Eindruck haben, und rührender sind, denn eine schlechte Erzählung des Inhaltes.

Unser Heiland wurde von einem Studenten des jüdischen Rechtes gefraget: Wer ist denn mein

C 2   Näch-

o) CXIX Psalm, 103.   p) Ebendas. 97 V.
q) Ebendas. 46 V.   r) Hesek. XXVIII, 12.

Das I Gespräch.

Nächster? Dieses hielt noch eine andere Frage in sich: wie man ihn lieben solle? — Der Fragende war von sich selbst sehr eingenommen: doch unwissend in der Wahrheit, und ließ es an seiner Pflicht ermangeln. Hätte der weise Lehrmeister des menschlichen Geschlechtes gleich auf einmal heraus gesaget: du weißt weder das erste, noch vollbringst das letzte: so würde der Frager vermuthlich vor Unwissen erröthet, und im Grimme weggegangen seyn. — Damit aber unser liebster Jesus unterrichten und nicht vor den Kopf stoßen möchte, damit er diesen Menschen von seinem Irrthume überzeugete, und sein Gemüth nicht erbitterte: so fassete er eine Antwort ab, die ihrer Art nach eben so liebreich war, als sie sich zu der Sache schickete s).

Ein gewisser Mensch, der von Jerusalem nach Jericho hinab gieng, gerieth unter Spitzbuben. Diese nahmen ihm nicht nur sein Geld ab, sondern zogen ihm auch noch seine Kleider aus, verwundeten ihn sehr unmenschlich, und ließen ihn halb todt liegen. Bald nach diesem unglücklichen Zufalle ereignete sich, daß ein Reisender eben die Straße kam. Und was noch mehr vermuthen läßt, daß dieser ihm Hülfe leisten werde, so ist es einer von dem heiligen Orden, einer, welcher andern die liebenswürdigen Lehren von der Menschlichkeit, der Erbarmung und Gutthätigkeit beybringt, und daher die stärkeste Verbindlichkeit auf sich hatte, ein Beyspiel davon in seinem eigenen Thun und Lassen zu geben. Er wirft gleich einen Blick auf den kläglichen Gegenstand, sieht ihn auf

der

---

s) Luc. X, 30.

der kalten Erde gestrecket liegen, und sich in seinem Blute wälzen. Er bekümmert sich aber nicht weiter um ihn. Ja, damit er die Unruhe einer Nachfrage vermeiden möchte: so geht er auf der andern Seite vorbey. — Kaum war er hinweg, so kam ein Levite heran. Dieser Mann gieng näher hinzu, und sah das erbärmliche Spectakel an. Er besichtigte den Zustand mit Muße und Aufmerksamkeit t). Ob nun aber gleich eine jede Schramme in dem blutigen Fleische um Mitleiden rief und flehete: so redete doch dieser Diener des Heiligthumes weder ein Wort ihn zu trösten, noch rührete er eine Hand, ihm zu helfen. — Zuletzt kam ein Samariter u); einer von

dem

t) Dieses scheint in den Worten ελθων και ιδων enthalten zu seyn. Lucä X, 32. Dadurch wird die Vorstellung verändert, und die Beschreibung der jüdischen Unmenschlichkeit erhöhet.

u) Wenn dieses ein Gleichniß gewesen: so können wir die Richtigkeit unsers Herrn Jesu so wohl bey der Annehmung des Ortes zu dieser Begebenheit, als auch bey der Wahl der Umstände, nicht genug bewundern. — Es ist die Grundregel eines großen Kunstrichters

Ficta voluptatis causa sint proxima veris.

Und wie scheinbar ist nicht das Ansehen der Wahrscheinlichkeit in dieser heiligen Erzählung! — Der Weg von Jerusalem nach Jericho, welcher durch eine Wüste gieng, wurde von Spitzbuben sehr unsicher gemacht, und lag auch zu ihren gewaltthätigen Absichten sehr bequem. — Was konnte sich wahrscheinlicher Weise ereignen, als daß ein Priester und Levite diese Straße reiseten? Denn Jericho war eine Stadt, die den Leviten zugehörete, und nicht weniger, als zwölftausend Personen enthielt, die des Dienstes im Tempel warten mußten.

Wie

dem verabscheueten Volke, welches die Juden mit einem unversöhnlichen Grolle haſſeten. Obgleich der Levite

Wie ſcharfſinnig ſind nicht die Umſtände des Hauptbildes angegeben! — Hätte das Unglück einen Samariter befallen: ſo würde es nur ſchwache Eindrücke des Mitleidens gemacht haben; und dieſe würden vielleicht ſo gleich durch die ſtärkern Regungen des Haſſes ſeyn vertilzet worden. Da es aber ein Jude war, welcher da lag und ſich zu Tode blutete: ſo konnte die Vorſtellung gewiß den Zuhörer an dem Elende Theil nehmen laſſen, und eine zärtliche Bekümmerniß erwecken. — Wäre die Hülfe von einem Juden geleiſtet worden: ſo würde die Wohlgewogenheit zwar wohl, aber doch mit einem weit ſchwächern Lichte, geſchimmert haben. Wie glänzend, — wie reizend und wie unwiderſteblich helle — hingegen war nicht der Glanz einer ſolchen Guttthätigkeit, da ſie von den Händen eines Samariters kömmt, den alle Juden zu verabſcheuen, zu verfluchen, und mit den hölliſchen Feinden ſelbſt in eine Reihe zu ſtellen, einig ſind!

Der Leſer erwäge nur die Gemüthsbeſchaffenheit, welche in der verbitterten Anzüglichkeit, Joh. VIII, 48. Du biſt ein Samariter und haſt den Teufel, ausgedrücket wird. — Er vergleiche dieſe eingewurzelte Feindſeligkeit mit dem gutthätigen und mitleidigen Geiſte unſers liebenswürdigen Reiſenden. — Dann ſage er, ob er jemals eine feinere oder kühnere Gegeneinanderſtellung der Theile eines Gemäldes geſehen hat? Ob er im Ganzen, die Anordnung eines beſchreibenden Gemäldes jemals richtiger gezeichnet oder glücklicher ausgeführet geſehen?

Ich wollte wohl um Erlaubniß bitten, noch ferner zu beobachten, daß ſich der giftige Haß der Juden ſelbſt in der Antwort des Schriftgelehrten entdecket: Der die Barmherzigkeit an ihm that. Er will den Samariter nicht einmal ſo viel würdigen, daß er ihn nennet;

Levite einen sterbenden Bruder nicht geachtet hatte; obgleich der Priester seine Barmherzigkeit vor einem aus dem besonders eigenen Volke Gottes zurückgehalten hatte: so zerschmilzt doch dieser Samariter, den Augenblick, da er diesen unglücklichen Menschen sieht, in Erbarmen. Er vergißt den erbittertsten Feind, und betrachtet einzig und allein das nothleidende Nebengeschöpf. Er springt von seinem Pferde, und entschließt sich, seine Reise zu unterlassen. Das Oel und den Wein, den er zu seiner eigenen Erquickung mitgenommen hatte, machet er freywillig zu heilenden Salben. Er verbindet seine Wunden, setzet den unvermögenden Frembling auf sein eigenes Thier, und führet ihn mit allem ämsigen Fleiße eines Dieners, mit aller Zärtlichkeit eines Bruders, in einen Gasthof. Daselbst läßt er Geld zu seinem gegenwärtigen Gebrauche, trägt dem Wirthe auf, nichts zu unterlassen, was zum Troste seines Gastes gereichen kann, und verspricht alle Unkosten für sein Zimmer, seine Unterhaltung und seine Heilung zu bezahlen.

Was für ein lebhaftes Gemälde ist das von der uneigennützigsten und thätigsten Wohlgewogenheit! einer Wohlgewogenheit, die keinen Menschen, auch selbst Fremde und Feinde nicht, von ihrer zärtlichen Achtung ausschließt; welche bey ihren Liebeswerken sich vor keiner Herunterlassung scheuet, keine Kosten

bedau-

---

* * * vornehmlich in einem Falle, wo er ihn nicht eine rühmliche Unterscheidung nennen konnte. ——
So stark sind die Sitten, τα ηθη, oder die unterscheidenden Eigenschaften einer jeden Person in den heiligen Erzählungen bemerket, und so genau sind sie

bebauert. — Hätte wohl irgend eine Art von Ueberzeugung zwingender und zu gleicher Zeit auch vergnüglicher seyn können, als die Frage, die unser Heiland that, und aus der Geschichte herauszog: Welcher dünkt dich, der unter diesen dreyen demjenigen der Nächste gewesen sey, der unter die Mörder gefallen war? — Oder kann sich wohl ein Rath zu der Gelegenheit besser schicken, seiner Natur nach wichtiger seyn, oder mit einer spruchreichern Kraft ausgedrücket werden, als: Gehe hin und thue des gleichen. In diesem Falle unterrichtet der Lehrling, verdammet der Missethäter sich selbst. Die abergläubische Frömmigkeit höret sich ihre Vorurtheile benehmen; und der Stolz, wenn die Sittenlehre so süß, so unvermerkt beygebracht wird, der Stolz selbst leihet der Ermahnung ein williges Ohr.

Aspasio. Es ist mit gutem Rechte angemerket worden, daß diese Beredsamkeit durch Gleichnisse den Weisen so wohl rühre, als den Unwissenden verständlich sey. — Sie zeiget den Punct, welcher erläutert werden soll, vielmehr, als daß sie ihn erzählet x). Sie ist von den besten Richtern zu allen Zeiten bewundert worden. Sie ist aber niemals zu ihrer höchsten Vollkommenheit gebracht worden, als bis unser Heiland das Gleichniß von dem ungerathenen Sohne erzählet y), welches eine Schönheit hat, die keine Umschreibung erhöhen kann; eine Deutlichkeit, welche alle Auslegungen unnöthig machet, und eine Stärke, die ein jeder Leser fühlen muß, welcher nicht ganz unempfindlich ist.

Thes

---

x) Difcentem faget Seneca et audientem in rem praefentem adducunt. *Epift.* LVIIII.   y) Luc. XV, n.

Theron. Die Herablassung und Güte Gottes ist überall sichtbar. — In dem, was die Natur hervorbringt, übersendet er uns die schätzbarsten Früchte durch Vermittelung der lieblichsten Blüthen. Obgleich das Geschenk an sich überaus annehmlich ist: so hat er solches doch noch über dieses durch die Schönheiten, die es bekleiden, oder den süßen Geruch, der es umgiebt, beliebter gemacht. — In den Blättern der Offenbarung ist es eben so. Er hat uns die herrlichsten Wahrheiten mitgetheilet, die mit allen Annehmlichkeiten des Vortrages geschmücket sind; mit solchen Annehmlichkeiten, die den sinnreichen Kopf noch mehr ausarbeiten, und den wohlverdienten Mann verbessern können; mit solchen Annehmlichkeiten, die unsere Einbildungskraft höchlich vergnügen, selbst da sie unsere Sittenlehre anbauen und läutern; — so daß sie wirklich, wie einer von ihren göttlichen Schriftstellern sehr zierlich saget, nicht anders sind, als goldene Aepfel in silbernen Gemälden z).

Aspasio. Wer wollte denn nun nicht mit Freuden die huldreiche Ermahnung annehmen: Lasset das **Wort Christi** unter euch reichlich woh-

---

z) Sprüche Sal. XXV, 11. Theron folget hier der angenommenen englischen Uebersetzung. Ich wollte aber lieber des Glassius Auslegung vorziehen, welcher setzet משכיות כסף bedeute Retiacula argentea, in quibus oculi sunt minutissimi, penetrabiles tamen visu. Nach dieser Erklärung werden uns in der Stelle goldene Aepfel in durchbrochener Arbeit von Silber, oder in silbernen Schaalen gezeiget, wo die ausnehmend schöne Frucht noch einen neuen Reiz bekömmt, indem sie durch die zierlichen Oeffnungen des Silbers durchscheint.

nen a)? Wer wollte nicht willig dem gütigen Befehle gehorchen: Du sollst davon reden, wenn du in deinem Hause sitzest, oder auf dem Wege gehst, wenn du dich niederlegest oder aufstehst b)?

Wenn ich die Sprache der Schrift erwäge, und zuweilen ihre Kraft in meiner Seele erfahre: so bin ich geneigt, zu sagen: — „Andere Schriften, wenn „sie gleich mit den feinsten Zügen der Kunst ausgear„beitet sind, klingen nur in dem Ohre oder bewegen „uns, wie das Schäferrohr. Diese aber rühren — „erschrecken — entzücken uns, auch selbst mitten un„ter ihrer edlen Nachläßigkeit: fast so wie die Stim„me des Donners oder des Erzengels Posaune,,.

Wenn ich den Inhalt der Schrift betrachte, und glaube, daß ich an denen Verheißungen, die sie thut, und an denen Vorrechten, die sie ertheilet, selbst Antheil habe: so werde ich bewogen, auszurufen: „Was sind alle andere Bücher in der Welt in Ver„gleichung mit diesen unschätzbaren Schriften? Wei„ter nichts, als eine ergötzende Neuigkeit, oder ein „wenig

a) Coloss. III, 16. Das Wort Christi. So nennet der Apostel alle von Gott eingegebene Schriften, und behauptet dadurch die Gottheit seines Meisters. Reichlich, in dem vollesten Maaße und mit der größten Kraft, so daß es das Gedächtniß anfüllet, den Willen lenket, und alle Neigungen desselben treibt. — Wohnen, nicht einen kurzen Aufenthalt haben, oder einen gelegentlichen Besuch abstatten, sondern einen beständigen und festen Sitz nehmen.
b) 5 B. Mose VI, 7.

„wenig kluge Regeln zur Hauswirthschaft in Vergleich=
„ung mit eines Vaters letztem Willen, einem kö=
„niglichen Gnadenbriefe, oder einer kaiserlichen Ver=
„leihung einiger Gerechtsamen und Güter„?

Alle diese Umstände erinnern mich an einen Lob=
spruch, welcher höchstverdienter Weise der Bibel ge=
geben worden. So ganz ungekünstelt er auch ist; so
denke ich doch, daß er überflüßig mehr ausdrücket,
als die allersorgfältigste Bemühung der Redekunst. —
Er ist von den Lippen eines Märtyrers gekommen,
welcher deswegen zum Tode verdammet worden, weil
er den reinen Lehren der heiligen Schrift unverbrüch=
lich anhing. Da solcher nun zu dem Brandpfahle
gekommen war, und sich zur Hinrichtung gefasset hat=
te: so nahm er in diesen beweglichen Worten seinen
letzten Abschied: „Lebet wohl, Sonne und Mond!
„Lebet wohl, alle Schönheiten der Schöpfung und
„aller Trost des Lebens! Lebet wohl, meine geehrte=
„sten Freunde! Lebet wohl, meine geliebten Anver=
„wandten! Und lebe wohl du kostbares, kostbares
„Buch Gottes„!

Aspasio hatte kaum die letzten Worte ausgesa=
get, so kam ein Diener herein, und that ihnen zu
wissen, das Abendessen stünde auf dem Tische. —
Unsere Mahlzeit hat doch recht bequem so lange ge=
wartet, bis unsere Unterredung geendiget worden.
Wir haben gezeiget, was für ein weites Feld von er=
götzlichen Betrachtungen die heilige Schrift eröffnet,
und was für viele Materialien zu den geläutertesten Ge=
sprächen

Das I Gespräch.

sprächen c) sie darreicht. Wie nichts unanständiger seyn kann, als wenn wir in unserer eigenen Aufführung dasjenige vernachläßigen, was wir andern zur Ausübung anpreisen: so lassen Sie uns selbst diesen Abend anfangen, unsere Zusammenkünfte mit diesen verbessernden Materien zu veredeln. Wir wollen uns bemühen, geistliche Unterredungen, die auf alle Art und Weise zu wünschen sind, in einigem Grade modisch zu machen.

c) Sollte der ernsthafte Leser noch einige weitere Ueberredungen zu dieser höchstwohlthätigen Uebung brauchen: so mag er sehen: — wie unser göttlicher Meister besonders die Beschaffenheit unserer Unterredungen beobachtet. Luc. XXIV, 17. — wie genau er solche gesellschaftliche Gespräche anbefohlen hat, welche zum Nutzen der Erbauung abzielen können. Eph. IV, 29. — Und was für einen Einfluß unsere Ausübung oder Hindansetzung dieses Gebothes bey dem Ausschlage der Schaale, an dem Tage des jüngsten Gerichts haben werde. Matth. XII, 36. 37.

Das

Das II Gespräch.

Spatziergang durch die Gärten. — Die schöne Ge=
stalt und nützliche Einrichtung der Dinge. — Vor=
bereitende Abhandlung von der Zurechnung der Ge=
rechtigkeit Christi. — Die Bedeutung der Wör=
ter wird fest gesetzet.

Den folgenden Morgen, da das Frühstück vor=
bey war, thaten Theron und Aspasio ei=
nen Spatziergang in den Garten — Ihre
Lebensgeister waren munter, und ihre Einbildungs=
kraft lebhaft — Dankbarkeit glühete in ihrem Her=
zen, und die ganze Schöpfung lächelte rund um
sie herum.

Der an das Haus anstoßende Fleck war zur
Wartung der Blumen bestimmet. — In vieler=
ley schönen Betten waren die auserlesensten Schön=
heiten der blühenden Natur zusammen gebracht.
Hier hieng die Hyacinthe ihre seidenen Glocken, oder
die Lilien richteten ihre silbernen Pyramiden auf. Da=
selbst stund die saubere Narcisse in einem Mantel von
schneeweißem Glanze locker geputzt a); oder die
glänzende Ranunkel trug eine ganze völlig ausstaf=
firte Kleidung von stralendem Scharlache. Feldnel=
ken erhoben sich, die Ränder mit einem Schmelzwerke
zu zieren. Rosen thaten sich auf, die Wände zu be=
klei=

a) ——— Hiantem flore decoro
Narcissum.

Helden, welche auf allen Seiten mit einer verschwenderischen Menge schöner Gestalten umgeben waren, die entweder noch in dem Stengel stecketen, oder die Knospen aufbrachen, oder in voller Ausbreitung blüheten.

Dieses war durch eine schlechte Abtheilung, eine Art von grünender Brustwehr begränzet. Sie stiegen durch solche auf einem sanften Abhange von Stufen hinab, und wurden mit der zierlichen Einfalt eines Küchengartens beschenket. — An dem einen Orte konnte man die Sonnengoldbluhme blühen, oder die Bohnen in der Blüthe stehen sehen. An einem andern Orte kräuselte die Endivien ihre Blätter, und die Lactuke verdickete ihre Kolben: der Bluhmenkohl suchete seine schöne Farbe unter einem grünen Schirme zu verwahren; da die Boragen ihre Locken umher fliegen ließ b), und sie mit blühenden Juweelen von einem feinern Himmelblau als die feinesten Sapphire durchflocht. — Auf den sonnichten Abhängen lagen die Gurken und Melonen, und wärmeten sich in den gesammleten Stralen. Auf den erhöheten Betten schien der Artischoke eine Standarte aufzustecken, unterdessen daß der Spargel in Glieder von Speeren schoß c). Der ebene Grund brachte allerhand kühlende

---

b) Dieses bezieht sich auf die lockere unordentliche Art des Wuchses seines Laubes.

c) Es zielet dieses nicht allein auf die Gestalt, sondern auch auf den Wuchs dieser Pflanze, welcher so ungewöhnlich schnell ist, daß man beynahe sagen kann, sie springe vielmehr aus der Erde heraus, als daß sie aus solcher heraus komme.

sende Sallate und eßbare Kräuter hervor. Es fehlte nichts, die gesunde Schwelgerey eines Gastmahles vor der Sündfluth mit allem zu versehen.

Bald kam eine hohe Wand dazwischen. In solcher öffnete sich ein Pförtchen, und ließ sie in die ordentlichen und gleich weit von einander stehenden Reihen eines Baumgartens. — Diese Pflanzung war so niedlich angeleget, daß sie wie eine Reihe von Landspatzierplätzen, oder wie eine Sammlung von mannichfältigen Aussichten aussah. Das Auge wurde überall mit der genauesten Einförmigkeit unterhalten; und schoß gleich einem Pfeile mit ungehemmter Gemächlichkeit von einem Ende, der sich in Zweigen ausbreitenden Reihen bis an das andere — Auf allen Aesten lag eine liebliche Auswickelung der Blüthen, die milchweiß gekleidet, oder mit dem sanftesten Rothe etwas gefärbet waren. Sie drängeten sich in eine allgemeine Traube zusammen, ohne einigen leeren Raum für die Blätter zu lassen, und bildeten also den schönsten, den anmuthigsten, den größten Alcoven, den sich die Phantasie selbst nur einbilden kann. — Er war wirklich dem Hofe der Gratien gleich. Niemand konnte sich demselben nähern, ohne seine Ideen erheitert zu finden, oder sein Gemüth ermuntert zu fühlen.

Dicht an diese richtiggesetzten und geordneten Dinge hatte die Natur eine Wildniß geworfen, die ganz begrauet, in einander verwachsen und prächtig unordentlich war. Sie streckete sich mit einem weiten zirkelmäßigen Schweife gegen Norden, und sicherte so wohl den Kohlgarten als Baumgarten vor den beschwerlichen Winden. — Junger Anflug von Haseln sein und blühende Gesträuche fülleten die niedrigen Räume an, da inzwischen Pappeln hoch in der Luft zitterten, und Fichten mit ihren laubichten Spitzsäulen die Wolken durchstachen. Hier wuchsen Klumpen von Tannen in ewiges Grün gekleidet: dort stunden Forste von Eichen, welche von alten Zeiten her den Wintersturm überstanden hatten. — Mitten in diesem Waldtheater lief ein krummer Weg, der mit Ulmen von unüberwindlicher Höhe besetzet war, deren Zweige sich oben im Gipfel vereinigten, einen stattlichen Bogen errichteten, und einen feyerlichen Schatten herabwarfen. Es war unmöglich, in dieses majestätische Labyrinth zu treten, ohne von einem ergötzlichen Schrecken gerühret zu werden. So wie sie weiter fortgiengen, so brachte auch jede Krümmung eine tiefere Dunkelheit hervor, und erweckete eine mehr nachdenkende Aufmerksamkeit.

Nachdem sie nun in diesem finstern Gange ohne einen Strahl vom Sonnenlichte, ohne den kleinsten Blick vom Himmel zu haben, herumgestreifet waren: so schritten sie plötzlich auf einmal an den hellen lichten Tag. — Erstaunend rief Aspasio: was für ein Wechsel ist das! Was für vergnügungsvolle Bezauberung ist hier! — Den einen Augenblick ist man in des Trophonius Höhle d) versenket, wo das Schaudern sauer sieht, und Finsterniß die Stirne runzelt.

d) Der Leser kann eine artige Nachricht von dieser Höhle, nebst einer sehr scherzhaften, und (welches stets den Scherz begleiten sollte, oder sonst wird er gleich einem Stachel ohne Honig seyn) einer lehrreichen Beschreibung von deren Wirkungen bey dem Zuschauer im 598 und 599 St. des VIII Bandes finden.

Das II Gespräch. 49

zelt. Den folgenden Augenblick darauf wird man in die romanhaften Gefilde von Arkadien versetzet, wo alles licht, alles freudig ist. — So schnell als die Gedanken e), breiten die Bogen des Himmels ihr Blau aus, Thürme und Spitzen schießen in die Wolken. Städte mit ihren geräumigen Gebauden breiteten sich vor dem bewundernden Gesichte aus. — Diese von den frischesten Kräutern grünen Ebenen, diese von wallendem Korne reichen Felder, wo waren sie insgesammt einen Augenblick vorher? — Dieß erinnert mich an den merkwürdigen Stand des jüdischen Gesetzgebers, da er auf die Spitze des Berges Pisgah gestiegen. Er übersah das treffliche Land der Verheißung — er übersah die Ströme und die Wasserbäche die mit Honig und Butter flossen — er sah die Berge mit süßem Weine triefen, und die Hügel mit Milch fließen f); er sah alles das mit denjenigen Augen an, welche

e) Solch eine plötzliche Veränderung der Aussicht wird vom Milton schön beschrieben:

— — Als wenn zuletzt ein Späher,
Nachdem er mit Gefahr durch öd' und finstre Wege
Die Nacht gegangen ist, beym Anbruch heitern Lichts
Den Gipfel eines Bergs, der hoch sich schwingt, erreicht,
Wo, eh er sichs versieht, von einem fremden Lande,
Das er zum erstenmal erblicket, oder auch
Von einer großen Stadt, mit blitzend hellen Spitzen
Und Zinnen ausgeschmückt, die itzt die Sonne gleich
Durch ihren Strahl vergüldt, die schöne Aussicht sich
Vor seinem Aug entdeckt.   III Buche.

f) So redet das Buch Hiob und Joels Prophezeyung. Diese Sprache ist wie der Schauplatz, den sie beschreibt,

II Theil.   D

welche vierzig verdrießliche Jahre lang nichts anders, als dürren Sand, rauhe Felsen, und die beschwerlichen Wüsten einer öden heulenden Wildniß gesehen hatten.

Hier setzeten sie sich auf den ersten Rasenhügel g), welcher sein Ruhebette darboth. Die aufgehende Sonne hatte den Fleck besuchet, den Thau aufzutrocknen, und die Dünste aufzuziehen, die der Gesundheit Schaden bringen könnten, die Veilchen zu eröffnen und die Gänseblümchen auszubreiten, welche die grüne Flur schmücketen. Der ganze Schatten des Waldes war hinter ihnen gesammelt, und eine schöne, ausgedehnte, und auf vielerley Art abgesetzete Landschaft breitete sich vor ihnen aus.

Theron machete nach seiner ordentlichen Gewohnheit viele lehrreiche Anmerkungen über die Aussicht, und das, womit sie versehen war. Er spührete die Fußstapfen einer alles fassenden Erfindungskraft, und wies die Züge einer unnachahmlichen Geschicklichkeit. Er beobachtete die großen Aeußerungen der Macht, und die reiche Fülle der Güte, die durch das Ganze auf eine höchst merkliche, höchst reizende Art sichtbar waren. Sonderlich hielt er sich bey einem Umstande mit einer besondern Zufriedenheit lange auf.

Theron.

schreibt, nicht nur schön, sondern auch selbst bis zur Ueppigkeit schön und reich. — Man sollte beynahe den lyrischen Dichter im Verdachte haben, als wenn er diese Stelle gelesen, und ihren feinen Schönheiten nachzuahmen versucht hätte.

    Vinique fontem, lactis et uberes
      Cantare rivos atque truncis
        Lapsa cavis iterare mella. *Lib. II. Od. 19.*

g) Horaz würde ihn genannt haben: Cespes fortuitus.

Das II Gespräch.

Theron. Sehen Sie, Aspasio, wie alles eingerichtet ist, den Menschen das höchste Vergnügen zu verleihen. —— Diese Bäume und Hecken, welche die äußersten Enden der Landschaft besäumen, scheinen, indem sie sich von ihrer wirklichen Größe wegstehlen, und durch sanfte Verminterungen verkleinern, zierlichen Miniaturgemälden gleich zu seyn. Diejenigen, welche die näherliegenden Stellen einnehmen, sind ein ganzer Satz von edlen Bildern, welche in vollem Verhältnisse und in einer Mannifaltigkeit von angenehmen Stellungen, das Auge aufschwellen. Beyde von ihnen zieren die verschiedenen Zimmer unsers gemeinschäftlichen Wohnhauses mit einer Vermischung von zarter Zierlichkeit und Größe.

Die Blüthen, welche die Zweige bekleiben; die Blumen, welche die Wiesen sticken, wenden sich an unsere Augen, und unterhalten sie mit allem Reize der Schönheit h). Bey andern Geschöpfen hingegen gebricht

---

h) Daher borget der Prophet, wenn er die mit allen Schönheiten der Heiligkeit geschmückte christliche Kirche beschreibt, seine Bilder von diesen liebenswürdigen Gegenständen. Jacob wird wurzeln und Israel blühen und grünen. Jes. XXVII, 1. —— Ja, selbst die Wüste und Einöde der heidnischen Völkerschaften, wenn sie sich zu Christo bekehret haben, wird blühen wie die Lilien. Jes. XXXV, 1. —— Ich will Israel wie ein Thau seyn, daß er wie eine Rose blühen soll, und seine Wurzeln sollen ausschlagen wie Libanon. Hos. XIV, 6. Was für ein zierliches Gemälde! Und was für eine tröstliche Verheißung! Hier ist die Königinn der Blumen, und der Fürst unter den Bäumen. Nichts ist schöner als die Rose in voller Blüthe; nichts ist fester, als die tief gewurzelten Cedern.

bricht es ihnen an allen den Anlockungen, welche von einer Verbindung der lieblichsten Farben und der anzüglichsten Gestalten entspringen. — Jene Ströme, dort, welche mit glatter Heiterkeit längst den Thälern hinrinnen, wobey sie dem entfernten Gesichte gleich Platten von geschliffenem Crystalle, glänzen, oder das aufmerksame Ohr mit dem sanften Wassergemurmel liebkosen, sind der Einbildungskraft eben so erquickend, als dem Erdreiche, wodurch sie gehen. — Das überaus große ungeheure Gebirge; der steile und schwindlichte Absturz; das hängende Grausen des felsichten Vorgebirges, verschaffen, so wild und entsetzlich sie auch sind, der menschlichen Seele dennoch eine angenehme Unterhaltung, und gefallen, selbst indem sie erschrecken. Die Thiere hingegen achten auf diese majestätischen Häßlichkeiten weiter nicht, als bloß die Gefahr zu vermeiden, womit sie drohen.

Aspasio. Wie wunderbar erhöhen doch solche Betrachtungen unsern Begriff von des Schöpfers Güte, von seiner recht ausnehmenden Güte gegen das menschliche Geschlecht! Und sollten sie nicht ebenmäßig

Cedern. Doch diese sind eine Vorstellung, und zwar nur eine schwache Vorstellung von der Schönheit, welche der allgnädige Erlöser über sein Volk bringt, und von der Standhaftigkeit, die es von seiner unverbrüchlichen Treue herleitet.

Man merke. Das vierzehnte Capitel des Propheten Hosea ist eins von denjenigen, welche ihrer besondern Wichtigkeit und Vortrefflichkeit wegen verdienen, nicht allein bey unserm Lesen mitgenommen, sondern auch unserm Gedächtnisse einverleibet zu werden.

Das II Gespräch.

sig den ewigen Wohlthäter in unsern Herzen noch beliebter machen? — Seine allezeit gutthätige Hand hat mit verschwenderischer Freygebigkeit über alle Ordnungen von beseelten Wesen Segen ausgestreuet. Gegen uns aber übet er seine Gutthätigkeit auf eine viel höhere Art aus. Wir werden als seine besondere Lieblinge gehalten. Wir werden desjenigen Vergnügens theilhaftig gemacht, welches sonst niemand, als wir, zu schmecken vermögend ist.

Theron. Eben so wichtig ist auch eine andere Anmerkung, ob sie gleich sehr bekannt ist. Die Bestimmung aller dieser äußerlichen Dinge ist nicht weniger vortheilhaft, als ihre Bildung schön ist. — Die Blüthe, welche mit ihren zarten Farben das Auge einnimmt, ernähret die noch ungebohrne Frucht, und bildet in seinen seidenen Falten die ersten Grundlagen zu einem künftigen Nachtische. — Diese Ströme, welche von ferne wie fließendes Silber scheinen, sind in dem, was sie hervorbringen, noch weit schätzbarer, und in ihren Diensten noch weit ersprießlicher, als sie in ihrem Ansehen liebenswürdig sind. Sie ertheilen, so wie sie längst ihren sich krümmenden Ufern hinrollen, unsern Häusern Reinlichkeit und unsern Ländereyen Fruchtbarkeit. Sie ernähren, und zwar auf ihre eigenen Kosten, einen niemals fehlenden Vorrath von den schönsten Fischen. Sie besuchen unsere Städte, und bedienen unsere Werfte, als so viele öffentliche Fahrzeuge, die bereit sind, zu allen Stunden abzugehen.

Diese Schafe, welche den geschäfftigspringenden Lämmern ihre Euter auszusaugen geben, machen ihr Fleisch zu unserer Erhaltung fett; und da sie ihr eigenes Fell wollicht machen, sorgen sie für unsere tröstliche Kleidung. — Jene Kühe dort, wovon einige auf dem zarten Grase die Sprößchen abnagen, andere von der Weide satt, unter dem schattichten Gebüsche widerkäuen, kochen verdauend, ob sie wohl von solcher Absicht nichts wissen, zu unserm Gebrauche einen von den süßesten, reinesten, gesundesten Säften in der Welt. — Die Bienen, welche summend um unsern Sitz fliegen, und ihr Werk auf den duftenden Blüthen fortsetzen, sammlen Balsam und Süßigkeit, den reichsten Syrup zu verfertigen. Ob solcher nun gleich die Frucht ihrer Mühseligkeit ist: so ist sie doch zu unserm Besten abgezielet.

Die Natur und ihre ganze Familie sind unsere gehorsame Bediente, unsere stets beschäfftigten Arbeitsleute. Sie bringen die Früchte ihrer vereinigten Aemsigkeit und schütten sie in unsern Schooß, oder legen sie in unsern Vorrathskammern verwahrlich bey.

Aspasio. Wer kann jemals diese unermeßliche Gütigkeit genugsam bewundern? — Der höchste Anordner aller Dinge hat befohlen, Vergnügen und Nutzen sollen gepaaret durch seine ganze weite Schöpfung gehen. Er machet alle Dinge so vollkommen angenehm, als wenn die Schönheit ihr einziger Endzweck wäre: jedoch auch alle Dinge so ausnehmend dienlich i) als wenn die Nutzbarkeit allein ihre Absicht gewesen. — Und er hat als eine uns am meisten gewinnende Einladung zur Dankbarkeit den Menschen zum

---

i) Omnes mundi partes ita constitutae sunt, ut neque ad usum meliores esse poterint, neque ad speciem pulchriores.   CIC. *de nat. Deor.* Lib. II.

Das II Gespräch.

zum Mittelpuncte gemacht, in welchen sich alle Ausflüsse seiner Gutthätigkeit, die durch dieses ganze irdische Gebäude ausgebreitet sind, endlich zuletzt vereinigen.

Aber, mein werther Theron, ist nicht dieses auf eine weit wunderbarere Art durch die ganze Einrichtung der Erlösung augenscheinlich? — Es war etwas kleines für diese untere Classe von unvernünftigen Geschöpfen, sich zu unserm Besten beständig etwas zu thun zu machen. So gar der Sohn des allerhöchsten Gottes that ebendasselbe, so lange er im Fleische war. — Er nahm Fleisch an sich, und trug die Schwachheiten der menschlichen Natur, nicht seinetwegen, sondern für uns Menschen und für unsere Seligkeit. Er litt Mangel und stund Elend in allen seinen Arten aus, damit wir volle Freude besitzen, und einen Ueberfluß an Vergnügungen immer und ewig haben möchten. — Als er seine Seele in Todesängsten unter dem Fluche eines rächenden Gesetzes von sich gab; was für einen andern Endzweck hatte er vor Augen, als daß er uns der ewigen Glückseligkeit theilhaftig machen möchte? Als er das ganze befehlende Gesetz erfüllete, vollkommen erfüllete; geschah es nicht deswegen, damit uns sein Verdienst möchte zugerechnet werden? damit wir durch seinen Gehorsam möchten gerecht gemacht werden? Ja

> Er lebte nur für uns, und die Beschwerlichkeit
> Trug er für unsre Ruh; für unsre Sicherheit
> Floß sein so theures Blut —

Nichts in dem ganzen Laufe —

Theron. Verzeihen Sie mir, Aspasio, daß ich Sie unterbreche. Ich habe keinen Einwurf wider die

die allgemeine Absicht Ihrer Rede. Allein, der besondere Begriff von einer zugerechneten Gerechtigkeit ist mir stets in einem sehr lächerlichen Lichte erschienen. Und ich muß Ihnen sagen, daß ein solches puritanisches Nostrum eine sehr unanständige Figur unter Ihren andern männlichen und richtigen Gedanken von der Religion machet.

Aspasio. Sie wissen, Theron, ich habe vorlängst das unedle Vorurtheil gemisbilliget, welches Lehren verwirft, oder Personen verachtet, weil sie zufälliger Weise mit verächtlichen Namen gebrandmarket sind. Es ist wahr, die Schriftsteller, welche Puritaner genannt werden, sind wegen des Eifers merkwürdig, womit sie dieser besonders eigenen Lehre des Evangelii ergeben sind. Er läuft durch alle ihre theologischen Werke; und unterscheidet sie gar sehr von der allgemeinen Art unserer heutigen Schriften. — Aber muß er daher unrecht seyn, weil er von einer besondern Partey Leute gehandhabet wird? Oder sind sie die einzigen Sachwalter für diese wichtige Wahrheit?

Theron. Ey, es ist, wie ich gemuthmaßet habe. Ich habe neulich aus verschiedenen Worten, die mein Aspasio in seinen Reden hatte laufen lassen, geschlossen daß er in die niedrigen unedelmännischen Sonderlichkeiten dieser grillenhaften Schwärmer einschlüge.

Aspasio. Ich kann nicht begreifen, warum Sie dieselben grillenhaft nennen wollen. — Den Glauben auf seine eigentliche Grundstütze, die verdienstliche Gerechtigkeit des Erlösers zu setzen, und den Gehorsam von seinem wahren Ursprunge, der
liebe

Liebe Gottes, herzuleiten, die sich hin und wieder in dem Herzen verliert: — das Gewissen zu erforschen und den Verstand zu überzeugen; — die schlafsüchtige Seele zu erwecken, und die bedrängte zu trösten: und alles von einer gänzlichen Kenntniß des göttlichen Wortes, die mit einer meisterlichen Anwendung desselben verknüpfet ist — das sind gewiß keine grillenhaften Gaben, sondern wirkliche Vortrefflichkeiten. Diese aber, wenn wir der Geschichte glauben können, zeigeten sich in dem Predigen; diese, wenn wir unparteisch untersuchen wollen, werden in den Schriften der Puritaner gefunden werden — Und Sie werden sich zu erinnern belieben, eine Perl ist noch immer eine Perl, wenn sie gleich in eines Mohren Ohren hangen sollte.

Theron. In der That, Mohren! Sie haben dieses finsterernsthafte und düstere Geschlecht nach der Wahrheit characterisiret. Ich hoffe nicht, daß Sie gesonnen sind, ihre feyerliche Ernsthaftigkeit und Zurückhaltung in ihren freyen und einnehmenden Umgang einzuführen; wiewol dieses, so viel ich urtheilen kann, nicht unanmuthiger sein würde, als solche veraltete Begriffe an ihren eigenen geläuterten Entwurf des Christenthumes zu flicken.

Aspasio. Sie sind zu spaßhaft, werthester Freund; und ich fange an, unvermerkt davon angesteckt zu werden. Wir thun besser, wenn wir zu unserer ersten Materie wieder zurück kehren. Lassen Sie uns die Wunder der Schöpfung betrachten, und wie wir die Werke bewundern, den Schöpfer anbethen lernen.

Theron. Keine von ihren Ausflüchten, mein lieber Aspasio. Sie müssen nicht denken, daß Sie mich auf solche Weise abbringen wollen. Ich habe gern eine bequeme Gelegenheit haben wollen, Sie wegen dieses Punctes aufzuziehen, und aus diesen geistlichen Ungereimtheiten heraus zu disputiren oder heraus zu lachen.

Aspasio. Wenn Sie keinen Friedensvertrag bewilligen wollen: so hoffe ich doch, Sie werden einen Waffenstillstand zugestehen; zum wenigsten bis ich meine Truppen mustern und zur Rettung meiner Grundsätze rüsten kann.

Theron. Nichts; Sie werden belanget, auf der Stelle und gleich aus dem Stegereife für sich und für eben dieselben seinen Meynungen zu antworten. — Ich werde es so mit Ihnen machen, als es der römische Bürgermeister mit dem zögernden Monarchen machete. Als er seine Antwort auf die Forderungen des Senats aufhob und sagete: er wollte die Sache überlegen: so zog der gleich entschlossene Gesandte mit seinem Stabe einen Kreis um ihn, und drang auf eine genaue ausdrückliche Antwort, ehe er aus diesem Bezirke gienge.

Aspasio. Gleichwol werden Sie mir erlauben, zu beobachten, daß die Sache von einer sehr ernsthaften Art ist. Mit der Bedingung, daß Sie Ihre witzigen Einfälle und satirischen Hiebe unterlassen wollen, will ich Ihnen berichten, was für Gründe mich gänzlich zu dieser Lehre bekehret haben. — Einsmals hielt ich sie in der äußersten Verachtung, und bedauerte die Einfalt ihrer hintergangenen Bewunderer, wie ich sie damals nannte. Aber ich bin nun-

nunmehr ein solcher Thor geworden, daß ich wahrhaftig weise und wesentlich glückselig seyn kann. Ich habe meinen verderbten Zustand gesehen, und ich segne Gott für dieses unumschränkte Wiederherstellungsmittel. Es ist die Quelle meiner stärksten Tröstungen und der rechte Grund meiner ewigen Hoffnung.

Theron. Entschuldigen Sie mich, Aspasio, wenn die Lebhaftigkeit meiner Gemüthsart, und die scheinbarlich rohe Glaubensmeynung mich zu einer aufgeräumtern Fröhlichkeit entzündete, als sich für die Gelegenheit geziemete. Sie reden von dem Puncte mit so vieler Ernsthaftigkeit und in so wichtigen Ausdrückungen, daß sie meine Leichtsinnigkeit hemmen, und mir Ehrerbiethung anbefehlen. Belieben Sie das auszuführen, was Sie versprochen haben; und die alleracthsamste Aufmerksamkeit soll die muthwilligen Ausfälle meiner Zunge wieder gut machen.

Aspasio. Einen Misfallen wider eine Lehre fassen, bloß weil Personen von einer besondern Benennung sehr dienstfertig gewesen, die Aufnahme derselben zu befördern, das kann schwerlich mit einer unparteyischen Untersuchung der Wahrheit bestehen.

Theron. Ich gebe es zu, Aspasio. Und ich wollte mich meiner Widersetzung schämen, wenn sie auf einem so schlechten Grunde gebauet wäre. Allein, wenn ich auch von allen Parteybetrachtungen abstehe: so kann ich bey diesem vermeyntlichen Artikel unsers Glaubens doch nichts sehen, welches denselben einem nicht von Vorurtheilen eingenommenen Erforscher anpreisen kann. — Was kann ungeschickter seyn,

seyn, als der Ausdruck, oder unvernünftiger, als die Meynung?

Aspasio. Das Wort zugerechnet kann vermuthlich, wenn es in dieser Verbindung gebrauchet wird, einen unangenehmen Klang in den Ohren einiger Leute machen; weil sie solches als die besondere Redensart weniger abergläubischer Sectirer ansehen, und es bloß wegen dieses unvernünftigen Wahnes verwerfen. — Allein, wie können Sie vor dem Ausdrucke einen Ekel haben, Theron, der Sie es so oft bey den bewährtesten und scharfsinnigen Schriftstellern gelesen haben? Der Apostel Paulus, welcher in Absicht auf seine Briefe mit mehrerer Wahrheit als jener Maler von seinen Gemälden versichern konnte: *Ich schreibe für die Ewigkeit* k), machet sich kein Bedenken, diese ungeschickte Sprache einigemale in eben dem Capitel zu gebrauchen l). Milton, dessen Richtigkeit seines Geschmackes, und Eigenthümlichkeit seiner Sprache kein sinnreicher Kopf jemals in Zweifel ziehen wird, machet sich ein Vergnügen, in verschiedenen Theilen seines unvergleichlichen Gedichtes die Redensart des Apostels nachzuschreiben. —

Da

---

k) Dieses zielet auf den Maler, welcher zur Entschuldigung wegen des langsamen Fortganges und der gewissenhaften zarten Striche seines Pinsels sagte: Aeternitati pingo, ich male für die Ewigkeit. Und diejenigen Züge haben es auch nöthig, richtig zu seyn, welche so lange leben sollen, als die Zeit selbst dauern wird.

l) Röm. IV, woselbst einige Zweige von dem Worte λογιζεϑαι zugerechnet werden, nicht weniger als zehn bis eilfmal vorkommen.

Das II Gespräch.

Da es das Ansehen solcher Vorgänger vor sich hat: so ist es über allen spitzfündigen Tadel weg, und ohne alle Ausnahme bewähret.

Was die Meynung betrifft: so halte ich sie für den rechten Grundartikel des Evangelii; und ich glaube, wer nur mit der Kirchengeschichte bekannt ist, der wird zugeben, daß sie die vornehmste Gewalt an sich hat, uns aus der päbstlichen Finsterniß herauszuwickeln, und die Lehrverbesserung einzuführen. — Was saget unser Heiland in Absicht auf die Liebe Gottes und die Liebe des Nächsten? In diesen zweyen Geboten hängt das ganze Gesetz und die Propheten. Ich wollte mir wohl getrauen, eben dasselbe, was die Zurechnung unserer Sünden bey Christo und die Zurechnung der Gerechtigkeit Christi bey uns betrifft, zu sagen: In diesen beyden Lehren hängen alle Vorrechte und die ganze Herrlichkeit des Evangelii.

Theron. In unserer letzten Unterredung, ich muß es gestehen, sah ich eine starke Gleichheit zwischen den Werken und dem Worte Gottes. Aber ich habe niemals etwas in der Natur beobachtet, welches nur die geringste Aehnlichkeit mit einer zugerechneten Sünde oder einer zugerechneten Gerechtigkeit an sich gehabt. — Mir scheinen ihre beyden Lehren sehr unerweislich und unvernünftig.

Aspasio. Daß unsere Sünden dem eingebohrnen Sohne Gottes sollten aufgeleget, und daß seine Gerechtigkeit auf die sündigen Würmer sollte gebracht werden, ist fremd, überaus fremd. Der Psalmist nennet solches eine wunderliche Güte m). Der Apostel

m) Psalm XVII, 7.

Apostel heißt es: die über das Erkänntniß gehende Liebe n). Und es hat zuweilen, ich muß es frey bekennen, meinen Glauben beynahe wankend gemacht. — Gleichwol habe ich mich in dieser Verwickelung nicht allein durch die Zeugnisse der Schrift, sondern auch durch die Betrachtung der Natur ausgeholfen gefunden. Die ganze Natur ist voller seltsamen und geheimnißvollen Wirkungen, folglich kann sie auch für die geheimnißreichen Wahrheiten des Christenthums die Gewähr leisten.

Wie erstaunlich sind die Versuche der Electricität, und die verborgnen Eigenschaften des Magnetsteines! Wie erstaunlich diejenigen unzähligen Legionen Ausflüsse, welche von einem kleinen riechenden Körper ausdünsten, und diejenigen unendlichen Myriaden von Lichttheilchen, welche aus einem kleinern flammenden Wesen o) herausgehen! Da ist kein Grashälmchen, welches nicht allen menschlichen Begriff übersteigt; und kein einzelnes Sonnenstäubchen, welches nicht groß von Wundern ist; — so, daß der verständige Beobachter seine Gedanken nirgend hin richten

n) Ephes. III, 19.

o) D. Nieuwentyt hat ausgerechnet, daß von einem angezündeten Lichte von der Größe, daß ihrer sechse ein Pfund wiegen, in einer Secunde von einer Minute eine Ergießung von zehnhundert tausend Millionen mal mehr Partikelchen ausgeht, als die Zahl des Sandes, welchen die ganze Erdkugel enthält. — Dieses eine große Menge nennen würde nur wenig sagen heißen. Es ermüdet unsere Gedanken, daß sie nicht weiter können, und übertrifft die äußerste Anstrengung der Einbildungskraft.

richten kann, ohne vor Bewunderung erstaunet, entzückt, und so gar verloren zu seyn.

Weil nun das Verfahren der Vorsehung in diesem sichtbaren Weltgebäude eine aneinanderhängende Reihe wundersamer und unerforschlicher Verrichtungen ist; dürfen wir da beunruhiget werden, können wir vernünftiger Weise beleidiget werden, wenn der Entwurf der Erlösung gleichfalls verwundersam, und noch weit erstaunlicher ist? Doch, ob er gleich erstaunlich ist: so hoffe ich doch, er werde nicht, wie Sie zu verstehen zu geben, beliebeten, unvernünftig zu seyn scheinen.

Wie wäre es, wenn wir die Bedeutung der Wörter festsetzeten, und die Schranken unserer Materie einrichteten, ehe wir uns in die Besichtigung ihres Inhalts einließen?

Theron. Eine solche Vorsicht würde mancher heftigen und ekelhaften Streitigkeit vorgebeuget, wenigstens sie doch verkürzet haben. — Sie sehen auf jener Heide dort die Zubereitung zu einem herannahenden Pferderennen. Da stehen die Pfosten, welche die Gränzen des Laufes bemerken sollen. Ohne diese vorgängige einschränkende Sorgfalt, wie unordentlich würde nicht das Laufen der streitenden Rosse seyn! wie schwer, oder vielmehr, wie unmöglich, den Ueberwinder zu benennen, und den Preis zuzusprechen! — Eine deutliche Erklärung der Wörter scheint für aufrichtige Disputanten eben so nöthig zu seyn. Ohne dieselbe mögen sie sich auf Zeit lebens herum zanken, und niemals zu einer Entscheidung kommen.

Aspasio.

Das II Gespräch.

Aspasio. Die Rechtfertigung ist eine Handlung der Gnade des allmächtigen Gottes, wodurch er sein Volk von der Schuld loszählet, und es gerecht spricht p), um der Gerechtigkeit Christi willen, welche für dasselbe bewirket wurde, und ihm zugerechnet wird.

Theron. Zwey von ihren Wörtern bedürfen noch einer weitern Erklärung. Was verstehen Sie unter der Gerechtigkeit Christi; und was bedeutet zugerechnet?

Aspasio. Unter Christi Gerechtigkeit verstehe ich alle die verschiedenen Beyspiele von seinem thätigen und leidenden Gehorsame, welche von der vollkommenen Heiligkeit seines Herzens entspringen, durch den ganzen Lauf seines Lebens fortgesetzet worden, und sich bis an den letzten Seufzer seines Todes erstrecken. — Mit dem Worte zugerechnet, wollte ich andeuten, daß diese Gerechtigkeit, ob sie gleich von unserm Heilande vollzogen worden, doch auf unsere Rechnung gesetzet wird; daß sie von Gott als unsere eigene angerechnet oder uns zugeschrieben wird; so daß wir sie vorbringen, und uns auf sie verlassen können, die Vergebung der Sünde, die Annehmung in seine Familie, und den Genuß des ewigen Lebens zu erhalten. — Soll ich meine Meynung durch eine wohl beglaubigte That erläutern?

Theron.

---

p) Sollte irgend ein Leser wider die Erklärung einen Einwurf machen; da er vernimmt, daß die Rechtfertigung nicht mehr als die Verzeihung der Sünde andeutet; so wollte ich ihn bitten, sein Urtheil so lange auszusetzen, bis er das X Gespräch gelesen hat, worinnen dieser Punct umständlicher betrachtet wird.

Theron. Nichts machet uns einen schweren Punct, so leicht begreiflich als diese Art, durch gleichmäsige Thaten, oder eigentliche Gleichnisse zu erklären.

Aspasio. Ich sage nicht, daß es ein gleichmäßiger Fall ist. Ich bringe es nur vor, um unsern Begriffen zu Hülfe zu kommen. — Sie wissen, Onesimus war Philemons Knecht q). Er war treuloser Weise aus seines Herrn Diensten gelaufen, und hatte ihm noch treuloserer Weise seine Güter gestohlen. Der Flüchtling traf bey seinem strafbaren Herumschwärmen durch die göttliche Führung den Apostel Paulus an. Er wird von dem gnädigen Evangelio gereizet und gefesselt, welches für die allergeringsten Sünder Barmherzigkeit verkündiget. Er wird gänzlich zu der Religion Jesu bekehret, und in den geistlichen Schutz des Apostels genommen, welcher, da er seine sündhafte Aufführung und strafbaren Zustand erfahren, es über sich nimmt, eine Versöhnung mit seinem beleidigten Herrn zuwege zu bringen. Er schicket ihn zu dem Ende mit einem Briefe an Philemon, und unter andern Ueberredungsgründen schreibt er zum Behufe des armen Missethäters also: So er dir aber etwas Schaden gethan hat, oder schuldig ist, das rechne mir zu. Ich Paulus habe es geschrieben, mit meiner Hand, ich wills bezahlen.

Das, was der eifrige Prediger des Christenthumes anboth, hat der angebethete Urheber des Christenthums ausgeübet. — Wir waren von dem

---

q) Man sehe den Brief an Philemon.

Das II Gespräch.

Herrn aller Herren abgefallen und hatten selhe heiligen Gebothe gebrochen. Der unendlich mitleidige Sohn Gottes läßt sichs gefallen, unser Mittler zu werden. Damit nichts mangeln möchte, seiner Vermittelung einen guten Erfolg zu verschaffen: so setzet er sich an unsere Stelle. Die Strafe, die wir verdienen, steht er aus. Den Gehorsam, den wir schuldig waren, leistet er. — Beydes, welches uns zugerechnet und für uns angenommen wird, ist der Grund unserer Verzeihung, ist die Ursache, die uns unsere Rechtfertigung verschaffet.

Theron. Ist dieses die genaue Bedeutung des Originalwortes, welches wir durch zugerechnet übersetzen?

Aspasio. In dem 4 Buche Mosis treffen wir eben diese Redensart an, und in solcher Verbindung, daß sie deren Sinn aufklären kann. — Jehovah läßt eine Verordnung die Leviten betreffend, ergehen, welche weder Weinlesen zu halten, noch Erndten einzusammlen hatten. Er gebeut ihnen, den zehnten Theil von ihren Zehenten als ein Hebopfer zu bringen, und setzet hinzu: Und dieses euer Hebopfer soll euch gerechnet werden r), als gäbet ihr Korn aus

---

r) 4 B. Mos. XVIII, 27 und 30. נחשב stimmet mit des Apostels Paulus λογίζη Röm. IV, 9. genau überein. — Eben die Redensart wird auch gebrauchet, und eben die Lehre gelehret, 3 B. Mos. XVII, 3. 4. Welcher aus dem Hause Israel einen Ochsen oder ein Lamm oder eine Ziege schlachtet, in dem Lager, oder außen vor dem Lager, und nicht vor die Thüre der Hütte des Stifts bringt, daß es dem Herrn zum Opfer gebracht werde vor der Wohnung

Das II Gespräch.

aus der Scheune, und Fülle aus der Kelter; es soll eben so genugthuend bey mir, und so ersprießlich für euch seyn, als wenn es der Zehnte von euren eigenen Arbeiten und der Zehent von eurem eigenen Einkommen wäre. — Eben so werden auch das aussöhnende Leiden, welches Christus ausgestanden, der vollkommene Gehorsam, den er geleistet, den wahren Gläubigen angerechnet. Und sind völlig eben so kräftig, zur Erhaltung ihrer Seligkeit, als wenn sie ihre eigenen persönlichen Eigenschaften wären.

Theron. Die in Ihrer Stelle erwähnte Zurechnung ist die Zurechnung einer Sache, welche von den Leviten selbst geschehen, nicht aber einer Sache,

die

nung des Herrn, der soll des Blutes schuldig seyn, als der Blut vergossen hat. Und solcher Mensch soll ausgerottet werden, aus seinem Volke. — Hier war von dem Uebertreter kein Todschlag begangen, doch wird ihm das Verbrechen des Todschlages aufgebürdet, oder wie die Schrift saget, er soll des Blutes schuldig seyn; es soll ihm zugerechnet werden. Damit sich niemand in der Meynung dieses Wortes irren oder dessen gehörigen weiten Umfang nicht verstehen möge: so ist der göttliche Gesetzgeber sein eigener Ausleger. Er hat in den Augen meiner Gerechtigkeit Blut vergossen. Er soll für einen Todschläger gehalten und als ein Todschläger bestrafet werden: er soll ausgerottet werden aus seinem Volke. — Also saget auch der ewige Richter von den Gläubigen an Christum: "Die Gerechtigkeit meines Soh„nes ist ihnen zugerechnet? sie sind in den Augen meiner „Gerechtigkeit gerecht? es soll mit ihnen als gerech„ten Personen verfahren werden? und sie sollen des „Königreiches des Himmels theilhaftig gemacht „werden„.

Das II. Gespräch.

die von einem andern gethan worden. Dieses besorge ich, ist der wahre Sinn des Wortes, wenn es bejahungsweise in der Schrift vorkömmt.

Aspasio. Es ist stets der wahre Sinn, sollte es heißen, um den Einwurf stark zu machen. Allein, Sie konnten das nur eben angeführte Beyspiel nicht so bald vergessen. Wenn der heilige Paulus von denen Verbrechen spricht, welche Onesimus begangen hatte, und von dem Unrechte, welches Philemon erlitten: so saget er: „Bürde es mir alles „auf s). Ich will für das eine und für das andere „stehen; eben so, als wenn ich mir die ganze Schuld „selbst zugezogen hätte.„ — Hier wird eine Zurechnung gesetzet, nicht eben einer Sache, die der Apostel selbst gethan hat, sondern des strafbaren Betragens eines andern.

Unter dem Gesetze wird dem Hohenpriester Aaron befohlen, die Missethat der Kinder Israel auf den Bock zu legen t). — Ebendieselbe Meynung wird wieder eingeschärfet, wenn gesaget wird, daß der Bock die Missethaten des Volkes in die Wüste tragen soll u). — Dieses war ganz deutlich eine Zurechnung: doch konnte es vermuthlich wohl keine Zurechnung einer Sache seyn, die von dem Sühnbocke gethan worden. — Die Wirkungen, welche bey der Ausführung der Verordnung Platz nahmen, zeigen eine Uebertragung der Schuld an. Denn die Gemeine war gereiniget, der Bock aber besudelt: Die Gemeine dergestalt gereiniget,

daß

---

s) Εμος ελλογει.   t) 3 B. Mos. XVI, 21.
u) Ebendaselbst v. 22.

daß ihre Missethaten hinweggeführet waren, und nirgend mehr gefunden wurden; der Bock dergestalt besudelt, daß er auch diejenige Person fleckigt machte, die ihn in das unbewohnte Land führete. — Alles dieses war Gottes eigene Anordnung, und hatte, wie die ganze Verfassung der mosaischen Ceremonien, die Absicht, seine Kirche in der Kenntniß von dem grossen Mittler zu unterrichten, in dessen Person und Amt dasjenige wirklich geschah, was sonst nur nicht anders, als im Vorbilde, geschehen konnte.

Theron. Wenn dieses Ihre Meynung ist, Aspasio: so denke ich immer, es werde sehr schwer halten, mich zu einem Neubekehrten zu machen. Ich muß zufrieden seyn, für einen von dem hartnäckigen Geschlechte gehalten zu werden; indem ich weder Weisheit noch Billigkeit dabey finde, einer Person dasjenige zuzuschreiben, was sie nicht hat, oder ihr dasjenige zuzurechnen, was sie nicht thut.

Aspasio. Nicht Aspasio, sondern sein Freund, gieng in der Absicht aus, Neubekehrte zu machen. Wenn ich meinen Grund behaupten und meinen eigenen Glauben rechtfertigen kann: so wird solches kein unansehnlicher Gewinnst seyn. — Gleichwohl will ich nicht verzweifeln, den Mitgenossen meines Herzens auch als meinen Glaubensgenossen zu sehen. Wenn wir von unsern unzählbaren Sünden überzeuget sind; wenn wir das Verderben unserer Natur fühlen, und anfangen, die unbegreifliche Heiligkeit unsers Richters einzusehen: alsdann mag vielleicht dieser verstoßene Artikel der Annehmung würdig gefunden — seine Verfassung als die Weisheit Gottes bewundert — und seine Vorrechte als der Trost unserer Seelen begehret werden.

Theron. Ich werde gegenwärtig keine Untersuchung eines jeden besondern Stückes anstellen, und nur einige entfernte Anmerkungen machen, welche aber nichts destoweniger Ihr Lehrgebäude ziemlich nahe anzugehen scheinen. — Viele Personen haben kaum etwas von Ihren Wörtern gehöret; haben keine Art von Bekanntschaft mit ihrer Lehre; wollen Sie die alle aus der Liste der Christen ausstreichen? Wollen Sie alle diese als verzweifelte Ungläubige verdammen?

Aspasio. Nicht davon gehöret! — Unter einer protestantischen Nation! — Wo das Evangelium öffentlich geprediget wird, und die Bibel in jedermanns Händen ist! — Das ist, wofern es wahr ist, sehr zu beklagen — Zur Antwort auf Ihre Frage dienet, daß es nicht meine Gewohnheit, noch vielweniger mein Vorrecht ist, andere zu verdammen. Hat Gott alles Gericht mir anvertrauet, daß ich mirs herausnehmen sollte, das Endurtheil vorher abzufassen, oder die Donnerkeile der ewigen Rache auszuwerfen? — So behaupte ich auch nicht, daß die Beschaffenheit solcher Personen verzweifelt sey. Es mögen wohl solche seyn, welche keine deutliche Kenntniß von der Lehre haben, welche so gar an den Ausdrückungen einen Ekel finden; jedoch unter dem Glauben der Wahrheit, und in der Ausübung der Pflicht leben. — „Diese werden nie„mals durch den Glanz irgend einer Sache, die groß „ist, oder durch den Gedanken von irgend einer Sa„che, die an sich gut ist, abgezogen, sich als sündli„gen

„gen Staub und Asche anzusehen.„ Sie verlassen sich gänzlich auf den einen Gerechten, welcher am Kreuze erblassete, und welchen die Himmel aufgenommen haben. Sie suchen den heiligmachenden Geist, zu Folge des Todes ihres Heilandes; und wenden allen Fleiß an, ihrem Glauben Kraft zu geben.

Theron. Wenn Leute mögen selig werden, und sich ihre ewige Wohlfahrt versichern, ohne einige Kenntniß von diesen besondern Sachen; warum wollten sie sichs anmaßen, ihre Köpfe wegen einiger wenigen unnöthigen scholastischen Wörter zu zerbrechen?

Aspasio. Schriftmäßiger Wörter sollten Sie gesaget haben, Theron. — Gleichwohl sind wir, was das Ansehen oder den Gebrauch einiger besondern Redensarten betrifft, eben nicht sehr bekümmert. Die Menschen mögen nur als reuige Verbrecher zu des Erlösers Füßen demüthig seyn; sie mögen sich nur als ergebene Anhänger auf sein kostbares Verdienst verlassen: so sind sie ohne Zweifel auf dem Wege zu einer glückseligen Unsterblichkeit. — Doch wird ihr Weg nicht so helle, und ihre Tritte nicht so gemächlich seyn, weil sie den gütigen Geist des Evangelii nicht deutlich genug verstehen. Ein gehöriger Unterricht in diesem wichtigen Puncte würde auf ihren Pfad ein Licht schießen, und sie auf ihrer Reise ermuntern; würde ihren Fortgang in der Heiligkeit des Lebens befördern und ihre Freude in dem Herrn vergrößern.

Theron. Die Anhänger Ihrer Meynung halten sich, wie ich angemerket habe, beständig bey dieser ihrer einzigen Lieblingsmaterie auf; mit Aus-

Das II Gespräch.

schließung des großen und wahrhaftig wesentlichen Stückes des Christenthums, der Heiligung.

Aspasio. Wenn Sie jemals eine solche Aufführung bemerket haben: so haben Sie unstreitig Recht, daß Sie Ihren Beyfall zurückgehalten. Es ist eine offenbare Unfüglichkeit und verdienet Ihren Tadel. Allein, seyn Sie versichert, daß solches nur von einem falschen Begriffe bey den Personen herrühret, und keine Verbindung mit dem Wesen der Lehre hat.

Ich bin weit, sehr weit davon entfernet, die verschiedenen Theile des Christenthumes, welche ein so wohl geordnetes Lehrgebäude machen, wenn sie verbunden sind, auf diesen einzelnen wiewohl besonders hervorleuchtenden Satz zu bringen. Die Heiligung ist gleicherweise nöthig, sowohl zu unserm gegenwärtigen Frieden, als zu unserer endlichen Glückseligkeit. In der That, sie sind gegenseitig zu den Absichten der geistigen und ewigen Glückseligkeit eben so nöthig, als das Herz und die Lunge zur Erhaltung des thierischen Baues sind. Das erstere muß die Lebenssäfte überschicken, die andere sie läutern; oder sonst wird Krankheit die Stelle einnehmen, und der Tod erfolgen. — Meine Meynung ist, daß diese Grundwahrheiten des Evangelii, so, wie die Hauptwerkzeuge in dem Körper, eine jede ihr gehöriges Amt angewiesen haben, jede etwas beytragen möge, den Christen bey besserer Gesundheit zu erhalten, und dessen geistliches Wachsthum zu befördern.

Theron. Ich habe andere von Ihren eifrigen Leuten gekannt, welche alle für den heiligenden Einfluß des heiligen Geistes waren, und dieses Vertrauen

Das II Geſpräch. 73

trauen auf des Heilandes Verdienſt unter die bettel=
haften Grundſätze der Religion rechneten. Sie er=
wähneten kaum, was Chriſtus für uns gethan hat;
ſondern hielten ſich gänzlich bey dem auf, was er in
uns thut. — Wenn die gottſeligen Leute ſo unter
ſich getheilet ſind x); was ſoll ein Fremder thun?
Welche Meynung ſoll er erwählen?

Aſpaſio. Welche, Theron! er lege keine weg,
ſondern geſelle beyde zuſammen. — Wenn der all=
gnädige Erlöſer ſein Blut am Kreuze vergoſſen, da=
mit meine Schuld möge ausgeſöhnet werden; und
ſeine Fürſprache im Himmel anwendet, damit ich mit
dem heiligen Geiſte möge begabet werden. —
Wenn er die verdienſtliche Urſache meiner Rechtferti=
gung und die wirkende Triebfeder meiner Heiligung
ſeyn will: — warum ſollte ich mir ein Bedenken
machen, ihn in einem von beyden, oder in beyden an=
zuneh=

---

x) Therons Nachfrage wegen dieſer beyden beſondern
Umſtände wird zuweilen zu einem Einwurfe wider
alle Religion gemacht. — Allein, haben die Her=
ren, welche dieſen Einwurf annehmen, niemals geſe=
hen, daß die Naturaliſten in ihrem Urtheile von der
Abſicht und dem Gebrauche verſchiedener Erſcheinun=
gen in der materialiſchen, vegetabiliſchen und thieri=
ſchen Welt getheilet geweſen? Da der eine das als
eine Unförmlichkeit ausſchreyet, was ein anderer als
eine Schönheit bewundert. — Doch ich glaube,
nicht einer hat es ſich jemals in den Kopf kommen
laſſen, von ſolchem Unterſchiede der Meynungen zu
zweifeln, ob das Werk der Natur ein rechtes, regel=
mäßiges und vollkommenes Gebäude ſey; oder zu
läugnen, daß Macht, Güte und Weisheit das Ganze
erhalte, durchdringe und regiere.

zunehmen? Wer wollte sich wohl die rechte Hand abhauen, um der linken die höhere Würde oder größere Wichtigkeit mitzutheilen? Ich wollte kein Partialist im Christenthume seyn, noch auch dessen Aussteuer vermindern, noch dessen Vorrechte verstümmeln.

Theron. Sie scheinen, das Verdienst Christi, wo nicht zu verstümmeln, doch zu spalten, und seine zum Mittleramte gehörige Unternehmung davon abzutheilen, indem sie seiner thätigen Gerechtigkeit so viel, und so viel seiner leidenden Gerechtigkeit zuschreiben; diesem die Vergebung, und jenem das Leben.

Aspasio. Einigen gefällt, wie ich glaube, diese Art, die Materie zu ordnen. Es ist aber eine Methode, die ich weder zu vertheidigen übernehme, noch nachzuahmen wünsche. — Unter der thätigen und leidenden Gerechtigkeit einen Unterschied zu machen, ist, denke ich, nicht unrecht; weil solches die Fülle des Verdienstes unsers Herrn in das helleste Licht setzet, und Gottes heiligem Gesetze die vollständigste Ehre giebt. — Sie aber in abgesonderte Stücke zu zertheilen, die mit einander nichts zu thun haben, scheint mehr phantastisch als scharfsinnig zu seyn. Denn hätte eins von den beyden Theilen des zum Mittleramte gehörigen Gehorsames gemangelt: so befürchte ich, es würde dem gefallenen Menschen weder Verzeihung, noch Annehmung, noch einiger geistlicher Segen haben können gewähret werden.

Die beyden Theile sind unzertrennlich, indem sie in ihrer Verbindung ein nothwendiges und edles Ganze zur Vollendung unserer Seligkeit ausmachen: eben so, als das Licht und die Hitze der Sonne dort ihre Wirkung vermischen, diesen angenehmen Tag

und

Das II Gespräch. 75

und dieses fruchtbare Wetter hervorzubringen. — Wenn sichs daher gleichwohl ereignen kann, daß ich mich so ausdrücke: so sehe ich sie doch niemals in dem Verstande an, daß eines das andere ausschließt, sondern wollte sie stets als ein großes und herrliches zusammengefügtes Werk verstanden wissen. Ich sehe dabey auf unsers Seligmachers allgemeinen Gehorsam, welcher sich bey seiner Menschwerdung anfieng, durch sein ganzes Leben hindurch dauerte, und sich in seinem Tode endigte; — ich sehe auf alles dieses, in seiner zusammengenommenen Gestalt, als den Gegenstand meines Glaubens und den Grund meiner Hoffnung y).

Theron. Ich denke, Sie machen zu viel Wesens aus diesem streitigen und vielleicht bloß speculativischen Puncte.

Aspasio.

y) In dieser Meynung hat Aspasio Miltons Erzengel zu seinem Vorgänger. Da Michael von seinem Herrn und unserm Herrn redet, so saget er:

Das göttliche Gesetz wird beydes durch Gehorsam
Und Liebe ganz genau von ihm erfüllet werden;
Wiewohl die Lieb allein schon das Gesetz erfüllt.
So wird er ebenfalls auch deine Strafe leiden,
Da er im Fleisch erscheint, zum Leben voller Schmach
Und Tode voller Fluch; und jedem, der an ihn
Und sein Erlösen glaubt, verkündigt er das Leben.

XII Buch.

Nach dem Inhalte dieser sehr schätzbaren Zeilen sind unsers Heilandes Erfüllung des Gesetzes und Duldung der Strafe die zusammenstimmenden Ursachen, oder die einzige zusammengesetzte Ursache des Lebens und der Erlösung der Sünder.

Aspasio. Bloß speculativischen! Sagen Sie das nicht, werthester Freund. — Wie ich von Gott, meinem Schöpfer, meinem Regierer, und meinem Richter möge gerechtfertiget werden? ist eine Erkundigung, die unter allen andern die angelegentlichste und wichtigste ist. Sie ist die Hauptangel, auf welcher sich alle andere Stücke der praktischen Religion drehen z). Wahrer Trost, williger Gehorsam, heilige Gemeinschaft mit der göttlichen Majestät! alles kömmt auf diesen Hauptpunct an.

Er ist weit davon entfernet, daß er ein bloß speculativischer Punct seyn sollte; er schreibt vielmehr die allerungetheilteste Herrlichkeit dem glorwürdigsten Gotte und seiner freyen Gnade zu. — Er ertheilet heitere und wesentliche Genugthuungen den schwachen aber gläubigen Menschen. — Er unterhält mit dem höchstgütigsten Einflusse die reine und unbefleckte Religion, welche ihren Siß in dem Herzen hat, von der Liebe gebohren wird, und ein wirklicher Vorschmack sowohl von dem Geschäffte, als der Glückseligkeit der Heiligen im Lichte ist.

Können wir denn wohl zu viel Wesens aus einer so höchstwichtigen Lehre, aus einem so überaus wohlthätigen Vorrechte machen?

Theron.

---

z) Diffundit se, saget der scharfsinnige *Witsius*, Iustificatis Doctrina per totum Theologiae corpus et prout fundamenta hic, vel bene, vel male jacta sunt, eo vniuersum aedificium vel solidius augustiusque ascendit, vel male statuminatum foedam minitatur ruinam.

De Oecon.

Das II Gespräch.

Theron. Wenn alles dieses bewiesen ist, dann sollen Sie meine Gegenantwort haben, Aspasio. Ja, alsdann sollen Sie mehr als meine Gegenantwort haben; ich verspreche Ihnen meinen aufrichtigen Beyfall.

Aspasio. Und wenn alles dieses des Beweises unfähig ist: so versichere ich Sie, Theron, ich will um Ihren Beyfall nicht anhalten; ja, noch mehr, ich will wiederrufen, und meinem eigenen Beyfalle entsagen.

Theron. Itzo, glaube ich, müssen wir hinein gehen, und uns zu unserm Besuche zurechte machen. Es wird uns schon eine andere Zusammenkunft eine bequeme Gelegenheit, diese Frage umständlicher zu untersuchen, verschaffen.

Aspasio. Ich habe zwar niemals große Lust zu Religionsstreitigkeiten, auch wenn ich die größte Muße habe: jedoch, wenn Sie darauf bestehen, so werde ich es nicht durchaus abschlagen, mich mit meinem Theron in einen Wortwechsel einzulassen; weil er zu dem freundschaftlichen Gefechte kommen wird, ohne zornige Leidenschaften zu seinen Beyständen mitzubringen. — Meine Gründe werden unpartenisch erwogen werden; man wird ihnen nicht listig ausweichen, noch vielweniger mit Schmachreden antworten. — Wenn einiger unvorsichtiger Ausdruck von meinen Lippen fallen sollte: so wird er wider das, was mir so entwischet ist, nicht auf das strengste verfahren; noch einen unbedachtsamen Ausspruch

 Das II. Gespräch.

spruch zu einem großen Laster der Ketzerey machen — Aufrichtigkeit wird sein Urtheil abfassen, und Gutartigkeit seine Ausdrücke vorsagen.

Theron. Ich danke Ihnen, mein werther Aspasio, für Ihre feine Ermahnung. Was ich in der Sprache der Höflichkeit bin, das zeiget an, was ich seyn sollte. — Gut. Ich will mich bemühen, mir Ihren Wink zu merken, und diese Heftigkeit meines Geistes zu hemmen. Ich habe das schöne Beyspiel des Apostels Paulus oftmals bewundert; o daß ich ihm auch nachahmen könnte! Als Festus die Würde eines Statthalters und die Wohlgezogenheit eines vornehmen Herrn vergaß, und die unanständige Anmerkung ausstieß: Paule, du bist unsinnig; das viele Wissen verrücket dir den Kopf; wurde der große Lehrer des Christenthums darüber wohl empfindlich? Die Beschuldigung war ungerecht und übel angebracht. Allein, der Apostel gab mit der vollkommensten Gewalt über sich selbst, die sanftmüthigste jedoch auch die herzhafteste Antwort, die nur zu erdenken war: Ich bin nicht unsinnig, vortrefflichster Feste! sondern ich rede wahre und vernünftige Worte *). Unbeschreiblich annehm-

---

*) Man sehe die Apostelgeschichte XXVI, woselbst wir eine Schutzrede finden, vielleicht die edelste, die jemals gemacht worden; die wegen der feinen Anrede, klaren Vernunftschlüsse und der wichtigsten Wahrheit aufnehmend ist; welche aller ihrer sehr erhabenen Empfehlungen wegen für Unsinnigkeit erkläret wird; und das von einem Herrn aus Rom, dem Sitze der Wissenschaft

zehnmlich war diese gelassene und verbindliche Gegenrede. Ob sie gleich kurz war: so war sie doch unendlich überzeugender, als ein ganzer Strom von bittern oder wiederschekenden Worten. Sie entwaffnete den Richter von seinem aufsteigenden Misvergnügen; sie gewann die Gewogenheit seines königlichen Beysitzers, und brachte der christlichen Sache Ehre.

Diese liebenswürdige Regierung seiner selbst und Mäßigung seines Unwillens werde ich in meines Freundes Umgange im Beyspiele finden; wenn es mir selbst gleich daran fehlen mag, oder ich ein Beweis wider alle seine Gründe seyn kann.

Aspasio. Ach Theron, wir bedürfen keines Erinnerers, der uns unsere vermeynten Vortrefflichkeiten in den Sinn bringt. Und wenn Sie mit Ihren Complimenten anfangen: so ist es Zeit, unserm Gespräche ein Ende zu machen.

Ich will nur noch eben anmerken, daß göttliche Wahrheiten eigentlich nicht anders können unterschieden werden, als durch erleuchtende Einflüsse des göttlichen Geistes. Wir müssen uns zu dieser Erforschung

---

senschaft und der Hauptquelle der schönen Gelehrsamkeit. — Dieses ist ein Beweis, der eben so überzeugend, als betrübt ist, von dem, was der Apostel saget: *Der natürliche Mensch, er mag noch so scharfsinnig oder gelehrt seyn, vernimmt nichts vom Geiste Gottes; es ist ihm eine Thorheit und er kann es nicht erkennen.* 1 Cor. II, 14.

forschung nicht bloß mit einem von Vorurtheilen freyen Gemüthe, sondern auch gleichfalls mit bethendem Herzen wenden. Wir müssen zu diesem Streite nicht bloß den Köcher der Vernunftkunst bringen, sondern auch die Salbung von dem, der heilig ist, welche uns alles lehren kann*). — Laſſen Sie uns des Dichters Anrufung annehmen:

— — Schein einwärts, himmlisch Licht,
Bestrahle das Gemüth durch alle seine Kräfte.
Pflanz Augen da hinein; zerstreu dort allen Nebel
Und führ ihn weg von da.
Milton III Buch.

*) 1 Joh. II, 20. 27.

Das III Gespräch.

Spatziergang über eine Wiese. — Die Lehre von Christi Genugthuung wird festgesetzet; — Sie wird als ein Lösegeld und als ein Opfer für die Sünde betrachtet. — In der mosaischen Einrichtung ist sie unter mancherley Vorbildern vorgestellet worden.

Theron.

Wir sind nunmehr ungefähr zwo englische Meilen von meinem Hause, Aspasio. Die Bahn für die Pferde ist ein enger und staubichter Weg zwischen zweenen Zäunen. Der Fußsteig geht an einer angenehmen, geräumigen Wiese längst hin. Wie wäre es, wenn wir unsere Pferde dem Diener gäben, und den übrigen Weg vollends giengen?

Aspasio. Nichts kann meiner Neigung gemäßer seyn, vornehmlich da die Luft kühle geworden, und der Spatziergang so anlockend ist.

Was für ein prächtiger und reizender Anblick! Auf jeder Seite Hügel, die sich allmählig erheben und weit ausbreiten. Ihre Spitzen mit zerstreut liegenden Dörfern und dichtstehenden Bäumen gekrönet. Ihre Abhänge auf eine schöne Art würfelicht abgetheilet, deren Stücke theils aus Feldern mit ihrem wallenden Korne, theils aus Feldern mit ihren grasenden Heerden bestehen. — Vor uns weben sich der Klee, das Geiskraut und vielerley Graspflanzen mit ihren unterschiedenen Blättern und Zweigen in einen Teppich von lebendigem Grüne. Kann ein auf dem Weberstuhle gemachtes oder in den persischen Palläsen aufgehangenes Stück der Decke dieses weitläuftigen Platzes Troß biethen? Kann es ihm an Größe, an Gestalt oder an Feinheit der Auszierung gleich kommen?

Was für ein Ueberfluß der muntersten Blumen, welche die Höhen bekranzen und die Ebene sticken!

— — Hier scherzet die Natur
Als wie in ihrem Lenz, und treibt nach Lust und Willen
Ihr jungfräuliches Spiel; wild über Kunst und Regel
Vergießt sie Süßigkeit, ein ungeheures Glück!
Milton.

Nichts kann heller seyn, als der Glanz dieser silbernen Zeitlosen; nichts tiefer, als die Färbung dieser goldenen Hahnenfüße. Doch scheinen beyde noch mehr Schönheit dadurch zu erlangen, daß sie auf die Häßlichkeit des Winters folgen, und mitten unter so vielem sie umgebenden Grüne blühen.

Theron. Die Natur ist wirklich in ihrem Lenzen. — Die wachsenden Geschlechter legen ihren reichsten Puß an. Diese Kastanienbäume zu unserer Rechten beginnen ihre Blumenpyramiden aufzurichten; diese Weiden zu unserer Linken sind mit grauen Quasten behängt; und jene Pappeln, die über den Fluß kucken und der Wiese zu befehlen scheinen, sind mit silbernen Rollen gespitzet.

Der Hagedorn in jeder Hecke strotzet zum Theile von seidenen Knospen, zum Theile hat er sich in eine
milch-

milchweiße Blüthe verbreitet. Da ist kein herumschweifender Genster, noch ein einsames Dickigt, das nicht einen Feldblumenstrauß trägt. Alles ist eine vergnügliche Anzeige gegenwärtiger Fruchtbarkeit und ein freudiges Pfand künftiger Fülle. — Itzt erfahren wir, was der königliche Dichter in einem sehr angenehmen Gemälde beschreibt. Der Winter ist vergangen; der Regen ist weg und dahin; die Blumen sind im Lande hervorgekommen; die Singezeit der Vögel ist herbeygekommen, und die Turteltaube läßt sich in unserm Lande hören. Der Feigenbaum hat Knoten gewonnen; die Weinstöcke haben Augen gewonnen und geben ihren Ruch a).

Aspasio. Ihre Anführung und der Anblick erinnert mich einer Anmerkung, die in unserm Gespräche neulichen Abend hätte sollen mit angebracht werden. Als wir die Vortrefflichkeiten der heiligen Schriften erzähleten: so hätten wir, dünkt mich, mit hinzusetzen können: — Hat man gern Schäfergedichte mit allen ihren blumichten Anmuthigkeiten und blühenden Vorzügen? Niemals haben wir solche auserlesene Züge einer landmäßigen Malerey oder solche liebliche Bilder einer herzlichen Gewogenheit gesehen, als in dem hohen Liede Salomonis sind. Alle die schimmernden und liebenswürdigen Erscheinungen der Natur werden angewandt, die Zärtlichkeit seines Herzens zu entwerfen, welches die Liebe selbst ist; — die Schönheit seiner Person zu schildern, welche die vornehmste unter zehntausenden ist, und die

a) Hohe Lied Salom. II, 11. 12. 13.

Glückseligkeit dererjenigen Seelen zu beschreiben, deren Gemeinschaft mit dem Vater und mit. seinem Sohne Jesu Christo ist b).

Sehen Sie, Theron, was die erquickende Wärme und Zeugung wirkende Regen des Frühlings gethan haben! Eine solche angenehme, eine solche edle Veränderung führet das Evangelium in die Seele ein. — Kein Tag, kaum eine Stunde vergeht, da nicht diese Jahreszeit der allgemeinen Fruchtbarkeit etwas neues hervorbringt. Und ist wohl ein Zustand oder einiger Umstand des Lebens vorhanden, in welchem der Glaube an Christum nicht eine gleichmäßige Kraft äußert und Früchte bringt vor Gott?

Dieses hält man für die geistliche Deutung des schönen beschreibenden Gemäldes, welches Sie aus dem hohen Liede geborget haben. Es erkläret die gütige Wirksamkeit der Gnade und ihrer Lehren, vornehmlich von unsers Heilandes Genugthuung für die Sünde und seiner den Sündern zugerechneten Gerechtigkeit. Diese wirken mit eben so vieler günstigen und glücklichen Kraft beydes bey unsern Sitten und bey unserm Troste, als die süßen Einflüsse der Frühlingssonne bey den sprossenden Kräutern und sich öffnenden Blumen wirken.

Theron. Wenn solches die Wirkungen ihrer Lehre wären: so würde es wohl eher geschehen, daß man sie durchgängig annähme. — Allein, es finden sich erst einige wichtige Bedenken aus dem Wege zu räumen, ehe Personen von einer freymüthigen und erweiterten Art zu denken, bey ihrer Meynung beruhen

b) 1 Joh. I, 3.

Das III Gespräch.

ruhen können. Wer kann sich zum Beyspiele überreden, daß dasjenige, was Sie die Genugthuung Christi nennen, mit den Aussprüchen der Vernunft oder mit den Vollkommenheiten der Gottheit bestehen könne?

Aspasio. Die Herren mögen nur aufrichtig in ihren Erforschungen, und wahrhaftig freymüthig in ihrer Art zu denken seyn: alsbenn werden diese Bedenken ohne viele Schwierigkeit, wie ich mir schmeichle, aus dem Wege geräumet werden können.

Gott, der allmächtige Schöpfer und Regierer der Welt, gab dem Menschen, nachdem er ihn gemacht hatte, ein Gesetz mit einer damit verknüpften Strafe, wofern er ungehorsam seyn würde. — Dieses heilige Gesetz brach unser erster Vater Adam vermessentlich; und wir seine Nachkommen wurden in seine Schuld mit verwickelt. Oder wenn dieser Punct sollte streitig gemacht werden, so haben wir unläugbar durch viele persönliche Uebertretungen seinen Abfall zu unserm eigenen gemacht; — so, daß alle gesündiget alle ihre Glückseligkeit verwirket und sich der Strafe schuldig gemacht haben.

Da der Mensch also ins Verderben gerathen war; so konnte ihm niemand wieder heraushelfen, als sein beleidigter Schöpfer. Allein, soll ihm wieder geholfen, soll er wieder hergestellt werden, ohne die schuldige und von seinem Schöpfer angedrohete Strafe für sein Verbrechen zu leiden? Was wird dann aus der Gerechtigkeit des göttlichen Gesetzgebers werden? Und wie soll die Ehre seines heiligen Gesetzes aufrecht erhalten werden? Wer würde auf solche Weise dessen Ansehen verehren oder sich fürchten, dessen Gebothe

zu

zu übertreten? — Sünder möchten kühn gemacht werden ihre Uebertretungen zu vermehren, und gereizet werden, zu denken, daß der Gott der unbefleckten Heiligkeit, der Gott der unveränderlichen Wahrhaftigkeit so einer sey, wie sie c).

Scheint es nicht nöthig zu seyn, daß ein Mittel ausgefunden werde, diesen schimpflichen und gräulichen Folgen vorzubeugen?

Theron. Belehren Sie uns ferner, welches das Mittel ist.

Aspasio. Um die Würde der höchsten Regierung zu behaupten, jedoch das menschliche Geschlecht von dem äußersten Untergange zu retten, wurde dieser bewundernswürdige Vorsatz gefasset und in der Fülle der Zeit ausgeführet. Die zweyte Person der heiligen Dreyeinigkeit vereinigte die menschliche Natur mit der göttlichen, unterwarf sich den Verbindlichkeiten seines Volkes, und nahm alle ihre Schuld auf sich. In diesem Stande leistete er einen vollkommenen Gehorsam, ließ das Urtheil des Todes über sich ergehen, söhnete ihre Sünden völlig aus, und stellete ihr Recht zum Leben wiederum her. — Dadurch ist dem Gesetze ein Genügen geschehen; die Gerechtigkeit hoch erhoben und die reicheste Gnade ausgeübt worden. Der Mensch genießt einer großen Selig-

---

c) Dieses war wirklich der Fall, wie wir von dem Herzensprüfer belehret werden, als bey einer besondern Gelegenheit der Strafe nur verzögert wurde. Wie vielmehr würden solche gottlose Meynungen die Oberhand behalten haben, wenn bey dieser großen Handlung des Ungehorsams die Strafe gänzlich wäre unterlassen worden? Psalm L, 21.

Das III Gespräch.

Seligkeit nicht zur Unehre irgend einer göttlichen Eigenschaft, sondern zur unaussprechlichen Verherrlichung aller.

Dieses verstehen wir unter Christi Genugthuung. Und dieses bedarf, sollte ich mir einbilden, keiner Empfehlung bey unserer von Vorurtheilen freyen Vernunft, weil sie, wie ich versichert bin, höchst ergötzlich nach unserm elenden Zustande eingerichtet ist. — Sie wird auch durch viele ausdrückliche Stellen der heiligen Schrift bestätiget; und durch vielerley sehr nachdrückliche Bilder erläutert.

Theron. Ich bitte, haben Sie die Güte und zeigen mir einige von Ihren Bildern aus der Schrift. — Nach diesen wollen wir untersuchen, ob Ihre Lehre bey der Vernunft die Probe aushalten wird.

Aspasio. Was haben Sie für einen Begriff von einer Auslösung? Als Priamus den Leichnam des Hektors von dem sieghaften Achilles auslösete; wie geschah solches?

Theron. Durch Bezahlung eines gewissen Werthes d). — Auf die Art erlangete Fabius die Gefangenen wieder, welche vom Hannibal waren gemacht worden. Er überschickte die geforderte Summe, und sie wurden aus ihrem Gefängnisse losgelassen.

Aspasio. So ist auch die Erlösung, welche unser Herr Jesus Christus den Sündern verschaffet hat.

---

d) — — — Ἕρμων τ' ἀπερείσι' ἄποινα.
Ein unendlich reicher Werth. Dieses ist übertrieben, wo es Homer anwendet: es ist aber in dem genauesten Verstande wahr, wenn es auf Christum geht.

hat. Von solcher Beschaffenheit ist sie, wiewol ohne Vergleichung größer und herrlicher in allen ihren Umständen; und sie wird auch in ebendenselben Worten ausgedrücket. Des Menschen Sohn ist nicht kommen, daß er ihm dienen lasse, sondern daß er diene und gebe sein Leben zu einer Erlösung für viele e).

Christus bezahlete auch einen Werth, einen wirklichen Werth — einen höchstgenugthuenden Werth. In Betrachtung desselben wird unsere Befreyung von jedem Strafübel zugestanden. Ihr seyd nicht mit vergänglichem Silber oder Golde erlöset, saget der Apostel, sondern mit dem theuren Blute Christi f). — Ich will noch einen Spruch hinzuthun, welcher in eben der Schreibart vertauschenden

---

e) Λυτρον, απολυτρον werden in eben dieser Bedeutung von den bewährtesten griechischen Schriftstellern gebrauchet — Απεπεμψε τα λυτρα το Αννιβα και της αιχμαλωτες απελαβε saget Plutarch. Ο υιος τε ανθρωπε ηλθε δυναι την ψυχην αυτε λυτρον αντι πολλων saget unser theurester Heiland Matth. XX, 28. — Απελυτρωσε ταλαντιων εννεα ist die Sprache des Demosthenes. Εν ω εχομεν την απολυτρωσιν δια τε αιματος αυτε sind die Worte Pauli Ephes. I, 7. Diesen wichtigen Punct fest zu setzen und unsere Seele mit der trostreichen Idee bekannt zu machen, bedienen sich die heiligen Schriftsteller sehr häufig dieser Redensart. Man sehe Luc. I, 68. II, 38. XXIV, 21. Röm. III, 34. Tit. II, 24. Hebr. IX, 12.

f) 1 Petr. I, 18. Ein gleichmäßiger Ausdruck ist in eben der Bedeutung von einem der richtigsten Schriftsteller gebrauchet worden.

Et fratrem Pollux *alterna* morte *redemit.* VIRG.

Das III Gespräch.

ben Gerechtigkeit (commutativa) eben die Wahrheit behauptet. Christus hat uns von dem Fluche des Gesetzes erlöset; er hat uns davon losgekaufet g). — Ja, mein Freund, „das Lösegeld ward baar be„zahlet; der Schatz des Himmels, des Himmels er„schöpflicher doch erschöpfter Schatz, schüttete er„staunend und erstaunt den Preis über alle Preise „aus. Erzengeln schlug es fehl die mächtige Sum„me zu entwerfen, ob sie gleich neugierig waren, solche „auszurechnen h).„

Theron. Halten Sie ein wenig, mein lieber Aspasio. Erwägen Sie die Folge von dem, was Sie behaupten. Wenn es in diesem Falle ein Lösegeld gab, an wen wurde es bezahlet? — Der Teufel hatte die Sünder gefangen geführet. Sie werden Sclaven des Satans genannt. Und soll der theureste Jesus diesem verfluchten Feinde sein Leben bezahlen? Das sich nur einzubilden ist schon anstößig! — Doch, so anstößig es auch ist, so muß es doch aus Ihrem und aus Ihres Dichters Vorgeben folgen.

Aspasio. Sie verstehen den Fall unrecht, Theron. Das Lösegeld wurde Gotte bezahlt: Du hast uns Gotte erkaufet i), ist das Bekenntniß der Heiligen im Lichte. — Die Genugthuung wurde dem göttlichen Gesetze und der göttlichen Gerechtigkeit gethan.

---

g) Gal. III, 13. Εξηγορασεν — Wir sind theuer erkaufet, wird von uns gesaget 1 Cor. VI, 20. nicht in metaphorischem Verstande, sondern wirklich und eigentlich. Denn hier wird des Werthes gedacht, bey dem Apostel Petrus aber wird er angezeiget. 1 Petr. I, 18. 19.
h) Nachtgedanken; die IV Nacht.
i) Offenb. St. Joh. V, 9.

than. Die eine davon war beleidiget, das andere übertreten, und beyde stimmeten zusammen, des Uebertreters Verurtheilung anzukündigen. — Zur Vollziehung dieser Verurtheilung war Satan bestimmt, dessen Boshaftigkeit und unversöhnlichen Grimm Gott zum Werkzeuge seiner Rache zu machen beliebete: so, wie er sich vormals der abgöttischen Könige von Assyrien und Babylon bediente, die ungehorsamen Israeliten zu züchtigen.

Da wir noch schwach waren k); da wir gänzlich zu Grunde gerichtet, jedoch durchaus hülflos waren — da keiner im Himmel oder auf Erden uns einigen Beystand leisten konnte — zu der Zeit trat unser Herr Jesus Christus höchst gnädig und höchst füglich ins Mittel. Er sagete, wie es sehr nachdrücklich vom Elihu vorgestellet wird: Befreye ihn, daß er nicht hinunter fahre ins Verderben; denn ich habe ein Lösegeld gefunden l). Er that was von unserm großen englischen Dichter sehr schön beschrieben wird:

So soll, wies billig ist, der Mensch auch für den Menschen
Genug thun, und für ihn gerichtet werden, sterben,
Im Sterben auferstehn, und mit sich seine Brüder
Im Auferstehn erhöhn, die er mit seinem Leben
So theur erkaufet hat.   Milton III Buch.

Theron. Aber sagen Sie mir doch, geben Sie nicht zu, daß Christus wahrhaftig und eigentlich Gott ist?

Aspasio. Wir geben es nicht allein zu, sondern wir bestehen auch darauf, und rühmen uns dessen.

Dieß

k) Röm. V, 6.   l) Hiob XXXIII, 24.

Dieß ist der rechte Grund seines Verdienstes, und die Stütze unserer Hoffnung.

Theron. Dieses kann wohl das Verdienst Christi vergrößern, aber es wird die Schwierigkeit Ihrer übernommenen Arbeit vermehren. Denn nach dieser Meynung muß Christus sich selbst Genugthuung thun. Und ist dieses nicht eine Sache ganz ohne Beyspiel? ein vollkommen abgeschmackter Begriff?

Aspasio. Es ist eine Sache ganz ohne Beyspiel, sagen Sie. — Ueber diesen Punct will ich eben nicht sehr streiten. Nur erlauben Sie mir eines einzigen Exempels zu erwähnen. Sie wissen, Zaleukus, der Fürst der Lokrienser, machte eine Verordnung, daß derjenige, welcher des Ehebruchs überzeuget würde, mit dem Verluste seiner beyden Augen sollte bestrafet werden. Bald darnach wurde des Gesetzgebers eigener Sohn auf eben der That ergriffen, und öffentlich vor Gericht gebracht. — Wie konnte der Vater bey einem so zärtlichen und kützlichen Vorfalle sein Amt verwalten? — Sollte er das Gesetz nach aller seiner Schärfe vollziehen? Dieses würde dem unglücklichen Jünglinge ärger, als der Tod gewesen seyn. — Sollte er einem so öffentlich bekannten Missethäter verzeihen? Dieses würde die Absicht seiner heilsamen Anordnung niederschlagen. — Diese beyde Unbequemlichkeiten zu vermeiden, ließ er sich eines von seinen eigenen Augen, und eines seinem Sohne ausreißen. Durch dieses Mittel wurden die Rechte der Gerechtigkeit unverletzt erhalten: jedoch auch der Zärtlichkeit eines Vaters merklich nachgegangen. Und mögen wir uns nicht erkühnen, zu sagen, daß in diesem Falle Zaleukus sowol Genugthuung

thuung erhalten, als gethan; — er erhielt sie als eine obrigkeitliche Person, selbst da er sie als Vater that.

Theron. Ich kann nicht sehen, wie dieses Leiden des Vaters nur einigermaßen dem Gesetze genug that; sintemal Vater und Sohn nicht als eine und ebendieselbe Person konnten angesehen werden. Es kann für ein außerordentliches Beyspiel der zärtlichen Vaterliebe gehalten werden. Es kann den wohlwollenden und mitleidigen Hörer rühren. Wenn es aber vor dem Gerichtsstuhle der Billigkeit und Vernunft geprüfet wird: so wird es schwerlich als eine gesetzmäßige Genugthuung zugelassen werden; es wird vermuthlich als eine Uebertretung des ersten Grundgesetzes der Natur, der Selbsterhaltung, verdammet werden.

Aspasio. Ich muß es gestehen, Theron, was Sie anmerken, hat viel Gewicht. Es wird mich nöthigen, meine Erläuterung fahren zu lassen. — Dem ungeachtet dienet dasjenige, was Sie wider die eigentliche Art der Vergleichung anführen, die Gewißheit der Lehre festzusetzen. Denn Christus und seine Gemeine werden wirklich als eine und ebendieselbe Person betrachtet. Sie sind ein einziger mystischer Leib; er das Haupt, sie die Glieder; und so genau mit ihm vereiniget, daß sie Bein von seinem Bein und Fleisch von seinem Fleische sind. — Kraft dieser Vereinigung wurden ihre Sünden an ihm bestrafet, und durch seine Striemen sind sie geheilet m); erhielten Straflosigkeit und Leben.

Obgleich

m) Jes. LIII, 5.

Das III Gespräch.

Obgleich in dem Verfahren der Menschen nichts vorkommen mag, welches einige Gleichheit mit diesem Wunder der himmlischen Gütigkeit hat: so erhält sie doch aus den Worten der Schrift hinlängliche Bestätigung. Derjenige, welcher als Schreiber dem nicht irrenden heiligen Geiste nachschrieb, hat gemeldet: Gott war in Christo, und versöhnete die Welt. — Mit wem aber? Etwan mit einer britten Partey? Nein, sondern er versöhnete die Welt durch den Tod und Gehorsam Christi, mit ihm selber n). Und ich kann sehr gern zugeben, daß diese göttliche Aeußerung der Huld und Weisheit ohne ein vorhergehendes Beyspiel, und ohne etwas ähnliches sey o).

Es können einige Schwierigkeiten, ich gestehe es, die Erklärung dieses Artikels begleiten, oder mit dessen Folgen verknüpfet seyn. — Zugleich aber muß ich bekennen, daß unsere Begriffe von himmlischen Dingen so dunkel, und unsere Vorstellungen von der göttlichen Wohlgewogenheit so enge sind, daß es sehr möglich seyn kann, sich zu irren, und sich einzubilden, daß dasjenige abgeschmackt sey, was allein groß, wundersam und unbegreiflich ist p). — Ich werde auch nicht

---

n) 2 Cor. V, 19. Coloss. I, 20.
o) Die Phantasie saget, in der Person des Horaz, vom Jupiter und seinen fabelhaften Verrichtungen:
    Cui nihil viget simile aut secundum.
Weit mehr aber wird die Vernunft in dem Charakter eines Gläubigen, solches vom Jehovah und seiner wunderbaren Gnade sagen.
p) Seine Natur, die keine ihres gleichen hat, ja, die unbegreiflich ist, machet keinen Einwurf wider deren

nicht für gar zu eingebildet gehalten werden, wenn ich hinzusetze, daß es aller Scharffinnigkeit in der Welt unmöglich fallen werde, zu beweisen, daß diese Lehre eine Ungereimtheit sey, ob sie gleich allezeit ein nicht zu erklärendes Geheimniß bleiben sollte. — Wie viele Erscheinungen in der Einrichtung der äusserlichen Natur sind nicht bekanntermaßen geheimnißvoll und nicht zu erklären! Sie fordern, sie gebiethen unsern Beyfall: doch machen sie alle unsere Nachsuchungen zu Schanden, und trotzen unserer äußersten Scharfsichtigkeit. Wenn wir nun diese Wahrheit völlig und unstreitig in der Bibel geoffenbaret finden:

Wahrheit und Wirklichkeit. Dieses ist vielmehr ein Umstand, welcher mit dem Zeugnisse der von Gott begeisterten Schriftsteller vollkommen übereinstimmet, und nach meiner Meynung einen unbeantwortlichen Beweis für den göttlichen Ursprung des Christenthumes machet.

Er kömmt mit dem Zeugnisse der von Gott begeisterten Schriftsteller überein, welche es nicht allein vorzüglicher Weise und zu recht großem Unterschiede Gottes Weisheit; sondern auch Weisheit in einem Geheimnisse, ja selbst seine verborgene Weisheit nennen, welches wahrscheinlicher Weise von keinem endlichen Verstande hätte können begriffen werden, wie groß und scharfsinnig er auch seyn mochte. — Er ist ein Beweis für den göttlichen Ursprung des Christenthums. Weil es unendlich zu tief für die Einsicht der Menschen und auch von der Scharfsichtigkeit der Engel ganz und gar nicht konnte entdecket werden; wie konnte es anders erkannt werden, als durch die Kundmachung von oben? Woher konnte es seinen Ursprung nehmen, als von einer besondern Offenbarung?

ben: so müssen wir dem Weltweisen entsagen, ehe wir mit Bestand den Zweifler vorstellen können.

Theron. Wir wollen denn sehen: ob sie so völlig und unstreitig in der Bibel geoffenbaret sey. — Sie haben mir bisher nur erst ein einziges von Ihren Bildern aus der Schrift gegeben.

Aspasio. Ich habe noch ein anderes zu Ihren Diensten. — Christus wird ein hoher Priester genannt. Was meynen Sie, daß das Wesen des priesterlichen Amtes sey?

Theron. Das Geschäffte des Priesters war, besorge ich, Opfer zu opfern und das Volk zu vertreten, oder Fürbitte für solches einzulegen.

Aspasio. Ganz recht; und Christus könnte nicht mit einiger eigentlichen Art diese Benennung erhalten, wenn er es an der Ausübung einer von diesen priesterlichen Verrichtungen hätte ermangeln lassen. — Nun wird durchgängig erkannt, daß er kein solches Schlachtopfer, als geschlachtete Thiere, gebracht. Wir können daher vermuthen, auch selbst wenn wir nicht das Zeugniß des Apostels hätten, es uns zu versichern, das er sich selbst durch den heiligen Geist Gotte geopfert habe p).

Das Kreuz, soll ich so sagen q)? Vielmehr seine göttliche Natur war der Altar. Seine Seele und sein

---

p) Ebr. IX, 14.

q) Das Kreuz wird von einigen Schriftstellern der Altar genannt: ich denke aber, uneigentlich. Dieser Begriff scheint von der päbstischen Gewohnheit das Kreuz anzubethen entsprungen zu seyn, oder ihr auch den Ursprung gegeben zu haben; wenigstens ist er einer solchen Art thörichter oder kirchenschänderischer

sein Leib, beyde unbefleckt rein, waren das Brandopfer. Diese gab er beyde hin; den einen zu tödtlichen Wunden, die andere zur unaussprechlichen Angst;
und beyde, daß sie statt aller ganzen Brandopfer seyn
sollten. —— Auf diese unschätzbare Darbringung ist
sein Fürsprechen zur Rechten Gottes seines Vaters
gegründet; von daher kömmt die vielvermögende
Kraft, welche die Sicherheit seiner stehenden und die
Wiederaufrichtung seiner gefallenen Jünger ist.

Erlauben Sie mir, weiter zu fragen: was ist
Ihr Begriff von einem Opfer? Als Jphigenia auf
dem Altar geschlachtet wurde; was wollte man mit
dieser merkwürdigen Handlung haben?

Theron. Sie wurde, wenn wir Virgils Nachricht glauben können r), angestellet, den Unwillen
der höhern Machten zu besänftigen und einen guten
Wind für die vom Winde aufgehaltene Flotte, und
die verbundenen griechischen Völker zu erlangen.
Aber ich hoffe, Sie werden dieses feyerliche Schlachten der königlichen Jungfrau zu keinem Vorbilde der
höch-

Andacht günstiger, als es ein protestantischer Schriftsteller wünschen könnte. —— Es gehörete eigentlich
für den Altar die Gabe zu heiligen. Dieses ist also,
wenn wirs auf das Opfer unsers Heilandes ziehen,
ein weit erhabeneres Amt, als wir dem Werkzeuge seines Leidens zuschreiben dürfen. Dieses muß die Ehre
und der Vorzug seiner göttlichen Natur seyn, welche
in der That die große Gabe heiligte, ihr eine unaussprechliche und ewige Würde, ein solches Verdienst und
eine solche Kraft gab.

r) Sanguine placasti ventos et virgine caesa.

Das III Gespräch.

höchsten Güte machen wollen, noch die Gewohnheit grober Abgötter zu einem Muster für die Religion des heiligen Jesus.

Aspasio. Keinesweges, Theron. Ich wollte nur beobachten, daß die Gewohnheit, Opfer zu bringen, unter den klügsten Völkern der heidnischen Welt Eingang erhalten. — Daß diese Opfer häufig von der Art gewesen, welche für andere gedienet s), da

---

s) Seneca saget, indem er auf die Gewohnheit der Opfer und auf die herrschende Meynung von ihnen eine Anspielung machet: Fuerim tantum nunquam amplius doliturae domus piamentum. — Was wir durch Piamentum verstehen sollen, erkläret unser Verfasser selbst in dem vorhergehenden Satze: Quicquid matri dolendum fuerit, in me transierit; quicquid aviae, in me; wozu sein scharfsinniger Ausleger Lipsius aus einer weitläuftigen Kenntniß des Alterthumes setzet: καθαρμα sive piacularis victima. SENEC. ad Helvid.

Ebenderselbe Schriftsteller hat in eben dem Trostschreiben noch einen andern Gedanken, der sich noch besser zu unserm Vorhaben schicket. Nobilitatur omnium carminibus, quae se pro conjuge vicariam dedit. — Juvenal redet von eben dieser That, und drücket sich in sehr merkwürdigen Worten aus; in solchen Worten, die uns mit der äußersten Klarheit und Genauigkeit anzeigen, was die Alten darunter verstunden wenn sie von dem Leiden oder Sterben einer Person sageten: er habe sich selbst für andere gegeben.

— — Spectat subeuntem fata mariti
Alcestim, et similis si permutatio detur.

Sat. VI.

da das Opfer an die Stelle des Opferers gesetzet wurde, und indem das eine abgeschlachtet, der andere von der Strafe losgemacht wurde. — Folglich würden die claßischen Schriftsteller, im Falle, daß man einiger solchen Hülfsvölker nöthig hätte, sich mit den heiligen Schriftstellern vereinigen, den Nutzen eines Opfers zu zeigen, und die Natur derselben zu erklären. — Sie werden mir auch erlauben, dieses hinzu zu setzen, daß, wenn die Heiden von irgend einem Stücke ihres Gottesdienstes vernünftig reden, es von den Opfern ist. Ihre Gedanken von den Versöhnungsopfern scheinen der schwache und entfernte Wiederschall der Offenbarung zu seyn; und ich habe sie gemeiniglich nicht als die Stiftungen der bloßen Vernunft, sondern als die Ueberbleibsel von irgend einer zerbrochenen Sage angesehen.

Gleichwohl muß man die wahreste und bewährteste Bedeutung eines Opfers aus dem jüdischen Kirchengebrauche lernen, welcher durch die Auslegung des Evangelii erkläret worden. Erinnern Sie sich der mosaischen Nachricht von dieser Anordnung?

The-

Es findet sich beym Livius eine Stelle, welche unter allen am meisten unsere Bemerkung verdienet; weil sie einen Glauben des Volkes von der Würde, von der mehr als menschlichen Würde des Opfers zu enthalten scheint, welches zur Besänftigung des Grimmes des Himmels nöthig war. Sie geht auf den Decius, der sich selbst für das gemeine Beste aufgab: Conspectus ab utraque acie, aliquanto augustior humano visu, sicuti coelo missus, piaculum omnis Deorum irae. *Lib. VIII. c. 9.*

Das III Gespräch.

Theron. Sie sind mit diesen heiligen Alter-thümern besser bekannt, Aspasio, und können, was diese Umstände betrifft, die sattsamste Nachricht geben. Nur muß ich Sie erinnern, daß Almosen Opfer genannt; und Lob und Preis ebenfalls so wohl in den prophetischen, als evangelischen Schriften die Benennung der Opfer führen.

Aspasio. Obgleich Lob und Almosen Opfer genannt werden: so gehören sie doch nicht zu den Sühnopfern, sondern zu den Dankopfern. Es wird niemals gesaget, daß sie die Uebertretungen aussöhnen, sondern sie werden nur als Gott angenehm durch Jesum Christum, das göttliche theure Opfer, vorgestellet, dessen Verdienst so wohl unsere Schuld austilget, als unsere Dienste beliebt machet. Demnach —

Theron. Halten Sie einen Augenblick, Aspasio. — Lassen Sie mich ein wenig wieder besinnen. — Dieß kann die Meynung der Opfer seyn, so wie sie vom Moses verordnet worden, und unter den Juden gebräuchlich gewesen. — „Opfer „waren eine symbolische Hinzutretung zu Gott, in „der Absicht, die Andacht, die Zuneigungen, die „Gesinnungen, die Begierden des Herzens vor ihm „durch bedeutende und emblematische Handlungen „auszudrücken„. — Oder auch so: „Der Priester „machte die Versöhnung für die Sünde durch Opfe-„rung eines Thieres, bloß weil solches ein Zeichen „und Zeugniß von des Opferers reinem und aufrich-„tigem Herzen war„.

Das III Gespräch.

Aspasio. Opfer, ich erkenne es, waren eine symbolische Hinzutretung zu Gott. — Allein, wollten Sie wohl ihre Kraft bloß auf den Tod des Thieres und die Reinigkeit des Opferers einschränken? Nein, Theron. Sie bezogen sich stets mit auf das große Opfer, — welches in dem ewigen Rathschlusse Gottes geordnet — bey der Menschwerdung des gleich ewigen Sohnes zubereitet, — und als der heilige Jesus sich selbst hingab, um als ein Lamm zur Schlachtbank geführet zu werden, gebracht wurde. Sie waren ganz und gar nicht von dieser göttlichen Darbringung unabhängig, sondern dieneten derselben vielmehr beständig, als untergeordnet, und leiteten alle ihre Kraft davon her. Sie waren der Schatten, Christus aber war der Körper.

Sie drücketen, sagen Sie, die Andacht, die Zuneigungen, die Gesinnungen und Begierden des Herzens aus. Ich denke aber vielmehr, sie drücketen die Schuld und den Glauben des Opferers aus. — Seine Schuld; denn dieß scheint selbst durch den Namen der Versöhnungsopfer angedeutet zu werden; indem die Sünde und das Opfer, die beleidigende Händlung, und der aussöhnende gottesdienstliche Gebrauch durch ein und ebendasselbe Wort t) angezeiget sind. Es ist durch die Gelegenheit des Opferns und den Zustand des Opferers etwas mehr denn angedeutet; sintemal die Gaben zur Versöhnung bloß wegen zuge-

---

t) חטאת bezeichnet eine Sünde und ein Sündopfer 3 B. Mos. IV, 3. 24. אשם bedeutet die Schuld und das Schuldopfer. Ebend. V, 15. 19.

zogener Schuld gebracht, und allein von schuldigen Personen gefordert wurden. —— Seinen Glauben; oder sein festes Vertrauen, daß ceremonialische Schuld, welche ihn von der Gemeinschaft der sichtbaren Kirche ausschloß, und ihn der Bestrafung der zeitlichen Gerichte unterwarf, dadurch abgewendet wurde: daß sittliche Schuld aber, welche die Seele beflecket und vom Himmel ausschließt, durch ein besser Opfer als diese u), sollte gereiniget werden. In der Ausübung dieses Glaubens brachte Abel ein angenehmer Opfer, als Cain; und ohne diesen einigermaßen ausgeübten Glauben ist es unmöglich Gott zu gefallen.

Wenn die Opfer Aufrichtigkeit des Herzens hätten anzeigen sollen: so dünkt mich, der Stand der Unschuld wäre der eigentlichste Zeitpunct zu ihrer Einsetzung und Darbringung gewesen. Allein, wir hören von dieser ehrfurchtsvollen Ceremonie nicht eher etwas, als bis der Mensch gefallen, und die Sünde begangen ist. —— Wenn sie Reinigkeit des Herzens bezeichnen sollen, warum mußten sie besonders an demjenigen feyerlichen Tage aufgelegt werden, da das Bekenntniß aller der Sünden x) der ganzen Gemeine geschehen mußte? Das würde ein wunderlich veranstalteter Handel gewesen seyn, wo die Zunge demjenigen widersprechen mußte, was die Ceremo-

---

u) Sie heiligten die Unreinen zu der leiblichen Reinigkeit. Ebr. VIIII, 13. Sie konnten den, der da Gottesdienst thut, nicht nach dem Gewissen vollkommen machen. Ebendas. 9.

x) 3 Buch Mos. XVI, 21.

remonie kund thun wollte. — Oder wie konnte sich fuglich schicken, daß man nach der Uebertretung eines Gesetzes, oder der Verabsäumung eines Gebothes so gleich hingieng, und ein Opfer brachte? Was würde die Sprache einer solchen Handlung seyn? „Ich habe gottlos gehandelt, aber mein Herz ist rein „und aufrichtig„. Kann dieses mit dem Geiste der Demuth, der Bescheidenheit oder der gemeinen Redlichkeit bestehen? Ist dieses die Art Gott Ehre zu geben, oder uns selbst zu schämen? — Das Opfer mag hingegen vielmehr eine vorbildliche Aussöhnung seyn; und dieses ist die Bedeutung solcher Handlung. „Herr, ich bekenne mich schuldig. Strafe „und Tod gebühren mir. Laß sie, ich bitte dich, „auf mein Schlachtopfer fallen y), damit deine Ge„rechtigkeit möge verherrlichet, und deinem Gesetze „genug gethan werden; und deine Barmherzigkeit „auf eine rühmliche Art bey meiner Verzeihung mö„ge erkannt werden„.

Außerdem, Theron, was für Gleichheit, was für Uebereinstimmung findet sich wohl zwischen dem Bekenntnisse der Aufrichtigkeit und einem tödtlich verwundeten Thiere, das sich in seinem eigenen Blute herum wälzet, und mit der Todesangst ringet? Hingegen ist zwischen diesen letzten Herzensstichen und der schuldigen Strafe für die Sünde, oder den von
unserm

---

y) Was saget das Ungeheuer der morgenländischen Gelehrsamkeit, Bochart? Hoc eodem ritu iram Dei peccator deprecabatur, eamque immitti petebat in illius victimae caput, quam suo loco ponebat. *Hierozoic. Vol. I. Lib. II. c. 54.*

unserm gekreuzigten Heilande ausgestandenen Schmerzen eine scheinbare, eine rührende und in mancherley Absichten eine erbauliche Gleichheit.

Theron. Sie zeigeten vielleicht des Opferers Bereitwilligkeit und Entschließung an, das Vieh in sich abzuthun, und sein Leben in Anhängung an Gott aufzugeben.

Aspasio. Ich erinnere mich keines dergleichen Satzes in der Bibel, oder nur einiger Anzeige, die einer solchen Auslegung Vorschub thäte. Es scheint in einigen Fällen, mit der eigentlichen Natur der Sachen nicht bestehen zu können, und den ausdrücklichen Erklärungen der Schrift zuwider zu seyn. — Sie wissen, es wurden Tauben, Lämmer und Schafe als Opfer geopfert. Sollen wir aber das Lamm, die Taube, das Schaf in uns abthun? Weit entfernet, so daß auch Christi Jünger entweder durch diese Thiere beschrieben werden, oder ihnen befohlen wird, ihren Eigenschaften nachzuahmen. Seyd ohne Falsch, wie die Tauben z). Petre, weide meine Lämmer a). Meine Schafe hören meine Stimme b).

Gesetzt gleichwol, daß dieses eine untergeordnete Absicht oder eine schätzbare Lehre der Opferhandlungen seyn möchte: so waren dennoch ihre Hauptabsicht und ihr letzter Endzweck weit davon unterschieden; sie drückten das göttliche Mitleiden weit mehr aus, und waren zum Troste der Menschen weit bequemer eingerichtet. — Sie waren eine schreckliche Anzeigung,

---

z) Matth. X, 16. a) Joh. XXI, 15.
b) Joh. X, 27.

Das III Gespräch.

gung, daß der Tod der Sünden Sold sey; zu gleicher Zeit auch eine erfreuliche Erklärung, daß es Gotte gefallen, den Tod des Thieres anstatt des Sünders anzunehmen; wie auch eine figürliche Vorstellung derjenigen gepriesenen Person, welche die Sünde vieler Menschen tragen, und seine Seele für die Uebertreter aufgeben sollte c).

Theron. Weil die Opfer von einer gottesdienstlichen Natur waren: so sollten sie nicht allein in ihrer Abzielung unterrichtend und gutthätig seyn, sondern auch in Ansehung Gottes, der Sünde und der Person, welche sie brachte, ihre gehörigen Wirkungen haben.

Aspasio. Sie hatten ihre Wirkungen in Ansehung Gottes, damit seine Gerechtigkeit möchte erhoben, und sein Zorn besänftiget werden — in Ansehung der Sünde, damit ihre Verschuldung möchte angezeiget, jedoch ihre Schuld hinweggethan werden — in Ansehung der Person, die solche brachte, damit sie Verzeihung erhalten, von der Strafe befreyet

---

c) Was saget Milton von dieser Materie der Opfer, und im Absehen auf ihre vornehmste Absicht? Er nennet sie:

— Der Opferung Religionsgebräuche,
Die, durch ein Schattenwerk und Vorbild, von
dem Saamen,
Den Gott bestimmet hat, die Schlange zu zerknirschen,
Den Menschen Unterricht verleihn, durch was für
Mittel
Er die Erledigung des menschlichen Geschlechts
Zu Stande bringen soll.
      Im XII Buchs,

Das III Gespräch.

befreyet werden, und ihren Glauben an den Herrn Jesum Christum ausüben möchte.

Theron. Es sind so vielerley Arten von Opfer in dem jüdischen Gesetze vorgeschrieben, daß ich wegen eines deutlichen Begriffes sehr verlegen bin, wofern man nicht einige davon aussondert und einzeln betrachtet.

Aspasio. Unter allen denen Opfern, die vom Moses gestiftet worden, bildet keines unsern theuren Jesum umständlicher vor, oder drücket die Wohlthaten seiner Opferung füglicher aus, als das Osterlamm und das Sündopfer.

Ein Ausleger, welcher nicht irren kann, hat uns diese Erklärung von dem Osterlamme gegeben. **Wir haben auch ein Osterlamm, das ist Christus, für uns geopfert** d). Hierdurch erkläret er, daß

Christus

---

d) 1 Cor. V, 7. Würde sich wohl jemand unterstehen zu sagen: Paul, unser Osterlamm, ist für uns geopfert? Doch kann dieses nach dem Unterrichte, den einige Personen von Christi Genugthuung geben, gesaget werden, oder wird vielmehr in der That gesaget. — Der bloße Gedanke von einer solchen gotteslästerlichen Ungereimtheit ist zu schmerzlich und zu beleidigend für einen ernstlichen Christen, sich dabey aufzuhalten. Ich wollte daher gern seine Aufmerksamkeit auf einen angenehmern Gegenstand ziehen. Er bewundere doch die ausnehmende Geschicklichkeit, welche hier und überall den Eifer des von Gott begeisterten Schriftstellers leitet. — Pindars Oden sind wegen ihres feinen Ueberganges von einem zum andern berühmt, welche zwar kühn und erstaunend, aber doch vollkommen natürlich sind. Wir haben in dieser Stelle ein Meisterstück von eben der schönen Art. Der Apostel, welcher von dem blutschänderischen Missethäter

Christus ein wirkliches Opfer sey; — daß er in dieser Eigenschaft durch das Osterlamm vorgebildet worden — daß die Umstände, die es unterschieden, bey ihm vorkommen, und die Vortheile, welche davon entspringen, von ihm verschaffet worden, jene nach ihrem wahresten Inhalte, diese nach ihrem weitesten Umfange. — Die Worte des Apostels haben diesen Verstand bey dem allereinfältigsten Leser. Will man hingegen eine andere Bedeutung aus ihnen heraus bringen; was für Spitzfündigkeit des Witzes, und was für ausklügelnde Feinheit oder vielmehr Gewaltthätigkeit der Critik muß doch da angewandt werden!

Das Osterlamm war ohne Fehl. So war auch das Lamm Gottes, frey von allem Makel der Erbsünde und von einem jeden Fleck der wirklichen Uebertretung. — Ein Lamm eines Jahres alt, in aller Munterkeit und Blüthe der Jugend. Christus gab auch sein Leben hin, nicht da es vom Alter abgezehret und kaum noch werth war, es zu behalten; sondern recht in den besten Tagen, mitten unter aller Blüthe und Lebhaftigkeit der Mannheit. — Das Lamm wurde auf solche Art geschlachtet, welche die stärkeste Vergießung seines Blutes verursachen konnte. Und wurde nicht dieses sehr genau an unserm

setzbäter redet, geht durch eine höchstkünstliche Ausschweifung auf seine liebste Materie, einen gekreuzigten Heiland hinüber. Wer würde das bey einer solchen Gelegenheit erwartet haben? Doch wenn man sie also zuläßt, wer sieht und bewundert nicht, wie füglich sie sich zur Sache schicket, und wie fein sie beygebracht worden.

Das III Gespräch:

serm leidenden Heilande erfüllet? Sein Blut floß bey dem erstaunlichen Schweiße im Garten, bey den zerfleischenden Streichen der Geißel, bey den durchbohrenden Spitzen der Dornen, bey den erschrecklichen Nägeln, welche seine Hände und Füße zerspalteten, bey dem tödtlichen Speere, welches seine Seite aufriß, und sich den Weg zu seinem Herzen schnitt, in großem Ueberflusse. — Obgleich das Blut so reichlich sollte vergossen werden: so durfte man doch an dem Lamme kein Bein zerbrechen. Und Sie müssen sichs erinnern; Sie müssen es bewundern, wie wunderbar sich die göttliche Vorsehung dazwischen stellet, diese emblematische Prophezeyung zu erfüllen. Da die Soldaten Befehl erhalten hatten, den drey gekreuzigten Personen die Beine zu zerbrechen; da sie auch wirklich die Beine eines jeden Uebelthäters zerbrochen hatten, welcher auf der rechten und linken Seite unsers Heilandes hing: so wurden ihre Gemüther ohne Zweifel von einem göttlichen Triebe übermocht, des theuren Jesu zu schonen, und alle seine Gebeine unbeschädiget, unangerühret zu lassen.

Das Lamm mußte vor der ganzen Versammlung getödtet werden; in Gegenwart entweder der ganzen Gemeine Israel, oder auch der besondern Gesellschaft, welche zusammentrat, das Fleisch zu essen. Und verband sich nicht die ganze Menge der Juden wider unsern Erlöser, ihn zum Tode zu bringen? Riefen sie nicht allesammt einstimmig: Kreuzige ihn! kreuzige ihn! Wurde er nicht an einem ihrer großen Feste und in dem Gesichte des ganzen versammelten Volkes hingerichtet? — Man durfte das Blut nicht unachtsam auf die Erde laufen lassen,

sondern

sondern mußte es sorgfältig in einem Becken auffangen, und mit der äußersten Genauigkeit die Thürpfosten damit besprengen. Gleicher Weise soll das Blut des himmlischen Lammes nicht durch eine verächtliche Geringschätzung unter die Füße getreten werden. Es ist der Schatz der Kirche, und die Arzney des Lebens. Daher muß es durch einen demüthigen Glauben angenommen, und gottseliger Weise bey unserm Gewissen angewandt werden. Die Besprengung mit dem Blute sicherte eine jede israelitische Familie vor dem Schwerdte des Würgengels. Eben so beschirmet das Verdienst des geschlachteten Heilandes e) einen jeden gläubigen Sünder von dem Streiche der beleidigten Gerechtigkeit, und von der

Pein

---

e) Sowol der Apostel Petrus, als der Apostel Paulus reden von dem Blute der Besprengung 1 Petr. I, 2. Ebr. XII, 24. Durch diese merkwürdige Art zu reden zeigen sie an, es werde Christi Tod dem Sünder keinen Vortheil bringen, wofern er nicht bey seinem Herzen angewandt wird: so wie das Blut des Osterlammes keinem Israeliten ein Schutz war, bis es die Pfosten seiner Thüre gefärbet hatte. — Jesaias, welcher sich eben der Redensart bedienet, und auf eben die Gewohnheit anspielet, saget von unserm Herrn Jesus Christus, er werde viele Heiden besprengen. LIII, 15. sie nicht allein durch die Taufe zu seiner Kirche einweihen; sondern er wird sie auch von ihrer Schuld reinigen, und sie von dem künftigen Zorne befreyen. — Wenn wir die durchgängig angenommene Lehre zulassen: so ist diese Metapher klar und leicht: wenn wir aber die Lehre von der wirklichen Versöhnung verwerfen: so ist die Sprache dunkel, der Verstand verwirrt und es schwer, ob er gar verständlich sey.

Das III Gespräch.

Pein des ewigen Todes. Wie würde es mit dem Israeliten geworden seyn, welcher sich auf die Aufrichtigkeit seines Herzens verlassen und verabsäumen wollen, sich dieser von Gott angewiesenen Salvegarde zu bedienen? Er hätte unvermeidlich mit dem Tode seines Erstgebornen müssen bestrafet werden. Eben so gewiß, aber unendlich weit schrecklicher, wird dessen Verdammung seyn, welcher vor dem allwissenden Richter sich erdreusten, und seine eigene Unsträflichkeit vorwenden, oder seine eigene Reue darreichen, und die Versöhnung des sterbenden Jesus verwerfen wird.

Theron. Nun auch von dem Sündopfer f), wenn es Ihnen beliebt, welches das vornehmste Opfer von ihnen allen gewesen zu seyn scheint.

Aspasio. Es fassete am meisten in sich, weil es nicht allein den Tod Christi, sondern auch seine Auferstehung von den Todten und seine Himmelfahrt abschattete. — Wie die mancherley Handlungen einiger berühmter Personen, welche von dem Maler nicht in einer einzelnen Zeichnung können vorgestellet werden, in verschiedene Abtheilungen gebracht werden; jedoch alle zusammen eins, und ebendasselbe große historische Gemälde ausmachen: eben so wurden diese glorreichen Begebenheiten, welche vermuthlich durch kein einzelnes Thier konnten vorgebildet werden, durch zween Ziegenböcke vorgestellet, welche

---

f) Wegen der Umstände, die das Sündopfer betreffen, wird der Leser 3 B. Mos. XVI. zu Rathe ziehen: was das Osterlamm aber betrifft, seine Zuflucht zu 2 B. Mos. XII. nehmen.

Das III Gespräch.

che dem ungeachtet nur als ein einziges Opfer angesehen wurden g).

Diese

g) Wie heißt der göttliche Befehl? Er (der Hohepriester) soll von der Gemeine der Kinder Israel zween Ziegenböcke nehmen zum Sündopfer 3 B. Mos. XVI, 5. Werden nicht diese beyden Böcke in der einzelnen Zahl und zusammengenommenen Verstande ein Opfer genannt? —— Damit wir uns auch nicht irren mögen: so beliebt es Gotte hinzu zu setzen: und einen Widder zum Brandopfer. Hier nennet er einen, um einem Misverstande seiner Meynung vorzubeugen, da er zuvor zween gesaget hatte. —— Damit wir noch weiter vor allem falschen Begriffe sicherer seyn möchten, und diesen Bock in eben dem Opfer als vereiniget mit dem andern ansehen: so befiehlt Gott, seiner eigenen Regel in allen andern Fällen zuwider, dem Hohenpriester, seine Hände auf das Haupt des ledigen Bockes legen, nicht auf das Haupt des zum Tode gewiedmeten Bockes. Er theilet die nöthigen Umstände eines Opfers unter sie beyde; um dadurch anzuzeigen, daß weder der eine, noch der andere besonders, sondern beyde zusammengenommen das einzige zu dieser ausnehmenden Feyerlichkeit angewiesene Opfer wären.

Wenn dieses wahr ist: so denke ich, die Stelle sey ein ziemlich ansehnlicher Beweis, daß die Versöhnung durch Erduldung der Strafe für einen andern geschehen sey; ungeachtet dessen, was dawider aus dem zehnten Verse des Capitels angeführet worden. —— Wenn wir menschliches Zeugniß zur Unterstützung dieser Erklärung fordern: so kann man eins von den größten menschlichen Zeugnissen bey dem berühmten Witsius sehen: Uterque hircus pertinebat ad unum sacrificium pro peccato, hostiae unius loco. Uterque erat pecus piacularis, vicaria Israëli peccatori, ejusque peccatum ferens. *De Oecon. Lib. IV. Cap. VI.*

Das III Gespräch.

Diese Ziegenböcke wurden zu der Thüre der Stiftshütte gebracht, und daselbst dem Herrn dargestellet. Christus stellete sich auch vor Gott dar, als er nach Jerusalem hinauf gieng, damit alles vollendet würde, was durch die Propheten von des Menschen Sohne geschrieben ist h). Der Bock, auf welchen des Herrn Looß fiel, wurde zum Tode gewiedmet. Christus, welcher auch aus bedachtem Rathe und Vorsehung Gottes übergeben war i), wurde gekreuziget und getödtet. — Der Leib wurde außer dem Lager verbrannt; welches Recht den Ort des Leidens unsers Heilandes anzeigete, und recht die Natur desselben abschilderte. Denn er hat außen vor dem Thore gelitten k); wurde daselbst der Wuth der Menschen und dem Zorne Gottes unter den stärksten Schmerzen des Leibes und den unerträglichsten Aengsten der Seele ausgesetzet; welches alles durch die Flamme eines verzehrenden Feuers angedeutet wird; indem nichts heftiger, nichts durchdringender oder schärfer marternd ist.

So wie das Thier, welches geschlachtet wurde, den für unsere Sünde sterbenden Erlöser anzeigete: so bildete dasjenige, welches lebig ausgieng, eben den Heiland vor, der für unsere Gerechtfertigung wieder aufstund. — Der Hohepriester legte seine Hände auf den lebigen Bock, und bekannte mit großer Feyerlichkeit die Sünden der ganzen Gemeine auf ihn. Die Bedeutung dieser Ceremonie wird in der heiligen Schrift ausdrücklich gemeldet: Der

Bock

h) Luc. XVIII, 31.   i) Apost. Gesch. II, 23.
k) Ebr. XIII, 12.

Bock soll alle ihre Missethat auf ihm tragen l). Sie wird von dem Propheten auf eine reizende Art erkläret: Der Herr warf unser aller Sünde auf ihn; und von dem Apostel auf eine höchst angenehme Art bekräftiget: er trug unsere Sünde selbst an seinem Leibe auf dem Holze.

Wenn dieses geschehen war: so wurde der Ziegenbock in die Wüste geführet und laufen gelassen, an einen Ort, der von allem Zugange der Menschen abgesondert war, woselbst er wahrscheinlicher Weise niemals mehr konnte gefunden werden. Dieses sollte uns lehren, daß unsere Uebertretungen, wenn sie durch den blutenden Jesum ausgesöhnet worden, gänzlich abgethan sind; daß sie niemals wider uns vor Gericht aufstehen sollen, sondern, daß nach der Prophezeyung Jeremiä: wenn man die Missethat Israel suchen wird, keine da seyn wird; und die Sünde Israel, aber wird gefunden werden m). — Es wird ferner anbefohlen: Aaron soll alle Missethat der Kinder Israel, und alle ihre Uebertretung in allen ihren Sünden auf ihn bekennen. Missethaten, Uebertretungen, Sünden werden alle besonders angegeben, und diesem Haufen von Ausdrückungen noch das Wort all hinzugethan; um uns zu unterrichten, daß die geringsten Sünden der Versöhnung des Todes Christi bedür-

1) Es ist zu bemerken, daß, wenn von dem ledigen Bocke gesaget wird, daß er die Sünden der Kinder Israel trage נשא 3 B. Mos. XVI, 22. ebendieselbe Redensart auch von Christo, Jes. LIII, 12. gebrauchet wird.
m) Jerem. L, 20.

hätten; um uns zu versichern, daß die größten Sünden für den Umfang seiner Kraft nicht zu groß sind; und daß alle Sünden, sie mögen noch so scheußlich oder so zahlreich seyn, dem wahren Gläubigen vergeben werden.

Der Hohepriester brachte das Blut des Schlachtopfers hinein in die zweyte Hütte, und so gar hinter den Vorhang. Eben so ist Christus mit seinem eigenen Blute, nicht in das Heilige, das mit Händen gemacht ist, sondern in den Himmel selbst eingegangen n). — Das Blut wurde vorn gegen den Gnadenstuhl gesprengt; es wurde auf den Gnadenstuhl gesprengt, und in dem Allerheiligsten gelassen, damit es stets vor dem Herrn bleiben möchte. Und erscheint nicht Christus stets in der Gegenwart Gottes für uns. Lebet er nicht ewig, uns zu vertreten; seine allgenugsame Aussöhnung zu unserm Behufe vorzustellen, damit die dadurch verschafften Wohlthaten seinem Volke mitgetheilet, bestätiget und verewiget werden möchten.

Theron. Diese Wohlthaten, Aspasio, werden in der Schrift, der Reue und der Besserung des Lebens zugeschrieben, welches unsere eigenen Eigenschaften sind; nicht aber einem solchen Opfer, das an eines andern Stelle geschieht; wo das Verdienst nothwendig bey einem andern bestehen muß. Was saget der Apostel Petrus, eben da er seinen Unterricht von dem heiligen Geiste empfangen hatte? Thut Buße und bekehret euch; nicht, sehet auf ein

n) Ebr. IX, 24.

II Theil.

ein Sühnopfer, oder verlasset euch auf eine Hoffnung, daß eure Sünden vertilget werden o).

Aspasio. Es ist wahr, die Wohlthaten des neuen Bundes sind den Bußfertigen, als ihr glückliches Theil versprochen, aber niemals ihrer Buße, als der sie verschaffenden Ursache, angewiesen worden; niemals ihrer Buße, sondern dem Blute des großen Hohenpriesters, welches daher das Blut des ewigen Testamentes genannt wird p); dieses ist die dabey ausgemachte, die dazu erforderte Bedingung, und zu Folge derselben werden alle dessen unaussprechliche Vorrechte verliehen.

Außerdem so sind die Eigenschaften, die Sie setzen, Gaben des Himmels. Wir sind nicht vermögend, solche auszuüben, bis Christus, welcher eben zu dieser Absicht erhöhet ist, Buße giebt q). — Eine Bekehrung zu Gott, und ein neues Leben sind nicht die Wirkung menschlicher Fähigkeiten, sondern das Werk des göttlichen Geistes und die Frucht des Todes unsers Erlösers. — In der That, dieser Tod hat jede himmlische Glückseligkeit erkaufet. Dieser öffnet die Hand, er öffnet das Herz Gottes und alle Vorrathshäuser seiner unerschöpflichen Güte.

Theron. Sie fangen an in Entzückung zu kommen, Aspasio.

Aspasio. Verzeihen Sie mir, Theron. Es ist nicht leicht, die Aufwallungen des Vergnügens und der Andacht zu unterdrücken, wenn wir solcher erstaunlichen Liebesgütigkeit nachsinnen, und von einer Empfindung solcher unermeßlich reichen Wohlthaten

o) Apost. Gesch. III, 19.   p) Ebr. XIII, 20.
q) Apost. Gesch. V, 31.

hinan! gekehret sind. Ein großer Hoherpriester, welcher höher ist, dann der Himmel; jedoch sich zum Tode, ja zum Tode am Kreuze erniedrigte! welcher auf immer und ewig geheiliget ist, und alle sein Verdienst vorstellet, allen seinen Einfluß anwendet, unsere vollkommene Glückseligkeit zu bewirken.

Welch Herz von Stein glühte nicht, wenn es dergleichen denkt?
Betrachtung solcher Art hebe uns, und sollte stets
Die Seele mehr erhöhn, nie auf den Menschen blicken,
Wenn sie ihn nicht zugleich entzücket, nicht entflammt r).

Ich zähme mich aber selbst; und will entweder auf Ihre Einwürfe antworten, oder auf Ihre Gedanken horchen; ich will eben so aufmerksam darauf horchen, als Sie selbst auf die Musik der hellschwirrenden Drostel Achtung geben.

Theron. Ihre süßklingenden Töne, die selbst in der Symphonie des Frühlings vorzüglich hervorschallen, haben in der That meine Ohren an sich gezogen. Meine Seele aber ist nicht damit beschäfftiget, sondern zu der Unterredung mit Ihnen frey.

Aspasio. Ich kann einen weit lieblichern Gesang wiederholen, als diesen, oder als Melodie der Waldchöre; einen Gesang, der Wohlklang genug hat, die finstere Stirn der Schwermuth durch ein Lächeln aufzuheitern, oder die Traurigkeit des Todes hinweg zu schmeicheln. Wer will die Auserwählten Gottes beschuldigen? Gott ist hie der da gerecht machet. Wer will verdammen? Christus ist hie, der gestorben ist; ja viel-

r) Nachtgedanken; IV Nacht.

vielmehr, der auch auferwecket ist, welcher ist zur Rechten Gottes, und vertritt uns s). — Nach meines lieben Freundes Grundsätzen war die Gesangweise dieses triumphirenden Ausrufes nicht recht, sondern sollte auf folgende Art gelautet haben: „Wer will uns etwas zur Last legen? Wir haben „uns bestrebet, ein rechtschaffenes, redliches Herz zu „behalten, und in einem löblichen Wandel zu behar= „ren. Haben wir es irgendwo versehen: so ist uns „unser Fehler leid gewesen, und wir haben die gött= „liche Majestät um Verzeihung deswegen angeflehet. „Was soll uns denn schrecken? Wer will uns ver= „dammen?„ — Ihre Hauptgründe des Trostes würden vollständig seyn, ohne zu dem Tode Christi als einer Versöhnung für die Sünde, oder zu der Auferstehung Christi, als einem offenbaren Beweise, daß die Versöhnung angenommen ist, oder zu der Fürsprache Christi, als der Ursache unseres Antheiles an dieser überschwenglichen Glückseligkeit, Zuflucht zu nehmen.

Theron. Weil Sie der Versöhnung so häufig erwähnen und so ernstlich darauf bestehen: so möchte ich gern die genaue Bedeutung des Wortes wissen. Man hat mir gesaget, das Wort im Grundtexte ha= be nichts mit dem Begriffe einer Genugthuung zu schaffen.

Aspasio. Wir können die genaue Bedeutung der Versöhnung daraus lernen, wenn wir die Mit= tel, die Wirkung, und die Art und Weise, wie die Mittel die Wirkung vollbringen, in Erwägung zie= hen.

s) Röm. VIII, 33, 34.

ßen. — Die Wirkung der Versöhnung ist die Vergebung. — Die Mittel, solche zu erhalten, ist der Tod Christi. — Die Art und Weise, auf welche der Tod Christi zu dieser seligen Sache wirksam wird, ist die höchste Vorschrift seines Vaters, die unendliche Würde seines Sohnes; und vornehmlich die Beschaffenheit seines für andere übernommenen Leidens, oder daß er sich dessen anstatt des Sünders unterwerfen.

Das Wort im Grundterte, welches durch Versöhnung übersetzet wird, enthält in seiner ersten und ursprünglichen Bedeutung den Begriff von einer Bedeckung, Verbergung. Also wurde der Kasten des Noah überdecket; er wurde verpichet mit Pech, inwendig und auswendig t); damit er seine Ritzen vor den einbringenden Anfällen des Wassers gesichert; und als sein Zimmerwerk vor den Beschädigungen von diesem fließenden Elemente verwahret seyn möchte. — Wenn eine Sache auf diese oder irgend eine andere Art zur Sicherheit überdecket ist: so erhält die Bedeckung einen jeden Stoß und steht allen Schaden aus, der sonst auf die bedeckte Sache selbst fallen würde. Das Bild ist daher sehr füglich gebrauchet worden, die wahre evangelische Beschaffenheit der Versöhnung auszudrücken; und es ist mit einer anscheinenden Eigenthümlichkeit auf denjenigen

ange-

---

t) כפלת Du sollst verschmieren, decken oder überziehen. 1 B. Mos. VI, 14. Dieses ist die erste Stelle, in welcher unser Wort vorkömmt. Und es ist zu vermuthen, daß sie uns die wahre und eigentliche Bedeutung der Redensart giebt.

angewandt worden, welcher in der That der Cherub ist, der sich weit ausbreitet und decket, indem der vor dem Grimme Gottes und den Streichen der Gerechtigkeit dadurch decket, daß er beydes an unserer Statt trägt.

Nunmehr, da wir die genaue Bedeutung des ebräischen Wortes aufgesuchet haben, erlauben Sie mir noch hinzuzusetzen, daß sich der Verstand desselben sehr weit erstrecket, und unserer besondern Achtung nicht unwürdig. — Es bezeichnet die Ausübung der göttlichen Barmherzigkeit x); — die Vergebung der Sünden y) — ein Abwaschen von der Schuld z) — ein Reinigen von der Uebertretung a) — eine Wiederaussöhnung wegen einer Missethat b); — die Befriedigung des Grimmes c). — Zeigen nicht diese Stellen, welche durch einige Zweige von dem Worte ausgedrücket sind, das

---

u) Hesek. XXVIII, 14. Dieses wird von dem Könige von Tyrus gesaget, welcher wahrscheinlicher Weise ein Vorbild des Antichrists war. Die Stelle beschreibt, was er sich zu seyn einbildet, und wofür er in der Achtung der Welt gehalten zu werden suchet. Wenn das ist, so glaube ich, Aspasio, kann man es ganz billig auf den Herrn Jesum anwenden. Es ist ein Kleinod aus der Mittlerskrone; und weil es kirchenräuberischer Weise gestohlen worden: so sollte es gewiß seinem rechten Eigenthümer wiedergegeben, und von neuem in des Erlösers Krone gesetzet werden.

x) 5 B. Mos. XXXII, 43.
y) 5 B. Mos. XXI, 8.   1 Chron. XXX, 18.
z) 4 B. Mos. XXXV, 33.   a) Psalm LXV, 3.
b) Dan. IX, 24.   c) Hesek. XVI, 63.

was uns den Begriff des Versöhnens machet, deutlich an, —— daß die Versöhnung Christi die verdienstliche Ursache aller der erwünschten Wirkungen ist, daß sie der Grund einer jeden Handlung der göttlichen Güte ist, und der Ursprung einer jeden Glückseligkeit, die den Sündern gewähret wird?

Theron. Bey diesem allen so ist mir doch diese Betrachtung vornehmlich anstößig und verwirret mich. — Gott ist ein weiser, ein erhabener, ein unendlich reiner Geist. Wie kann er nun ein Vergnügen am Blutvergießen oder dem Verbrennen des Fleisches finden? Wie können einige so niedrige fleischliche Bewegungsgründe ihn den Sündern gnädig machen, oder dasjenige besänftigen, was Sie seinen Grimm nennen.

Aspasio. Sagen Sie vielmehr, was die Schrift seinen Grimm nennet. — Sie nehmen unsere Lehre ganz falsch, mein lieber Theron. Wir behaupten ganz und gar nicht, daß irgend ein Opfer, es sey welches es wolle, auch selbst das Versöhnopfer des Todes Christi, abgezielet sey, Gott gnädig zu machen. Sie zieleten nur bloß ab, seinem ewigen Vorsatze der Barmherzigkeit, ohne einigen Nachtheil weder der Forderungen seines Gesetzes, noch der Rechte seiner Gerechtigkeit. — Unsere Gedanken in diesem Stücke stimmen mit seiner eigenen Erklärung und mit seinem eigenen Verfahren, in dem Falle der Freunde Hiobs, genau überein d). Ob er gleich mit ihrer Aufführung nicht zufrieden war: so war er doch ihren Personen gnädig. Nichts destoweni-

d) Man sehe Hiob XLII, 7. 8.

weniger wollte er ihnen diese Gnade nicht eher erzeigen, als bis sie vorher ein Opfer gebracht und eine Handlung des Glaubens an den sterbenden Heiland gethan hatten.

So ist auch gar nicht zu vermuthen, daß der unendlich weise und reine Gott ein Vergnügen an dem Blutvergießen und dem Verbrennen des Fleisches haben kann, schlechtweg an sich betrachtet. Er hat nur bloß ein Vergnügen daran, in so weit sie sich auf das edle und unschätzbare Opfer beziehen, welches seinem Namen die höchste Ehre bringt; welche diese geschlachteten Thiere in einem Bilde vorgestellet haben, und worauf ein jeder wahrer Israelite im Glauben sah.

Ich sage, in Glauben sah. Denn es wird von dem Urheber des Briefes an die Ebräer bejahet, daß den Israeliten das Evangelium in der Wüste geprediget worden. e). — Was versteht er unter dem Evangelio? Das rechte Wesen dieser wohlwollenden Einrichtung ist nach des Apostels eigenen Erklärung, daß Christus für unsere Sünde gestorben ist f). — Wie wurde dieses Evangelium unsern Vätern in der Wüste geprediget? Durch andeutende Bilder; vornehmlich durch geschlachtete Thiere und blutende Opfer, wodurch Jesus Christus fast beständig, wiewohl nicht so vor die Augen, als in diesen letztern Zeiten, hingemalet war, bey ihnen gekreuziget g).

In

e) Ebräer III, 2.   f) 1 Cor. XV, 3.
g) Galat. III, 1.

In diesem Verstande allein waren die fleischlichen Gebräuche würdig, von der Weisheit Gottes angeordnet, und von der Majestät Gottes angenommen zu werden. —— Dieses gab ihnen eine besondere Würde und Wichtigkeit, und setzete sie weit über alle ähnliche Gebräuche, deren man sich bey dem heidnischen Gottesdienste bedienete — Sie waren auch, wenn sie so ausgelegt, wenn sie so verbessert worden, den Gläubigen überaus vortheilhaft; weil sie ihre Betrachtungen auf das künftige Leiden eines Heilandes richteten, und ihrem Glauben die Wohlthaten seines immerwirkenden Opfers bestätigten; welches, wie wir durch eine unfehlbare Stimme versichert werden, zu der Erlösung von den Uebertretungen unter dem ersten Bunde kräftig war h).

H 5   Theron.

h) Wenn ich diese Worte überlege: so wundere ich mich, wie jemand vorgeben kann, daß alle Juden unter dem Fluche des Gesetzes gestorben —— Unter dem Fluche des Gesetzes gestorben! so gar, da der Apostel es doch für eine gewisse Wahrheit bewähret hat; daß alle diese, (nämlich Abraham, Sara, Isaac, Jakob u. s. w.) im Glauben gestorben sind. Hebr. XI, 13. — so gar, da er doch anderswo es als eine Grundregel gesetzet hat: Also werden denn, die des Glaubens sind, in welchem Zeitpuncte sie auch leben; oder unter was für einer Religionsverfassung sie auch Gott dienen, mit dem gläubigen Abraham gesegnet. Gal. III, 3. — so gar, da doch der Psalmist an einem Orte saget: Wohl dem, dem die Uebertretungen vergeben sind, dem die Sünde bedecket ist; und an einem andern Orte von sich und seinen frommen Zeitverwandten die Erklärung thut: So fern des

Morgen

Theron. Sie meynen also, daß in diesen Gebräuchen, welche von den alten Juden ausgeübet worden, das Evangelium emblematischer Weise sey geprediget und Christus in einem Bilde vorgestellet worden.

Aspasio. Ganz gewiß, Theron; und dieser Ursache wegen wurde unter dem Gesetze fast alles mit Blute gereiniget i). Die Vielfältigkeit, die Mannichfaltigkeit, die Beständigkeit ihrer Opfer, hatten alle die Absicht, die große evangelische Wahrheit ihren Gemüthern einzudrücken, und sie mit ihren Gedanken bekannt zu machen. — Wurde einer von einem Fehler übereilet: so mußte er ein Opfer darbringen, und der Priester mußte es tödten als ein Sündopfer; um dadurch anzuzeigen, daß die Schuld, die

Morgen vom Abend ist, läßt er unsere Uebertretung von uns seyn. Ps. XXXII, 1. Ps. CIII, 12.

Aus diesen und vielen andern Stellen, dünkt mich, ist es augenscheinlich, daß die gläubigen Juden eben so wenig unter dem Fluche des Gesetzes als die gläubigen Christen gestorben sind. Der Tod Christi verschaffete, auch selbst ehe er noch ins Fleisch kam, Vergebung und Annehmung der Gläubigen. Er hatte gleich im Anfange als ihr Mittler sich mit dem Vater verglichen; und Gott, vor dem alle Dinge gegenwärtig sind, sah die gewisse Erfüllung dessen, was er über sich genommen. Er war daher, vermöge des göttlichen Schlusses, und in Ansehung der seligmachenden Kraft, ein Lamm, das vom Anfange der Welt her geschlachtet worden. Ob er gleich sein Leben unter der Regierung des Tiberius aufgab: so war er doch zu allen Zeiten ein wirklicher Erlöser.

i) Ebräer IX, 22.

sich zugezogen hatte, bloß durch den versöhnenden Tod Christi abgethan werden konnte. — Hatte einer einen besondern Segen erhalten: so wurde ein Thier zum Dankopfer geschlachtet; als eine öffentliche Bezeugung der Dankbarkeit für die Gnade, und auch als eine nachdrückliche Erklärung, daß alles Gute, welches dem gefallenen Menschen gewähret würde, dem Erlöser und seiner Erlösung zuzuschreiben sey.

Und diese große Lehre wurde nicht allein durch ihre feyerlichen Opferhandlungen, sondern auch durch ihre ordentlichen Mahlzeiten eingepräget. Es war ihnen verbothen, Blut zu essen, um in ihren Gewissen eine verehrungsvolle und zuversichtliche Achtung gegen das theure Blut Christi zu erwecken und zu erhalten. Der heilige Geist saget ausdrücklich, wenn er eine Ursache von diesem heiligen Verbothe anführet: Denn das Blut ist die Versöhnung fürs Leben k); das Blut der Thiere im Vorbilde, das Blut Christi wirklich. — O! daß doch die Christen in diesem Stücke von den Juden lernen wollten; wenigstens das aus den jüdischen Verordnungen lernen wollten, daß sie ihre Achtsamkeit unaufhörlich auf den göttlichen Hohenpriester geheftet hätten, der mit einem Opfer in Ewigkeit vollendet hat, die geheiliget werden l).

Theron. Ein anderer wunderlicher Umstand hat mir oftmals einen Ekel verursachet, und ist vermögend gewesen, mich wider die Einsetzungen des alten Testaments einzunehmen. Viele von ihnen sind

k) 3 B. Mos. XVII, 11. l) Ebr. X, 14.

„Können die, habe ich bey mir selbst gesagt, von
„einem unendlich weisen und überschwenglich herrli=
„chen Gotte verordnet seyn? Können wir uns ver=
„nünftiger Weise einbilden, daß von dem himmli=
„schen Hofe ein Befehl ergehen sollte, in der Absicht,
„das Sieden einer besondern Art von Gerüchte zu
„verbiethen, und dagegen das Braten desselben an=
„zubefehlen m)? — Wird sich der große Regierer
„der Himmel um die genaue Art bekümmern, wie
„man den einen Vogel schlachten, und den andern
„fliegen lassen soll n)? Wird Er, der den Gottes=
„dienst des Herzens fordert, eine solche besondere Ach=
„tung auf einen oder zween Tropfen verächtlichen
„Blutes haben, welches auf den rechten Ohrknorpel
„und auf den Daumen der rechten Hand, und auf die
„große Zähe des rechten Fußes gethan worden o)?
„— Gewiß, solche kindische Ceremonien sind viel
„zu klein und zu schlecht für die Achtung und noch
„vielmehr für die feyerliche Anordnung der höchsten
„Majestät!„

Aspasio. Sie werden sich zu erinnern belieben,
daß, als diese Ceremonien verordnet worden, die
Kindheit p); wenigstens die Minderjährigkeit der
Kirche gewesen. Und wir haben Ursache, die Her=
ablassung des großen Schöpfers zu bewundern, da
er seine Offenbarung nach dem Zustande seines Vol=
kes

---

m) 2 B. Mos. XII, 9. n) 3 B. Mos. XIV, 4=7.
o) 2 B. Mos. XXIX, 20.
p) Der Apostel Paulus nennet die Kirche dieser Zeiten
νηπιος, ein Kind. Gal. IV, 1. 3.

bequemet hat, indem er mit ihm, als mit jungen
Kindern, geredet hat. q). — Die Satzungen wor-
… vielen, waren unstreitig klein und geringe,
… sie an sich selbst betrachtet werden. Man be-
… sie aber in ihrer Beziehung auf den allerheiligsten Mittler, dessen Aemter, Verdienst und Leiden
sie abschatten: alsdann erhalten sie eine wirkliche
…, und ertheilen den edelsten Unterricht.
Das Blut auf dem Ohrknörpel und dem Daumen der Hand zeiget unsere persönliche Anwendung
des Todes Christi an, ohne welche uns alle Kraft
…, so unumschränkt und unbegreiflich sie auch ist,
… nützen wird. Diese besondern Theile des Körpers können die begreifenden und ausübenden Kräfte
der Seele anzeigen, mit denen beyden wir oft fehlen,
und für welche beyde wir die große Versöhnung nöthig haben. — Von den beyden Vögeln, deren
… gedenken, muß der eine getödtet, der andere
fliegen gelassen werden, nachdem er in das Blut seines Gefährten getauchet worden. Also wurde der
Herr Jesus für unsere Sünde gekreuziget, und wir,
nachdem wir in seinem Blute gewaschen worden, und
in der Versöhnung unsers heiligen Schlachtopfers
und ältern Bruders mit begriffen sind, werden von
der Schuld losgesprochen und entgehen der Verdammung. — Was das Osterlamm betrifft: so wurde besonders anbefohlen, es sollte das Fleisch nicht
roh gegessen, noch mit Wasser gesotten, sondern am Feuer gebraten werden; und von einem jeden Brandopfer wurde das Fett und Eingeweide

q) 1 Cor. III, 1.

weibe den verzehrenden Flammen übergeben. Alles dieses war ein Sinnbild von dem erschrecklichen Unwillen, welcher ausgegossen ist, wie Feuer, welches sich unsers unbefleckten Opfers bemächtiget, damit er den besudelten Sünder schone, und welcher gänzlich einen Mittler müßte aufgerieben haben, der weniger als unendlich, oder anders, als göttlich war.

Hätten Sie unsern berühmten Newton mit großer Aemsigkeit und Aufmerksamkeit seine kleinen Wasserbläschen in die Luft blasen sehen: so würden Sie vielleicht den ehrwürdigen Weltweisen verachtet und ihn für nicht viel besser, als einen alten Jdioten gehalten haben. Wenn Ihnen aber gesaget worden, daß er in einer jeden von diesen flüchtigen Seifenblasen die schönen Farben des Regenbogens entdecket; und aus diesem dem Ansehen nach kindischen Versuche die Eigenschaft dieses wundersamen Bogens erkläzete: so würden Sie einen ganz andern Begriff sowol von dem Manne, als von seiner Verrichtung, geheget haben. Wenn Sie also auch erkennen, daß der theureste Jesus durch das Fenster sieht, und durch das Gitter der jüdischen Haushaltung kucket r): so werden Sie verhoffentlich eine höhere Meynung davon bekommen und reichere Vortheile davon ableiten.

Theron. Es finden sich unterschiedene Personen, wie auch zum Gottesdienste gehörige Beobachtungen von einer sehr sonderbaren Beschaffenheit in

dem

---

r) Hohe Lied Salom. II, 9. Die Ceremonialsatzungen des jüdischen Gesetzes werden mit eben so vieler Wahrheit als Aufrichtigkeit Euangelium elementare et praeliminare genannt.

dem mosaischen Gesetze erwähnet. Der Aussätzige zum Exempel, der Nazaräer, nebst andern von dieser veralteten und seltsamen Art, welche mir wenigstens, so viel nichtsbedeutende Erzählungen zu seyn scheinen, die den Lesern der itzigen Zeit nicht die geringste Art von Erbauung bringen. Ich habe schon oftmals Lust gehabt, und nunmehr habe ich eine bequeme Gelegenheit Sie um Ihre Meynung davon zu befragen.

Aspasio. Ich danke Ihnen, Theron, daß Sie mir solches anzeigen. Was Sie vorbringen, das ist auf keinerley Art und Weise fremd bey der Hauptmaterie unsers Gespräches. — Diese Personen waren wahrhaftig merkwürdig; und die Umstände von ihrem Falle sind nicht vergebens aufgezeichnet. Sie schildern mit gräulichen und angenehmen Farben den Sünder und den Heiland ab. — Uns selbst zu kennen und Christum zu kennen, ist die wahre Weisheit, ist in der That die Vollendung aller Erkenntniß. Hier lesen wir einen hieroglyphischen Unterricht von diesen beyden wichtigen Sachen.

Der Aussätzige s) war ein Sinnbild eines Sünders. — Seine Krankheit ist ihm überaus peinlich und andern unleidlich beschwerlich. Die Sünde ist gleichfalls das allerschmerzlichste Elend für den Armseligen, der sie begeht; und dem Gotte, der sie verbeut, höchst abscheulich verhaßt. — Der Aussätzige war von den Wohlthaten der Gesellschaft und aller Gemeinschaft mit seinen Mitbürgern ausgeschlossen. Der Sünder ist auch, so lange er unbußfertig

und

s) 3 B. Mos. XIII. XIV.

und ihm seine Sünden nicht vergeben sind, ein Fremdling in Israel, ohne einigen Genuß eines Trostes oder Antheil an den Vorrechten des Evangelii. Stirbt er in diesem Zustande: so muß er aus dem Königreiche des Himmels auf ewig ausgeschlossen seyn; auf ewig von der Gegenwart des Herrn verstoßen seyn.

Die Seuche war zuweilen so pestilenzialisch, daß sie nicht allein die Kleider des Kranken verdarb, sondern sich auch an den Wänden seines Hauses ausbreitete und das Holz von den Balken ansteckete. Sie war zuweilen so wüthend und eingewurzelt, daß sie nicht anders konnte aufgehalten, nicht anders konnte ausgerottet werden, als durch Verbrennung der Kleider oder Niederreißung der Gebäude. Giebt uns dieses nicht eine deutliche aber schwermüthige Vorstellung von der Erbsünde, welche ihr Gift durch alle Kräfte der Seele und alle Glieder des Leibes ergossen hat? Sie wird auch niemals eher gänzlich vertrieben werden, als bis der Tod die erste auflöset und den letzten in Staub verwandelt.

Was konnte diese erschreckliche Krankheit auch selbst in ihrem gelindesten Zustande heilen? Nicht aller Balsam aus Gilead, nicht alle Specerey von tausend Hügeln; nichts, als das heilige Oel und das Opferblut, wenn es von dem Hohenpriester gehörig angewandt wurde. Und was kann die Unordnungen unserer gefallenen Seelen heilen? Sie so weit heilen, daß sie ihre Schuld wegwäsche, und die Uebermacht ihrer Ungerechtigkeiten unters Joch bringe? Keine Abtödtung, kein Wachen, keine Bemühung für uns selbst, nichts, als der versöhnende Tod und

der

heiligende Geist des theuren Jesu. Die Bösartigkeit und Giftigkeit dieser Plage des Herzens kann ganz und gar nicht durch irgend ein ander Mittel gehoben werden. Doch, gepriesen sey die göttliche Gnade, das von unserm großen Hohenpriester besorgte, und von unserm großen Arzte angewandte Hülfsmittel ist unfehlbar und hilft gewiß.

Der Zustand der Nazaräer t) war gerade das Gegentheil von dem Zustande der Aussätzigen. Ihre Nazaräer, saget Jeremias u), waren reiner, denn der Schnee, und klärer, denn die Milch; ihre Gestalt war röthlicher denn Corallen, ihr Ansehen war wie Sapphir. Eine schwache Vorstellung von dem eingebohrnen Sohne, welcher der schönste ist unter zehntausenden, der Glanz der Herrlichkeit seines Vaters, und das ausdrückliche Ebenbild seiner Person; behdes Gott und Mensch in einem heiligen, wundersamen anbethenswürdigen Heilande. — Sie enthielten sich während der Zeit ihrer Absonderung vom Weine, entzogen sich einigen weltlichen Geschäfften, vermieden eine jede Art von Befleckung, und widmeten sich selbst auf eine besonders geflissentliche Art dem Dienste Gottes. Dieses war ein Vorbild von dem glorreichen Nazaräer, welcher auf eine Zeitlang von dem Genusse des Himmels abgesondert war, welcher heilig, untadelhaft und unbefleckt war, sowol in seiner Natur, als in seinem ganzen Wandel, welcher sich heiligte, und sein Leben und seine Arbeit, seine Seele und seinen Leib der Herrlichkeit seines

t) 4 Buch Mos. VI.   u) Klagl. IIII, 7.

nes Vaters und der Erlösung seines Volkes wiederkomte. — Die Nazaräer waren, wenn sie ihre Gelübde gethan hatten, und ceremonienmäßig gereiniget worden, dennoch verbunden, ein Sündopfer, ein Brandopfer und ein Dankopfer zu bringen. Eben so wurde auch von dem großen Erlöser, ob er gleich allen Gebothen des göttlichen Gesetzes vollkommen gehorchet hatte, dennoch erfordert, daß er ein Opfer brachte — das unvergleichliche kostbare Opfer sein selbst — um das Werk unserer Seligkeit zu vollenden.

Theron. Haben Sie einen hinlänglichen Gewährsmann, Aspasio, von dieser Art der Auslegung? Ist sie gesund, ist sie vernünftig oder einigem bewährten Muster einer Schriftauslegung gleichförmig? Mich dünkt, sie sieht eher einem Kinde der Phantasie ähnlich, als einem Abkömmlinge der Beurtheilungskraft; mehr dem Einfalle einer kurzweilenden Einbildung, als dem herausgebrachten Schlusse einer nüchternen Untersuchung.

Es kann Jhnen nicht unbekannt seyn, wie die herrschende Leidenschaft unsere ganze Aufführung einrichtet. Daher kömmt es auch, besorge ich, daß Ihre gottseligen Religionsliebhaber himmlische Schönheiten daselbst finden, wo die Schrift doch nicht mehr als natürliche Wahrheiten verbringen wollen. Daher kömmt es, daß sie deutliche Sachen zu dicken Bildern machen, und gesunde Vernunft in eine fromme Ungereimtheit allegorisiren. — Haben Sie niemals die mystischen Auslegungen einiger alten, und ich kann auch wohl hinzusetzen, einiger neuern Gottesgelehrten gesehen? Die Ehrlichkeit ihrer Absicht leuchtet hervor, und die Frömmigkeit ihres Lebens ist unstreitig

Das III Gespräch.

streitig: sonst würden wir versuchet werden, sie in dem Verdachte zu halten, sie wollten die Schrift nur lächerlich machen, und ihren Urheber verunehren.

Wer kann sich wohl jemals überreden, daß uns der höchstweise Gott ausschicken würde, ein ganzes Lehrgebäude der Gottesgelahrtheit in einem Bündel Ruthen zu suchen? oder uns hinsetzen wollte, alle Geheimnisse des Christenthumes aus einigen Flocken bunter, sprenklichter und grauhäriger Wolle heraus zu spinnen? So die heiligen Schriften auslegen, heißt nicht, sie klärlich eröffnen, und sie scharfsinnig anwenden, sondern vielmehr, sie in einen Schaum querlen x).

Aspasio. Wir haben das Zeugniß unsers Herrn selbst, welcher uns gelehret hat, — daß die eherne Schlange, welche in der Wüste aufgerichtet worden y), ein Vorbild von seiner eigenen Aufhängung und seinem Tode am Kreuze gewesen. — Daß der Tempel, welcher auf dem Berge Sinai gebauet worden, ein Vorbild von seinem unbefleckten Leibe abgegeben, in welchem alle Fülle der Gottheit wohnt z). — Daß der Prophet Jonas, welcher in dem Bauche des Wallfisches gelegen, und am dritten Tage aus diesem seltsamen Gefängnisse befreyet worden a), ein Vorbild von seinem eigenen Liegen im Grabe, und

Wie-

---

x) Luther pflegete solche weithergeholte und unnatürliche Allegorien Spumam scripturae zu nennen.
y) Joh. III, 14.
z) Joh. II, 19. 21.   Col. II, 9.
a) Matth. XII, 39. 40.

Wiederauferstehen aus demselben gewesen, ehe sein Fleisch die Verwesung gesehen.

Wir haben auch das Zeugniß, und die Gewohnheit des vornehmsten Apostels zu unserm Gewährsmanne. Er versichert uns, daß der Felsen, den Moses geschlagen, sich auf Christum beziehe b); welcher für unsere Sünden verwundet worden, und der Grund unserer Hoffnung ist; daß das Wasser, welches aus demselben gegangen, denjenigen geistlichen Segen angedeutet, welcher von einem gekreuzigten Heilande floß; daß, so wie das erstere den Kindern Jacobs durch alle die Umschweife ihrer langwierigen Reise folgete, das letztere die Jünger Christi in einem jeden Stande ihrer irdischen Wallfahrt begleitete. Der große Lehrer der Heiden mag unser Ausleger seyn, und wir werden den Vorhang des Tempels mit einer Bedeutung beehret sehen, welche reicher ist, als seine köstlichen Materialien und schöne Arbeit. Seine Seide und Stickerey stellen dem Glaubensauge das reine und unbefleckte Fleisch Christi vor c). Gleichwie durch Zerreißung des materialischen Vorhanges das Allerheiligste sichtbar wurde, und man hinzugehen konnte: eben so wurde auch durch Verwundung des Leibes und Vergießung des Blutes Christi, der Gott des Himmels geoffenbaret, und der Weg zum Himmel eröffnet.

Ein jeder Leser muß diejenigen getheilten Wellen bewundern, die anstatt die Israeliten mit einer nicht zu widerstehenden Fluth zu überschwemmen, wie eine Mauer zur Vertheidigung zu ihrer Rechten und linken

b) 1 Cor. X, 4.   c) Ebr. X, 20.

ten da stunden, als sie durch die Tiefen des Meeres giengen. — Ein jeder Leser muß die wundersame Wolke bewundern, welche wie ein weit ausgebreiteter Traghimmel über den Schaaren Israels hing; und sie vor den stechenden Sonnenstrahlen beschirmete, als sie durch die heiße Wüste zogen. — Unsere Bewunderung muß noch erhößet werden, wenn wir finden, daß dasjenige, was bey Tage eine Wolke war, des Nachts eine Feuersäule ward, und ihr Lager mit dem sowohl erstaunlichsten als lieblichsten Glanze erleuchtete. — Der Apostel Paulus aber zeiget eine größere Herrlichkeit und tiefere Absicht in dieser Begebenheit, die nicht ihres Gleichen hat. Unsere Väter, saget er, sind unter Mosen mit der Wolke und dem Meere getaufet d). Dieses stellet symbolischer Weise die Taufe mit Wasser und Feuer vor, oder die Anwendung des Blutes Christi auf unsere Seelen, und die Kraft seines Geistes in unsern Herzen. In dem erstern davon besteht unsere Gerechtfertigung; von dem letztern entspringt unsere Heiligung.

Ich befürchte, Sie werden denken, meine Rede sey der nur itzt gedachten Reise etwas gleich; aber ich muß den Brief an die Ebräer nicht gänzlich übergehen; welcher unter allen andern sowohl die beste Rettung, wider die man am wenigsten einzuwenden hat, als auch das fehlerlose Muster der allegorischen Auslegung ist. Es ist angenehm anzumerken, was für eigener und füglicher Anreden sich der von Gott begeisterte Schriftsteller bedienet. Er redet mit den

Juden

---

d) 1 Cor. X, 2.

Juden nach ihrer eigenen Art, zielet auf ihre eigenen Gebräuche, Verordnungen und Ceremonien; beweist, daß sie Vorbilder und Führer zu einer klärern, gütigern und auf alle Art und Weise vortrefflichern Einrichtung sind e). Noch weit umständlicher entwickelt er die überschwengliche Erhabenheit Christi und seiner Gaben selbst vor denen Personen und Vorrechten, die sie in der größten Hochachtung hielten. Diese giengen wie der Morgenstern zwar vor der Sonne her, wurden aber bey ihrem Aufgange gänzlich von ihr verfinstert.

Sie hatten erhabene Begriffe von den Vollkommenheiten der Engel. Der Apostel preist daher den Erlö-

e) Er nennet die gesetzmäßigen Opfer, und in der That den ganzen Gottesdienst des jüdischen Heiligthumes das Vorbild und den Schatten der himmlischen Güter, oder Christi Jesu und des evangelischen Gottesdienstes und geistlichen Segens. C. VIII, 5. — Τποδειγμα, das Muster; etwas, das denen Strichen gleich ist, die auf ein Stück feine Leinwand gezeichnet sind, welche uns die Figur der Ranken, Blätter und Blumen vorstellen, aber noch nicht ihre glänzenden Farben, ihre artigen Schatten, und die schönen Bereicherungen von den Arbeiten der Nadel erhalten haben. — Σκια, eine Schattenvorstellung, welche uns eine dunkele und unvollkommene Idee von dem Körper giebt: aber noch nicht die feinen Gesichtszüge, noch nicht das unterscheidende Wesen, noch nichts von denen lebenden Anmuthigkeiten zeiget, welche die wirkliche Person schmücken. — Jedoch, sowohl das Muster, als der Schatten, führen unsere Seelen auf etwas edlers, als sie selbst sind; das Muster auf das, was es vollfüllet und ausführet; der Schatten auf das, was ihn machet.

Erlöser als den Herrn, dem die Engel gehorchen, als den Gott, den die Engel anbethen. — Sie hielten Mosen stets für den ersten Liebling des Himmels, und für den Vornehmsten unter den Kindern der Menschen. Er that ihnen zu wissen, daß Moses mit allen seinen außerordentlichen Gaben nur ein Diener in dem Hause Jesu wäre. Seine größte Ehre war, der Herold dieses Friedefürsten zu seyn. — Da das Priesterthum und die Opfer einige von ihren ausnehmendsten Vorrechten waren: so zeiget er ihnen den Vorzug des Amtes Christi vor allen aaronischen Aemtern. Er beweist die große und immerwährende Kraft seiner einen Versöhnung vor der ganzen Reihe der levitischen Opfer.

Theron. Wenn es also ausgeleget wird: so muß ich gestehen, das Buch der levitischen Ceremonien ist wichtig und erbaulich. Wenn man hingegen diesen evangelischen Unterricht darinnen wegnimmt: so kann nichts leerer und nüchterner seyn. Ich hielt ehemals dafür, daß das Lesen dieser veralteten Satzungen eben so viel sey, als wenn man sich zu einer Mahlzeit von dürren Knochen niedersetzete. Wenn aber solches der Inhalt ist: so können sie dem aufmerksamen Gemüthe Mark und Fett geben.

Gleichwohl sollte man gehörige Sorgfalt anwenden, daselbst kein Vorbild zu vermuthen, wo kein anscheinender Grund einer Aehnlichkeit in der Sache selbst ist; oder uns kein Wink von dieser Art durch den unfehlbaren Geist gegeben worden; damit wir nicht anstatt von der Wahrheit geleitet zu werden, durch die Phantasie irre geführet würden. — Und wenn sich entweder eine von diesen beyden oder beyde

Anlei-

Anleitungen darbiethen; so sollten wir uns, dünkt mich, in Acht nehmen, daß wir die Materie nicht über die Schranken einer gerechten und vernünftigen Vergleichung hinausführeten; damit wir nicht, anstatt dem Faden zu folgen, ihn so lange dehneten, bis wir ihn endlich zerrissen. Wenn die erste Behutsamkeit nicht beobachtet wird; so wird der Verstand der Schrift so tief verstecket liegen, oder so weit entfernet seyn, daß ihn keiner, als Personen von der schärfsten Unterscheidungskraft finden, oder niemand, als Personen von der ausschweifendsten Einbildungskraft erreichen kann. Wenn man auf die andere nicht Acht hat: so wird die Meynung dieser göttlichen Bücher so unbestimmt und flüchtig werden, daß kaum eine Möglichkeit übrig bleiben wird, solche für gewiß anzugeben oder festzusetzen.

Aspasio. Was diesen Vorschlag und die Nothwendigkeit dieser vorsichtigen Einschränkungen betrifft: so habe ich das Vergnügen, mit meinem Freunde völlig überein zu stimmen. — Unsere Phantasie mag sich dem Zügel der Beurtheilungskraft unterwerfen; sonst werden ihre Ausschweifungen wild und gesetzlos seyn. Unser Eifer borge die Augen der Unterscheidung; sonst werden seine Bemühungen blind und ausschweifend seyn. Und alles dieses werde unter dem Einflusse der erleuchtenden Gnade auf diese Art gemäßiget, auf diese Art eingerichtet: alsdann wird, die Schriften des alten Bundes geistlich deuten, eben so viel seyn, als die Steine des Heiligthumes in die Kleinodien einer Krone zu verwandeln, und nicht allein Wasser, sondern auch Milch und Honig aus dem harten Felsen zu holen.

Wie

Buch in Gespräch.

ap) Wie vergnüglich sowohl, als lehrreich muß es sodann doch seyn, den theuren Jesum in allen Anordnungen des mosaischen Gesetzes zu entdecken! — Die Menschwerdung durch das Fest der Laubhütten vorgebildet zu sehen f); da die Israeliten ihre Häuser verlassen, und in Laubhütten wohnen mußten: eben so wie der Sohn Gottes seines Vaters Schooß, und den Sitz der Seligkeit verließ, um eine Hütte von Thone zu bewohnen, und sich in dem Thränenthale aufzuhalten; — Unser untadelhaftes und göttliches Schlachtopfer bey der frohen Feyer des Passah und am jährlichen Versöhnungsfeste geschlachtet zu sehen. — Seinen Tod, das unschätzbare Lösegeld für unsere Seelen, unserm Glauben in einem jeden Morgen- und Abendopfer dargereichet zu sehen g); seine Fürsprache, die vielvermögende Empfehlung unserer Gebethe durch den reichen Weihrauch, welcher den heiligen Gebrauch begleitete, höchstlieblich ausgedrükket zu sehen. — Die mancherley Arten der Reinigung zu sehen, deren einige auf den Brunnen zielten h), der für die Sünde und Unreinigkeit in dem blutenden Herzen unsers Erlösers eröffnet worden; andere sich auf die heiligenden Wirkungen des Geistes beziehen, welcher als das Feuer eines Läuterers i), oder als eines Walkers Seife, wirket. — In den Freystädten k) die vollkommene Sicherheit zu sehen,

J 5   welche

---

f) 3 Buch Mos. XXIII, 34. 40. 42.
g) 2 Buch Mos. XXVIIII, 38. 39.
h) 2 Buch Mos. XXVIIII, 4.   Psalm LI, 7.
i) 4 Buch Mos. XXXI, 23.   Jes. IV, 4.
k) 4 Buch Mos. XXXV, 11. 12.

welche Christi verdienstliches Leiden an unserer Statt einem jeden bußfertigen und gläubigen Sünder verschaffet.

Rührete es und munterte es den Aeneas so sehr auf, als er die Geschichte des trojanischen Helden an den Wänden des karthaginensischen Tempels gemalet sah¹): was für Vergnügen und Freude muß nicht in der Brust eines Christen entstehen, wenn er die liebenswürdigen Züge seines ewigen Freundes in allen den besondern Stücken des jüdischen Gottesdienstes und in den ausnehmendsten Begebenheiten der jüdischen Geschichte abgeschildert sieht! Dieses muß ihm die Bibel ungemein lieb machen. Dieses breitet Leben und Herrlichkeit auf allen Seiten dieses heiligen Buches aus.

Theron. Wie bald ist doch dieser Spatziergang geendiget! Wie unvermerkt ist die Zeit verlaufen! Diesen Gartenthüren pflege ich mich stets mit einem besondern innerlichen Vergnügen zu nähern. Sie scheinen mir eine willkommene Entziehung von der Thorheit und Eitelkeit der Welt zu verschaffen. Itzo dünkt mich, gehe ich mit Widerwillen hindurch; weil sie dieser angenehmen Unterredung ein Ziel zu setzen scheinen. — Gleichwohl da mein Aspasio mit mir hineingeht, so bin ich wieder gut, so bin ich zufrieden. Es wird in seiner Macht stehen, das Vergnügen wieder herzustellen, das itzt muß unterbrochen werden. Und ich werde auch in kurzem darum bitten, weil ich noch nicht alle meine Gedanken von der gegenwärtigen Materie gesaget habe.

Aspas

---

1) VIRG. Aen. I.

Aspasio. Wenn es Ihnen gelegen ist, Theron. Dieses ist mir die liebste Materie; und nicht mir allein, sondern auch unvergleichlich bessern Richtern. — Der Mann, welcher in den dritten Himmel entzückt gewesen, und die Erscheinungen Gottes gesehen hat, entschließt sich, nichts zu wissen, als Jesum Christum, den Gekreuzigten m). In der größten Versammlung, die jemals auf Erden zusammen gekommen war, gab dieses die vornehmste, wo nicht die einzige Materie der Unterredung ab. — Und in derjenigen Welt, wo die Stimme der Freude und des Dankes beständig gehöret wird, machet dieß den Rundgesang aus: Du bist erwürget, und hast uns Gotte erkauft mit deinem Blute n).

m) 1 Cor. II, 2.   n) Offenbar. V, 9.

Das IV Gespräch.

Thiergarten und romanhafter Berg. — Christi Tod wird ferner betrachtet, als die eigentliche Strafe, welche unsere Sünden verdienet. — Alte und neue Einwürfe werden beantwortet. — Die ganze Lehre wird zusammen in eins gebracht, und zum Nutzen angewendet.

Theron

Ich muß nunmehr meinen Aspasio bitten, mit zu melden, welches die große Versamlung gewesen, deren er zum Beschlusse unsers letzten Gespräches gedachte, und wo sie zusammen gekommen.

Aspasio. Können Sie das nicht rathen, Theron? — War es auf den thessalischen Ebenen, als Xerxes die Heeresmacht von mehr als der Hälfte der bekannten Welt zusammenzog, und an der Spitze aller Potentaten des Morgenlandes erschien? — War es auf dem römischen Markte, da die Senatoren in ihren Röcken versammlet waren, und die Barbarn sie für eine Versamlung der Götter ansahen? — Nein; es war auf dem Verklärungsberge, wo der Sohn des wahrhaftigen Gottes, der Herr der ewigen Herrlichkeit, in etwas von seinem himmlischen und angebohrnen Glanze mit Kleidern so weiß, als

der

Das IV. Gespräch.

der Schnee a), und einem Antlitze so hell, als die Sonne, erschien; wo er mit zweenen von seinen vornehmsten Heiligen umgieng, die eben aus den Gegenden der Glückseligkeit und Unsterblichkeit herunter gekommen, mit Mose nämlich, dem großen Ueberbringer des Gesetzes, und mit Elia, dem muthigen Wiederhersteller der Ehre desselben; wohin er von dreyen seiner vornehmsten Gesandten war begleitet worden, welche die Verbesserer des menschlichen Geschlechts und das Licht der Welt seyn sollten.

Dieses ist, dünkt mich, die allerehrwürdigste und herrlichste Versammlung, deren die Jahrbücher der Geschichte gedenken. — Und wovon unterredeten sich diese erlauchten Personen? — Nicht von den Angelegenheiten des Staates, oder Reichsveränderungen; nicht von merkwürdigen gelehrten Untersuchungen, oder wundersamen Entdeckungen der Weltweisheit, sondern von dem schimpflichen und blutigen Abtritte b), welchen der göttliche Jesus bald zu Jerusalem

―――――――――――――――――――――
a) Marc. VIIII, 3. Des Evangelisten Beschreibung ist wie die Sache selbst, merklich hell; und die zunehmende Stärke seiner Bilder ist der Beobachtung fast eben so würdig, als die merkwürdige Begebenheit. — Die Kleider wurden hell — sehr weiß, — weiß, wie der Schnee; — weißer, als sie ein Färber auf Erden machen kann, — sie übertrafen alle Werke der Kunst, und kamen den ersten und feinsten Sachen gleich, welche die Natur hervorbringen kann. Ja der Glanz war so groß, daß er schimmerte, (εγνυετο ςιλβοντα) wie der Blitz, und so gar das Gesicht blendete.
b) Zeiget nicht dieses auf eine sehr feine, jedoch auch sehr starke Art an, daß Christi Leiden und Tod der vornehm-

rusalem nehmen sollte. — Dieser Umstand, dünket mich, sollte die Materie zu unserm öftern Gespräche empfehlen, auch wenn sie ihrer innerlichen Würde und ihres tröstlichen Inhaltes wegen nicht so erhaben wäre.

Unter diesen Reden kamen sie an den Thiergarten (Parc), welcher den Augenblick, da man hinein tritt, das Gesicht mit seinem kühnen, weiten und prächtigen Umfange füllet. — Der Boden war abgewechselt, bald eben, bald erhob er sich wieder. Hier schwenkete er sich in ein nachgebildetes Amphitheater, wo ein Reh auf der kleinen Spitze hieng, oder den gemächlichen Absturz hinunter schoß. Dort erhob er sich in sanfte Hügel, deren einige mit einer großen, sich verbreitenden, einsamen Eiche als mit einem Thronhimmel bedecket waren; andere waren mit vielen dicht zusammenstehenden kegelspitzigen und grünenden Ulmen bebuschet. Zween oder drey Wasserfälle, die von ferne schimmerten, gaben, weil sie sich längst dem grasichten Abhange ergossen, der Aussicht eine angenehme Abwechselung, unterdessen daß sie die furchtsamen unerfahrenen Hirschkälber mit ihrem schäumenden Strome und rauschenden Wasser stutzig machen. — Größe und Einfalt schienen der Genius dieses Platzes zu seyn. Alles gab das Ansehen

---

nehmste Endzweck der mosaischen Satzungen, und die vornehmste Materie der prophetischen Lehren gewesen? Denn ist es nicht ganz natürlich zu vermuthen, daß Moses und Elias, als sie auf Erden dieneten, eben das zur Absicht gehabt, wovon ihre Unterredung war, als sie vom Himmel herunter kamen?

Das IV Gespräch.

ghen einer edeln Nachläßigkeit und ungekünstelten Majestät von sich.

In dem Mittelpuncte von allem erhob sich ein artiger conianhafter Berg. — Seine Gestalt war vollkommen rund, einem Zuckerhute etwas gleich, dem ein wenig von der Spitze abgeköpfet ist. — Er war mit der Natur nicht gleich alt, sondern ein Werk des menschlichen Fleißes, und der Vermuthung nach in denen gefährlichen Zeiten ausgeworfen, als Britannien von fremden Einfällen beunruhiget worden, oder von innerlichen Wunden blutete. — Er war rund herum mit Holunderssträuchen bedecket, deren Reihen sich stufenweise erhoben, Schatten über Schatten ausbreiteten, und eine Art von Waldtheater machten, wodurch zween oder drey Schneckengänge gebauen waren, die mit einem sanften Aufsteigen unter ihnen sich begebenweise wölbenden Grüne zur Spitze führeten. — An gehörigen Zwischenräumen und an jeder Seite des Hügels waren kleine Lauben gebauet, mit durch die Aeste gehauenen Oeffnungen, eine Aussicht auf das Land zu lassen. — In einer oder der andern von diesen laubigten Logen hatte man zu jeder Stunde des Tages entweder die Sonne oder den Schatten zum Befehle. — Längst den krummen Gängen und rund um die schönen Ruheplätze wuchsen Narcissenröschen, Gänseblühmchen und Veilchen, welche mit Hyacinthen und Schlüsselblumen untermengt, viele reizende Stücke von natürlicher Musivarbeit macheten.

Wie angenehm war es, da sie den herrlingen steilen Pfad hinaufstiegen, ihre Betrachtungen über die glückliche Veränderung anzustellen, die nuhmehr

Platz

Platz genommen hatten! — Woselbst stählerne Helme blinketen, oder eherne Schilde rasselten, zwitschern itzt die Goldfinken ihren Buhlen, und zeigen ihre bunten Federn. Die Höhlen des Raubes oder die abscheulichen Behausungen des Blutvergießens, sind der einsame Aufenthalt der stillen Betrachtung und des freundschaftlichen Umganges geworden. — In jenem untern Raume dort, wo die bewaffneten Truppen umher zu gehen gewohnt waren, von ba sie manchen Streif thaten, die Dörfer zu verheeren, oder die Hirten zu erschrecken, hüpft das Schmalthier schnell umher, oder steht der mit seinem völligen Geweihe versehene Hirsch am Schutzgatter.

Von einer kleinen Anhöhe aber in einer ansehnlichen Ferne sprudelten ein Paar Quellen, die durch ein Gebüsche strichen, und in dem schattichten Labyrinthe einander verloren. Als sie endlich aus dem Dunkeln wieder heraus kamen, näherten sie sich einander mehr und mehr, und fielen an dem Fuße dieses Hügels einander in den Arm. In dieser freundschaftlichen Vereinigung rolleten sie längst dem kieselichten Canale hin, welcher ihn unten umzirkt, und verbanden ihre bescheidene Melodie mit dem muntern Singen der Vögel. Sie flossen in einem gemeinschaftlichen Strome ab, und bildeten die schönen Wasserstücke, welche den Thiergarten verschönerten. Von da schlichen sie sich auf die Wiese, und erweiterten sich in einen Fluß. Daselbst flossen sie nun, ganz verliebt in einander, bey reichen Flecken sanft vorbey, und schweiften durch bluhmichte Thäler, ohne auf den blühenden Tand, welcher die einen
schmü-

Das IV Gespräch.

[...]cket, und auf das lärmende Getümmel, welches sich in den andern dränget, Achtung zu geben.

So, sagete Aspasio, mögen Theron und seine Selinda, mit gegenseitigem Gefallen an einander durch die geschäfftigen und ergötzenden Auftritte des Lebens gehen; da sie von dem einen nicht gefesselt, und nach dem andern nicht ängstlich sind. Mit solcher harmonischen Uebereinstimmung und unzertrennlichen Einigkeit mögen sie den Lauf fortsetzen, den ihnen die Vorsicht bezeichnet hat, da ihre Glückseligkeit zunimmt, und ihre Nutzbarkeit sich erweitert, je näher sie sich zu dem Oceane alles Guten ziehen. Dann mögen sie sich, wenn sie von einem sanften Streiche des Verhängnisses getrennet worden, gleich dem Gewässer eines großen Stromes, das durch die Pfeiler einer dazwischen kommenden Brücke geschieden worden, geschwind wieder vereinigen! In einer vollkommenen Glückseligkeit wieder vereinigen, wo sie niemals mehr geschieden werden.

Theron. Ich danke Ihnen, Aspasio, für Ihr wohlwollendes Compliment; und ich kann Ihnen zur Vergeltung keine größere Belohnung wünschen, als die beständige Ausübung einer solchen wohlwollenden Gemüthsart. Denn Wohlgewogenheit ausüben, ist das lauterste und erhabenste Vergnügen genießen; ein solches Vergnügen, das der Glückseligkeit des ewigen Wesens am nächsten kommt, welches, wie die Schrift sehr schön saget, seine Lust an dem Wohlergehen seiner Diener hat.

Allein, weil wir hier auf diesem Berge sitzen: so erinnert mich dieses an die große Unterredung von dem Tode Christi, deren Sie nur erst erwähnet haben. —

II Theil. K Sie

Sie haben zwar in der That von diesem Tode einige Ursachen angegeben: aber auf eine solche Art, daß man sie eben nicht als die anständigsten für die göttliche Majestät halten kann.

Aspasio. Ich habe ihn als ein Lösegeld für unsere Seelen, und als ein Opfer für unsere Sünden dargestellet. Wenn Sie meine Gedanken misbilligen: so seyn Sie so gütig, und belieben mir die Ihrigen zu sagen. — Zu was für einem Ende starb denn der theure Heiland nach Ihrer Meynung?

Theron. Die Wahrheit seiner Lehre zu bestätigen, und uns ein Muster der vollkommensten Ergebenheit zu hinterlassen.

Aspasio. Dieß sind in der That edle Endzwecke: aber sie waren, ob sie gleich edel sind, doch nicht die einzigen, nicht die vornehmsten Absichten dieser grossen Sache. Denn wenn man solches setzet, wo ist der Unterschied zwischen dem Tode Christi, und dem Tode der Märtyrer? Sie bestätigten die Wahrheit des Evangelii. In ihrem Leiden war Güte und Gehorsam; der Beschaffenheit nach ebendieselben, wiewol nicht dem Grade nach. — Wenn man solches setzet, was für Wohlthat konnten die alten Patriarchen von dem Erlöser erhalten, weil keiner durch das Beyspiel seiner Geduld, oder durch das Muster seines Gehorsams gebessert werden konnte, ehe sie wirklich gegeben worden? — Oder wie konnte Christus das Lamm, das vom Anfange der Welt erwürget ist c), genannt werden? Die Vortheile seines Todes fingen sich gleich mit dem Anfange an, so wie sie selbst bis ans Ende der Zeiten werden verlängert werden.

Wie

---

c) Offenb. XIII, 8.

Das IV Gespräch.

Wir wollen uns nicht auf Folgerungsgründe stellen, sondern die ausdrückliche Erklärung unsers göttlichen Meisters selbst hören: Das ist mein Blut, welches für viele vergossen wird — wozu? Meinem Evangelio Glaubwürdigkeit zu geben, oder ein Beyspiel einer gänzlichen Ergebung zu hinterlassen? — Nein; sondern vielmehr: zur Vergebung der Sünde d). Will jemand versuchen, die Vergebung der Sünden und die Vorlegung eines Musters, oder die Bestätigung einer Lehre für gleichgültige Ausdrücke zu nehmen? — So mögen diejenigen, welche den wahren Sinn der Wörter auf diese außerordentliche Art verdrehen und verändern können, wohl einen jeden Ausdruck in irgend eine Meynung verwandeln.

Wenn wir also unsers Heilandes Tod in seiner gehörigen Weitläuftigkeit betrachten wollen: so müssen wir ihn beydes als ein Muster der Frömmigkeit und als ein Lösegeld für die Sünder betrachten. Wir müssen diese sehr unterschiedenen, doch sehr wohl beysammenstehenden Wirkungen weder trennen, noch mit einander vermengen.

Theron. Kann es wohl mit den erkannten Grundsätzen der Gerechtigkeit bestehen: daß der Unschuldige statt des Schuldigen sollte gestrafet werden?

Aspasio. Wenn die unschuldige Person eine unumschränkte Gewalt über ihr Leben hat; es freywillig an die Stelle des Strafbaren setzet, und durch ihr Selben an dessen Statt allen Absichten einer gerechten Regierung völlig gemäß kömmt: — in diesem Falle, welcher mit unserm Heilande der Fall war,

K 2   sehe

d) Matth. XXVI, 28.

Das IV Gespräch.

sehe ich nicht das Geringste, was den Regeln der Gerechtigkeit zuwider liefe.

Die Bibel, die bewährte Urkunde von den Rathschlüssen des Himmels gesteht, und indem sie es gesteht, rechtfertiget sie auch solches. Der Herr warf unser aller Sünde auf ihn e); machte, daß alle unsere

e) Jes. LIII, 6. הפגיע בו machte sie antreffen, oder anfallen auf eine feindliche rachgierige Art, in der Absicht Rache zu nehmen, oder den Tod anzuthun: so wie ein bewaffneter Mann seinen Feind anfällt, oder ein grimmiger Löwe ein hülfloses Lamm angreift. Dieß ist beynahe die gewöhnlichste Bedeutung.

Ich habe ohne Erstaunen und Bekümmerniß den neulichen Versuch eines gelehrten Schriftstellers, die Stärke und den Geist dieser Stelle hinweg zu dolmetschen, nicht ansehen können. Er saget: „das Wort, „welches wir übersetzen, er warf, ist mit demjenigen „einerley, welches wir im 2 B. Mose XXIII, 4. durch „begegnen geben. Wenn du deines Feindes Ochsen „oder Esel begegnest, daß er irret, so sollst du ihm „denselben wieder zuführen. Und die Meynung ist! „der Herr machte, daß er unserer aller Sünde begeg„nete und sie aufhielt, worinnen wir uns von ihm ge„wandt hatten."

Ich will nicht untersuchen, ob die Sprache nach der Sprachkunst richtig ist; sondern bloß ob der Sinn der Schrift gemäß ist. Nach dem Begriffe dieses Herrn ist die Lehre des Propheten folgende: „Unsere Sünden „liefen fort, wie ein verirrtes Schaf, oder in der Irre „herumgehender Ochse. Aber Christus begegnete ih„nen, welcher sie gnädig zurückführete, und sie ihrem „rechtmäßigen Eigenthümer wiederum zustellete." — Um diese in die Augen fallende Unschicklichkeit zu vermeiden, hat unser Schriftsteller sich einigermaßen zu verwahren gesuchet, indem er hinzugesetzet: „um uns „zu sich zurückzuführen, der er der Hirt unserer See„len

unsere Verbrechen auf den untadelhaften Erlöser fallen mußten, und nahm die Rache von ihm, die wir leiden sollten. Es litte der Gerechte für die Ungerechten, saget der Apostel f), damit er uns, durch Aussöhnung unserer Schuld, itzo zu seiner gnädigen Gewogenheit, und nach diesem zu seiner seligen Gegenwart, bringen möchte.

Sie werden mir erlauben, eine Stelle aus unserm gemeinschaftlichen Lieblinge, Milton, hinzu zu setzen; weil sie an sich eben so schön ist, als sie sich zu der Gelegenheit schicket. — Meßias, welcher zum Besten der gefallenen Menschen das Wort führet, redet zu seinem allmächtigen Vater folgendergestalt g):

— Der Mensch ist todt in Sünden und verloren,
Und hat nicht für sich Versöhnung oder Opfer,
Verschuldet und verderbt hat er nichts mehr zu
    bringen.
Nimm mich denn, mich für ihn! Ich bieth um
    Leben Leben.

„len ist.„ Allein, dieß ist von der Materie des Propheten abgegangen, welcher nicht von uns, sondern von unsern Sünden redet. Dieß heißt von dem Inhalte seiner eigenen Erklärung abgegangen. Wenn er dem Leitfaden folget, den er aus dem 2 Buch Mose geborget hat: So ist dasjenige, was ich vorgestellet habe, eine unvermeidliche Folge.

Man sehe, zu was für elenden Ausflüchten, die dem Worte Gottes, und so gar der Critik unanständig sind, diejenigen ihre Zuflucht nehmen müssen, die sich weigern, die wirkliche Darstellung Christi an unsere Statt, und die eigentliche durch seinen Tod geschehene Versöhnung anzunehmen.

f) 1 Petr. III, 18.   g) Verl. Parad. III Buch. 233. V.

Das IV Gespräch.

Es fall auf mich dein Zorn; halt mich für einen
                        Menschen.
Ich will gern deinen Schooß um seinet willen lassen,
Und diese Herrlichkeit, die ich nächst dir besitze,
Freywillig von mir thun; auch endlich wohlzu-
                        frieden
Für ihn zum Tode gehn; der Tod vollzieh an mir
Nur alle seine Wuth.

Theron. Die schöne Dichtung eines Poeten wird schwerlich für einen entscheidenden Beweis angenommen werden. Wenn wir nach der Wahrheit forschen: so müssen wir auf die Aussprüche der Vernunft Acht haben, und nicht den Herumschweifungen der Einbildungskraft folgen. Und die Vernunft, Aspasio, thut Gegenvorstellungen wider ihren Begriff von einem Opfer an eines andern Statt. Die Vernunft! welche die erste Führerinn und die letzte Probe bey Entdeckung und Entscheidung des Verstandes der Schrift ist.

Aspasio. Vermuthen Sie denn, mein werther Theron, daß sonst niemand Vernunft besitzt, als die Mündel des Socinus, und die Eiferer für die Deisterey? Oder daß sich sonst niemand in seinen Religionsuntersuchungen, der Vernunft bedienet, als Leute von diesem Schrote und Korne?

O! thut den Christen doch nicht Unrecht, daß ihr
                        denket,
Als wäre die Vernunft nur euch allein geschenket.
Es ist ja die Vernunft, was unser Meister schätzt;
Es wird ja die Vernunft, wenn man ihr Recht
                        verletzt,

Durch

Das IV Gespräch.

Durch seinen Grimm gerächt; wer sie gehorsam höret,
Wird auch von seiner Hand mit Herrlichkeit beehret.

37) Durch Wunden der Vernunft kann nur der Glaube sterben h).

Sie sehen, daß die Dichter ganz und gar nicht der Vernunft absagen. Eben so wenig saget das Christenthum dem bescheidenen, dem geheiligten Gebrauche dieses edeln Vermögens ab. Wenn die Vernunft unter dem Einflusse und der Leitung des göttlichen Geistes steht: so haben wir eben die hohe Meynung von seiner Vortrefflichkeit als Sie. Und wenn dieses also eingerichtet ist, so bin ich versichert, sie werde auch durch ihr Ansehen alle unsere Gedanken bestätigen.

Die Vernunft, wie sie bey den weisen Heiden wirkete, verwarf eben diese Einrichtung ganz und gar nicht, sondern billigte sie und nahm sie an. Sie billigte sie selbst unter dem Nachtheile einer verstümmelten, verstelleten, und ungemein verringerten Gestalt. Die durchgängige Sprache der claßischen Autoren, und fast jeder griechische und römische Schriftsteller sind Gewährsleute für die Wahrheit dieser Beobachtung i). Wie die Heiden nun in der Gewohnheit zu opfern einstimmig waren, und ebenfalls darinnen übereinstimmeten, daß die Opfer statt eines andern konnten gebracht werden: so sind es auch die jüdischen Schriftsteller.

Theron.

h) Nachtgedanken; IV Nacht.
i) Man sehe in dem III Gespräche a. d. 97. Seite die Anmerkung s).

Das IV Gespräch.

Theron. Welcher vernünftige Mensch achtet doch wohl etwas auf die jüdischen Schriftsteller? Sie sind Legendenmacher und auf den äußersten Grad ausschweifend. Ich möchte sie fast lieber alte Gecken, als Schriftsteller nennen.

Aspasio. Ich glaube, sie sind in ihren Auslegungen der Schrift ausschweifend genug: sie führen aber doch mit genugsamer Treue und Richtigkeit den herrschenden Glauben ihrer Nation an. In diesem Falle hat man wider ihr Zeugniß nichts einzuwenden: so wie in dem andern ihre Begriffe Hirngespinste sind. — Wäre es nun ein irriger Glaube gewesen: so würde unser theure Heiland, der unfehlbare Richter und unparteyische Tadler, gewiß solchen gemisbilliget haben. Seine Schüler, die von dem nicht irrenden und unerschrockenen Geiste ihres Meisters getrieben wurden, würden gewiß dawider geredet haben. Der Apostel Paulus würde gewiß in seinem Briefe und in seiner Abhandlung eben der Materie sich haben angelegen seyn lassen, einen solchen Irrthum zu verbessern, und das Unkraut ausgeräutet haben, ehe er den guten Saamen hinein gesäet. Allein, man findet nicht die geringste Spur davon in allen Reden unsers Heilandes, oder in allen Schriften seiner Apostel.

Sie reden mit einem Volke, welches gewohnet war, die Opfer als versöhnende Gaben k), und als eine typische Aussöhnung der Schuld anzusehen. Sie reden von unsers Erlösers Kreuzigung und den Wohl-

---

k) Mich dünkt, dieses ist vom Outram in seinem Tractate de Sacrificiis unstreitig bewiesen.

Wohlthaten seines Todes in den Opferwörtern, die durchgängig gebräuchlich waren, und eine festgesetzte Bedeutung hätten. Wenn daher die gemeine Meynung uneigentlich war: so muß man dafür halten, daß ihre Art des Ausdruckes vielmehr zur Bewährung des Irrthumes, als zur Fortpflanzung der Wahrheit diene. — Ich denke daher, daß auch selbst das Stillschweigen der von Gott begeisterten Schreiber bey dieser Gelegenheit nicht viel geringer sey, als eine laute Bezeugung. Hätten sie nur allein nichts wider die Lehre von der Genugthuung durch Opfer gesaget: so würde dieses in der That und in Betrachtung der Umstände schon genug dafür gesaget seyn. — Sie lassen sich aber in diesem Puncte sehr häufig und ausdrücklich heraus.

Theron. Wo sind sie so häufig? Wenn Sie einen solchen Haufen Anführungen von ihnen haben: so wird es leicht seyn, einige wenige heraus zu nehmen, und uns eine Probe davon zu geben.

Aspasio. Es ist eben so leicht, Theron, als es angenehm ist. — Christus wird ausgerottet werden, saget der Prophet Daniel l), aber nicht für sich. — Für wen denn und um was? Jesaias berichtet uns beydes: Um die Missethaten meines Volkes ist er geplaget worden m). Weil dieses ein Artikel von der äußersten Wichtigkeit ist: so ist er mit den merkwürdigsten Umständen wiederholet, bestätiget und erkläret worden: Er ist um unserer Missethat willen verwundet, und um unserer Sünde willen zerschlagen. Die Stra-

l) Dan. VIIII, 26. m) Jes. LIII, 8.

se liegt auf ihm, auf daß wir Friede hätten, und durch seine Wunden sind wir geheilet n). — Unser Heiland selbst behauptet eben die Wahrheit in eben der Schreibart; Ich bin ein guter Hirte, und lasse mein Leben für die Schafe o). — Der Apostel Paulus setzet in einer Menge Stellen sein Siegel auf diese wichtige Lehre. — Der Apostel Petrus behauptet sie in sehr nachdrücklichen Worten: Welcher unsere Sünden selbst an seinem Leibe auf dem Holze geopfert p).

Die heiligen Schriftsteller behaupten nicht allein diesen wichtigen Artikel, sondern bedienen sich auch einer jeden Art von Sprache, um ihm die völligste Klarheit und die stärkste Befestigung zu geben. Er versöhnete die Sünde des Volkes q). Jesus Christus, der gerecht ist, ist die Versöhnung für unsere Sünde r). Er hat uns geliebet, und mit seinem Blute von den Sünden gewaschen s). Der von keiner Sünde wußte, wurde für uns zur Sünde gemacht t).

Theron.

n) Jes. LIII, 5.   o) Joh. X, 15.
p) 1 Petr. II, 24. Es sind in der That sehr nachdrückliche Worte — Os — αυτος — αμαρτιας ημων — εν τω σωματι αυτε. — Er trug — er selbst trug — unsere Sünde — an seinem eigenen Leibe. Man sollte sich einbilden, daß sie besonders abzieleten, den Artikel von dem Leiden unsers Heilandes über allen Misverstand klar und über allen Zweifel gewiß zu machen.
q) Ebr. II, 17.   r) 1 Joh. II, 2.
s) Offenb. I, 5.   t) 2 Cor. V, 21.

Das IV Gespräch.

Theron. Wider diese Texte machet niemand einige Einwendung. Aber der Verstand, der wahre Verstand solcher Redensarten ist die streitige Frage.

Aspasio. Was Sie die streitige Frage nennen, scheint mir so klar zu seyn, daß es keiner Entscheidung bedarf, oder einigen Zweifel zuläßt.

Weil Sie aber doch gleichwol eine critische Untersuchung zu verbergen scheinen: so wird es nicht für pedantisch gehalten werden, wenn ich eine oder ein Paar Anmerkungen aus der Grundsprache mache. — Die Züchtigung unsers Friedens, מוסר שלומנו. Die zur Erhaltung unsers Friedens nöthige Strafe wurde ihm aufgeleget. Der Prophet betrachtet Gott unter dem Charakter eines gerechten Richters, welcher auf die Genugthuung wegen seines übertretenen Gesetzes dringt; welcher, wenn solche gänzlich geschehen ist, dabey beruhet. Er fordert nichts weiter, sondern ist mit dem Uebertreter versöhnet. Auf die Art wird durch das Blut am Kreuze Friede gemacht u).

Er gab sich selbst zum ἀντίλυτρον ὑπερ x), Lösegelde für alle. Wenn dieses nicht den Begriff von einem Leiden für andere enthält: so zweifele ich sehr, daß eine Sprache solchen ausdrücken kann. — Λυτρον ist ein Lösegeld, welches schon den Sinn, daß etwas für einen andern geschieht, bey sich hat, nach seinem gemeinsten und bestätigten Verstande. — Αντι, welches mit anstatt gleichgültig ist, erhöhet und stärket den Begriff noch mehr. — Υπερ, welches durch für übersetzet ist, und heißt, daß einer

u) Col. I, 20.   x) 1 Tim. II, 6.

ter an des andern Stelle gesetzet ist y), machet, da
es allen beygefüget ist, den Ausdruck eben so bestim̃t, und nachdrücklich zu der Absicht, als es die Wörter nur immer seyn können.

Soll ich aus einer öfters vorkommenden Stelle, bey der es nicht so auf die genaue Bedeutung des Originals ankömmt, schließen. — Fürwahr, saget der Prophet; er redet mit Heftigkeit als von einer Sache, die sehr wichtig ist; er redet mit Zuversicht, als von einer Sache, die sehr gewiß ist: er trug unsere Krank-

---

y) Δεομεθα υπερ Χριστ. Wir bitten euch an Christus statt 2 Cor. V, 20. — Ινα υπερ σε διακονη μοι, daß er mir an deiner Statt dienete. Philem. 13. V. Als ich die Stärke dieses Beweises betrachtete: so kam mir eine gewisse finstere Person mit einem sauren Gesichte in den Weg, und verlangete, ich möchte sie zum Theron und Aspasio führen, weil sie einen augenscheinlichen Beweis gäbe, wie die Bedeutung des Wörtchens υπερ festzusetzen, wenn von dem Tode Christi geredet würde. — Ich muß es gestehen, ihre Erscheinung gefiel mir nicht bey dem ersten Anblicke; und ich weiß nicht, ob sich jemand ihrer bey dieser Gelegenheit bedienet hat. Allein St. Johannes stund ihr bey und sagete: „Führe ihn hinein. Er prophezeyet in diesem „Stücke." — Vielleicht kann der Leser nicht errathen, wen ich meyne. Um ihn nicht länger in der Ungewißheit zu erhalten, so will ich melden, daß ich den Hohenpriester Caiphas meyne. — Er giebt folgendes Zeugniß: Es ist uns besser ein Mensch sterbe für das Volk, denn daß das ganze Volk verderbe. — Weil nun verderben nicht allein sterben, sondern auch elendiglich sterben bedeutet; so muß ich, wenn einer für alle stirbt, damit alle nicht elend sterben mögen, nothwendig denken, daß er statt aller sterben müsse. Man sehe Joh. XI, 50.

Das IV Gespräch

Krankheit, und lud auf sich alle unsere Schmerzen z). Was kann dieses anders heißen, als: er hat die Trübsal und das Elend auf sich genommen, welches uns eigentlich zugehörte. — Man lese weiter, so wird sich diese Meynung von selbst in der deutlichsten Absicht zeigen. Wir aber hielten ihn für den, der geplaget und von Gott geschlagen und gemartert wäre. Wir nahmen ihn für einen wirklichen Missethäter an, und dachten, daß er für seine eigene üble Aufführung gestrafet würde. Wider diese schimpfliche und falsche Vermuthung wird hinzugesetzet: Aber er ist um unserer Missethaten willen verwundet, und um unserer Sünde willen zerschlagen. — Darf ich hier nicht die Sprache des Propheten borgen, und mit einer Art von Gewißheit sagen: Fürwahr, dieß ist der deutlichste Beweis in der Welt, daß unsere Sünden die Ursache gewesen, welche Christi Leiden verursachet haben? Und wenn unsere Sünden diese Ursache seines Leidens gewesen: so muß ihm unsere Schuld seyn aufgeleget, und an ihm bestrafet worden.

Der Apostel saget: Christus habe uns von dem Fluche des Gesetzes erlöset a). Wie denn? Daß er unsere Stelle eingenommen, und dasjenige ausgestanden, was wir verdienet haben; oder wie er selbst, aber auf eine weit nachdrücklichere Art saget: da er ein Fluch für uns ward. Zeiget dieses nicht ausdrücklich eine Verwechselung der Personen, und eine Uebertragung der Strafe an? Er litte, der unschuldig war; nicht wir, die wir schuldig waren. — Er litte auch eben das Urtheil, das uns das Gesetz

z) Jes. LIII, 4.   a) Gal. III, 13.

ses gefället hat. Denn es steht geschrieben: Verflucht, sey, wer nicht alle Worte dieses Gesetzes erfüllet b). Diesem Fluche waren wir unterworfen. Wiederum steht geschrieben: Verflucht ist jedermann, der am Holze hängt c). Diesem unterwarf sich Christus. Und wenn Christus eben den Fluch ausstund, den wir verdienten, wenn er uns dadurch von allem Fluche erlöset hat: so muß dieses entweder heißen, daß er an unserer Stelle gelitten d); oder es kann auch Nichts so genannt werden.

Soll

---

b) 5 B. Mos. XXVII, 26.   c) Gal. III, 13.
d) „Dieses, saget D. South, wird von der allgemeinen „Stimme des ganzen Buches Gottes so deutlich und „laut ausgesprochen, daß die Schrift selbst, wie „Christus, muß gekreuziget werden, um ihren Aus„drückungen einen andern leidlichen Verstand zu ge„ben." — Und nicht die Schrift allein, sondern die gemeine Bedeutung der Sprache bringt es so mit sich. Was saget Mezentius, wenn sein Sohn, der sich für ihn zwischen den Streit stellet, vom Aeneas erleget wird?

— Pro me hostili paterer succedere dextrae
Quem genui? Tuane haec genitor per vulnera
seruor?
Morte tua viuens.

Hier wird der Vater durch seines Sohnes Wunden gerettet, lebet durch seines Sohnes Tod. Wie und auf was Art? Da sich der eine statt des andern hingestellet; da der Sohn das gelitten, was sonst auf den Vater hätte fallen müssen. — Sollten die socinianischen Ausleger eben den Versuch mit diesen virgilianischen Zeilen vornehmen, den sie mit den Schrift-

Das IV Gespräch.

Soll ich noch weiter herunter gehen, und unsern Punct der Entscheidung ungelehrter Leute überlassen? — Fragen Sie einen von Ihren Pächtern, was für ein Begriff in ihrer Seele bey Durchlesung der oberwähnten Stellen entsteht. — Ich getraue mir, voraus zu sagen, daß sie, so kunstlos und ungebessert ihr Verstand auch ist, sie doch wegen einer Antwort nicht bey sich anstehen werden. Sie werden sich weder über eine Dunkelheit beklagen, noch den Beystand der Gelehrsamkeit verlangen; sondern sie werden sogleich in allen diesen Stellen einen gnädigen Erlöser entdecken, der an ihrer Stelle leidet; und durch sein bitteres aber versöhnendes Leiden die Verzeihung aller ihrer Sünden verschaffet. — Ja, noch mehr; weil sie nicht zu den Spitzfündigkeiten der Critik gewöhnet sind, so befürchte ich, es werde ihnen schwer fallen zu begreifen, wie es möglich sey, solche Stellen in irgend einem andern Verstande zu nehmen.

Sagen Sie nicht, man könne sich nicht auf sie berufen, oder sie wären keine ordentliche Richter von dieser Sache. Die Schrift ist zu ihrer Erbauung geschrie-

stellen von einer gleichen Bedeutung machen; würde sich da wohl ein Kunstrichter in der ganzen Welt finden, der eine solche gewaltsame Verletzung der Sprachkunst, gesunden Vernunft und des guten Geschmacks billigen, ja nur ausstehen könnte? — Doch ich glaube, es findet sich kein aufrichtiger Christ, der nicht willig und dankbar sagen wollte:

— — Pro me vltrici succedere dextræ
Dignasti. Tua, *Christe Deus,* per vulnera servos.
Morte tua viuens.

geschrieben; nicht die Geschicklichkeit spitzfündiger Disputanten zu üben, sondern die geringsten unter den Menschen von dem Wege zur Seligkeit zu unterrichten. Wir können daher von den Grundartikeln sicherlich schließen; der Ausdruck werde leicht, und die Lehre deutlich seyn; so daß auch die Thoren nicht irren mögen e). — Und ob ich gleich den Beystand der Gelehrsamkeit gar nicht geringschätzig machen will: so muß ich dennoch bey denen wichtigen Materien, die mit unserer ewigen Seligkeit unzertrennlich verbunden sind, die gesunde Vernunft einfältiger ernsthafter und demüthiger Christen als die allerbesten Kunstrichter ansehen.

Theron. Ein gelehrter Kunstrichter hat gesaget: die Strafe oder das Leiden für andere gebe uns viel zu niedrige Begriffe von dem Sohne Gottes, weil es solche auf die Pein und Schmerzen eines Missethäters herabzieht, welches die kleinsten Begriffe sind, die wir haben können.

Aspasio. Der Begriff wird uns von dem Worte der Weißagung selbst angegeben, und durch die Bezeugung der heiligen Geschichte unterstützet. In jenem wird es voraus gesaget, und in dieser wird es aufgezeichnet, daß er unter die Uebelthäter gerechnet worden f). In dieser Absicht saget der

Apostel

---

e) Jes. XXXV, 8. Das Wort Thoren scheint Personen von langsamen Verstande, die träge sind, etwas zu begreifen, zu bedeuten, wie Luc. XXIV, 25. Oder es bedeutet auch diejenigen, die aus Mangel einer gelehrten Erziehung, und der Zierrathen der Gelehrsamkeit von den Kindern der Wissenschaft für Thoren gehalten werden, als 1 Cor. I, 27.
f) Jes. LIII, 12. Luc. XXII, 37.

Das IV Gespräch.

Apostel Paulus, wiewohl mit etwas mehr Vorsicht, als Ihre Kunstrichter: Er wurde, in der That nicht im sündlichen Fleische, sondern in der Aehnlichkeit in der Gestalt des sündlichen Fleisches gesandt; und ob er gleich vollkommen unschuldig war, dennoch gelassen, die Rache auszustehen, die dem geringsten Verrünnigen gebühretet.

Ja, mein werther Theron, die glorreiche Person, welche die höchsten Engel anbethen, litt, als wenn er der Verbrecher gewesen wäre, die Pein und Strafe, die wir, oder welches eben so viel ist, als wir, die wirklichen Verbrecher hätten leiden sollen. — Wenn dieses zu erwägen, uns einen niedrigen Begriff machet; wenn dieses zu dulden, eine tiefe Erniedrigung gewesen; wie überaus hoch, und wie unermeßlich groß ist die Güte und Gnade darinnen offenbaret! Je tiefer Sie den Pfeil an der Sehne ziehen, desto höher fliegt er in die Luft. Und je größer unsers Heilandes Demüthigung für uns ist, desto wunderbarer und anbethungswürdiger ist seine Liebe gegen uns.

Theron. Wie es keine Schuld für einen andern giebt; oder wie niemand an eines andern Stelle schuldig seyn kann: so kann es auch keine Strafe für einen andern geben; oder so kann auch niemand an eines andern Stelle gestrafet werden; weil die Strafe, ihrer rechten Natur nach, Schuld bey der Person voraussetzet, die solche trägt.

Aspasio. Wenn Sie unter Schuld das Bewußtseyn eines begangenen Verbrechens und innerliche Befleckung, die darauf folget, verstehen: so setzen wir eine solche Schuld für andere niemals voraus.

II. Theil. E Es

Es wird nicht behauptet, daß Christus von Gewissensbissen genaget, oder von der Befleckung des ehebrecherischen Davids, des treulosen Petri und des verfolgenden Sauls besudelt gewesen, sondern daß er von dem gerechten Gotte so angesehen worden, als wenn er diese und alle Verbrechen der Gläubigen sowohl in der vorigen als in der künftigen Welt begangen hätte.

Wenn Sie unter der Schuld die Aufbürdung einer strafbaren Handlung, und die Verbindlichkeit Strafe zu leiden verstehen: so ist solches nichts weiter, als daß Sie die Sache, wovon die Rede ist, für ganz gewiß setzen. Es behauptet schlechtweg eben die Sache, worüber gestritten wird. Und bloße Behauptungen, die nicht von dem klaren Augenscheine unterstützet werden, nimmt man selten, als entscheidende Beweise an. Wir hingegen behaupten, daß alle unsere strafbaren Handlungen Christo aufgeleget worden, und daß er die Strafe, welche sie verdienet, getragen habe. Das erste hiervon wird nicht so eigentlich Schuld für einen andern, als wirkliche Schuld genannt, die sich der eine zugezogen hat, die dem andern aber zugerechnet worden. Von dem letztern geben wir gern zu, daß es eine Strafe, anstatt eines andern ist, die an deren Statt gelitten wird, deren Schuld zugerechnet wird — Wegen dieser beyden Puncte haben wir das Zeugniß der Wahrheit selbst, welche in der Schrift saget: Der Herr warf unser aller Sünde auf ihn. Hier ist die Zurechnung. Christus hat uns von dem Fluche des Gesetzes erlöset, da er ein Fluch für uns ward. Hier ist die Strafe für andere. Und Sie wissen, was

Das IV Gespräch.

was für Casuisten wir die Auslegung dieser Schriftstellen unterwerfen. — Es sind gesunde Vernunft und ein redliches Herz.

Theron. Ist es nicht anstößig, dieses zu setzen? Ist es nicht entsetzlich, solches zu behaupten? — Wenn die Schuld Christo wirklich aufgeleget worden: so hat ihm Strafe gebühret. — Die Gerechtigkeit konnte darauf bestehen. — Und er konnte derselben nicht entweichen.

Aspasio. Dieses zu setzen, ist meinem Begriffe gar nicht anstößig, sondern scheint vielmehr, ihren eigenen Grundsätzen nach, recht und nothwendig zu seyn. — Recht, weil die Strafe allezeit eine Schuld voraussetzet, wie Sie selbst gesaget haben, die, wie ich noch hinzusetzen wollte, entweder zugezogen, oder wenigstens zugerechnet worden. Und in der That, das Leiden Christi konnte nicht von einer strafmäßigen Art seyn, wofern er solches nicht unter der Aufbürdung einer Schuld trug. — Es ist nothwendig, dieses vorauszusetzen; denn wie wollen Sie sonst die Gerechtigkeit Gottes rechtfertigen? Er gebeut dem Schwerdte, sich aufzumachen g), und den theuren Jesum zu schlagen. Wird aber der Richter der ganzen Erde Unrecht thun? Wird er schlagen, wo nichts, als Unschuld ist? wo weder persönliche noch zugerechnete Schuld ist? Das sey ferne von ihm! Der Gedanke sey ferne von uns!

Es wird daher in dieser Voraussetzung recht und billig, daß Gott dem Herrn Christo die strengste Strafe auflegen, und Christus sie tragen soll. Und ich weiß nicht, ob nicht dieses die Ursache von unsers Heilandes

g) Zach. XIII, 7.

des Stillschweigen gewesen, da er in dem Richthause Pilati und vor des Herodes Richterstuhle angeklaget worden. Es ist wahrscheinlich, daß er dafür gehalten, er stehe vor einem höhern Richterstuhle, und sey der ewigen Gerechtigkeit für die strafbaren Handlungen seines ganzen Volkes Rede und Antwort schuldig. In diesen Umständen, in dieser Verfassung konnte er sich zwar von der persönlichen Verschuldung reinigen, von der zugerechneten Schuld aber konnte er sich nicht reinigen. Daher war er stumm und that seinen Mund nicht auf. Denn ob er gleich als der Sohn des höchsten Gottes auf Herrlichkeit und Unsterblichkeit ein unstreitiges Recht hatte: so waren doch, weil er der Bürge für die sündige Menschen war, Marter und Tod sein gehöriges Antheil.

Und warum sollte dieses für anstößig gehalten werden? Es thut der überschwenglichen Vortrefflichkeit Christi nicht den geringsten Abbruch. Es wirft nicht den geringsten Flecken auf die unbefleckte Heiligkeit weder seiner Natur, noch seines Lebens. — Es ist ein unendlicher Unterschied, wenn man als ein freywilliger Bürge Sünde trägt, und wenn man als ein wirklicher Uebertreter Sünde begeht. Wollte man sagen, Christus sey wegen seiner eigenen Unregelmäßigkeit gestrafet worden: so würde solches falsch, gottlos und entsetzlich seyn. Wenn man aber saget, daß ihm unsere Schuld aufgeleget worden, und er die für unsere Sünde gehörige Strafe getragen habe — in dem klaren und völligen Verstande des Wortes gehörige: — so ist solches seiner Würde ganz und gar nicht nachtheilig, sondern bringt vielmehr seinem Unternehmen, als Mittler, die gebührende Ehre.

Es

Das IV Gespräch.

Es bringt ihm die Ehre von — dem höchsten Gehorsame gegen seines Vaters Willen — der tiefsten Erniedrigung seiner eigenen erlauchten Person — und der unumschränktesten Wohlgewogenheit gegen das menschliche Geschlecht.

Theron. Gott ist die Liebe, Aspasio, lauter Liebe. — Wollten Sie nun —

Aspasio. Ich unterbreche meinen Freund in seinem Reden nicht oft. Aber ich kann mich nicht enthalten, bey dieser Gelegenheit eine Frage einzuschieben. — Findet sich denn nicht ein gerechtes Misvergnügen bey der Gottheit? Was will die feyerliche Ankündigung des höchsten Gesetzgebers sagen? *Da wird der Herr dem nicht gnädig seyn, sondern dann wird sein Zorn und Eifer über solchen Mann rauchen* h). Was will die schreckliche Erklärung des Apostels sagen? *Gottes Zorn vom Himmel wird offenbaret über alles gottlose Wesen und Ungerechtigkeit der Menschen* i). — Oder, in was für einem Verstande sollen wir die beunruhigende Frage des Propheten erklären? *Wer kann vor seinem Zorne stehen, und wer kann vor seinem Grimme bleiben* k)? — Woher konnten die rächenden Heimsuchungen kommen, welche Sodom und Gomorrha mit Feuer verzehreten l)? welche so viel tausend verunreinigte Israeliten durch eine wüthende Pest hinwegrafften m)?

h) 5 Buch Mos. XXIX, 20.   i) Röm. I, 18.
k) Nahum I, 6   l) 1 B. Mos. XIX, 24.
m) 4 Buch Mos. XXV, 9.

und so viele Millionen n) gefallener Engel mit Ketten der Finsterniß banden?

Gewiß, Theron, wenn man irgend eine bestimmte Bedeutung in der Sprache hat; wenn irgend eine Lehre aus den erschrecklichsten Gerichten zu erlernen ist: so ist es die, daß, ungeachtet der Herr von allen Leidenschaften frey ist, er dennoch auf die Gottlosen zornig ist o); und die unbußfertigen Sünder die Wirkungen seines weisen und heiligen Unwillens wird fühlen lassen.

Theron. Stellet ihre Lehre nicht den barmherzigen Gott als ein strenges Wesen vor, welches schwerlich wird besänftiget werden, wenn es einmal misvergnügt gemachet worden? Und doch erkläret sich der Herr selbst durch den Propheten: Grimm ist

---

n) Millionen. — Die Anzahl der gefallenen Engel ist nirgend angegeben; und der Vorhang vor der geistigen Welt hängt tief, so, daß wir nichts weiter sehen können, als was die Offenbarung entdecket. Doch ich denke, es sey Ursache genug da, eine Muthmaßung auf die Antwort zu gründen, welche einer von diesen abscheulichen Abtrünnigen unserm Heilande gab. Legion heiße ich; ein Wort, welches eine große Menge, fünf oder sechstausend bedeutet. Daher setzete er hinzu: denn unser sind viel. Wenn so viele gebrauchet werden, eine einzelne Person zu versuchen und zu plagen; was für Heere, was für Myriaden von diesen unsichtbaren Feinden müssen nicht durch die ganze Natur vorhanden seyn! — Es ist ein erschrecklicher Gedanke, und er sollte uns bewegen, zu unserm göttlichen Beschützer und allmächtigen Befreyer zu fliehen. Man sehe Marc. V, 9. und 2 Petr. II, 4.

o) Psalm VII, 11. 5 Buch Mos. IX, 8.

ist nicht bey mir. — Satirische Köpfe würden zu verstehen geben können: Sie hätten den Jehovah krig für den Moloch angesehen, und in dem Thale des Sohnes Hinnom eine christliche Kirche erbauet.

Aspasio. Wir nehmen unsere Vorstellungen von Gott, nicht aus den eiteln Muthmaßungen der Menschen, sondern aus den Nachrichten der unfehlbaren Wahrheit. Daselbst wird er als ein gerechter Gott, als ein eifriger Gott p), und gegen die unchristlichen Sünder als ein verzehrend Feuer q) beschrieben. Ob er gleich wunderbar gütig: so ist er doch überschwenglich majestätisch; so, daß keiner von dem gefallenen Geschlechte zugelassen wird, sich seinem Throne zu nähern, als bloß durch die Vermittelung eines großen Mittlers r); und ohne Blutvergießen, ja so gar ohne Blut einer Person, die höher ist, als der Himmel, geschieht da keine Vergebung s) irgend einer Uebertretung.

Doch in diesem allen ist nicht der geringste Schein von Grimme. Grimm enthält einen unmäßigen Grad von Rache, die auf keine Vorstellung hören, und sich zu keinem Vergleiche bequemen will. Das Evangelium beweist so gar unumstößlich, daß dieses bey der göttlichen Natur keine Statt hat. Es ist solches so fern von ihr: daß Gott, ob er gleich höchlichst gereizet worden, dennoch eine Versöhnung besorget, — den ersten Schritt zur Aussöhnung seiner ungehorsamen Geschöpfe gethan, — ja so gar die straf-

p) 2 B. Mos. XX, 5. q) Ebr. XII, 29.
r) Joh. XIV, 6. s) Ebr. IX, 22. VII, 26.

ſtrafbare Welt erſuchet hat t), die Verzeihung anzunehmen; ſo, daß dasjenige, was Ihre ſatiriſchen Herren zu verſtehen geben wollen, eben ſo vortrefflich irrig iſt, als es anſtößig abgefaſſet iſt.

Sie ſind ein vernünfiger Mann, Theron, und ſchätzen dieſen Charakter höher, als den eiteln Ruhm eines witzigen Kopfes. Ich muß Sie daher ernſthaft fragen: gereichet es nicht der göttlichen Majeſtät eben ſo zur Ehre, Gerechtigkeit auszuüben, als Gnade? Stets verzeihen und niemals ſtrafen, würde vielmehr Unterwürfigkeit als Gütigkeit, eher eine Entſagung der Heiligkeit, als eine Entwickelung der Güte ſeyn. — Oder kann es bey uns Recht ſeyn, daß wir die liebenswürdigen Eigenſchaften ſo übermäßig hoch erheben, und die ſchrecklichen Eigenſchaften

t) 2 Cor. V, 20. Es war ein Beweis von einem ſonderbaren Mitleiden bey Gott, daß er, ob er gleich von Jobs Freunden beleidiget war, doch ein Opfer zuließ, und ſie auf einen Fürſprecher verwies, welches beydes ein Vorbild von Chriſto war. Allein, was für eine Gefälligkeit ohne ihres Gleichen und göttliche zärtliche Gnade iſt doch in dieſem Verſe enthalten: Gott vermahnet durch uns; ſo bitten wir nun an Chriſtus Statt: Laſſet euch verſöhnen mit Gott! — Hat der Richter jemals einen verurtheilten Miſſethäter gebethen, Verzeihung anzunehmen? Erſuchet der Gläubiger einen zu Grunde gerichteten Schuldner eine völlige Quittung anzunehmen? Doch unſer allmächtiger Herr und unſer ewiger Richter, gelobet nicht allein, uns dieſen Segen zu geben, ſondern ladet uns auch ein, — bittet uns, — liegt uns mit dem zärtlichſten und wiederholten Ungeſtüme an, — ſolchen nicht auszuſchlagen.

Das IV Gespräch.   169

in der Gottheit so herunter setzen, ja so gar zu zernichten. Dieses, saget ein Dichter, ist die Gottesgelahrheit nicht der Christen, sondern der Ungläubigen.

„Welche des Himmels streitende Eigenschaften „verunelnigen, und eine Vortrefflichkeit mit der „andern verwunden; des Himmels Vollkommen„heit verstümmeln, seine gleiche Strahlen zerbre„chen, die Gnade über — Gott selbst triumphi„ren heißen, der durch ihr schimpfliches Lob unver„göttert ist. Ein Gott von lauter Gnade ist ein „ungerechter Gott u).

III. *Theron.* Aber es ist uns neulich gesaget worden, daß die verzeihende Gnade des Gesetzgebers durch keine Anforderungen des Gesetzes und der Gerechtigkeit gehemmet wird. Denn er kann sie bey Seite setzen.

Aspasio. Wie! Ein Gesetz bey Seite setzen, welches heilig, gerecht und gütig ist! — Eine Gerechtigkeit bey Seite setzen, welche ewig, unbeweglich und unendlich ist! — Der Apostel Paulus löset diese Schwierigkeit ganz anders auf. Er meldet uns, — nicht daß Gott sein Gesetz an die Seite setzet, — sondern daß er Christum Jesum zu einem Gnadenstuhle gestellet hat, durch den Glauben in seinem Blute x) mit dieser ausdrücklichen Erklärung, damit er die Gerechtigkeit, die vor ihm gilt, darbiethe; damit er nicht allein seine Gnade, sondern auch seine Gerechtigkeit, selbst die rächende Gerechtigkeit zeigen möge, deren

L 5   wesent-

u) Nachtgedanken; IV Nacht.   x) Röm. III, 25.

wesentlicher Charakter und vornehmstes Amt es ist, Sünde zu bestrafen.

Dieß scheint die Bedeutung des Wortes Gerechtigkeit in der gegenwärtigen Verbindung zu seyn. Und mich dünkt, noch mehr, als es scheint, wenn wir den folgenden Vers zu Rathe ziehen: auf daß er zu diesen Zeiten darböthe die Gerechtigkeit, die vor ihm gilt, auf daß er allein gerecht sey y); augenscheinlich zeige, daß er genau und unverbrüchlich gerecht sey, bey der Verwaltung seiner Regierung, selbst wenn er dem Sünder alles gnädig vergiebt, und den gerecht machet, der des Glaubens an Jesu ist. Nach diesem Entwurfe begegnen Güte und Treue einander; Gerechtigkeit und Friede küssen sich z). Alle Eigenschaften stimmen mit einander überein; eine jede Eigenschaft wird verherrlichet; und nicht eine übergangen, ja nicht einmal umwölket.

Theron. Wenn einige auf die eine äußerste Seite hängen; neigen Sie sich nicht auf die andere? Unsere Ohren klingen und unser Blut erstarret selbst bey den Gedanken einer so strengen Rache, die an einem so hochachtungswürdigen und so größem Gegenstande

---

y) Röm. III, 26. Auf daß er gerecht sey, und den Ungöttlichen gerecht mache. Die Eigenschaft der Gerechtigkeit muß unverletzt erhalten werden; und sie ist auch unverletzt erhalten worden; wenn man unserm Heilande die Strafe wirklich auferleget hat. Nichts kann auch dieses große evangelische Paradoxon sonst gänzlich aufklären.
z) Psalm LXXXV, 10.

Das IV Gespräch.

stande ausgeübet worden. —— Außerdem, wie können wir vermuthen, daß der gütige Schöpfer und Erhalter der Menschen ein Vergnügen an dem Leiden der untadelhaftesten Person, die jemals vorhanden gewesen, haben sollte; vornehmlich da er selbst diese zärtliche Erklärung gethan hat: **Ich habe Wohlgefallen an Barmherzigkeit, und nicht an Opfer** a).

Aspasio. Das ist in der That eine zärtliche Erklärung; welche anzeiget, daß Gott mehr Wohlgefallen an den Pflichten der Menschlichkeit und Liebe habe, als an den köstlichsten und prächtigsten Opfern; ja, daß er selbst bey der Beobachtung seiner eigenen Ceremonialsatzungen etwas nachsehen will, wenn sie mit unserer Ausübung der Wohlthätigkeit gegen einander nicht füglich bestehen können. Auf diese Weise entsaget er, so vortrefflich ist seine Güte! den ihm gebührenden Diensten zum Besten und Troste seiner Geschöpfe. —— Alles dieses aber hat keine Art von Verwandtschaft mit dem höchstedlen und allerannehmlichsten Opfer, welches dem Könige des Himmels jemals gebracht worden.

Wir werden von einem Propheten versichert, daß es dem Herrn gefallen, sein heiliges Kind Jesum zu zerschlagen. Gott übergab nicht allein seinen Sohn dem Leiden, sondern übergab ihn auch mit einer göttlichen Gefälligkeit b). —— Auf gleiche Art gieng auch

---

a) Matth. IX, 13.

b) **Göttliche Gefälligkeit.** —— Dieser Begriff liegt in dem Worte des Grundtextes יָפֵץ Jes. LIII, 10. Es kömmt mit der Redensart überein, deren sich die Stim-

auch der theure Jesus an seine erschreckliche Arbeit, nicht allein ohne Widerstand, sondern auch mit der äußersten Hurtigkeit c). Deinen Willen thue ich gern, war die Sprache seiner Seele. — Sollte man fragen: wie konnte der Sohn ein Vergnügen daran haben, solche erstaunliche Schmerzen zu übernch-

Stimme vom Himmel bedienet: εὐδόκησα. Matth. III, 17. Oder es kann durch des Apostels Pauls sehr schönen Ausdruck εὐαρεστεῖται Ebr. XIII, 16. sehr genau übersetzet werden. Und daher wird gesaget, der große Jehovah roch einen lieblichen Geruch, oder einen Geruch der Ruhe רוח ניחוח in diesen Opfern, welche den gekreuzigten Jesum vorstelleten. 1 Buch Mos. VIII, 21.

c) Aeußerster Hurtigkeit. — Dieser Ausspruch und unsers Heilandes Gebeth: Vater, ist es möglich, so gehe dieser Kelch von mir: doch nicht mein Wille, sondern dein Wille geschehe: können gar wohl neben einander bestehen. Eine solche Bitte, die mit so vielem Ernste, jedoch auch mit so vieler Unterthänigkeit vorgebracht wird, zeiget nur die äußerste Strenge von der Angst unsers Erlösers und der ungeheuren Schwere seines Wehes. Und dieses zeiget sie in der That mehr, als man es beschreiben kann. — Seine brennende Liebe gegen das menschliche Geschlecht, und sein brünstiger Eifer für seines Vaters Herrlichkeit machten, daß er dieses Leiden verlangete. Seine unüberwindliche Entschlossenheit und Großmuth sonder Gleichen machten ihn beherzt, solche nicht abzulehnen, sondern ihnen entgegen zu gehen. Jedoch, sie waren so groß, so entsetzlich, daß seine menschliche Natur nothwendig ein wenig zurückprallen, und bey ihrer Annäherung stutzen mußte; und wenn er nicht auch eine göttliche Natur gehabt hätte, unfehlbar unter der Last hätte erliegen müssen.

Das IV Gespräch.

nehmen; oder der Vater sie aufzulegen? so antworte ich: auf keine andere Art und Weise, als wegen der großen und immerwährenden Vortheile, die davon entspringen sollten.

Sie sagen: es ist eine strenge Rache, eine solche, wovon uns die Ohren klingen. — Dieß hat man eben dabey gesuchet, um die eingebildeten Beleidiger zu erwecken und zu beunruhigen; damit sie hören und sich fürchten mögen, und nicht ferner gottlos handeln. Es ist eine solche Art, Gnade zu ertheilen, welche die äußerste Ehrerbiethung gegen die göttlichen Gebothe sicher erhält. Sie erreget das größte Schrecken, selbst wenn sie die glänzendeste Hoffnung unterhält. — Sie erreget das größte Schrecken bey jedem beharrlichen Sünder — unterhält die glänzendeste Hoffnung bey jedem bußfertigen Uebertreter.

Theron. Wenn einer von meinen Bedienten mich beleidiget oder beschimpfet hätte: so würde ich ihm, auf sein unterthäniges Erkenntniß, seinen Fehler verzeihen, und auf keine Genugthuung wegen des Unrechts dringen. Wollen Sie den Vater der Barmherzigkeit seiner Natur nach unerbittlicher und in seinen Forderungen strenger machen, als einen weltlichen Herrn?

Aspasio. Wenn Sie einen Diener haben, der sein Daseyn Ihrer Macht zu danken hat; der unzählige Wohlthaten von Ihrer Gütigkeit empfangen hat, und Ihnen dennoch unendliche Beleidigungen zugefüget, die alle mit solchen Umständen begleitet sind, welche sie noch größer machen, und alle zum Trotze der gerechtesten Drohungen geschehen sind. — Wenn Sie eine unendliche Majestät und eine unbefleckte

fleckte Heiligkeit im Besitze hätten; wenn unverletzliche Wahrheit und unbewegliche Gerechtigkeit Ihrem Charakter wesentlich sind; — alsdann, Theron, wird die Vergleichung Stich halten; und Ihre Aufführung soll für das Verfahren des Jehovah ein Muster seyn.

Bis dahin müssen Sie und ich willig seyn, zu verzeihen; weil Gott es zu unserer anbefohlenen Pflicht gemachet hat; und weil uns unendlich mehr von dem Richter der Welt muß verziehen werden, als wir unsern Nebengeschöpfen vergeben können. — Unterdessen werden Sie dem großen Gotte, welcher in seiner Heiligkeit herrlich ist, verstatten, seine himmlischen Gnadengaben auf eine ihm anständige Art mitzutheilen: und zwar unter solchen rühmlichen und herrlichen Bedingungen, welche die Rechte seiner allgemeinen Regierung erhalten, und die Herrlichkeit seiner anbethenswürdigen Eigenschaften offenbaren werden.

Theron. Hätte nicht Gott unsere Uebertretungen vertilgen und die gefallenen Menschen ohne einige Versöhnung zu Gnaden annehmen können? — Wenn man dieses läugnen wollte: so würde es eben so viel seyn, als wenn man den Heiligen in Israel einschränken, und dem allgewaltigen Herrn, den man nicht zur Rechenschaft ziehen darf, und der auch keine Rechenschaft giebt von allem, was er thut, Bedingungen auflegen wollte.

Aspasio. Wir brauchen uns selbst keine Schwierigkeiten dadurch zu machen, daß wir uns in Untersuchungen einlassen, welche die Gränzen des menschlichen Verstandes zu übersteigen scheinen.
Genug

Das IV Gespräch.

Genug für uns, wenn wir wissen, daß diese Versöhnung in Absicht des ersten Bundes unumgänglich nöthig gewesen. Denn da Gott feyerlich sich erkläret hatte: Welches Tages du davon issest, sollst du des Todes sterben: so waren seine Wahrheit und Gerechtigkeit verpflichtet, die Drohung zu halten. Und kein zweyter Adam konnte den ersten anders wieder herstellen, als wenn er diesen Fluch über sich nahm.

Ja, sterben muß der Mensch; sonst stirbt Gerechtigkeit.
Wofern ein andrer nicht, so willig, als geschickt,
Die strenge Gnugthuung, den Tod für einen Tod,
An seiner Statt bezahlt d).

Der göttliche Jesus, welcher, in dem Schooß des Vaters saß, und die Rathschläge des Himmels wußte, sagete daher: Des Menschen Sohn muß am Kreuze erhöhet werden e). Seine Kreuzigung

---

d) Miltons verl. Parad. III B. 210 V.

e) Joh. III, 14. Ἀς τον &c. Ebenderselbe Ausdruck wird gebrauchet. Luc. XXIV, 26. Die Sprache ist durchgängig beydes in dem Gesetze und Evangelio, dieser anführenden Wahrheit gemäß. Unter dem Gesetze saget Gott selbst: Ich habe dem Hause Eli geschworen, daß diese Missethat des Hauses Eli nicht versöhnet werden soll, weder mit Opfer, noch mit Speisopfer ewiglich; das ist, die Schuld soll niemals ausgesöhnet werden. 1 Sam. III, 14. Unter dem Evangelio saget der Apostel: So wir muthwillig sündigen, nachdem wir die Erkenntniß der Wahrheit empfangen haben, das ist, durch einen endlichen Abfall: so haben wir fürder kein ander Opfer mehr für die Sünde; das ist, sie können solches

gung war nothwendig; weil solches in dem Bunde des Friedens ausgemacht war, der zwischen dem Vater und Sohne geschlossen worden; — weil es ausdrücklich von den alten Propheten vorhergesaget worden; und die Schrift kann nicht gebrochen werden: daß der Erlöser aus dem Lande der Lebendigen soll ausgerottet werden; — weil viele Vorbilder und eine Menge von Opfern seinen Tod vorgebildet; eins von den Vorbildern so gar die eigentliche Art seines Leidens anzeigete; und alle die Opfer, wenn man hinwegnimmt, daß sie nicht auf dieses große Opfer gegangen, geringe Anfänge, bloße unnütze leere Ceremonien gewesen seyn würden.

Ich befürchte, es ist keine Einschränkung des großen Gottes, wenn man dafür hält, er könne nicht anders, als in einer vollkommenen und beständigen Uebereinstimmung mit sich selbst handeln. — Es ist auch keine Verletzung seiner unumschränkten Macht, daß er alle Sachen nicht anders, als zur Ehre seiner Gerechtigkeit, seiner Treue, und einer jeden von seinen erhöheten Vollkommenheiten anordnen kann. — Dieß ist eben dasselbe, was die heiligen Schriftsteller in ihrer deutlichen aber starken Spra-

chen Personen und in solchen Umständen durchaus nicht mehr vergeben werden. Ebr. X, 26. — Diese Redensarten sind offenbar mit dieser großen Lehre verbunden, und darauf gegründet: daß der angewiesene, der einzige Weg, Verzeihung von dem gerechten Gotte zu erhalten, durch die Dazwischenkunft eines Sühnopfers ist.

Das IV. Gespräch.

Sprache ausdrücken: Gott leugt nicht f) er kann sich selbst nicht läugnen g).

Theron. Es wird oftmals von Gott gesaget, daß er unsere Sünde vergiebt, vornehmlich in der erhabenen Stelle, wo er Mosen von seinem Namen predigte: Der Herr, der Herr Gott, barmherzig und gnädig, geduldig und von großer Gnade und Treue; der Gnade in tausend Glied beweist, und Missethat, Uebertretung und Sünde vergiebt. Nun ist die Vergebung etwas freyes. In dem Wesen der Verzeihung selbst findet sich Freyheit. Man nehme solche weg: so wird man die Verzeihung zernichten. Wenn man etwas Gleichwerthes dafür giebt: so ist die Verzeihung keine Verzeihung mehr, sondern eine Erkäufung. Die Verzeihung höret auf eine Handlung der Gnade zu seyn, und wird die Bezahlung einer Schuld.

Aspasio. Der Spruch, den Sie anführen, ist wahrhaftig erhaben und zugleich tröstlich. Sie vergessen aber eines Punctes von sehr großer Wichtigkeit, welcher den glorreichen Charakter schließt und vollständig machet. Dieses scheint mit Fleiß hinzugesetzet zu seyn, damit allen falschen Begriffen von der Gottheit vorgebeuget, und man vor allem Misbrauche der Lehre verwahret würde. Vor welchem niemand unschuldig ist h). Gott will auf keinerley Art

---

f) Tit. I, 2.   g) 2 Tim. II, 13.
h) Vor welchem niemand unschuldig ist. 2 B. Mos. XXXIIII, 7. Diese Stelle ist nicht ohne alle Schwierigkeit, vornehmlich im Grundtexte. — Steuchus

II Theil.   M   erklä-

Das IV Gespräch.

Art und Weise den hartnäckigen, beharrlichen Uebertreter, die nicht mehr zurück zu rufen sind, losprechen, noch will er einen von dem strafbaren Geschlechte durchaus und unbedingter Weise, oder ohne eine solche Genugthuung, welche die Ehre seines beschimpften Gesetzes wieder gut machen kann, freylassen.

Wir haben die Erlösung durch sein Blut, saget der Apostel, nämlich die Vergebung der Sün-

erkläret die Worte: Et innocens non erit sine piaculo. Er soll nicht ohne Sühnopfer losgesprochen werden. — Ich denke, sie können noch etwas eigentlicher und genauer so übersetzet werden: Der Missethat, Uebertretung und Sünde vergiebt לא ינקה ינקה, wiewol nicht unbestrafet; oder besser: wiewol er sie auf keine Art und Weise will ungestrafet hingehen lassen; die Sünde nämlich, welche unmittelbar vorhergeht, in den drey erstern Worten ausgedrücket wird, und ganz eigentlich in diesem Schlusse kann verstanden werden. Alsdann wird der Sinn folgender seyn: „Ob Gott gleich Sünde ver„giebt: so soll sie doch nicht ungestrafet hingehen. Er „wird gewiß seine gerechte Rache auslegen, und seine „Strafgerechtigkeit ausüben, wenn auch gleich nicht „an dem Sünder, dessen er schonet; jedoch an dem „Bürgen, den er geschaffet hat.„ — Auf eben die Art giebt Coccejus die Stelle: Et non exercens impunitatem; und erkläret sie fast eben so. — Wir haben eben dieses Wort in derselben merkwürdigen Wortfügung. Jerem. XXX, 11. ונקה לא אנקה welches in der englischen Bibel übersetzet ist: und ich will dich nicht ganz und gar ungestrafet lassen; in der deutschen aber heißt es, daß du dich nicht unschuldig haltest.

Sünden i). Es ist Vergebung, wie Sie sehen, ob sie gleich durch einen Preis erkaufet wird. Es ist Erlösung, ob sie wohl durch Blut verschaffet wird. — Sie ist frey, in Ansehung des höchsten Wesens, welches verzeihet. — Denn es war nicht verbunden, ein Sühnopfer zuzulassen, sondern konnte ohne einige Verminderung seiner Würde alle Menschen in ihren Sünden umkommen lassen. — Sie ist frey in Ansehung der strafbaren Geschöpfe, denen verziehen wird. Denn sie wird, ohne einige Genugthuung von ihnen selbst zu fordern, oder ihren Personen einige Strafe aufzulegen, gewähret. — Sie ist auch in dieser Absicht frey, daß uns ein Antheil an der großen Versöhnung ohne das geringste Verdienst; oder ohne irgend einige Eigenschaften, die es verdienen, zugestanden wird.

In allen diesen ist Gott nicht allein gnädig, sondern auch höchst zärtlich und unermeßlich gnädig. Und will irgend jemand diese anbethenswürdige Art Gnade auszuüben tadeln? weil auch für die Herrlichkeit der Wahrheit Gottes, der Heiligkeit Gottes und des höchsten Ansehens gesorget worden.

Theron. Thut nicht Ihr Begriff von einem Versöhnungsopfer der Güte des allmächtigen Vaters Abbruch, und leget alle unsere Verbindlichkeiten auf den eingefleischten Sohn?

Aspasio. Ist es keine Güte, daß er verstattet, daß ein anderer an unserer Statt leidet? — Ist es nicht noch eine größere Güte, daß er für einen andern an unserer Stelle sorget, ohne daß wir im geringsten

---

i) Ephes. I, 7.

ringsten darum angesuchet? — Ist es nicht der höchste Beweis der Güte, daß er einen theuren, einen einzigen, einen unvergleichlich vortrefflichen Sohn dazu bestimmet? — Diese wundersame Einrichtung verdunkelt die überflüßige Liebesgütigkeit des Vaters ganz und gar nicht, sondern leget sie vielmehr auf die allerherrlichste Art aus einander.

Also hat Gott die Welt geliebet, so abtrünnig und besudelt sie auch war. — Wie hat er sie geliebet? In einem solchen Grade, der sich von keiner Zunge aussprechen läßt, den keine Einbildungskraft begreifen kann; und der nur durch die unendlich kostbaren Wirkungen kann ausgedrücket werden. Also hat Gott die Welt geliebet, daß er seinen eingebornen Sohn gab, auf daß alle, die an ihn gläuben, nicht verloren werden, sondern das ewige Leben haben k). Und benimmt dieses der Güte des allmächtigen Vaters etwas, daß er nicht allein Verzeihung und Leben giebt, sondern es auch durch die Hände, ja durch die Wunden, die Todesangst und den Tod seines göttlich theuresten Sohnes giebt?

Solche Vorrechte, die auf einige Bedingung gewähret werden, müssen die ergebenste Erkenntlichkeit fordern. Wenn sie aber noch mit dieser Bezeugung der Gewogenheit begleitet werden: so sind sie genug, uns mit Dankbarkeit zu entflammen, und uns mit Bewunderung zu entzücken. Sie offenbaren nicht allein die göttliche Liebe, sondern preisen sie auch

an,

k) Joh. III, 16.

Das IV Geſpräch.

an ¹), zeigen ſie zu ihrem größten Vortheile in der höchſten Vollkommenheit mit einem jeden Umſtande der Empfehlung und Beliebtmachung. — Hierdurch haſt du, heiligſter Gott, deine Wohlthaten unausſprechlich theurer gemacht! Du haſt ſie, ob ſie gleich an ſich unſchätzbar waren, durch die Art, ſie zu ertheilen, noch überaus weit ſchätzbarer gemacht!

Theron. Schon wieder in Ihren Entzückungen, Aſpaſio! — Sie wiſſen, die Welt iſt ſehr vernünftig und nachforſchend geworden, und wird nichts anders, als nach einem klaren Augenſcheine und völliger Ueberzeugung zulaſſen. Wir erwarten bey allen Religionsunterſuchungen nicht die Einfälle der Einbildungskraft, oder Rednerblümchen, ſondern eine geſunde Vernunft und gründliche Beweisgründe.

Aſpaſio. So vernünftig die Welt auch iſt: ſo ſcheint ſie doch durch den Geſchmack des gegenwärtigen Zeitalters kein Friend von den Werken der Ein-

M 3   bildungs-

---

1) Röm. V, 8. συνιστησι. Es ſcheint ſolches ein Bild zu ſeyn, welches von der Gewohnheit der Kaufleute hergenommen iſt, welche, wenn ſie ihre Waaren zeigen, die Vortrefflichkeiten derſelben herausſtreichen, und alles, was nur ihren Werth erhöhen, oder ſie dem Käufer anpreiſen kann, in das kläreſte Licht ſetzen. — Vielleicht mag es auch auf die Gewogenheit zielen, da man mit einigen würdigen Perſonen, denen man wohlwill, Empfehlungsſchreiben ſchicket. Darinnen werden ihre guten Eigenſchaften beſchrieben, und es wird alles beygebracht, was deren Charakter verſchönern, und deren Gegenwart angenehm machen kann. In dieſem Verſtande bedienet ſich Paulus der damit verwandten Wörter συνιστωων, συστατικαι. 2 Cor. III, 1.

bildungskraft zu seyn. Daher wird auch der Welt eine rührende Geschichte nicht mißfallen. Und es fällt mir gleich eine Geschichte ein, die sich zu der Gelegenheit schicket; eine solche Geschichte, welche dienen kann, die überschwengliche Güte und Gnade unsers Herrn Jesu, wiewol nur sehr schwach, abzuschatten.

Eine asiatische Königinn hinterließ bey ihrem Abschiede aus diesem Leben drey vollkommene Söhne, die alle zu ihren reifen Jahren gelanget waren. — Die jungen Prinzen stritten mit einander, wer dem Andenken ihrer königlichen Mutter die höchste Ehrerbiethung erweisen würde. Um ihrem großmüthigen Streite ein Ziel zu setzen, wurden sie zusammen einig, an dem Orte ihres Begräbnisses zusammen zu kommen; und daselbst die rühmlichste Gabe zu bringen, die sie nur ersinnen könnten, oder zu verschaffen im Stande wären. — Der älteste kam und stellete ein kostbares Grabmal dar, welches aus den reichsten Materialien bestund, und mit der auserlesensten Arbeit geschmücket war. — Der zweyte plünderte alle Schönheiten der blühenden Schöpfung, und brachte eine Bluhmenbinde von solchen bewundernswürdigen Farben und lieblichem Geruche dar, dergleichen man niemals vorher gekannt hatte. — Der jüngste erschien ohne einige prunkende Vorbereitung, und hatte in der einen Hand bloß ein crystallenes Becken, und eine silberne Pfrieme in der andern. So bald er sich dem Grabe näherte, machte er seine Brust bloß, öffnete sich eine Ader, die seinem Herzen gegen über lag, fing das Blut in dem durchsichtigen Gefäße auf, und ezete es mit dem Gesichte der ergebensten Verehrung

...rung auf der geliebten Mutter Grab. — Die Zuschauer wurden von diesem Anblicke gerühret, brachen in ein allgemeines Freudengeschrey aus, und gaben diesem letzten Opfer den Vorzug.

Wenn es für eine so sonderbare Bezeugung der Liebe angesehen wurde; einige wenige von diesen kostbaren Tropfen zur Ehre einer Mutter zu vergießen; o wie unvergleichlich, wie unaussprechlich war doch die Liebe Jesu, da er alle sein Blut für die Seligkeit seiner Feinde vergossen!

Theron. Mein größter Einwurf wird noch kommen. — Wenn Christus an unserer Statt gelitten: so muß er eben die Strafe getragen haben, welche unsern Missethaten gebührete. Diese ist, wie Ihre orthodoxen Gottesgelehrten behaupten, unvergleichlich weit ärger, als der leibliche Tod; und nichts weniger als die ewige Ungnade Gottes.

Aspasio. Die gehörige Strafe für unsere Missethat war Schande, Tod und der göttliche Zorn.

Was die Schande betrifft: — war wohl jemals eine Schande derjenigen Schande gleich, die unser verachteter Erlöser trug? — Er wurde in einem Stalle geboren, und in eine Krippe geleget. — Als ein Kind wurde er aus seinem Lande getrieben, und mußte auf der Erde herumschweifen. — Als er sein Lehreramt verrichtete: so wurde er der abscheulichsten Verbrechen beschuldiget, und mit den häßlichsten Namen gebrandmarket. — Als es zu seinem Abtritte aus der Welt kam: so wurde er als ein Dieb ergriffen, als ein Uebelthäter verurtheilet; ja der schlechteste Uebelthäter, ein Räuber und Mörder wird ihm vorgezogen. — Seine Nachrichter goſſen Verachtung über alle ſeine ehrwürdigen Aemter aus. Als einen König verſpotteten ſie ihn, daß ſie ihm ſtatt des Zepters ein Rohr in die Hand gaben, und ihn mit einer Dornenkrone m) kröneten, anſtatt einer Königsbinde. Sie ſchändeten ſeinen prophetiſchen Charakter dadurch, daß ſie ihm die Augen verbanden, ſein heiliges Haupt ſchlugen, und darauf mit einem grauſamen Hohngelächter frageten: Wer iſt es, der dich ſchlug n)? Sie machten ſeiner prieſterlichen Unternehmung Vorwürfe, als ſie ihre Zunge mit einer boshaften Spottrede ſchärfeten, und dieſe bittern Worte ausſtießen: Andern hat er geholfen, und kann ihm ſelber nicht helfen o). — Um ſeine Schande ſo öffentlich zu machen, als ſie anſtößig war: ſo hingen ſie ihn an einen Baum; und ſtelleten ihn, ſo befleckt er mit Speichel und ſo verunſtaltet von Wunden er auch war, den gaffenden Augen und ſchimpflichen Spöttereyen unzähliger Zuſchauer dar.

Wenn

m) Wenn man den theuren Jeſum mit Strohe gekrönet hätte: ſo würde ſolches eine geringe Verſpottung geweſen ſeyn, und man ihm dadurch wie einem ehrgeizigen Wahnwitzigen begegnet haben. Da man ihn aber mit ſcharfen, ſpitzigen und zerfleiſchenden Dornen gekrönet: ſo hat man mit der Verſpottung noch Grauſamkeit verbunden; unerhörtes barbariſches Verfahren mit dem allerverächtlichſten Hohne! Matth. XXVII, 29.

n) Sie gaben dadurch verächtlich zu verſtehen, daß ſein heiliges prophetiſches Amt zu nichts weiter, als zu ſolchen verächtlichen Dingen dienete. Ebend. 68.

o) Matth. XXVII, 42.

Wenn Sie zweifeln, ob Christus den Zorn Gottes ausgestanden: so lassen Sie uns ihm nach dem Garten Gethsemane folgen p). Dieses Auftrittes werde ich mich stets erinnern, wenn ich durch das fruchtbare Thal gehe, oder mitten in dem Bluhmengarten spatziere, oder des Vergnügens der Einsamkeit auf dem Lande genieße. — Er hatte keine Gewissensbisse, sein unbeflecktes Gewissen zu beunruhigen: doch kamen ihn Furcht und Schrecken an. Es wurde seiner geheiligten Person keine Gewalt angethan; doch überwältiget ihn ein entsetzliches Zagen. — Es war Nacht, kalte Nacht; und obgleich unser göttliche Meister auf der Erde mitten unter dem gefallenen erkältenden Thaue lag: so schwitzete er doch — schwitzete Blut, — schwitzete große Tropfen Blut, welche in rauchenden Strömen auf die Erde fielen. Er war mit dem Freudenöle mehr als seine Gesellen gesalbet q): doch war seine Trübsal so unerträglich, daß er sich nicht enthalten konnte, auszurufen: meine Seele ist betrübt, — überaus betrübt — betrübt bis an den Tod r). — Was für eine Ursache, was für eine sich recht schickende Ursache kann man von dieser erstaunlichen Angst angeben? Keine, als den Zorn des allmächtigen Vaters, welcher nunmehr ein unerbittlicher Richter geworden war, ihm nicht

---

p) Dieses zielet auf des Evangelisten Beschreibung von Gethsemane, welcher es als einen Garten vorstellet; und auf die Ableitung des ebräischen Wortes, welches ein fettes oder fruchtbares Thal bedeutet. גיא שמן. Joh. XVIII, 1. Matth. XXVI, 36.

q) Psalm XXXXV, 7.   r) Matth. XXVI, 38.

nicht länger als seinem geliebten Sohne begegnete, sondern als dem Bürgen für unzählige Millionen strafbarer Geschöpfe.

Theron. War es möglich, daß der unschuldige und heilige Jesus, der theuer geliebte Sohn Gottes ein Gegenstand des Zornes seines Vaters seyn sollte?

Aspasio. Es war nicht allein möglich, sondern auch unvermeidlich und nöthig; unvermeidlich in Ansehung der göttlichen Heiligkeit, nöthig zur Beförderung unserer Erlösung. — Die Sünde wurde Christo aufgelegt; alle Sünde der Gläubigen zu allen Zeiten und an allen Orten in der Welt. Und war es möglich, daß der unendlich gerechte Gott eine solche Ueberschwemmung von Ungerechtigkeiten ansehen sollte, ohne sein Misvergnügen darüber zu bezeugen? Oder könnte der Herr Jesus dafür gestrafet, wahrhaftig gestrafet werden, ohne einige schmerzliche Empfindung ihres entsetzlichen Uebels und des fürchterlichen Unwillens, welches sie verdieneten, zu haben?

Wenn dieses nicht der Fall war; wer kann die Würde seiner Aufführung während seiner Angst in dem Garten behaupten? — War da nicht das göttliche Misvergnügen ausgegossen: so war seine Aufführung in der Stunde der Prüfung der Unerschrockenheit der drey ebräischen Jünglinge nicht gleich, welche gelassen und ohne die geringste Unruhe blieben, da man den Ofen noch siebenmal heißer machte s). — Wenn er aber seine Seele zum Opfer

s) Dan. III, 17. 18. 19.

Das IV Gespräch.

Opfer für die Sünde gemacht: so ist die Ursache von der überaus großen Bestürzung leicht anzugeben. Man muß sich darüber nicht wundern, daß sein Herz, ob es gleich mit einer unüberwindlichen Tapferkeit begabet gewesen, gleich schmelzendem Wachse werden müssen. Denn wer kennet die Macht des Zornes, vor dem die Pfeiler des Himmels zittern t)?

Ach, Theron, der Eßig und die Galle, die sie ihm zu trinken gaben, waren nicht halb so bitter, als der Kelch des Zornes seines Vaters. Doch trank er ihn unsertwegen bis auf die Hefen aus. — Die Nägel, welche seine Hände durchbohreten, und das Speer, welches sein Herz zerspaltete, waren nicht halb so scharf, als die finstern Blicke des Gesichtes seines ewigen Vaters, welche er zu unserm Troste geduldig zu ertragen sich unterwarf. Er wurde von Wunden zerrissen und mit Schmerzen gemartert, seine Gebeine wurden verrenket, und seine Nerven ausgespannet; tausend dornichte Stacheln wurden in seine Schläfe gepflanzet, und das Leben ergoß sich aus unzähligen wallenden Adern. Alles dieses aber war sanft, gelinde, in Vergleichung mit denen unaussprechlichen Aengsten, welche seine Seele durchdrungen. Das erste brachte keine einzige Klage aus seinem Munde: das letzte entriß seinem brechenden Herzen den rührenden Ausruf: mein Gott! mein Gott! warum

t) Hiob XXVI, 11. Der Prophet Nahum rufet mit Erstaunen und Schrecken aus: Wer kann vor seinem Zorne stehen, und vor seinem Grimme bleiben? Sein Zorn brennet wie Feuer, und die Felsen zerspringen vor ihm. I, 6.

warum haſt du mich verlaſſen. — Erſtaunliche
Worte! Gewiß, eine Noth, die ſchmerzlicher war,
als man ſichs einbilden kann u), ſließ ſolche aus.
Gewiß, nicht die Rache der Menſchen, ſondern des
Himmels ſelbſt, erpreßte ſie. Eine jede Sylbe da=
von ſaget, was der traurende Prophet beſchreibt:
Euch

u) Um unſern Begriff von dieſer Noth zu erhöhen, be=
dienen ſich die Evangeliſten der ſtärkſten Wörter —
ηρξατο εκθαμβεισθαι. Er wurde von dem am meiſten
beunruhigenden Erſtaunen ergriffen — αδημονειν. Er
wurde von einer unerträglichen Niedergeſchlagen=
heit überwältiget — περιλυπος; er wurde auf allen
Seiten, gleichſam mit einem Heere von angreifenden
Sorgen belagert. — Er rang mitten unter Klagen
und Weinen nicht allein mit der Bosheit der Men=
ſchen, und der Wuth des Teufels, ſondern auch mit
dem unendlich ſchrecklichern Unwillen Gottes. Er
rang ſo gar bis zu einer Todesangſt des Geiſtes εν
αγωνια. Alle dieſe Umſtände des Schreckens und der
Angſt machen dasjenige aus, was ein berühmter Poet
mit Rechte nennet:

Mehr Laſt von Weh, als wohl zehn Welten tragen
können

Der Kunſtrichter wird vermuthlich die Schönheit
der engliſchen Zeile dieſes Verſes!

A Weight of Woe more than ten Worlds could bear
bewundern, welcher aus lauter einſylbigten Wörtern
beſteht, und durch die häufige Wiederholung eines be=
ſchwerlichen Mitlauters aufgehalten wird, welcher
den Schall dem Verſtande ungemein gemäß machet.
— Möchten wir doch alle heilige Kunſtrichter ſeyn!
Möchten wir doch nicht allein einen feinen Geſchmack
haben, ſolche Zierlichkeiten des Vortrages einzuſehen,
ſondern auch ein erwecktes Herz, den Nachdruck ſol=
cher wichtigen Wahrheiten zu fühlen!

Euch sage ich allen, die ihr vorüber gehet: Schauet doch und sehet, ob irgend ein Schmerzen sey, wie mein Schmerzen, der mich betroffen hat. Denn der Herr hat mich voll Jammers gemacht, am Tage seines grimmigen Zornes x).

Hier nun wird unsere ganze Strafe ausgestanden; die Schande des Kreuzes, und die Angst des Todes, die Entziehung der Gewogenheit des Allmächtigen, und die entsetzliche Empfindung seines Zornes.

Theron. Das mag seyn. Jedoch alles dieses machet nicht mehr als nur einen Theil der Bezahlung aus. Denn dieses Leiden gieng vorbey, war nur zeitlich und nicht ewig. Der Hauptumstand, das Bitterste dabey fehlete also.

Aspasio. Nach der Schätzung der göttlichen Gerechtigkeit, und in Ansehung der Strafgenügthuung, waren sie unsern unendlichen Strafen gleich geachtet. — Wäre unseres Heilandes Leiden dem Leiden eines bloßen Menschen oder des allererhabensten Engels gleich gewesen: so gestehe ich, es würde kein Verhältniß mit dem gehabt haben, was wir verdienet haben. Allein, es war das Leiden des Fürsten des Lebens und des Herrn der Herrlichkeit, vor dem alle Menschen wie Staub, und alle Engel wie Würmer sind. — Man wäge die unermeßliche Würde der Person des Erlösers wider die ewige Dauer unserer Strafe ab, und sie wird ihr das Gegengewicht halten, wo nicht sie überwiegen. Seine Unendlichkeit ist gewiß ihrer Ewigkeit gleich.

Imma-

---

x) Klagelied. I, 12.

Das IV Gespräch.

:: Immanuel, der Menschgewordene Gott war es, welcher die Kirche durch sein eigen Blut y) erkaufet, und die Sünder erlöset hat. Die göttliche Natur unsers Heilandes theilete ihre veredelnden Einflüsse einer jeden Zähre mit, die er vergoß, einem jeden Seufzer, den er aussließ, und einem jeden Herzensstiche, den er fühlete. Dieses machete sein Leiden zu einer vollkommenen, so wie der letzte Umstand, den wir bemerketen, zu einer gehörigen Genugthuung. Und obgleich der Libanon zum Feuer zu geringe, und seine Thiere zum Brandopfer zu geringe waren z): so that doch dieses Opfer dem, was der Fall erforderte, ein völliges Genügen.

Ja, Theron, Sie müssen mir erlauben, die angenehme Wahrheit zu wiederholen: Es war der große Gott und unser Heiland Jesus Christus, der sich selbst für uns gegeben hat a). Sein Opfer muß daher unbegreiflich verdienstlich seyn. O daß doch die Sünder, die ärgsten Sünder seine allzureichende Kraft empfinden möchten! Sie würden nicht länger in den Banden der Ungerechtigkeit durch die verderbliche Einblasung des Teufels: Da ist keine Hoffnung b)! gehalten werden.

Theron. Was für schätzbare Endzwecke konnte solches Leiden für andere erfüllen? Man setze, Gott sey durchaus unerbittlich, und dann werden sie nicht zureichend seyn. Man setze, er sey göttlich gnädig, und da sind sie unnöthig.

Aspasio.

y) Apostgesch. XX, 28.   z) Jes. XXXX, 16.
a) Tit. II, 13. 14.   b) Jerem. II, 25.

Aspasio. Mich dünkt, der Schwierigkeit, die Sie vortragen, ist bereits begegnet worden, so daß ich keine Gelegenheit habe, Ihren Doppelsatz aufzulösen, sondern nur auf Ihre Untersuchung zu antworten. Dieses selben gab als eine Strafe dem übertretenen göttlichen Gesetze weitläuftige Genugthuung — als ein Opfer versöhnete es uns vollkommen mit dem beleidigten Gotte: — als ein Preis erlösete es uns von allem Uebel, und erwarb uns ein Recht zu allem Guten.

Dieß ist eine Materie von der größten Wichtigkeit. Mein Theron bilde sich nicht ein, daß ich seiner Gedult misbrauchen wolle, wenn ich mich noch einen Augenblick länger bey der lieben Materie aufhalte. — Ich könnte viele Endzwecke her erzählen, die alle groß und gnädig sind, welche durch dieses wundersame Mittel erhalten worden: ich will aber nur einige wenige anzeigen; jedoch solche, welche Gotte die höchste Ehre bringen, dem Menschen den größten Trost reichen, und das Beste der Gottesfurcht am kräftigsten befördern.

Hierinnen ist uns die schrecklichste Gerechtigkeit offenbaret, und zu gleicher Zeit die ungebundene Gütigkeit gezeiget worden. — Die schrecklichste Gerechtigkeit darinnen, daß der große und erschreckliche Gott, ob er gleich entschlossen war, Gnade auszuüben, solche auf so eine Art ausüben wollte, welche das Ansehen seines Gesetzes rechtfertigen, die Reinigkeit seiner Natur bezeugen, und die unverletzliche Treue seines Wortes darthun wollte. — Die ungebundene Gütigkeit darinnen, daß er seinen Sohn, seinen einzigen Sohn nicht zurückgehalten, sondern ihn freywillig

willig für uns alle dahingegeben. Er gab den Glanz seiner Herrlichkeit dahin, um mit Schande bedecket zu werden; er gab den Geliebten seiner Seele dahin, um in Todesängsten zu erblassen, damit er für die abtrünnigen Menschen Ehre und Unsterblichkeit erhielte. — Die Marter, welche allen Verdammten in der Hölle angethan worden, sind kein so fürchterliches Denkmaal von Gottes Gerechtigkeit, als diese sterbende Todesangst unsers Herrn Jesu Christi. Und wenn tausend Welten den Menschen gegeben worden: so würde solches keine solche Handlung einer überreichen Freygebigkeit gewesen seyn, als daß er seinen theuren Sohn gab.

Sehen wir uns nach Weisheit um? Was für eine vortreffliche Erfindung der himmlischen Weisheit die scheinbar entgegenstehenden Ansprüche der Gnade und Gerechtigkeit zu vereinigen; und nicht allein einer jeden genug zu thun, sondern auch beyde zu preisen! Wäre die Strafe nach aller ihrer Strenge an der Person des Sünders ausgeübet worden: so hätte die Gnade ihre liebenswürdigen Rechte verloren. Wäre der Sünder wieder zu Gnaden angenommen, ohne daß er entweder selbst, oder sein Bürge einige Strafe erlitten: so würde die Gerechtigkeit als eine nichtsbedeutende Eigenschaft seyn bey Seite gesetzet worden. Durch unsers Heilandes übernommenes und ausgesöhntes Leiden hingegen sind beyde geoffenbaret und beyde erhöhet worden. — Was für eine bewundernswürdige Erfindung der himmlischen Weisheit! Den äußersten Abscheu und die größte Abneigung vor der Sünde zu bezeugen, selbst da dem Sünder erlaubet ist, ungestraft zu bleiben; ja, selbst in die Arme der unend-

Das IV Gespräch.

unendlichen Liebe genommen und mit immerwährendem guten Empfange gesegnet wird! Gott hat durch diesen Beweis der wunderbaren und triumphirenden Gnade nicht allein Weisheit und Verstand ausgeübet, sondern sie auch überflüßig an uns erzeiget — überflüßig an uns erzeiget in aller Weisheit und Klugheit c). Diese Gnade ist zu gleicher Zeit ihm so rühmlich und seinem Volke so vortheilhaft.

Theron.. Seinem Volke vortheilhaft. — Es ist mir lieb, daß Sie auf diesen Punct gekommen sind. Diesen möchte ich noch gern aufgekläret haben. Ich bin für diese Lehren, welche Gott durch Gutesthun an den Menschen verherrlichen. Geben Sie mir die Religion, deren Ansehen gütig, und deren Thun wohlthätig ist; nicht gleich einer Lufterscheinung, die uns mit einem leeren Schimmer blendet; nicht gleich einem Cometen, der uns mit einem fürchterlichen Glanze blendet; sondern jener Sonne gleich, deren Strahlen Licht und Leben und Freude rund umher ausbreiten.

Aspasio. Wenn Sie dieses suchen und preisen: so wird die christliche Religion, diese Lehre insbesondere, Ihren hitzigsten Erwartungen gleich kommen, und Ihre höchste Achtung fordern. Denn sie ist reich an Wohlthaten von der nöthigsten, von der erwünschtesten und erhabensten Art.

Die erste und große Gabe ist Verzeihung der Sünde. — Verzeihung nicht allein der kleinen Sün-

c) Ephes. I, 8.

Das IV Gespräch.

Sünden, sondern der schwersten, der abscheulichsten, der ungeheuersten. Wenn sie auch so feurig ist, als Scharlach, wenn sie auch so stinkend ist, als Koth, wenn sie auch so schwarz ist, als die Hölle selbst: so soll sie doch wie die unbefleckte Wolle, oder als der weiße Schnee werden d); sie soll seyn, als wenn sie nie gewesen wäre. — Verzeihung nicht allein für wenige, sondern für alle Sünden. Sie mögen so zahlreich seyn, als die Sterne am Himmel, so zahlreich, als die Haare auf dem Haupte, so zahlreich, als der Sand am Ufer: das Blut Jesu Christi machet uns von ihnen allen rein e).

Hierbey haben wir den Sieg über den Tod, und die Gelangung zum ewigen Leben. — Denn so saget der heilige Apostel von den armen Einwohnern der Hütten: Nachdem nun die Kinder Fleisch und Blut haben, ist ers gleichermaßen theilhaftig geworden, auf daß er durch den Tod demjenigen die Macht nehme, der des Todes Gewalt hatte, das ist, dem Teufel; und die erlösete, welche durch Furcht des Todes im ganzen Leben Knechte seyn mußten f); Und so saget der ehrwürdige Aelteste von den verklärten Heiligen im Lichte: Diese sind es, die aus großen Trübsalen gekommen sind, und haben ihre Kleider gewaschen, und haben ihre Kleider in dem Blute des Lammes helle gemacht; darum sind sie vor dem Stuhle Gottes g).

Freue-

d) Jes. I, 18.
e) 1 Joh. I, 7.
f) Ebr. II, 14. 15.
g) Offenb. VII, 14.

Das IV Gespräch.

Freueten sich die Phillster, als Simson, der große Verheerer ihres Landes in ihre Hände geliefert wurde; wie viel größere Ursache haben wir, uns zu freuen, da der theure Jesus unsern ewigen Feind überwunden hat, da er den Tod zum Diener eines unendlichen Lebens, und das Grab zur Pforte zu der ewigen Herrlichkeit gemacht hat! Hatte Joseph Ursache, froh zu seyn, als ihm seine Gefängnißkleider abgenommen wurden; als er in Pharaons Palast gebracht wurde; und zur rechten Hand des Königes sitzen mußte; ist es denn nicht ein unvergleichlich reicheres Glück, daß unsere Kleider in dem erlösenden Blute gewaschen, und unsere Seele von aller Schuld gereiniget worden? Ist es nicht eine unvergleichlich höhere Beförderung, zu dem seligen Anschauen Gottes zugelassen zu werden, und das ewige Königreich Gottes zu besitzen?

Alles in einem Worte zu fassen. — Hierdurch werden auch den unwürdigsten Geschöpfen alle Wohlthaten des neuen Bundes geschaffet. Daher wird das Blut Christi von einem Propheten, das Blut deines Bundes h); von einem Apostel das Blut des ewigen Testamentes i) genannt; und unser Herr selbst saget: das ist das neue Testament in meinem Blute k). Ist es ein Vorrecht, Gott kennen, die unendlich liebenswürdige Quelle aller Vollkommenheit? Ist es ein höchstschätzbares Geschenk, sein Gesetz in unsern Sinn gelegt, und in unser Herz geschrie-

---

h) Sachar. IX, 11.   i) Ebr. XIII, 20.
k) Luc. XXII, 20.   Das Wort im Grundterte heißt entweder ein Testament oder ein Bund.

geschrieben zu haben? Ist es ein Zweig von einer wirklichen Glückseligkeit, daß uns unsere unzählbaren Sünden vergeben sind, und daß keiner von unsern Ungerechtigkeiten mehr soll gedacht werden? Ist es der Inbegriff aller Glückseligkeit, Gott zu unserm Antheile und zu unserer überaus großen Belohnung zu haben? sein besonderer Schatz, sein geliebtes Volk zu seyn 1); — Von denen allen wir sagen können: sie sind mit Immanuels Blute gekaufet; und wer wirklich in dem einen mit verwickelt ist, hat auch unstreitig zu dem andern Recht: wer wollte denn so was trostreiches ausschlagen. —

Theron. Nur gar zu trostreich, sollte ich mir einbilden, als daß es an sich selbst wahr, oder in seinen Folgen sicher seyn könnte. Muß es nicht dahin abzielen, den Sünder kühn zu machen, seinen Lastern nachzuhängen? Wer darf sich ein Bedenken machen, zu übertreten, oder sehr bekümmert seyn, etwas zu bereuen, wenn ein allversöhnendes Opfer für eine jede Art und einen jeden Grad der Gottlosigkeit gebracht worden?

Aspasio. Wollten Sie die Sünder in Furcht gesetzet haben. Nichts erwecket den Kindern des Ungehorsames solch Schrecken, als das bittere Leiden und der verfluchte Tod Christi — Alle die rednerischen Vergrößerungen der Sünde in Absicht auf ihre verdrüßliche Natur und abscheuliche Schändlichkeit — alle Strenge der Rache, die an aufrührischen Engeln oder gottlosen Menschen ausgeübet worden — alles, alles ist schwach und matt in Vergleichung

1) Ebr. VIII. 10. 11. 12.

Das IV Gespräch.

hung mit dem schrecklichen Nachdrucke dieses großen Vorfalles. Denn, wenn der Herr der Allmächtige nicht seines eigenen Sohnes verschonet hat, da keine Schuld an ihm erfunden, sondern nur zugerechnet wurde; wie weit weniger wird er der Uebertreter schonen, die sich nicht mehr bessern lassen, die ihre verwegenen Gottlosigkeiten sowohl aus Gewohnheit begehen, als hartnäckigt darinnen beharren.

Verstehen Sie unter der Reue eine aufrichtige Sorge wegen unserer Uebertretungen: so scheint nichts so leicht das steinerne Herz zu brechen, oder das eiskalte Herz zu zerschmelzen, als diese schmerzhaften Wirkungen der Sünde. — Wessen Unwille erhebt sich nicht wider den schändlichen Elenden, welcher seinen Gott verrieth? Wer ist nicht bereitwillig, die vergifteten Zungen zu verabscheuen, die ihn anklageten; und die barbarischen Hände, die ihn kreuzigten? Wie können wir denn etwas anders thun, als klagen, bekümmert und betrübt seyn, wenn das Gewissen Zeugniß giebt, daß unsere Sünden die vornehmsten Rollen bey diesem kläglichsten Trauerspiele gehabt haben; daß wir, wir selbst, durch unsere mannichfaltigen Verbrechen, die Verräther und Mörder des Fürsten des Lebens gewesen. — Verstehen Sie unter der Reue eine gänzliche Entsagung aller Ungerechtigkeit, so ist kein Bewegungsgrund so kräftig, die Neigungen von jedem schändlichen Götzen abzuziehen, und die Füße von einem jeden bösen Wege abzulenken, als eine aufmerksame Betrachtung des Todes unsers Erlösers. Hiermit kömmt der Ausspruch des Apostels überein: Er hat unsere Sünde selbst an seinem Leibe auf dem Holze geopfert,

opfert, nicht daß wir dreuſte werden ſollten, ſie zu wiederholen, ſondern angetrieben und geſchickt gemacht werden, ſie zu verlaſſen, daß wir von einer ſolchen unausſprechlichen zärtlichen Gnade gereizet würden, und unſere liebſten Lüſte verlaſſen möchten; und daß wir der Sünden abgeſtorben, der Gerechtigkeit lebeten m).

Wollen Sie, daß Wohlgewogenheit Ihre liebſte Triebfeder Platz nehmen und wirken ſoll; ſo iſt es unmöglich, einen ſich ſo beliebt machenden Bewegungsgrund vorzubringen, als dieſe Freundlichkeit und Leutſeligkeit Gottes unſers Heilandes n). — Wie können wir den Aufwallungen der Rache nachhängen, oder den Saamen der Feindſeligkeit bey uns herbergen, da der ſanftmüthige, der barmherzige, der unendlich gnädige Erlöſer ſein Leben für ſeine bitterſten Feinde dahin gegeben? Wie können wir auch dem Geringſten unter den Menſchen mit Verachtung oder Gleichgültigkeit begegnen, da unſer göttlicher Meiſter ſeine allglorreiche Perſon für armſelige und elende Sünder hingab? — Niemals hat man einen ſo einnehmenden Ruf zu uneigennütziger Mildthätigkeit gehabt, als das liebenswürdige Beyſpiel Chriſti; niemals eine ſo ſtarke Verbindung zur brüderlichen Liebe, als das Blut des gekreuzigten Jeſu.

Kurz, wollen Sie Leute haben, die eine jede himmliſche Tugend beſitzen, und zur Ausübung eines jeden guten Werkes angetrieben ſind: ſo reichet nichts eine ſo kräftige Anreizung dazu da, als eine lebhafte und zueignende Empfindung dieſer wunderſamen Gnade.

m) 1 Petr. II, 24.   n) Tit. III, 4.

Das IV Gespräch.

te. Hat der heilige Geist solche in unser Herz gebracht o): so bringt sie eine solche heiße Dankbarkeit dariunen hervor, die mehr wirken kann, als die erschrecklichsten Drohungen, oder die dringendsten Vernunftschlüsse; — so, daß ihren Muthmaßungen ganz zuwider, diese vortreffliche Lehre von Natur eigentlich abzielet, das ungöttliche Wesen zu unterdrücken und die Gottseligkeit zu befördern.

Man beobachte, wie der gegenwärtige stille Abend, jene sacht untergehende Sonne und diese sanften balsamischen Lüftchen die bluhmichten Gefängnisse aufgeschlossen und einen Ueberfluß von Gerüchen durch die Luft geschicket, die kleinen Sänger im Busche begeistert, und verschwenderische Harmonie aus ihren Kehlen geholet haben. So lieblich wird auch ein wahrer Glaube an Christum den Gekreuzigten alle Kräfte der Seele zu Handlungen eines bereitwilligen und liebreichen Gehorsams fortziehen. Es wird daher nicht allein von ihm gesaget, daß er sein Volk rechtfertige, sondern auch, daß er es durch sein eigen Blut heilige p).

N 4

Lassen

---

o) Der Leser wird mir erlauben, bey dieser Gelegenheit die Lehre unserer engländischen Kirche beyzufügen, welche, wenn sie also angewandt wird, ein vortreffliches Mittel seyn kann, sowohl unsere Dankbarkeit auszudrücken, als auch unsere Andacht lebendig zu machen. — Ehre sey dem Vater, daß er diese zureichende Versöhnung verschaffet, und seinen Sohn gegeben hat, eine verderbte Welt zu erlösen. — Ehre sey dem Sohne, daß er sich bis zum Tode am Kreuze erniedriget und eine ewige Erlösung für die Sünder erhalten hat. — Ehre sey dem heiligen Geiste, daß er von Christo in unsern Herzen zeuget, und unsern Seelen diese große Seligkeit zueignet.

p) Ebr. XIII, 12.

Das IV Gespräch.

Laſſen Sie uns den Tod Chriſti in dieſer ſeiner völligen Gröſſe und ausgedehnten Kraft betrachten; und wir werden die vortreffliche Eigenſchaft der Anmerkung des Apoſtels erkennen: Es ziemete dem, um deswillen alle Dinge ſind, und durch den alle Dinge ſind, der da viel Kinder zur Herrlichkeit geführet hat, daß er den Herzogen ihrer Seligkeit durch Leiden vollkommen machte q). Es geziemet ihm; als eine Handlung der unumſchränkten Herrſchaft bey Gott, kömmt es mit der Würde ſeiner Vollkommenheiten überein, und ſetzet die unbegreifliche Majeſtät derſelben, ſo zu ſagen, auseinander. — Als eine Handlung der unparteyiſchen Rache behauptet es die Rechte der göttlichen Regierung, und ſetzet die äußerſte Verehrung des göttlichen Geſetzes feſt. — Als ein Ausfluß der reichen Nachſicht gegen uns, machet es alle unſer Elend wieder gut, und erſetzet unſere ganze Glückſeligkeit. — In jeder Abſicht breitet es den hellſten Glanz über alle Ausſpendungen des großen Gottes aus, und machet ſelbſt ſeine Gerechtigkeit bis zum Erſtaunen liebenswürdig und herrlich. — In aller Abſicht iſt es der dankbarſten und anbethenden Annehmung von dem ſündigen Menſchen würdig; und zwar einer ſolchen Annehmung, dergleichen von den Chören der Heiligen und ben Heerſchaaren der Engel mit immerwährender Ehre geſchehen wird.

Theron. Ich danke Ihnen, Aſpaſio. Ihre Beweiſe haben mich zwar in der That nicht bekehret,

q) Ebr. II, 10.

Das IV Gespräch.

ret, aber sie haben doch meinen Glauben gestärket. Ich habe mich niemals so unglücklich geirret, daß ich die von unserm Herrn Jesu Christo geschehene, die der göttlichen Gerechtigkeit geschehene, die für die Sünde der Welt geschehene Genugthuung nicht geglaubet hätte. Ich sehe nunmehr aber deren Vernunftmäßigkeit und Wichtigkeit, deren freutigen Anblick auf das strafbare Gewissen und deren gütigen Einfluß in die sittliche Aufführung klärlicher ein.

Aspasio. Ich wünsche Ihnen von Grunde der Seelen Glück, werther Theron, wegen Ihrer gänzlichen Ueberzeugung von dieser wichtigen Wahrheit. Möchten Sie doch noch weiter und großmüthiger diesen herrlichen Artikel beschauen. Und möchte jeder erneuerter Anblick einen größern Einfluß in Ihr Herz haben.

Erweckender, entzückender Gedanke! Daß wir den zu unserm blutenden Opfer, den zu unserer grossen Versöhnung haben, zu dessen Füßen sich die Heerschaaren des Himmels beugen, und die Heiligen im Lichte anbethen! — Erweckender, entzückender Gedanke! Daß alle unsere Strafe ausgestanden und der ganze Fluch des Gesetzes erschöpfet worden; so, daß die Gerechtigkeit selbst nicht mehr fordern kann! — Ja, daß ein so vollkommenes Lösegeld für unsere Erlösung bezahlet worden, welches es nicht bloß zu einer Handlung der gütigen Nachsicht, sondern auch der höchsten Gerechtigkeit machet r), dem Gläubigen zu verzeihen, ihn anzunehmen und zu verherrlichen!

---

r) Daher saget der Apostel: Gott ist treu und gerecht, daß er uns die Sünde vergiebt. 1 Joh. I, 9. Treu, weil er solches durch die einmüthige Stimme aller Pro-

Entschuldigen Sie mich, Theron. Meine Zuneigungen schwingen sich wieder in die Höhe. Aber ich beschneide Ihnen die Flügel. — Ich will Sie nur fragen, ist nicht diese Lehre dem Evangelio besonders eigen, wodurch sie von allen andern in der Welt bekannten Religionen unterschieden wird? — Ist sie nicht der Mittelpunct, in welchem sich alle Linien der Pflicht vereinigen, und von welchem alle Strahlen des Trostes herkommen? Streichen Sie diesen Artikel aus dem christlichen Glaubensbekenntnisse; und Sie werden das Geheimniß der Göttlichkeit zu einem Lehrgebäude der Sittenlehre machen: Sie erniedrigen die christliche Kirche zu einer Schule der Weltweisheit. — Die durch unsers Erlösers Opfer gemachte Aussöhnung läugnen, heißt, die helleste Offenbarung der göttlichen Güte verdunkeln, und den vornehmsten Pfeiler der praktischen Religion untergraben; es heißt, an unserm ewigen Besten einen verzweifelten Schiffbruch leiden; und uns selbst an dem Felsen des Heils den Tod holen, welches man, wie ich befürchte bey dem endlichen Ausgange der Dinge finden wird.

Theron. Ich glaube, es ist nunmehr Zeit, nach Hause zu gehen; und ich hoffe, es werde kein un-

Propheten versprochen hat. — Gerecht! Gewiß, alsdann wird er strafen! Nein; aus eben dieser Ursache wird er verzeihen. — Das kann seltsam zu seyn scheinen: Allein, nach den evangelischen Grundsätzen der Aussöhnung und Erlösung ist es unstreitig wahr; weil, wenn die Schuld bezahlet, oder der Kauf geschlossen worden, es der Billigkeit zukömmt, die Handschrift zu vertilgen, und was man gekaufet hat, zu übergeben.

unangenehmer Tausch seyn, wenn wir unsern Sitz auf dem Berge mit einer Stelle in dem Speisezimmer verwechseln.

Aspasio. Ich muß Sie doch unter währendem Hingehen fragen, (denn ich habe unsere Rede nicht gern unterbrechen wollen, um bloß meiner Neugier zu willfahren,) was wohl die Absicht jenes Gebäudes dort seyn möge, welches sich auf einer kleinen Anhöhe an der Heerstraße erhebt? Es ist weder ein Thurm, noch ein Wohnhaus; sondern sieht wie eine stattliche Säule aus, die mit Fleiß zur Verschönerung der Aussicht errichtet worden.

Theron. Es ist eine Art von einem Denkpfeiler, der, wie die Geschichte saget, bey einer sehr merkwürdigen Gelegenheit errichtet worden. — Die Königinn Eleonora begleitete den König Eduard den I, nach dem sogenannten heiligen Kriege, worinnen er sehr sonderbare Vortheile über die Ungläubigen erhielt, und sich vielen Ruhm erwarb. Nach vielen tapfern im Felde verrichteten Thaten verlangete ein verrätherischer und verzweifelter Saracen zu ihm in sein Zimmer gelassen zu werden, und unter dem Vorwande geheimer Geschäffte verwundete er ihn mit einem vergifteten Dolche. Nach der Aussage seiner Aerzte, mußte ein unvermeidlicher und eiliger Tod darauf folgen, wofern nicht das Gift von einem menschlichen Munde ausgesogen würde. Dieß könnte vermuthlich den königlichen Kranken erhalten, würde aber demjenigen, der solches thäte, überaus gefährlich seyn.

So gefährlich als es auch war, so wollte es doch die Königinn über sich nehmen. Sie bestund darauf,
als

als auf dem Rechte einer Ehegattinn, und verrichtete es so treulich, daß sie des Königes Leben rettete, und auch so glücklich, daß sie ihr eigenes nicht verlor. —— Nach diesem kehrete sie wieder nach England zurück, lebete viele Jahre, und gebahr einige Kinder. Allein, die königliche Würde selbst muß über kurz oder lang die Schuld der Natur bezahlen. Sie starb auf einer Reise nach Schottland, und wurde zu dem Begräbnisse unserer engländischen Monarchen s) zurückgebracht. —— Woselbst ihr Leichnam auf dem Wege zu seinem Grabe ruhete: da wurde ein solches Gebäude t), als Sie da sehen, zur Verewigung des Andenkens ihrer ehelichen Zuneigung aufgeführet.

Aspasio. Und sollten nicht unsere Herzen ein Denkmaal der Dankbarkeit für unsern theuren Jesum seyn, welcher das tödtliche Gift nicht aus unsern Adern, sondern aus dem unsterblichen Theile unserer Natur gezogen; und nicht mit Gefahr, sondern mit Verlust, dem gewissen und unvermeidlichen Verluste seines kostbaren Lebens. —— Er eröffnete seine Brust, er eröffnete seine Seele selbst den schärfsten Pfeilen der rächerischen Gerechtigkeit, damit sie uns nicht treffen möchten, indem sie ihn durchbohreten. Derselben Grimm

---

s) Westminsterabtey.
t) Eins von diesen Gebäuden steht an der Landstraße bey Northampton. Es ist unten an der Erde mit breiten Stufen umgeben, und gegen die Spitze zu mit vier weiblichen Bildsäulen in völliger Größe gezieret. Eine lateinische Aufschrift giebt dem Reisenden von dessen Veranlassung und Absicht Nachricht:

In perpetuam Reginae Eleonorae
Conjugalis amoris memoriam.

Das IV Gespräch.

Grimm säuft seinen Geist aus u) damit der Balsam des Friedens die unsrigen erquicken möge.

O mein Theron! Unser Gedächtniß sey die Tafel, uns dieses Beyspieles des Mitleidens und der Gütigkeit, welches nicht seines Gleichen hat, zu erinnern. — Unsere Gemüthsneigungen mögen sich ben der tragischen, der angenehmen Geschichte aufhalten, bis sie in Zerknirschung zerschmelzen, und von Liebe entflammet werden. — Fehlet es uns an einer Aufschrift: so können wir uns dieser edlen Zeilen bedienen, welche in dem schönsten Aufsteigen, das man nur erdenken kann, die Pracht und Annehmlichkeit dieses erstaunlichen Werkes beschreibt.

— — Betrachte das wunderbarliche Mittel,
Laß bey jedem Schritte sich höheres Wundern erheben.
Eine Vergebung unendlicher Sünden! — Und eine
    Vergebung
Durch Hülfsmittel, die ihren unendlichen Werth nicht
    verschweigen!
Eine Verzeihung, erkauft mit Blute! — Mit göttli-
    chem Blute! —
Mit dem göttlichen Blute des, den ich zum Feinde mir
    machte.
Den ich noch immer gereizt! — Wiewohl er mich
    suchte, mich schreckte,
Segnete, züchtigt; und doch stets ein verruchter Re-
    belle! —
Und nicht ich nur allein! nein, eine Welt von Rebellen!
Ja, mein ganzes Geschlecht in Waffen! — es man-
    gelt nicht einer!
Und doch stirbet er für den Unreinesten unter Unreinen x)!

u) Hiob VI, 4. x) Nachtgedanken; die IV Nacht.

※ O ※

Das

Das V Gespräch.

Zierliche Sommerlaube in dem Blumengarten. — Zurechnung des Gehorsames Christi. — Einwürfe aus der Vernunft werden untersuchet.

Weil Aspasio einige Briefe von Wichtigkeit zu beantworten hatte: so begab er sich sobald das Tischtuch weggenommen war, von der Tafel. — Nachdem er mit seinem Briefschreiben fertig war: so erkundigte er sich, wo Theron wäre. Die Bedienten meldeten ihm, ihr Herr gienge in dem Garten spazieren. — Nach einem sehr kurzen Suchen fand er ihn auf einem lustigen Berge unter einer zierlichen Laube sitzen.

Starke und wesentliche Pflanzen vom Liburnum machten die Schaale; da indessen die geschlanken und biegsamen Schößlinge der Syringa die Zwischenräume ausfülleten. — Geschah es ihren würdigen Gästen sowohl zu liebkosen, als sie zu bewirthen, daß sie geiles Laubwerk untereinander webeten? Geschah es die zärtlichen aber genauen Verbindungen vorzustellen, welche ihre Neigungen vereiniget und ihr Bestes untereinander vermischet hatte? — Ich will der Einrichtung der Blätter eine solche Absicht nicht ausdrücklich zuschreiben. Gleichwohl machten sie durch ihre sich in einander schlingenden Umarmungen kein undeutliches Sinnbild von den Reizungen und Vortheilen der Freundschaft. Sie bildeten eine Himmeldecke

decke von dem frischesten Grüne und dem dickesten Gewebe; so dick, daß es die heißen Strahlen gänzlich abhielt, und sowohl eine kühle Erfrischung, als eine einnehmende Dunkelheit ausbreitet, da jeder unbeschirmte Strich mit Lichte blendet, oder mit Hitze matt machet.

Man geht auf einigen gemächlich angehenden Stufen hinein, die mit Torfe beleget, und von einer Balustrade schiefer Lorbeerbäume umzäunet sind. — Das Dach war schön halbrund, besonders hoch und stattlich. Es war nicht mit Schnitzwerk in halberhabener Arbeit, noch mit ausgegrabener Arbeit überdecket, noch mit einem glänzenden Fresco überzogen, sondern mit der Syringa silbernen Sträußen und des Liburnums blühendem Golde weit zärtlicher geschmücket, dessen breite und liebliche Trauben von der laubichten Decke angenehm herunter hangen, ihre Süßigkeiten der vergnügten Biene aufschließen, und da sie sich nach dem balsamischen Hauche des Frühlings bewegen, der reizenden Laube die äußerste Verzierung geben.

Dem Eingange gegen über liegt ein geräumiger Grasegang, der sich mit einem achteckigten Becken schließt, in dessen Mitte ein artiger Springbrunnen spielet. Das Wasser, welches aus den niedrigen Mündungen sprützete, war in unzählig kleinen Röhrchen zart gemachet worden, welche es in einer horizontalen Richtung zerstreueten, und dem Behälter in einem sprißelnden Regen wieder gab. Dasjenige, was aus den höhern Röhren und weitern Oeffnungen gieng, sprang entweder gerade in die Höhe, oder schoß schief, und machte, wie es fiel, einige hohe Bogen

gen von fließendem Crystalle, die insgesammt in die Augen glänzten, und die Luft kühleten.

Dem Spaziergange gleich lief ein Parterre, welches mit einer Sammlung von Blumen bepflanzet war, die sich in einem regelmäßigen Steigen an Höhe, Würde und Schönheit eine über die andere erhoben. — Zuerst stund eine Reihe von Masleben, so munter, als das Lächeln der Jugend, und so schön, als der reinste Schnee. — Darauf kam eine Reihe von Crocus, wie ein langer Streif von gelbem Sattine, der mit grünen Fäden gesteppet, oder mit grünen Sprossen abgesetzet ist. — Eine höhere Ordnung von Ranunkeln, deren jede der Mütze von einer Grafenkrone glich, erfüllete die dritte Reihe mit völligblühenden Sträußern von glänzendem Scharlache. — Hinter diesen erhob eine erhabenere Linie von Tulipen ihre blühenden Häupter a), und eröffnete

a) Hier ist, ich muß es gestehen, eine kleine Abweichung von den allgemeinen Gesetzen der Jahreszeit; einiger Anachronismus in den Zeitbüchern der Blumenbeete. Die in dieser Vorstellung vereinigten Blumen erscheinen, nach dem gewöhnlichen Laufe der Natur nicht zu gleicher Zeit mit einander. Gleichwohl können sie durch die Einrichtung eines erfahrenen Gärtners also zusammen gesellet werden. Ich hoffe, die Möglichkeit der Sache werde meine Blumenstücke vor dem Blasen des Tadels beschirmen! — Oder kann ich nicht meine Blumensammlung unter die Anmerkung eines großen Kunstrichters in Sicherheit bringen? Sie schicket sich zu diesem Falle so gut, als wenn sie mit Fleiß zu unserer Rechtfertigung wäre geschrieben worden; und ist so vollkommen zierlich, daß sie ein jedes Werk, welches sie anführet, schmücken, und eine jede Person, die sie liest, vergnügen muß.

„Ein

Das V Gespräch.

re ihre mit Schmelzwerk geziereten Becher, die nicht mit einer einzelnen Farbe allein bedecket sind, sondern mit

„Ein Maler der Natur ist nicht verbunden, ihr in „der langsamen Zunahme zu folgen, die sie von einer „Jahreszeit zur andern machet, oder ihren Lauf in der „verschiedenen Hervorbringung der Pflanzen und Blu„men zu bemerken. Nein, er kann in seiner Beschrei„bung alle Schönheiten des Frühlinges und Herbstes „entwerfen, und das ganze Jahr etwas beytragen las„sen, sie desto angenehmer zu machen. Seine Rosen„stöcke, Tulpen und Jesminen mögen zusammen blü„hen, und seine Betten zu gleicher Zeit mit Lilien, „Veilchen und Amaranthen bedecket seyn. Sein Erd„reich ist nicht auf eine besondere Art Pflanzen einge„schränket, sondern zu Eichen und Myrthen gleich ge„schickt, und bereitet sich selbst zu dem Gewächse eines „jeden Erdstriches. — Die Orangenbäume können „darinnen wild wachsen; in jeder Hecke mag man „Myrthen finden; und wenn er es für dienlich hält, „ein Specereywäldchen zu haben, so kann er den Au„genblick Sonne genug aufbiethen, der dasselbe her„vortreibt. Machet dieses alles den Auftritt noch „nicht angenehm genug: so kann er auch mancherley „neue Gattungen von Blumen machen, die prächti„ger an Farben und schöner an Blättern sind, als ir„gend eine ist, die in den Gärten wächst. Seine Con„certe der Vögel können so vollstimmig und harmo„nisch, und seine Wälder so dicht und schattig seyn, „als es ihm nur gefällt. Eine lange Aussicht kostet „ihm nicht mehr, als eine kurze; und er kann seine „Wasserfälle eben so gut von der Höhe einer halben „Meile, als von einer Höhe von zwanzig Ellen her„unterstürzen lassen. Er hat die Wahl unter den „Winden, und kann den Lauf seiner Flüsse in alle die „Veränderungen des Mäanders leiten, so wie es der „Einbildungskraft des Lesers am angenehmsten ist.

II Theil.   O   „Kurz,

mit einer untermengten Mannichfaltigkeit von beynahe jeder strahlenden Farbe glühen. — Ueber allen andern erhebt sich die edle Zierde eines königlichen Wapenschildes, die Schwertellilie, glänzend mit ätherischem Blau und mit kaiserlichem Purpur vortrefflich; welche durch ihre annehmlichen Vorstöße einen Säulenzierrath, oder ein Capital von mehr als korinthischer Pracht bildeten, und der blühenden Säulenreihe die vollkommenste Schönheit mittheileten.

Das Ganze, wenn es aus der Laube übersehen wurde, sahe einem Regenbogen gleich, welcher auf den Boden gemalet war. Und es fehlete ihm weiter nichts, mit dem glänzenden Bogen um die Wette zu eifern, als die Kühnheit seines Umfanges, und der Vortheil seiner zierlichen Krümme.

Zu dieser angenehmen Einsamkeit hatte sich Theron begeben. Hier saß er nachdenkend und tiefsinnig, und hatte seine Augen auf einen Kupferstich gerichtet, welcher einige prächtige Ruinen vorstellete. — Er war in seinem Nachsinnen gänzlich vertieft, und wurde die Annäherung des Aspasio nicht eher gewahr, als bis solcher die Spitze des Berges erreichet hatte, und sich neben ihm niedersetzen wollte.

Aspasio. So in Gedanken, Theron! ganz verloren in Gedanken! Alle diese Gegenstände rühren ihn nicht! Er ist unempfindlich mitten unter diesen über-

---

„Kurz, er hat die Bildung der Natur in seiner Hand,
„und kann ihr nach eigenem Belieben Reizungen bey=
„legen, wenn er sie nur nicht zu sehr verändert, und
„in Ungereimtheiten verfällt, indem er vortrefflich
„seyn will. Der Zuschauer VI Band, 418 Stück.

Das V Gespräch.

überflüßigen Schönheiten, die von jeder Ecke ihre Aufwartung bey ihren Sinnen machen! — Mich dünkt, der mürrische Stoiker in seinem Fasse konnte schwerlich eine größere Strenge in seinem Gesichte zeigen, als mein gesitteter Philosoph in seinem blühenden Eden.

Theron. Ach, mein theurer Freund, diese blumichten Spielwerke, welche den Garten schmücken, sind meinem Auge bekannt, und daher geringschätzig in meiner Hochachtung. Ich sehe sie öfters; und aus der Ursache fühle ich nur wenig von dem angenehmen Erstaunen, welches sie vermuthlich bey einem Fremden erwecken können. — Etwas ähnliches erfahren wir alle in Ansehung derjenigen Begebenheiten, welche unserer bewundernden Kenntniß weit würdiger sind. Warum werden wir sonst nicht von einer Vermischung des Erstaunens, der Verehrung und Dankbarkeit bey dem großen Werke und prächtigen Gaben der Natur gerühret?

Die Hand des Allmächtigen muß die große Erdkugel mit solcher ungeheuren Geschwindigkeit und genauen Richtigkeit herumdrehen, in der Absicht, die regelmäßigen Abwechselungen des Tages und der Nacht hervorzubringen; in der Absicht, die ordentliche Folge der Säezeit und der Ernde zu bewirken! — Wir wundern uns, wenn wir lesen, daß die Israeliten vierzig Jahre in der Wüste gewohnet, über dessen brennenden Sand sie hin und wieder gegangen, und finden, daß ihre Kleider durch einen so langen Gebrauch nicht veraltet b), noch ihre Füße von solchen mühsamen Reisen geschwollen sind c). Doch fühlen wir

---

b) 5 B. Mos. VIII, 4.   c) Nehem. VIII, 21.

wir kein dankbares Erstaunen, wenn wir die Wohlthaten der Luft genießen, welche die Erde als mit einem Kleide bekleidet, und niemals durch die weit sich erstreckende Umkehrung von beynahe sechs tausend Jahren einigen schädlichen Fleck bekommen, noch einige Verminderung seiner natürlichen Kraft gelitten, ob sie gleich in einer ununterbrochenen Wirksamkeit in eins fort ausgeübet worden, seitdem die elementarischen Wirkungen angefangen haben.

Diese Zeichnung in meiner Hand zeiget uns die Unbeständigkeit der größesten, der am meisten ausgearbeiteten Denkmaale der menschlichen Kunst. Sie werden unter den andern schwachen Versuchen der Sterblichkeit bald hinweggefeget; oder bleiben einzig und allein, wie Sie hier sehen, in zerstückten Trümmern Denkmaale des eiteln und kraftlosen Ehrgeizes der Erbauer. — Wie seltsam ist es denn, daß ein Gebäude, welches unendlich weit zärter und feiner ist, bis auf ein hohes Alter, und graue Haare sollte erhalten werden; daß die Maschine des Leibes, welche so auserlesen in ihrer Gestalt, so verwickelt in ihren Theilen ist, und so viel tausenderley d) Bewegungen

d) **Tausenderley** — Wenn wir nur, ohne der freywilligen Bewegungen zu erwähnen, bloß die mechanischen betrachten, die beständig in dem thierischen Gebäude gewirket werden, als — die verdauende Wirkung des Magens — die wurmartige Bewegung der Eingeweide — der Fortgang des Nahrungssaftes durch die Milchgefäße — die vielerley, vielerley Verrichtungen der absondernden Drüsen — die Zusammendrückung der Lungen und aller ihrer kleinen Zellen bey einem jeden Athemholen — vor allen aber

Das V Gespräch.

gungen alle Augenblicke verrichtet, ohne Verminderung fortfahren, jedoch ohne Unterbrechung so viele Tage, Wochen, Monate und Jahre wirken sollte. — Wie seltsam ist dieses alles! Wie selten aber, weil es gemein ist, erwecket es doch unser Lob, oder erreget uns auch nur, uns darum zu bekümmern!

Aspasio. Ihre Anmerkungen sind gerecht, weil die Verabsäumung gewöhnlich ist. — Unbegreifliche Unachtsamkeit! Ob Gott gleich große Dinge thut, die aller unserer Beobachtung werth sind; und Wunder, deren keine Zahl ist: so jähnen wir doch vor Unempfindlichkeit, anstatt daß wir vor Andacht sollten entzücket oder vom Vergnügen hingerissen werden. Siehe, er geht vor mir in augenscheinlicher Veroffenbarung der Weisheit und Macht vorüber, ehe ich es gewahr werde; er geht noch weiter fort e) und schüttet ungezählten Segen aus seiner fürsorgenden Hand: aber wir merken ihn nicht.

Ob dieses gleich sehr strafbar ist: so wird es doch unter die kleinsten Beweise unserer undankbaren Unempfindlichkeit gerechnet. Sind wir nicht selbst

auf

---

aber der große Trieb, das Zusammenziehen des Herzens, welches bey einem jeden Drucke den carmesinfarbenen Strom durch eine unzähliche Menge Pulsadern schießt, und in eben dem Augenblicke das zurückfließende Blut durch eine unzähliche Menge damit übereinstimmender Blutadern treibt. — Ein solcher Anblick wird uns verbinden, zu erkennen, daß diese Rechnung gar nicht ausschweifend ist, daß sie die wirkliche Sache viel eher vermindert, als vergrößert.

e) Hiob VIIII, 10. 11.

auf das Werk der Erlösung unachtsam? Auf das Werk, welches nach der nachdrücklichen Erklärung der heiligen Schrift, überschwengliche Klarheit hat f), beynahe die edelste, die wunderbarste von allen weltlichen, vielleicht auch von allen göttlichen Handlungen ist. — Bleiben wir nicht schändlicher Weise selbst bey der Erscheinung Gottes im Fleische ungerühret? Obgleich der König der Könige geruhet, seinen Thron gegen die Erniedrigung eines Knechtes, und den Tod eines Uebelthäters zu vertauschen; ob es ihm gleich beliebt, durch die Zurechnung seines thätigen und leidenden Gehorsames der Herr unsere Gerechtigkeit zu werden: dennoch —

Theron. Sie ergreifen ein kräftiges Mittel, Aspasio, mich aus meinem Nachsinnen zu bringen, und machen mich in der That dem murrenden Weltweisen gleich. Zugerechnete Gerechtigkeit ist ein höchst eitler und ungereimter Entwurf; ist ganz und gar nicht hinlänglich, dem vorgesetzten Endzwecke gemäß zu kommen; und man sollte denken, es könnte sich niemand darauf verlassen, der nur den geringsten Grad vom Verstande, und einige Fähigkeit vernünftig zu urtheilen hätte g).

Aspasio.

f) 2 Cor. III, 9.
g) Der Leser wird vermuthlich an dieser Hitze der Gemütsart, an dieser Schärfe des Ausdruckes, und daß beydes sogleich auf einmal angebracht wird, ein Misfallen haben. — Ich habe zur Entschuldigung meines Therons nichts vorzubringen. Der Leser hat Ursache ein Misfallen zu haben; hat Ursache verdrüßlich zu seyn. Nur muß ich ihn bitten, sich zu erin-

Das V Gespräch.

Aspasio. Wer ist itzt hitzig, Theron? Darf ich meinen Freund nicht erinnern, daß der Empfindliche eben so wenig geschickt ist zur Ueberzeugung, als der

erinnern, daß dieses eben der Geist, ja, eben die Worte eines berühmten Gegners unserer Lehre sind, die nicht erst hinzugesetzet werden, nachdem er die Ungereimtheit des Entwurfes völlig bewiesen, sondern gleich bey dem Anfange seiner Abhandlung vorkommen.

Ich habe mich oftmals gewundert, daß Personen, die über Religionssachen streiten, gern in solcher beissenden und vorwurfsmäßigen Sprache handeln mögen. Wirket der Zorn des Menschen die Gerechtigkeit Gottes? Oder ist eine zornige Schmährede das gehörige Mittel, unsere Neigungen entweder zu gewinnen, oder unsere Beurtheilungskraft zu überzeugen? — Warum sollten wir nicht auf eben die sanfte und verbindliche Art schreiben, in welcher wir mit einander reden? Sollten wir unsern Gegner in dem Zimmer eines Freundes antreffen, und eine persönliche Unterredung wegen dieser Sache mit ihm haben: so würde unsere Sprache gelinde, und unsere Vorstellungen gelassen seyn: „Es ist mir leid, würde „es heißen, daß Sie solche Begriffe angenommen ha„ben. Sie scheinen mir überaus unrichtig, und eben „so gefährlich zu seyn. Ich bilde mir ein, Sie haben „weder den wenigen Grund, den sie haben, sich zu un„terstützen, noch die schädlichen Folgen, die sie beglei„ten mögen, gebührend erwogen.„

Warum sollten unsere Streitigkeiten durch die Presse nicht auf eine eben so aufrichtige und liebreiche Art geführet werden? Dieses würde sie gewiß dem Leser angenehmer machen; sie würden der Welt mehr nützen; und auch dem Ansehen nach ihre erwünschte Wirkung besser bey unserm Gegner haben. — Ich meines Theiles bewundere die Leutseligkeit und Zartlichkeit der Entschließung des Dichters noch mehr, als

der Entzückte? — Vielleicht haben Sie diese Materie nicht gehörig erwogen, noch es in dem eigentlichen Lichte betrachtet. Ich habe zuweilen ein Kriegesschiff einige Meilen in der See gesehen. Es schien mir etwas dunkelwolkichtes zu seyn, welches an dem Rande des Horizontes schwebete, verächtlich, klein und nicht werth war, daß man es nur einen Augenblick ansah. — Allein, da die schwimmende Festung sich näherte, die Masten sich erhoben, die Segel aufschwellten: so rührete seine stattliche Gestalt, und sein merkwürdiges Ebenmaaß das Gesicht. Es war nicht mehr eine ungestalte Masse, oder ein Fleck in der Aussicht, sondern das Meisterstück der menschlichen Erfindung, und der edelste Anblick in der Welt. Das Auge wird nicht müde, dessen Bau anzusehen, noch die Seele, dessen Nutzen zu betrachten.

Wer weiß Theron, ob dieser heilige Entwurf, den sie itzt als einen verwirrten Haufen von Irrthümern ansehen, sich nicht sehr verbessern wird, wenn man ihn in der Nähe untersuchet; ob er nicht endlich ein weiser und gütiger Entwurf werden kann, der sich zu der Beschaffenheit unserer gefallenen Natur vortrefflich schicket, und unserer Annehmung vollkommen würdig ist.

Theron. Ich weiß nicht, was sich ereignen kann, Aspasio. Aber es scheint nur wenig Wahrschein-

als die Kühnheit seiner Figuren, oder die Schönheit seines Ausdruckes:

Tu lapides loqueris, ego byssina verba reponam.

scheinlichkeit zu einer solchen Veränderung da zu seyn. Denn obgleich meine letzte Widersetzung nur ein Scherzgefechte war: so bin ich doch in meinen gegenwärtigen Einwürfen sehr aufrichtig, und ein wirklicher Feind dieser Lehre. — Der Begriff von einer an die Stelle eines andern gesetzten, und für einen andern erworbenen Gerechtigkeit, ist so gar der gesunden Vernunft und den natürlichsten und leichtesten Betrachtungen der Menschen abgeschmackt.

Aspasio. Es mag wohl, werthester Freund, mit unsern natürlichen Begriffen nicht übereinstimmen, noch in den Grundriß einschlagen, den wir zur Seligmachung der Menschen entworfen haben. Allein; dieß ist die Stimme der Schrift, und ein Grundsatz, der niemals soll vergessen werden: Gottes Gedanken sind nicht unsere Gedanken, und unsere Wege sind nicht seine Wege h). — Seine Gerechtigkeit steht wie die Berge Gottes, und sein Recht wie große Tiefe i); die erste unbeweglich; die letzte unerforschlich.

Theron. Die Erwähnung der Berge erinnert mich an das, was ich gestern gelesen habe. — Die scharfe Jronie, womit Abimelechs Oberster den unruhigen Gaal züchtigte: Du siehest die Schatten der Berge für Leute an k). Er fürchtete sich, wie es höhnischer Weise zu verstehen gegeben wird, vor den Schatten, und mein Aspasio scheint darinnen verliebt zu seyn.

Aspasio. Es ist ein Glück für Ihren Aspasio, daß die Jronie kein Beweis ist. Wenn ein Ge-

D 5
schwo-

h) Jes. LV, 8.   i) Psalm XXXVI, 6.
k) Richt. VIIII, 36.

schworener wäre ernannt worden, mich und meine
Lehre zu untersuchen: so würde ich gewiß wider die
Ironie etwas einwenden. Ueberhaupt zu reden ist sie
nichts gutes, noch etwas wahres. Und wenn ich mich
recht erinnere, so haben Sie selbst eingewilliget, solche
in dieser Streitigkeit bey Seite zu setzen. Ich will
daher meine Antwort lieber auf das richten, was
gründlich ist, als auf das, was beißend ist.

Dieser Begriff, sagen Sie, ist der gesun=
den Vernunft abgeschmackt. — Wegen dieses
Ausspruches muß ich um Erlaubniß bitten, eine Fra=
ge zu thun. Ich gestehe es, es war ganz und gar
über die Macht der gesunden Vernunft, ohne Bey=
stand der göttlichen Offenbarung, diese Wahrheit zu
entdecken. — Ich will ferner zugeben, daß dieses
Geschenk dasjenige unendlich übersteigt, was die ge=
sunde Vernunft bey allem ihrem Umgange mit endli=
chen Dingen beobachtet hat. — Allein, wenn ich
nur die geringste Bekanntschaft mit der gesunden
Vernunft habe: so bin ich versichert, sie werde es
nicht, sie könne nicht etwas abgeschmacktes nen=
nen. Ich will die Sache vor ihren Richter=
stuhl bringen.

Und um die Sache nur ein wenig zu eröffnen: so
lassen Sie mich gleich anmerken, daß Gott unsere
Sünden seinem Sohne zugerechnet hat. Wie konnte
sonst der unbefleckte Jesus als ein wenig zu entschul=
digender Uebertreter gestrafet werden? *Schwerdt,
mache dich auf über meinen Hirten und über
den Mann, der mir der nächste ist, spricht der
Herr Zebaoth* 1). Ist dieß nicht die Stimme
eines

---
1) Sacharja XIII, 7.

Das V Gespräch.

eines Richters, welcher das Urtheil fället, und zur Hinrichtung berechtiget? Oder vielmehr beschreibt es nicht die Handlung der Gerechtigkeit, welche das Schwerdt von uns abwendet, und es auf Christum kehret? Hat er nun an unserer Statt das strafmäßige Leiden ausgestanden; warum kann er nicht in eben dem Verhältnisse in Ansehung des gerechtfertigenden Gehorsames, stehen? Zu dem einen ist keine andere Ursache, als zu dem andern. Ein jeder Beweis für das erstere schließt eben so gut für das letztere.

Theron. Ich gebe gern zu, daß Christus Jesus an unserer Statt gestrafet worden, daß sein Tod die Versöhnung unserer Sünde, und die Ursache unserer Sicherheit vor der Strafe ist. Allein, dieß —

Aspasio. Wird unläugbar beweisen, daß die Sünde ihm zugerechnet worden; sonst hätte er nicht wahrhaftig an unserer Statt leiden können, noch überhaupt billiger Weise gestrafet werden können. „Und die Zurechnung ist in dem einen Falle so ver„nünftig und rechtmäßig, als in dem andern; denn „sie stehen beyde auf einerley Fuß; und wer daher „das eine niederwirft, der wirft beyde nieder.„ Ich hätte meinen Theron nicht unterbrechen sollen, um nur diese Antwort von einem erhabenen Gottesgelehrten beyzubringen; welcher hinzusetzet, was sehr ernstlich sollte in Betrachtung gezogen werden. „Wer „daher die Zurechnung der Gerechtigkeit unsers Er„lösers bey den Menschen verwirft, der verwirft auch „die Zurechnung der Sünde der Menschen bey un„serem Heilande. Oder mit andern Worten, wer „die Lehre von der Zurechnung verwirft, der ver„wirft

„wirft auch, indem er solches thut, die Lehre von der „Aussöhnung gleichfalls m).„

Theron. Ich weiß von diesem Gottesgelehrten nichts; und so erhaben er auch ist, so kann ich doch schwerlich sein Ipse dixit für eine Entscheidung annehmen.

Aspasio. Ich hoffete, Sie würden eine größere Achtung gegen seine Meynung bezeugen, weil er nicht unter der Zahl der grillenfängerischen Schwärmer ist.

Erlauben Sie mir, weiter zu beobachten, daß die Zurechnung der Gerechtigkeit Christi eine augenscheinliche Gleichheit mit einer andern großen Wahrheit des Christenthumes hat. Wir haben Adams Sünde nicht persönlich begangen, dennoch muß uns die Schuld aufgebürdet, und wir der Verdammung unterworfen werden, weil —

Theron. Wie! Die Schuld muß uns aufgebürdet, und wir der Verdammung unterworfen werden, wegen Adams Uebertretung! Diesen Satz muß ich läugnen, beynahe hätte ich gesaget, verabscheuen. In den Augen der Gerechtigkeit und Billigkeit konnte kein anderer wegen einiger Beleidigungen unserer ersten Aeltern strafbar seyn, als sie allein.

Aspasio. So saget Theron: aber was saget der Apostel Paulus? Dieß mag wohl die Stimme der natürlichen Vernunft seyn: aber welches ist die Sprache der göttlichen Offenbarung? In welchem, das ist, in Adam, sie alle gesündiget haben.

Theron.

m) Staynoe von der Seligkeit durch Jesum Christum allein. I Band, a. d. 334 S.

Theron. Die Worte heißen, wenn ich michs recht erinnere: dieweil sie alle gesündiget haben.

Aspasio. Am Rande sind sie so übersetzet, als ich sie wiederholet habe. Ich könnte für diese Dolmetschung streiten, daß sie mit der Redensart in dem Grundterte n) vollkommen wohl übereinstimmete, und sich zu dem heiligen Beweisgrunde am eigentlichsten schickete. Allein, ich lasse diesen Vortheil fahren. Die Worte mögen in Ihre Forme fließen, und die Uebersetzung Ihre Gestalt annehmen. Sie sind bey dem streitigen Puncte eben so entscheidend. — Sie geben die Ursache an, warum der Tod über alle Menschen gekommen ist; die Kinder selbst nicht ausgenommen; dieweil sie alle gesündiget haben. Wie? Nicht in ihrer eigenen Person; dieß war ganz unmöglich; sondern bey der ersten großen Uebertretung ihres Bundeshauptes, welche ihnen, weil sie solche doch nicht wirklich begehen können, nach dem Inhalte des Schlusses des Apostels muß zugerechnet werden.

Theron. Was verstehen Sie doch unter der rohen und mir unbekannten Redensart, Bundeshaupt?

Aspasio. Ich verstehe, was der Apostel lehret, wenn er Christum den andern Menschen o) und

---

n) Εφ' ω παντες ημαρτον. Röm. V, 12. Des berühmten Unterschiedes beym Epiktetus τα εφ ημιν, noch des wohlbekannten Sprichwortes des Hesiodus μετρον δ επι πασιν αριστον zu erwähnen. Man sehe das IV Cap. 18. V, 2. in eben diesem Briefe, wo das Vorwort εν in Aspasios Sinne gebrauchet wird.

o) 1 Cor. XV, 47.

und den letzten Adam p) nennet. — Den andern, den letzten! Wie? Nicht der Zahl nach; nicht der Ordnung der Zeit nach, sondern in dieser Absicht: — daß, wie Adam eine öffentliche Person gewesen, und anstatt des ganzen menschlichen Geschlechtes gehandelt hat: so ist Christus auch eine öffentliche Person gewesen, und hat zum Behufe seines ganzen Volkes gehandelt: — daß, wie Adam der erste gewesen, der es überhaupt vorgestellet hat, Christus der andere und letzte gewesen; es war kein anderer mehr, und wird kein anderer mehr seyn: das, was sie als solche Personen thaten, das sollte nicht bloß bey ihnen bleiben, sondern so viele Personen angehen, als sie vorstelleten. — Dieses ist des Apostels Paulus Meynung; und dieses ist der Grund von der Lehre der Zurechnung.

Theron. Wenn sie solche auf keinen andern Grund, als Ihren eigenen besondern Verstand der Worte des Apostels bauen: so möchte sich solches vielleicht als einen sandigen und lockern Grund erweisen.

Aspasio. Ich baue es auf meinen, und leite es von dem Ihrigen her, Theron. — Allein, ich bin weit davon entfernet, das ganze Gewicht der Sache auf einen einzelnen Text beruhen zu lassen. Es wird hin und wieder in diesem Capitel fest gesetzet. — Ich wundere mich über die Vorurtheile gar nicht, die Sie und andere wider diese Lehre hegen mögen. Sie liegt gänzlich aus dem Wege der Untersuchungen der Vernunft. Sie befindet sich unter den wunderbaren Dingen des Gesetzes Gottes. Dieses sah der von Gott begeisterte Schriftsteller voraus,

p) 1 Cor. XV, 45.

voraus, und richtete seine Rede darnach ein. So wie ein erfahrener Kriegesbaumeister, welcher zwar den ganzen Umfang seiner Festung stark machet, jedoch denjenigen Theilen noch besondere und mehrere Stärke giebt, welche den heftigsten Angriffen, wie er befürchtet, ausgesetzet seyn werden: eben so hat der weise der göttlichweise Apostel diesen wichtigen Punct auch eingeschärfet und wieder eingeschärfet; ihn mit allem ämsigen Eifer verstärket, und durch alle Kraft des Ausdruckes bestätiget: — So an Eines Sünde viele gestorben sind. — Das Urtheil ist kommen aus einer Sünde zur Verdammniß. — Um des einigen Sünde willen hat der Tod geherrschet durch den einen. — Durch eines Sünde ist die Verdammniß über alle Menschen gekommen q). — Damit keine Möglichkeit übrig bleibe, seine Meynung unrecht zu verstehen, oder seinem Beweise auszuweichen: so setzet er hinzu: Durch eines Menschen Ungehorsam sind viele Sünder geworden r).

Theron. Sünde, saget ein berühmter Ausleger, heißt zuweilen Strafe. Er berichtet mir ferner, daß man von uns sagen könne, wir sündigten in Adam, nicht dadurch, daß uns sein Ungehorsam zugerechnet würde, sondern daß wir denen Leiden unterworfen wären, welche seiner Sünde gebühreten.

Aspasio. Alsdann wird des Apostels Vernunftschluß auf diese Art ausfallen: Der Tod ist zu allen Menschen hindurch gedrungen, dieweil sie alle gesündiget haben: das ist, das Leiden ist

---

q) Röm. V, 15. 16. 17. 18.   r) Röm. V, 19.

ist über alle Menschen gekommen, weil sie alle gelitten haben. Eine herrliche Art von Vernunftschlüssen für einen Schriftsteller, der nicht irret! — Aber gewiß, Gamaliels Schüler würde eine so schwache und nichts bedeutende Chicanerie nicht machen, und noch mehr, Christi Gesandter würde sie verachten. Er gedenket der Sünde und ihrer Strafe: thut aber niemals einige Anzeige, daß sie eine und ebendieselbe Sache andeuten sollen. Er behauptet durchgehends einen Unterschied unter ihnen, stellet die erste als die Ursache der letztern vor. Urtheil, Verdammung, Tod gehören der Sünde, der Beleidigung, dem Ungehorsame. Durch die Zurechnung dieser werden wir jenen unterworfen. — Dieses kläret die Billigkeit der Regierung der Vorsehung auf, welche das Todesurtheil auch selbst an denen Nachkommen Adams vollstrecket, die nicht in ihrer eigenen Person gesündiget haben. — Was saget unsere Kirche? Sie haben eine große Verehrung für die engländische Kirche, Theron.

Theron. Die habe ich auch. Ich befürchte aber, mein Aspasio habe weder eine so rühmliche Meynung von ihrem Gottesdienste, noch eine so standhafte Ergebenheit gegen ihre Satzungen: er würde sonst diese ehrgeizigen und unverständlich redenden Heuchler, die Puritaner, nicht so hoch erheben, welche die alten abgesagten Feinde unserer Einrichtung sind, und sich über deren gänzliche Umkehrung freuen würden.

Aspasio. Was die Puritaner anbetrifft, so werden Sie mir die Gerechtigkeit wiederfahren lassen, und erkennen, daß ich bloß von ihren evangelischen Lehr-

Lehrsätzen rede, die von allen politischen Grundsätzen abgesondert sind. — Was mich selbst angeht: so ist Ihre Furcht freundschaftlich, aber ohne Grund, wie ich das Vertrauen habe. Ich wollte nur fragen: welche für die ergebensten und getreuesten Söhne ihrer heiligen Mutter zu halten sind? — Diejenigen, vermuthe ich, welche ihre Lehre aufrichtigst ergreifen, und sich ihren Gebothen pflichtschuldigst unterwerfen. Auf diesem Probiersteine mag meine Treue geprüfet werden. Und zu einer unmittelbaren Prüfung belieben Sie ihren neunten Artikel zu wiederholen.

Theron. Ich kann nicht sagen, daß ich mich der eigentlichen Worte von einem erinnere, ob ich sie alle gleich oftmals gelesen und sehr gebilliget habe.

Aspasia. Ich wünsche, daß Sie vier oder fünfe der vornehmsten ihrem Gedächtnisse anvertrauen möchten s). Sie sind ein schätzbarer Schatz, und enthalten die Quintessenz des Evangelii.

Die Worte des neunten Artikels lauten so: „Erbsünde ist der Fehler und das Verderben eines „jeden Menschen, der natürlicher Weise von den „Nachkömmlingen Adams erzeuget worden.„ Es ist der Fehler, saget der fromme Bischof von Beveridge, und daher sind wir desselben schuldig. Es ist auch das Verderben, und daher sind wir damit beflecket. — Unsere Homilien nehmen zu keinen solchen Auslegungen ihre Zuflucht, deren sich meines Therons Ausleger bedienet. Eine von ihnen behauptet frey und unverholen, daß „in Adam alle Men-
„schen

---

s) Vornehmlich den IX. X. XI. XII. und XIII Artikel.

II Theil. P

„schen überhaupt gesündiget haben.„ Dieses scheint eine Umschreibung des Textes zu seyn, dessen Uebersetzung Sie letztens streitig gemachet haben. — In was für einem Verstande unser großer poetischer Gottesgelehrte den heiligen Schriftsteller verstanden, erhellet aus folgenden Worten, welche er anführet, als wenn sie vom Jehova selbst gesprochen wären:

Adams Verbrechen macht, daß alle seine Kinder
Desselben schuldig sind t). —

Und aus einer andern Stelle, wo unser rebellischer Ahnherr sein großes Elend und die weit sich erstreckende Bosheit seiner Sünde beweinet, und sich heraus läßt:

— Und wer nur nach mir kömmt,
Der ist in mir verflucht u). —

Ich für mein Theil muß gestehen, daß, wenn die Fortpflanzung des erblichen Verderbens zugegeben wird, ich nicht weiß, wie die Zurechnung von Adams zerstörlichem Abfalle kann geläugnet werden. Wenn wir mit dem einen nichts zu thun haben; wie könnten wir mit dem andern billiger Weise gestrafet werden? — Ich sage gestrafet werden. Denn die erste angebohrne Unschuld unserer Natur zu verlieren und eine verderbte Neigung zu erben, ist auf einmal ein höchstbeweinenswürdiges Unglück und eine höchstentsetzliche Strafe. — Ein auf uns gebrachtes Verderben und zugerechnete Schuld scheinen untrenn-

t) Miltons verl. Par. III B. 290. V.
u) Ebend. X B. 817. V.

Das V Gespräch.

trennlich verknüpfte Lehren zu seyn. Das erste zugestehen und das letzte verwerfen, heißt, nach meinem Begriffe, die Wirkung erkennen, ohne die Ursache zuzulassen.

Theron. Kann das billig seyn, wenn man uns zu Theilnehmern eines Bundes machet, den wir nicht gut geheißen? Uns wegen Verbrechen strafen, die wir nicht begangen haben, kann das barmherzig seyn? Gewiß, das ist eine überaus große Ungerechtigkeit, die dem allgnädigen Gotte nicht kann zugeschrieben werden; eine teuflische Grausamkeit, setzen einige hinzu, deren man nie ohne die äußerste Verabscheuung erwähnen darf.

Aspasio. Ich sehe keine Ursache zu solchem tragischen Ausrufe von Grausamkeit, noch auch zu einiger Klage von Ungerechtigkeit. Ich will mich nicht bey der unumschränkten Herrschaft eines alles erschaffenden Gottes und seinem unstreitigen Rechte, mit seinem Eigenthume zu thun, was er will, aufhalten; sondern ich wollte nur allein fragen: — Hat er sich nicht herabgelassen, mit dem Menschen zu unterhandeln, nicht auf den Fuß einer unumschränkten unwidersprechlichen Macht und Gewalt, sondern auf die rühmliche und angenehme Art eines Bundes? — Waren nicht die Bedingungen dieses Bundes vollkommen leicht und wunderbar gnädig? Wunderbar gnädig: Denn sie schlugen denen Geschöpfen, die zu keiner Glückseligkeit berechtiget waren; die nicht den geringsten Anspruch zu einigem Guten hatten; ja nicht einmal zu dem Vorrechte ihres Daseyns, einen Zustand einer unbegreiflichen und ewigen Glück-

selig-

seligkeit vor x). Vollkommen leicht; denn was war die Bedingung auf des Menschen Seite? Nicht eine einzige strenge Handlung der Pflicht, noch eine unaufhörliche scharfe Selbstverläugnung, sondern der freye Genuß von Millionen Segen und Vergnügen, bloß mit dem einzigen Verbothe einer einzigen schädlichen Nachsicht. — Hier ist denn also auf der einen Seite ein Versprechen von der glorreichsten Belohnung geschehen, welches Gott selbst thun kann; und auf der andern wird nichts weiter erfordert, als die kleinste Bezeugung der Treue und des Gehorsames, die ein Mensch sich nur wünschen kann. — Und ist das Ungerechtigkeit? Ist das Grausamkeit?

Theron. Alles dieses war in Ansehung Adams billig genug: aber warum sollten wir wegen seiner Uebertretung des Bundes verdammet werden? — Oder wie war eine solche Einrichtung der Dinge in Ansehung unser gnädig?

Aspasio. Warum verdammet? Weil wir an der Wohlthat und Herrlichkeit hätten Theil nehmen sollen, wenn er bey seiner Pflicht verharret wäre. Hierwider, vermuthe ich, würde niemand etwas eingewandt haben. Und wenn sie nichts wider das eine einwenden wollten: so müssen sie auch nichts wider das andere einwenden.

Sie fragen ferner: wie war eine solche Einrichtung der Dinge, in Ansehung unser, gnädig? Ich antworte; weil es das beste Mittel war, unsere und aller Menschen Glückseligkeit zu versichern. War nicht Adam, unter allen andern Personen am besten geschickt,

---

x) Luc. X, 28.

geschickt, als ein allgemeines Haupt zu handeln? Er hatte eine vollkommene Erkenntniß, sein wahres Beste zu unterscheiden; eine vollkommene Heiligkeit, ihn zum Gehorsame fähig zu machen, und eine vollkommene Glückseligkeit, die ihn zur Beharrlichkeit bewog. Weil keiner mehr erhabenere Eigenschaften hatte: so konnte auch keiner so viel Verbindlichkeiten haben. Seine eigene ewige Wohlfahrt stund auf dem Spiele, die Erhaltung seiner Familie, seines Landes, der Welt hieng davon ab; das Leben, die Seelen, das immerwährende Alles des ganzen menschlichen Geschlechtes war einzig und allein seiner Treue anvertrauet. Die Glückseligkeit einer jeden einzelnen Person also, die aus seinen Lenden kommen sollte, war ein frischer Bewegungsgrund zur Wachsamkeit, eine größere Verbindung zur Pflicht y). — Weil seine Liebe zu seinen Nachkömmlingen viel geläuterter, weit erhabener, mehr gottgleicher, als unsere

---

y) Sollte sich irgend ein Mensch einbilden, daß er fähiger wäre, zu bestehen, als Adam, der mit allen Vollkommenheiten einer unschuldigen, heiligen, gottgleichen Natur begabet war: so dünkt mich, daß er eben aus dieser Einbildung schon anfängt zu fallen, in Stolz zu fallen. — Sollte jemand vermuthen, daß er, in Absicht auf seine eigene besondere Seligkeit würde treu gewesen seyn, wenn Adam nicht in Ansehung seiner eigenen und aller seiner Nachkommen Seligkeit, zur Treue verbunden gewesen wäre: so scheint er gerade eben so weise zu seyn, als der Seefahrer, der sich überredet, daß, obgleich tausend Anker das Schiff in einem Sturme nicht sichern konnten, es dennoch ein einziger hätte kräftig thun können.

sere war: so mußten alle diese Betrachtungen und Antriebe bey ihm in ihrer völligsten Absicht und mit der stärksten Kraft wirken. — Was für eine Verschanzung war hier, den Ungehorsam abzuhalten, und dem Untergange zu wehren! Eine Verschanzung so tief als die Hölle, so hoch als der Himmel, und so weit als der Umfang des menschlichen Geschlechtes.

Hier kann ich es denn wagen, den Handschuh hinzuwerfen, und die ganze Welt herauszufordern. Das scharfsinnigste Gemüth mag einen Entwurf ersinnen der so weislich und gnädig eingerichtet ist, den guten Erfolg eines Prüfungsstandes zu versichern. Wenn dieses sich nicht thun läßt: alsdann muß jeder Mund gestopfet werden. Keine Zunge kann die geringste Ursache haben, sich zu beklagen. Ich für mein Theil werde mich für verbunden halten, die Gütigkeit der Aufführung meines Schöpfers zu bewundern, und Gott mag mit Recht von allen vernünftigen Geschöpfen fragen: Was sollte man, zur Seligkeit der Menschen, noch mehr thun, das ich nicht gethan habe z)? Vornehmlich, wenn wir zu diesem allen hinzusetzen, daß eben das allmächtige Wesen, welches Adam bestimmte, diejenige Person zu seyn, die uns bey dem ersten Bunde vorstellete, ohne unsere wirkliche Einwilligung zu fordern, auch Christum ausersehen, uns bey dem zweyten Bunde vorzustellen, ohne zu warten, daß wir wirklich darum anhielten. Wenn wir dieses mit in Rechnung bringen: so bleibt nicht der geringste Schatten von Ungerechtigkeit übrig; sondern Gütigkeit, überschweng-

z) Jes. V, 4.

schmeichliche Gütigkeit scheint mit dem hellesten Glanze hervor.

Theron. Gütigkeit, Aspasio! das ist in der That erstaunlich. Warum sind wir, da uns Adams Uebertretung zur Last geleget wird, gleich den Augenblick, da wir da sind, verdammliche Creaturen; und den Martern der Hölle, selbst wegen seines Ungehorsames, unterworfen? Dieses Gütigkeit zu heißen, ist eins von den größten widerwärtigen Dingen. Dieses von der Gottheit zu behaupten, ist nicht viel geringer, als eine Gotteslästerung!

Aspasio. Lassen Sie uns ruhig seyn, werthester Freund, und die Sache unparteyisch untersuchen. Wenn es nicht eine wirkliche Wahrheit ist: so will ich sie so gern verlassen, als Sie.

Ist nicht der Tod, der ewige Tod der Sünden Sold? Und wenn er es nun von einer jeden Sünde ist, alsdann auch unstreitig von der Erbsünde; welche die Quelle ist, aus welcher alle Ströme der wirklichen Ungerechtigkeit fließen; oder vielmehr der Abgrund, aus welchem alle Flüsse sich ergießen. — Es läßt sich vernünftiger Weise vermuthen, daß dasjenige, was nicht anders konnte vergeben werden, als durch die Demüthigung und Todesangst des anbethungswürdigen Sohnes Gottes, die schrecklichste Rache verdiene. Und es wird durch ein Zeugniß bekräftiget, welches Sie nicht streitig machen werden: daß „Christi Opfer sowohl für die Erbsünde, „als wirkliche Sünde eine Versöhnung und Genug-„thuung ist a).„

a) XXXI Artikel.

Das V Gespräch.

Bringt es nicht der Apostel Paulus als einen Grundsatz der Gottesgelahrheit vor, daß durch Eines Sünde, worunter er unstreitig Adam versteht, Verdammniß über alle Menschen gekommen ist b)? Der Inhalt der Worte nebst der Verbindung der Stelle giebt uns Anleitung, dieses von einer Verdammung zu ewigem Wehe zu verstehen. — Der Inhalt der Worte; denn es sind verdoppelte c), um sie besonders stark in ihrer Bedeutung zu machen; und ein jedes Wort wird in dem Umfange eben dieses Briefes in dem erschrecklichen weiten Verstande genommen d). Die Verbindung der Stelle; weil sie der Rechtfertigung zum Leben entgegen steht. Dieses, wir sind es versichert, schließt den Begriff von einer ewigen Dauer in sich. Und warum sollte sein entsetzlicher Gegentheil sich nicht so weit erstrecken?

Dieser Sinn findet bey unserer eingeführten Kirche offenbarlich Schutz, und wird steif und fest behauptet. Was saget das Buch der Homilien, wenn es von dem auf den Fall erfolgten Elende redet e)? „Diese so große und so elende Plage würde, wenn sie „bloß bey Adam geblieben wäre, viel leichter gewe„sen seyn, und hätte weit besser können ertragen wer„den. Allein, sie fiel nicht allein auf ihn, sondern „auch auf seine Nachkommen und Kinder in Ewig„keit, so, daß das ganze Geschlecht von Adams Stam„me

b) Röm. V, 18.
c) Κριμα εις το κατακριμα.
d) Röm. II, 3. III, 8. VIII, 1.
e) Homilie auf die Geburt Christi.

Das V Gespräch.

„‒‒‒ eben den Fall und die Strafe ausstehen sollte,
„welche sein Ahnherr durch seine Uebertretung höchst
„billig verdienet hatte.„ ‒‒‒ Damit niemand die
Absicht unserer Verbesserer unrecht nehmen und vermuthen möchte, die Strafe bestünde bloß in einem
leiblichen Leiden oder in dem Verluste der Unsterblichkeit: so wird in eben der beunruhigenden Rede hinzugesetzet: „Weder Adam, noch einer von den Sei‑
„nigen hatte irgend einiges Recht oder einigen Antheil
„an dem Königreiche des Himmels, sondern waren
„gänzlich verstoßen und verworfen worden, und be‑
„ständig zur ewigen Pein der Hölle verdammet.„

Damit Sie sich nicht einbilden, dieses möchte
wohl unter dem Einfalle eines hastigen Eifers geschrieben seyn, oder müßte unter die wunderlichen
Meynungen eines leichtgläubigen Alterthumes gerechnet werden: so muß ich meinen Freund erinnern, daß
es in die Artikel mit einverleibet ist. Diese Artikel,
welche von den Erzbischöfen und Bischöfen beyder
Provinzen genehm gehalten worden, wurden von
der ganzen Geistlichkeit mit Beypflichtung angenommen, und sind bis auf diesen Tag die Nationalrichtschnur unsers Glaubens. Der neunte Artikel, welcher mit einer Beschreibung unserer verderbten Natur
anfängt, füget eine Nachricht von dem, was sie eigentlich verdienet, bey: „In jeder Person, welche in der
„Welt gebohren ist, verdienet sie Gottes Zorn und
„Verdammniß f).„

Theron.

‒‒‒‒‒‒‒‒‒‒‒‒‒
f) Ich bin erstaunet, da ich gesehen, daß ein gelehrter
  Schriftsteller versuchet hat, den Stachel dieser fürchterlichen Ankündigung zu stümpfen; daß er versuchet
                                                         hat

Theron. Wie elend ist denn doch der Mensch!

Aspasio. An sich ist er überaus elend, so, daß man es nicht sagen kann. Eine Ueberzeugung von diesem Elende aber ist der Anfang zu aller Glückseligkeit. Das Thal Achor ist eine Thüre der Hoffnung g).

Theron. Erklären Sie sich deutlicher Aspasio. Sie scheinen sich sehr mit dem Unbegreiflichen zu beschäfftigen.

Aspasio. Eine solche Ueberzeugung würde beweisen, daß alle menschliche Unternehmungen und alle menschliche Bemühungen, Leben und Seligkeit zu verschaffen, durchaus unzulänglich wären. Denn im Falle wir alle Buchstaben und jeden Titel des göttli-

---

hat, zu beweisen, die Worte bedeuteten nicht Gottes ewigen Zorn und die Verdammung zur Höllen. — Ich will mir nicht die Mühe nehmen, dasjenige zu widerlegen, was ihm beliebet hat, vorzugeben. Ich überlasse die Frage des Lesers eigenem Gewissen. Er mag, wenn er kann, eine verschiedene Meynung in dem Spruche entdecken. Wofern er nicht eine ziemlich verschmitzte Geschicklichkeit zur betrüglichen Spitzfündigkeit hat: so bin ich überzeugt, er werde es sehr schwer finden, dieser Stelle einen andern leiblichen Schwung zu geben. — Gewiß, es muß ein großer Vorwurf für unsere ehrwürdige Mutter seyn, wenn sie ihre Lehre in einer so betrüglichen Sprache vorträgt, welche nothwendig ihre meisten Söhne verführen muß; oder sich dazu solcher verwirrten Ausdrückungen bedienet, die auch selbst ein guter Verstand nicht entwickeln kann, ohne etwas in der critischen Taschenspielerkunst gethan zu haben.

g) Hos. II, 15. Achor heißt Unruhe.

Das V Gespräch.

göttlichen Gesetzes halten könnten; in keinem einzigen Puncte sündigten; es in keinem Stücke an etwas ermangeln ließen, und bis ans Ende beharreten: so würde dieses doch nicht mehr seyn, als unsere anbefohlene Pflicht und Schuldigkeit. Nicht das geringste Verdienst könnte von dem allen entstehen. Noch vielweniger könnte dieses hinlänglich seyn, die ursprüngliche Schuld auszusöhnen, oder die schreckliche Fortpflanzung der ersten alles zerstörenden Sünde von einem Erben zum andern zu heben.

Dieses würde daher ein jedes falsches Vertrauen nachdrücklichst ausschließen, und mit einemmale die falsche Zuflucht wegtreiben h). Es würde uns unter eine unmittelbare, unumgängliche und glückliche Nothwendigkeit bringen, uns auf Christum zu verlassen. — Ich sage eine glückliche Nothwendigkeit; weil wir alsdann aus der Erfahrung wissen würden, was ein jeder Theil von unsers Herrn schrecklichen doch zärtlichen Erklärung sagen wollte. Israel du bringst dich selbst in Unglück, aber dein Heil steht bey mir i). — Wir würden alsdann finden, daß, wie Sünde und Elend reichlich durch den ersten Adam in die Welt gekommen, Barmherzigkeit und Gnade durch den zweyten noch reichlicher gekommen sey. Denn wenn wir durch ein Verbrechen zu Grunde gerichtet worden, das wir nicht begangen haben: so sind wir durch eine Gerechtigkeit wieder erlöset, die wir nicht ausgewirket haben; durch eine Gerechtigkeit, die dasjenige unendlich übersteigt, was wir nur jemals könnten erworben haben, wenn
auch

h) Jes. XXVIII, 17.   i) Hos. XIII, 9.

auch gleich unsere Natur frey von allem Verderben und von aller Schuld auf uns hätte können gebracht werden.

Theron. Nach Ihrer Meynung und nach Ihrem Entwurfe also ist eine Salbe und Arztney besser, als eine gute Leibesbeschaffenheit.

Aspasio. Nein, Theron. Meine Meynung ist, es könne sich, niemand für beschwert halten, oder einige Ursache über die große und gutthätige Einrichtung zu klagen haben, welche das schwache Docht verdunkeln oder auslöschen läßt, aber die unbegränzten und majestätischen Strahlen des Tages umher schießt. Und wenn einige Vergleichung zwischen dem vollkommensten menschlichen Gehorsame und der immerwährenden göttlichen Gerechtigkeit Christi zu machen ist: so sollte sie von dem glimmenden Dochte und der mittägigen Sonne genommen werden.

Theron. Ich kann mich nicht überreden, solche geheimnißvolle und unbegreifliche Begriffe zu bewundern. Sie müssen einige verwirren; andern anstößig seyn; können aber niemanden erbauen.

Aspasio. Dieser Punct, daß wir in Adam alle sterben; durch seinen Abfall alle zu Grunde gerichtet worden, kann das einfältigste Gemüth, wenn es ohne Vorurtheile ist, nicht verwirren. — Er wird auch niemanden anstößig seyn, als dem stolzen Philosophen, oder dem selbstgerechten Sittenlehrer. — Und ich versichere Sie, ich würde dessen nicht erwähnen, noch vielweniger darauf bestehen bleiben, wenn es nicht und auf eine sehr sonderbare Art zur Erbauung dienete. Die Lehre von einem Erlöser, der an unserer Statt gehorchet und gestorben, ist die rechte

Das V Gespräch.

rechte Angel und der Mittelpunct aller evangelischen Offenbarungen; ist das rechte Leben und die Seele aller evangelischen Gnadengüter. Diese Lehre wird durch die Zurechnung der Sünde Adams nicht wenig erläutert, und noch mehr angepriesen.

Sie wissen, widerwärtige Dinge werfen ein Licht auf einander, und setzen einander ab. Der Winter und seine strenge Kälte machet, daß der Frühling und seine liebliche Wärme weit sinnlicher empfunden werden und mehr vergnügen. Einen solchen Einfluß hat die gegenwärtige Sache in Ansehung des für andere geleisteten Gehorsames unsers Mittlers. Je klärer wir die Wirklichkeit des erstern sehen, desto besser werden wir den Nutzen, die Vortrefflichkeit, die Herrlichkeit des letztern erkennen. Je mehr wir unter dem einen gedemüthiget werden, desto mehr werden wir uns in dem andern erfreuen, fröhlich seyn und triumphiren. Der Apostel machet eine lange Parallel, oder stellet sie vielmehr gegen einander, in dem fünften Capitel an die Römer. Er spricht viel von Adams Schuld, welche allen Menschen zur Verdammung und zum Tode zugerechnet worden; damit er desto annehmlicher, desto reizender von Christi Gerechtigkeit sprechen könne, die allen Gläubigen zur Rechtfertigung und zum Leben zugerechnet worden. In diesem dunkeln Grunde erscheint, wie er wohl mußte, diese schönste liebenswürdige Blume der Christenheit mit besonderer Schönheit; mit aller Schönheit einer vollkommenen Weisheit und anbethenswürdigen Gütigkeit.

Theron. Es scheint mir in der That etwas unmögliches zu seyn, daß eines Menschen Gerechtigkeit zu eines andern seiner sollte gemacht werden. Kann ein Mensch durch die Seele eines andern leben? Oder durch die Gelehrsamkeit eines andern gelehrt seyn? Liebster Aspasio, versuchen Sie niemals solche handgreifliche Unwahrheiten zu behaupten. Sie werden das Christenthum der Verachtung der Ungläubigen aussetzen.

Aspasio. Wenn Ungläubige über diese tröstliche Wahrheit spotten: so wird ihre Spötterey, wie alle ihre andern Verhöhnungen, nicht die Stimme der Vernunft, sondern das Geschrey des Vorurtheiles seyn.

Meines Freundes Einwürfe geben zu verstehen, was wir niemals behaupten, daß das Wesen der Gerechtigkeit auf andere gebracht worden, welches ohne Zweifel in der That unmöglich seyn würde, so, wie es in der Lehre ungereimt ist. —— Allein, dieses läugnen wir so ernstlich, als Sie es einwenden können. Unsers Erlösers Gerechtigkeit ist nicht durch Eingießung, sondern durch Zurechnung zur unserigen gemacht. Die Ausdrückungen selbst, deren wir uns bedienen, mögen uns von einer solchen lächerlichen Beschuldigung befreyen; weil eine Zurechnung nichts anders bedeutet, als daß man dasjenige auf eines Rechnung setzet, was von einem andern geschehen ist. Wir glauben demnach, das Wesen dieser Gerechtigkeit sey Christi; das Verdienst derselben unser; daß Christus und Christus allein solches ausgewirket habe; weil er es aber an unserer Statt ausgewirket: so rechnet Gott es uns zu; Gott nimmt uns deswegen an; er nimmt uns eben so gut an, als wenn wir in unserer eigenen Person solches verrichtet hätten.

Theron.

Das V Gespräch.

Theron. Alle ihre Läuterungen können mich nicht bewegen, daß ich diesen rauhen Begriff annehme. — Die Ausübung ist ohne Beyspiel, und kann mit den Regeln der austheilenden Gerechtigkeit durchaus nicht bestehen.

Aspasio. Ach, mein Theron! wenn wir ein Beyspiel von Gottes unbeschränkten Güte unter den kleinen Verfahren der Menschen suchen: so werden wir zu vortrefflichen falschen Begriffen verleitet werden. Wenn Sie eine von den blitzenden Ecken Ihres Ringes messen, und sich alsdann einbilden wollten, wir hätten die Alpen oder die Andes ausgemessen: so würde solches in Vergleichung dieses Irrthumes nur eine kleine Irrung seyn; weil doch zwischen einer Brilliantenspitze und einer Reihe von Bergen einiges Verhältniß ist: zwischen der menschlichen Wohlthätigkeit und dieser himmlischen Güte aber kann wahrscheinlicher Weise keines seyn. — Gleichwohl hat es dem allgütigen Schöpfer gefallen, seine unendlich reiche Gnade dergestalt auszuspenden, daß wir, ob ihr zwar nichts gleich kömmt, nichts mit ihr übereinstimmt, dennoch einigen schwachen Schatten von seiner Art unter den menschlichen Geschäfften finden möchten; etwas, welches uns eine solche Vorstellung von der erstaunlichen Sache geben könnte, als ein Johanneswürmchen von dem Glanze der Sonne geben würde, im Falle niemand jemals dieses prächtige Licht gesehen hätte. — Ich muß Sie ersuchen, sich dieser Anmerkung zu erinnern, wenn ich es unternehme, die Geheimnisse des Evangelii durch das zu erläutern, was im gemeinen Leben vorkömmt.

Wenn ihr würdiger Pfarrer durch einen Fluß oder Schnupfen etwan nicht im Stande war, die Geschäffte seines Amtes abzuwarten: so leisteten ihm verschiedene von der benachbarten Geistlichkeit Beystand. War er durch diese für ihn übernommene Ausübung seines Amtes nicht zu allen Vortheilen seiner Pfründe berechtiget? — Es scheint daher eben nicht so ohne Beyspiel zu seyn, daß jemand etwas anstatt eines andern verrichte; und wenn der Dienst also von einem Anwalde geschieht, der Nutzen davon, nach denen unter den Menschen angenommenen Grundsätzen, der Hauptperson zuwachse. — Erndteten nicht Jehus Nachkommen selbst bis ins vierte Glied die Vortheile des Eifers ihres Großgroßvaters ein k)? Genießt nicht der Herzog von — die Ehre und Belohnung, welche von dem Schwerdte eines sieghaften Vorfahren gewonnen worden? — Und kann nicht die ganze Welt mit gleicher, mit noch größerer Gerechtigkeit Leben und Seligkeit wegen ihres allesverdienenden Heilandes empfangen; vornehmlich, weil er und sie ein mystischer Leib sind, und in der heiligen Schrift also vorgestellet, und von Gott auch also angesehen werden?

Nein, sagen Sie: dieses ist den Regeln der austheilenden Gerechtigkeit zuwieder. — Was haben Sie für einen Begriff von einem Bürgen? Wie war die Sache eingerichtet, und wie wurde sie in Ansehung Ihres großmüthigen Freundes Philanders getrieben? Sie wissen, er hatte sich für einen unglücklichen Bruder verbindlich gemacht, der neulich ausgetreten.

Theron.

k) 2 Kön. X, 20.

Das V Gespräch.

Theron. Die Schuld fiel auf Philandern, durch die Entweichung seines Bruders. Er mußte für alles stehen, und war gehalten, die ganze Summe zu bezahlen.

Aspasio. That nicht seine Bezahlung dem Gläubiger eben so viele Genüge, als wenn sie der Schuldner in eigener Person und mit seiner eigenen Hand bezahlet hätte?

Theron. Ganz gewiß.

Aspasio. Wurde nicht der Schuldner, durch diese Bezahlung für ihn, von aller Furcht vor der Verfolgung befreyet, und von aller weitern Anforderung dieserwegen losgesprochen.

Theron. Allerdings.

Aspasio. Wenden Sie nun dieses Beyspiel auf Christi Erlösung der Sünder an, welcher in der heiligen Schrift ausdrücklich ein Bürge genannt wird 1). — Wenn Philanders Verfahren, den Rechten nach, für das Verfahren seines Bruders gehalten wird; wenn das, was der erstere gethan, dem letztern, in Ansehung des Vortheiles, gänzlich zugerechnet wird: warum sollten nicht eben die Wirkungen, in Ansehung des göttlichen Gewährsmannes und des armen Sünders, der nicht bezahlen kann, Platz finden? Warum sollte aus unsern Lehrverfassungen der Gottesgelahrtheit dasjenige ausgestoßen werden, was durchgängig in unsern Gerichtshöfen angenommen wird?

Theron. Gehorsam und Gerechtigkeit sind, der Natur der Sachen nach, persönliche Eigenschaften, und das nur einzig und allein. Ein jeder Mensch ist

1) Ebr. VII, 22.

ist bloß das allein, was er an sich selbst ist, und kann sonst nichts seyn.

Aspasio. Gerechtigkeit, in so weit sie in uns wohnet, ist unstreitig eine persönliche Eigenschaft; und der Gehorsam, in so weit er von uns geleistet wird, kann eben so genannt werden. Allein, hebt dieses die Nothwendigkeit einer zugerechneten Gerechtigkeit auf, oder zernichtet es das Daseyn derselben? — Ihr erster Satz ist zweydeutig. Lassen Sie ihn deutlich ausgedrückt werden; setzen Sie das Wörtchen anhangende zu Gerechtigkeit: so wird der Verstand bestimmet werden, der Einwurf aber fällt weg.

Ein jeder Mensch ist bloß das allein, was er an sich selbst ist, und kann sonst nichts seyn. — Wenn ich die Bibel niemals gesehen hätte: so würde ich diesem Satze willig Beyfall gegeben haben. Allein, wenn ich das alte Testament eröffne, und von den Propheten geschrieben finde: Im Herrn werde aller Saame Israel gerecht m); wenn ich zu dem neuen Testamente komme, und den Apostel sagen höre: *Ihr seyd vollkommen in ihm, welcher das Haupt aller Fürstenthümer und Obrigkeiten ist* n): so kann ich mit Theron nicht übereinstimmen, ohne der Offenbarung zu widersprechen. — Es heißt, Israel, oder der wahre Gläubige soll gerecht werden; und es wird gemeldet, daß der Grund dieses Segens nicht in ihm, sondern in dem Herrn sey. Von den Colossern wird gesaget, sie seyn vollkommen, welches sie nicht von sich selbst waren, wie wir gewiß wissen, und es wird ausdrücklich versichert,

m) Jes. XXXXV, 25.   n) Coloss. II, 10.

chert, daß sie es in Christo waren. Daher erhellet, dem Vorgeben meines Freundes ganz zuwider, daß die Sünder das in Christo haben und sind, was sie an sich nicht haben und auch nicht sind. Sie haben durch Zurechnung eine Gerechtigkeit in Christo; durch diese zugerechnete Gerechtigkeit sind sie vollkommen vor Gott.

Ich glaube, Ihr Irrthum rühret davon her, daß Sie verabsäumen, unter anhangend oder eigen, und zugerechnet zu unterscheiden. — Wir setzen niemals, daß eine weltlichgesinnte Person andächtig, oder eine unmäßige Person nüchtern ist. Dieses ist eine anhangende oder eigene Gerechtigkeit. — Wir behaupten aber, daß der Weltlichgesinnte und Unmäßige, welcher von seiner Ungerechtigkeit überzeuget ist, und sich zu dem Heilande wendet, der für alle zur Erlösung genug ist, an dem Verdienste seines Lebens und Todes Theil hat. Dieses ist die zugerechnete Gerechtigkeit. — Wir behaupten ferner, daß, ob sie gleich an sich wirklich abscheulich sind, sie dennoch von Gott, seines geliebten Sohnes wegen, angenommen werden. Dieses ist die Rechtfertigung durch zugerechnete Gerechtigkeit.

Dieses ist auch keine eigene, angenommene oder ununterstützete Meynung. Es ist die klare und deutliche Erklärung der heiligen Schrift. Er rechtfertiget, er spricht von der Schuld los, er sieht als gerecht an — Wen? Aufrichtige, gehorsame, nicht mit Sünden behaftete Geschöpfe? Das wäre nichts außerordentliches — Nein; sondern er machet die

Gottlosen gerecht o), die an den Herrn Jesum glauben; indem er als den Grund dieser Rechtfertigung, ihre Mishandlungen ihm, und seine Gerechtigkeit ihnen zurechnet.

Theron. Ich sehe keine Gelegenheit zu solchen feinen Unterscheidungen und metaphysischen Spitzfündigkeiten bey der deutlichen gemeinen Gottesgelahrheit. Schwere Wörter und verworrene Begriffe, können den Kopf verwirren, aber selten das Herz bessern.

Aspasio. Warum nöthigen Sie uns denn, uns derselben zu bedienen? Wenn einige Leute die Zügel verwickeln und in einander stechten: so kömmt es andern zu, sie von der Verwickelung loszumachen, und wieder in ihre gehörige Ordnung zu bringen. — Viele Schriftsteller haben entweder aus einem listigen Vorsatze, oder durch eine seltene Unachtsamkeit, diese beyden sehr verschiedenen Begriffe unter einander gemischt und verwirret. Daher haben sie wider unsere Lehre Einwürfe erreget, welche den Augenblick, da man diese einem gleich vorkommende Unterscheidung beybringt, in der Luft verschwinden. Sie versehen sich in ihren eigenen Begriffen, und werfen alsdann die Ungereimtheit auf andere.

Ich bin in schwere Wörter und verwirrte Begriffe eben so wenig verliebt, als mein Theron. Ich denke aber auch nicht, daß die Sache vor uns ein so verworrener Begriff ist. Ich weiß gewiß, Sie sind vermögend, viel höhere und feinere Gedanken zu begreifen. Daher muß ich Sie ersuchen, sich des wesentlichen Unterschiedes unter eigener und zugerechneter

o) Röm. IV, 5.

Das V Gespräch.

der Gerechtigkeit zu erinnern. Die erstere drücket eine Heiligung aus; die letztere bezeichnet Rechtfertigung. Durch diese sind wir wieder bey Gott zu Gnaden angenommen worden; durch jene sind wir zu seinem himmlischen Königreiche tüchtig gemacht. Lassen Sie diese Unterscheidung, welche leicht, welche schriftmäßig, welche wichtig ist, Raum haben; und wir können inskünftige unsere metaphysischen Spitzfündigkeiten, wie Sie es nennen, fahren lassen. Unsere Uneinigkeiten werden aufhören, und unsere Meynungen mit einander übereinstimmen.

Theron. Ich zweifele daran, Aspasio. Es sind noch andere Schwierigkeiten zu überwinden, ehe ich eine so rohe Meynung verdauen kann. — Wenn wir durch die Gerechtigkeit Christi gerechtfertiget sind: so ist die Gerechtigkeit, welche die Menschen rechtfertiget, schon ausgewirket.

Aspasio. Und dieses halten Sie für eine höchstungeheure Unwahrheit; da ich es hingegen als eine höchstangenehme Wahrheit ansehe. — Die Gerechtigkeit, welche den sündigen Menschen rechtfertiget, wurde angefangen, als Gott seinen Sohn aus der Wohnung seiner Heiligkeit und Herrlichkeit sandte, von einem Weibe geboren, und unter das Gesetz gethan zu werden. — Sie wurde durch den ganzen Lebenswandel unsers Heilandes fortgeführet, worinnen er stets solche Dinge that, die seinem himmlischen Vater wohlgefielen. — Sie wurde in dem stets merkwürdigen, in dem großen Zeitpuncte vollendet, da der selige Immanuel sein sterbendes Haupt neigete, und mit einer starken triumphirenden Stimme ausrief: es ist vollbracht!

Wenn

Das V Gespräch.

Wenn die rechtfertigende Gerechtigkeit von uns gewirket würde: so könnten wir niemals wahrhaftig und völlig gerechtfertiget werden bis an den Tod; bis unser Kampf vollendet, und unsere letzte Handlung des Gehorsams gethan worden. — Allein, wie untröstlich ist diese Meynung! Wie elend würde sie unser Leben machen! Und wie läuft sie doch so gerade der Entscheidung des Apostels entgegen: ihr seyd gerecht worden p)!

Theron. Kann ein Freygeist, der mit dieser angenehmen Einbildung geliebkoset wird, also wohl nicht zu seiner Seele sagen: „Seele, nimm deine „Ruhe in der unempfindlichsten Sicherheit. Alle „meine fleischlichen Begierden, hängt euren Lüsten „ohne Zwang nach; Gewissen, sey nicht sonderlich „bekümmert, mäßig, gerecht und gottselig zu leben. „Denn das Werk ist geschehen; es ist alles für dich „geschehen. Du bist gleich einem glücklichen Erben, „dessen Aeltern mit gutem Erfolge fleißig gewesen „sind, und dem Fleiße ihres sie überlebenden Sohnes „nichts zu thun überlassen haben, als daß er nur die „Erbschaft besitzen, und von anderer und nicht sei„nen Arbeiten leben darf.

Aspasio. Der Freygeist, welcher nur grübelt oder streitet, mag in der That die Lehre von der Gnade misbrauchen. Der Gläubige aber, welcher die Macht der Gnade fühlet, wird sie zu bessern Absichten anwenden. Wo der erstere nur bloß in dem Verstande wanket, da mögen solche verabscheuenswürdige Folgen herauskommen; wo der letztere an

dem

---

p) 1 Cor. VI, 11.

Das V Gespräch.

dem Herzen arbeitet, da wird es eine ganz andere Wirkung hervorbringen. — Eine solche Person, von einem solchen Glauben, wird zur Unthätigkeit oder Frechheit nicht mehr geneigt seyn, als unsere geschäfftigen summenden Gefährten geneigt sind, bey diesem hellen Sonnenscheine, und allen diesen ausgebreiteten Blüthen, ihre Stunden in dem Bienenstocke zu verschlafen. Und Sie mögen eben so leicht erwarten, diese Colonien des Frühlings, im Christmonate schwärmen, an einem Eiszacken kleben, oder sich zerstreuen zu sehen, um Honig auf dem Schnee zu sammlen; als einen wahrhaftig gottseligen Mann zu sehen, welcher der Sünde abgestorben ist, und länger darinnen leben wollte q). — Wer daher nur so schändlich eine so süße, so glorreiche Lehre verkehret, der ist ein Zeuge wider sich selbst, daß er weder Looß noch Theil an dem unschätzbaren Vorrechte hat. Sauget ein Thier aus den gesundesten Kräutern Gift: so sind wir aus der unfehlbaren Anzeige versichert, daß es die geringschätzige Spinne, oder einiges vergiftetes Ungeziefer, und nicht die schätzbare und fleißige Biene ist.

Theron. Gewiß, Aspasio, ich weiß nicht, wie ich die Lehre süß nennen soll; noch vielweniger kann ich sie als gesund anpreisen, welche die Reue, persönliche Besserung und eigenes rechtschaffenes Wesen unnöthig machet. Und wenn Ihre Meynung einmal angenommen ist: so kann man alle diese Pflichten mit Ehren aufgeben, so daß es gefährlich seyn würde, wenn die Sache auch gleich möglich wäre.

Aspasio.

q) Röm. VI, 2.

Das V Gespräch.

Aspasio. Der Prophet war anderer Gedanken: Sie werden ihn ansehen, welchen sie zerstochen haben, und werden ihn klagen r). Die Sünder werden im Glauben ihren gekreuzigten Herrn ansehen; sie werden ihn mit Nägeln an das verfluchte Holz geheftet sehen; sie werden ihn mit dem blutigen Speere bis zum Herzen durchstochen sehen. Und wenn sie sich erinnern, daß dieses die schuldige Strafe für ihre Uebertretungen ist; wenn sie glauben, daß sie durch diese Strafe von allem strafmäßigen Leiden befreyet sind, und zu allem geistlichen Segen ein Recht haben: so werden sie nicht zur Uebertretung versuchet, sondern zum Klagen gereizet werden; sie werden nicht den Gottlosen, sondern den Bußfertigen vorstellen. — Der Apostel stimmet mit dem Propheten genau überein, und beyde sind meinem Freunde gerade entgegen. Die Güte, die überschwengliche und erstaunliche Güte Gottes leitet zur Buße s); und führet uns ganz und gar nicht davon ab.

Anstatt daß sie die persönliche Besserung hemmen sollte, befördert sie solche vielmehr kräftig. Denn so saget das allweise Wesen, welches unsere Beschaffenheit genau kennet, und weiß, was in unsern Gemüthern am kräftigsten wirken kann. Die heilsame Gnade Gottes ist allen Menschen erschienen, und züchtiget uns, daß wir das ungöttliche Wesen und die weltlichen Lüste verläugnen, und züchtig, gerecht, und gottselig in dieser Welt leben sollen t). Die Gnade, wie Sie beobachten,

r) Sacharia XII, 10.
s) Röm. II, 4   t) Tit. II, 11, 12.

Das V Gespräch.

schen, so gar die glorreiche freye Gnade, welche unwürdigen Geschöpfen die Seligkeit bringt, ist eine Abrathung von allen Lastern, und eine Aufmunterung zu jeder Tugend.

Was das eigene rechtschaffene Wesen anbetrifft; wie kann solches durch die zugerechnete Gerechtigkeit unnöthig gemacht werden? Wird die Gesundheit durch den Ueberfluß unserer Reichthümer zu einer nichts bedeutenden Sache gemacht? Wird die Ruhe durch die Schönheit unserer Kleidung überflüßig? Heiligkeit ist die Gesundheit unserer Seelen, und die Ruhe unserer Gemüther. Unlenkbare Leidenschaften hingegen erwecken schärfere Angst, als eine Otternbrut, die an unserer Brust naget. Unordentliche Begierden sind ein weit unleidlicher Schaden, als Schwärme von Heuschrecken, die unsere Ländereyen verheeren. Diese zurück zu halten, und jene in Ordnung zu bringen, kann nicht eher unnöthig seyn, als bis Trost und Sorge ihre Eigenschaften verändern, bis die teuflische Natur mit der göttlichen auf gleiche Art wünschenswürdig wird.

Theron. Der Gläubige mag, in der That, aus bloßer Großmuth, wenn es ihm beliebt, Werke der Gerechtigkeit von seinem eigenen hinzufügen. Sein Hauptvortheil aber ist ohne dieselben schon gesichert.

Aspasio. Er muß vielmehr, Theron, aus Pflicht; er wird vielmehr aus Dankbarkeit Werke der Gerechtigkeit seinem Glauben beyfügen; und von der neuen Beschaffenheit seiner Natur kann er auch nicht anders.

Wie lautet der himmlische Befehl, welcher in diesem Falle gegeben worden? Ich will, daß die,

Das V Gespräch.

welche an Gott gläubig geworden sind, Sorge tragen sollen, gute Werke zu thun u). — Wie schlägt einer gläubigen Seele der Puls? Sie können es in dem wahrhaftig großmüthigen Verlangen fühlen, welches der Psalmist vorbringt: Wie soll ich dem Herrn alle seine Wohlthaten vergelten, die er an mir thut x)? Ein dankbares Herz brauchet keines Stachels, sondern ist sich selbst ein Sporn. — Wohin neiget sich der Hang seiner Natur? Er ist neugeboren, in Jesu Christo zu guten Werken erschaffen y). Seine Lust ist an dem Gesetze des Herrn z). Und was nur irgend unser höchstes Vergnügen ist, dem jagen wir gewiß nach, und jagen ihm mit Eifer nach. Wir könnens ja nicht lassen, daß wir nicht reden sollten, was wir gesehen und gehöret haben a), war das Bekennt-

---

u) Tit. III, 8. Das Wort προϊστασθαι im Grundtexte hat eine Schönheit und einen Nachdruck, welche durch irgend einige buchstäbliche Uebersetzung in unserer Sprache beyzubehalten unmöglich ist, wie ich glaube. Es enthält, ein Gläubiger soll nicht allein in allen guten Werken geübt, sondern auch vortrefflich seyn; er soll andern den Weg zeigen, und ihnen in diesem rühmlichen Laufe zuvor kommen; er soll sowol ein Muster, als ein Gönner der allgemeinen Gottseligkeit seyn.

x) Psalm CXVI, 12.
y) Eph. II, 10.   z) Pf. I, 2.
a) Wir könnens ja nicht lassen. — Dieses ist ein Ausdruck, dessen sich die Apostel bedienen. Ap. Gesch. IV, 20. Er beschreibt die eigentliche und zur Gewohnheit gewordene Neigung ihrer neuen Natur. So wie die mitleidigen Eingeweide bey den Anblicken des
Elendes

kenntniß der Apostel, und ist die Erfahrung des Christen, wenn es auf die praktische Gottseligkeit gewandt wird.

Es kann auch sein vornehmstes Bestes ohne einen heiligen Gehorsam nicht sicher seyn; weil der Richter aller Welt an dem Tage der ewigen Vergeltung, zu denjenigen, die Böses gethan haben, sagen wird: Ich habe euch noch nie erkannt; weichet alle von mir b); weil die Heiligung zwar nicht die Ursache, aber doch eine so nöthige Eigenschaft ist, zu dem seligmachenden Anschauen Gottes gelassen zu werden, daß ohne dieselbe niemand den Herrn sehen wird c). Ohne sie ist kein Zutritt zum Himmel, und kann auch kein Genuß im Himmel seyn.

Theron. Ich bitte, besinnen Sie sich, Aspasio. Nach dem Inhalte Ihrer eigenen Erläuterung ist die Nothwendigkeit des persönlichen Gehorsames augenscheinlich aufgehoben. Denn wie kann das Gesetz von der Hauptperson eine Schuld fordern, welche durch den Bürgen völlig getilget worden?

Aspasio. Wir sind nicht mehr unter der Nothwendigkeit, dem Gesetze zu gehorchen, um unsere Rechtfertigung fest zu setzen, oder den Grund zu unserer

Elendes von Erbarmen beweget werden: wie das wolwollende Herz sich bey Erblickung der Glückseligkeit eines Bruders erweitern muß: eben so muß auch die neue Creatur in Christo ein Verlangen tragen, zu rühmen, und eine Lust haben, zu gehorchen — sie muß eine Ehre darinnen suchen, Gott zu gleichen, und verlangen, seiner zu genießen.

b) Matth. VII, 23.   c) Ebr. XII, 14.

ferer endlichen Annehmung zu legen. Dem ungeachtet sind wir doch durch einige andere unumgängliche Verbindlichkeiten verpflichtet, unsern Wandel nach diesen heiligen Geboten einzurichten. Denn dieses ist der bewährteste Beweis unserer Liebe zu dem gnädigen Erlöser: Liebet ihr mich, so haltet meine Gebote d). — Dieses ist ein unfehlbarer Beweis von unserer Vereinigung mit dem erhabenen Haupte: Wer in mir bleibt, und ich in ihm, der bringt viel Frucht e). — Dieses ist die unveränderliche und kräftigste Art, unsern Glauben zu schmücken f), und dessen göttlichen Urheber zu preisen. Lasset euer Licht vor den Leuten leuchten, damit sie eure gute Werke sehen, und euren Vater im Himmel preisen g).

Wie! heben wir denn das Gesetz durch den Glauben auf, bey der zugerechneten Gerechtigkeit unsers Heilandes? — Der Apostel mag antworten. Und er antwortet mit einer Art eines eifrigen Abscheues: das sey ferne! — Er ist nicht damit zufrieden, daß er dieses falsche Vorgeben nur läugnet; sondern er behauptet auch gerade das Gegentheil; sondern wir richten das Gesetz auf h). Sehen wir es als den ursprünglichen Bund des Lebens an: so besorgen wir dessen Ehre durch den vollkommenen Gehorsam Christi. Sehen wir es als
eine

d) Joh. XIIII, 15.   e) Joh. XV, 5.
f) Gute Werke werden daher καλα εργα, angenehme zierliche, schöne Werke genannt, Tit. III, 8.
g) Matth. V, 16.   h) Röm. III, 31.

eine unveränderliche Richtschnur der Pflicht an: so bringen wir auf dessen Beobachtung durch die vernünftigsten, männlichsten i) und einnehmendsten Bewegungsgründe.

Theron. Sollten wir diese Lehre zulassen: so könnten die Menschen nicht länger an sich, und allein an sich als Geschöpfe angesehen werden, welche Rechenschaft geben müssen. Es würde auch das jüngste Gericht keine billige Austheilung der Belohnung und Strafen seyn; sondern allein Gottes erschreckliche und unwidersprechliche Vollziehung seiner eigenen willkührlichen und unwiderruflichen Befehle.

Aspasio. Ich bin niemals gewohnt gewesen, die Menschen unter der Verfügung des Evangelii, allein an sich als Geschöpfe anzusehen, welche Rechenschaft geben müssen; weil bey diesem trostreichen und gütigen Entwurfe ein Mittler dazwischen kömmt, der für sein Volk zu antworten übernimmt, und die Züchtigung trägt, damit sie Friede hätten. Sollten wir allein für uns selbst Rechenschaft geben: so würde Christus, als unser grosser hohe Priester bey Seite gesetzet werden, und sein Opfer als eine Versöhnung für die Sünde von keiner Wirkung seyn.

Warum kann das jüngste Gericht keine billige Austheilung der Belohnungen und Strafen seyn? Wenn diejenigen, welche die Versöhnung des sterbenden Jesus verwerfen, und sich weigern, sich auf seine vollkommene Gerechtigkeit zu verlassen, nach dem Ausgange ihres eigenen Gehorsames stehen oder fallen

---

i) Hof. XI, 4.

len mögen; wenn Gläubige hingegen durch ihren höchstverdienstvollen Erlöser angenommen, aber nach Verhältniß der Heiligkeit ihrer Natur und Nützlichkeit ihres Lebens, mit höhern oder geringern Graden der Glückseligkeit belohnet werden: so sehe ich nichts willkührliches bey diesem Verfahren; sondern eine vortreffliche Mischung von gerechter Strenge und freyer Gütigkeit. — Gerechte Strenge gegen diejenigen, welche die Versöhnung verwerfen. — Freye Gütigkeit gegen diejenigen, die sich auf ihren Heiland verlassen.

Theron. Christus war den Gehorsam gänzlich für sich schuldig; er konnte daher für keinen andern dadurch etwas verdienen.

Aspasio. Das ist ein kühnes Vorgeben! Wer solches darthun kann, der wird ohne Zweifel meine Meynung über den Haufen werfen, und zugleich alle meine Hoffnung zernichten. Allein, Theron, das ist gewiß nicht Ihre wirkliche Meynung.

Konnte es denn wohl eine Schuldigkeit bey dem ewigen Sohne seyn, von einem Weibe geboren zu werden, und bey dem Herrn aller Herren der Knecht aller Knechte zu werden? Konnte es bey dem Könige der Herrlichkeit eine Schuldigkeit seyn, die Schande des Kreuzes zu ergreifen, und bey dem Fürsten des Lebens, seine Seele durch den Tod von sich zu geben? Wenn alles dieses eine Schuldigkeit gewesen: so war der theure Jesus, (wie soll ich es sagen? wer kann es glauben?) nichts besser, als ein unnützer Knecht. Denn dieses ist der bekannte Charakter eines

eines jeden, welcher nichts mehr thut, als was er zu thun schuldig war k).

Theron. Nicht so geschwind, mein Freund. Erinnern Sie sich, was die Schrift behauptet. Es wird von Christo gesagt, er habe einen Befehl erhalten, und sey dem Gesetze unterworfen worden; welche bende Ausdrückungen augenscheinlich eine Schuldigkeit anzeigen.

Aspasio. Um unsere Erlösung zu vollbringen, unterwarf sich der Sohn Gottes dem Ansehen des Gesetzes, und ward dessen Geboten gehorsam: allein, das war seine eigene freywillige Handlung; eine Sache seiner freyen Wahl; wozu er auf keine Art und Weise verbunden war, bis er sich zu unserm Bürgen angegeben.

Da er in göttlicher Gestalt war: so war er ein Herr des Gesetzes; und dessen Geboten nicht mehr unterworfen, als dessen Fluche. Nichts destoweniger nahm er Knechts Gestalt an; und wurde unter das Gesetz gethan. Warum? Auf daß er für sich ewiges Leben und Herrlichkeit erhalten möchte? Nein; sondern daß er die, so unter dem Gesetze waren, erlösete l). Hieraus erhellet, daß sowol seine Verbindung, als sein Gehorsam nicht für sich selbst, sondern für sein Volk geschehen. Daher rufet der Prophet in einer heiligen Entzückung aus: Uns ist ein Kind geboren; ein Sohn ist uns gegeben m)! Sein Stand im Fleische, und seine

mensch-

---

k) Luc. XVII, 10.   l) Gal. IIII, 5.
m) Jes. VIIII, 6. Est praeterea emphasis singularis in voce *nobis.* Significat id, quod omnes sentiunt, *nostro bono* et *commodo* natum esse hunc puerum imperatorem. VITRINGA *in h. loc.*

menschliche Natur, nebst allem, was er hienieden that und litte, war für uns; jene wurden uns sertwegen angenommen, dieses zu unserm Vortheile ausgestanden.

Lassen Sie uns dieses erwägen, und darüber erstaunen, und dadurch gereizet werden. — Der große allgemeine Herr geruhet, allgemeinen Gehorsam zu leisten! — Was für eine Herunterlassung war hier! — Er geruhet, ihn für uns Menschen und für unsere Erlösung zu leisten! Was für Gütigkeit war dieses!

Theron. Ehe wir uns auf solche andächtige Weise herauslassen, sollten wir Sorge tragen, daß unsere Andacht auf vernünftige Grundsätze gegründet wäre; sonst möchte sie, wie der Blitz einer aufsteigenden Rakete überhingehend und augenblicklich seyn.

Aspasio. Ich denke, es sey ein fester Grund dazu in der Vernunft sowol als in der heiligen Schrift. Sobald der Mensch Christus Jesus mit der zweyten Person der Dreyeinigkeit vereiniget war; so mußte er kraft dieser Vereinigung ein unstreitiges Recht zu einem ewigen Leben und zur Herrlichkeit haben. Er konnte daher unter keiner Nothwendigkeit zu gehorchen stehen, um sich entweder Ehre oder Glückseligkeit zu verschaffen; sondern alles, was er dem befehlenden Theile des Gesetzes gemäß that, das that er unter dem Character einer öffentlichen Person, anstatt und zum Besten seines geistlichen Saamens, damit sie daran Theil haben, und dadurch gerecht werden möchten.

Theron. Das mag seyn. Der Gläubige hat Theil an Christi Gerechtigkeit. Ich bitte, sagen Sie

Das V Gespräch.

Sie mir doch, hat er ganz oder allein zum Theile Theil daran? — Wenn er es ganz hat; alsdann ist jeder Gläubiger durchgehends gleich gerecht, und muß durchgehends gleich belohnet werden; welches einem zugestandenen Grundsatze zuwider ist, daß in der himmlischen Welt verschiedene Abtheilungen der Glückseligkeit seyn werden. — Hat er nur zum Theile Theil daran; wie wollen Sie den Grad bestimmen? Wie viel gehöret dieser Person; wie viel der andern zu? — Ihr Vorbringen hat auf eine und die andere Art unauflösliche Schwierigkeiten.

Aspasio. Die Antwort auf meines Therons Frage ist leicht; und die Schwierigkeiten, deren er erwähnet, bestehen nur in der Einbildung. — Ein jeder wahrer Gläubiger hat an der ganzen Gerechtigkeit Christi Theil, an dem ganzen Verdienste seiner untadelhaften Natur, seines vollkommenen Gehorsames und versöhnenden Todes. Weniger, als das Ganze würde undienlich seyn, da hingegen das Ganze uns völlig gerecht machet.

Sie sind ein großer Bewunderer der Zergliederungskunst, Theron, und müssen sich des besondern Baues des Ohres erinnern. Andere Theile des Körpers werden durch das Wachsthum größer. Ihre Stärke ist dem kindischen oder männlichen Alter gemäß. Die Werkzeuge des Gehöres aber sind, wie man mich belehret hat, bey dem schwachen Kinde und völlig erwachsenen Menschen genau von einerley Größe. — Eben so ist auch die Rechtfertigung, welche zu einem Stande der Annehmung bey Gott, unumgänglich nöthig ist, bey einem jeden Auftritte

II Theil. R des

des Christenwandels, und selbst bey der ersten Dämmerung des aufrichtigen Glaubens vollständig. Was das Daseyn des Vorrechtes betrifft, so ist da bey den Kindern, bey den Jünglingen, bey den Vätern in Christo kein Unterschied n). Die Empfindung, die Versicherung, der trostreiche Genuß der Barmherzigkeit mögen zunehmen: die Barmherzigkeit selbst aber ist keiner Vermehrung fähig.

Die mancherley Fortrückungen in der Heiligung erklären auch die mancherley Grade der künftigen Herrlichkeit. Und sie erklären solche nicht allein, sondern machen sie auch ganz billig und vernünftig; und wie wir die Sachen begreifen, unumgänglich. — Was die Bestimmung des Verhältnisses betrifft: so können wir solches dem höchsten Schiedsrichter sicher überlassen. Derjenige, welcher die Himmel mit einer Spanne mißt, und die Tiefen mit seinem Ziel verfasset, kann nicht verlegen seyn, dieses ordentlich einzurichten.

Theron. Die Werkzeuge des Gehöres sind zwar nicht ganz genau, aber doch beynahe von einerley Größe

---

n) In eben der Absicht saget einer von unsern berühmtesten Gottesgelehrten, der in der theologischen Gelehrsamkeit so groß war, als nur irgend unsere Zeiten einen hervorgebracht haben. — „Alle werden gleich „gerechtfertiget; die Wahrheit des Glaubens rechtfer„tiget, nicht das Maaß. Die Rechtfertigung ist daher „bey allen, welche glauben, einerley; obgleich ihr „Glaube von verschiedenem Grade ist. So sammel„ten ehemals in der Wüste alle das Manna nicht in „einerley Maaß; jedoch, da sie alle solches maßen, so „hatten sie alle gleich viel; keiner einen Omer mehr „keiner einen weniger." Lightfoot, II Band, auf der 1052 Seite.

Größe bey einem Kinde und Manne. Sie erlangen mit den zunehmenden Jahren kaum etwas mehr als eine stärkere Festigkeit, so, daß ich also keine Einwendung wider Ihre Erläuterung, sondern nur wider Ihre Lehre habe.

Wenn Christus alles gethan hat, und wir zu seinem ganzen Verdienste bloß durch das Glauben berechtiget sind: so muß Seligwerden die leichteste Sache von der Welt seyn. Die Bibel aber stellet doch das Christenthum als einen scharfen Streit, als einen Kampf, als ein immerwährendes Bestreben vor. — In rechtem Ernste, Aspasio, Sie prophezeyet angenehme Sachen. Gottesgelahrtheit ist Ihr Werk nicht, oder ich würde Sie sonst unter die sanften, erweichenden, gelinden Lehrer zählen. Denn nach den Artikeln Ihres Glaubens ist es nicht mehr Schwierigkeit, sich des Himmels zu versichern, als es ist, von unserm Sitze aufzustehen.

Aspasio. Ich gestehe es, allen Grundsätzen der Religion nur in Gedanken Beyfall geben, das ist eine sehr leichte Sache. Das mag, das muß geschehen, wenn man nur eine leidliche Fähigkeit, Vernunftschlüsse zu machen, und eine gehörige Achtsamkeit auf die offenbare Wahrheit hat. — Dieser idealische Glaube nahm mit Gewalt einen Weg in die Brust Simon des Zauberers o); und erpressete ein Glaubensbekenntniß von den sterbenden Lippen Julians des Abtrünnigen p). Unwiderstehlich, wie der Strahl des

---

o) Apostelgesch. VIII, 13.
p) In der Kirchengeschichte wird erzählet, als der Kaiser Julian zu seinem parthischen Feldzuge abgieng: so

des Wetterleuchtens, erschrecklich, wie dessen feuriger Glanz, blitzet es Ueberzeugung so gar in die Teufel. Selbst diese verdammten Geister glauben und zittern q).

Der Glaube aber, welcher nicht bloß in der Betrachtung besteht, erhebt die Begierden, reguliret die Leidenschaften und läutert den ganzen Lebenswandel. — Der Glaube, welcher nach der nachdrücklichen Sprache der heiligen Schrift, das Herz reiniget, die Welt überwindet und unsere Neigungen auf das richtet, was droben ist: — dieser wahrhaftig edle und siegreiche Glaube wird nicht so leicht erworben. Dieser ist die Gabe eines unendlichen Wohlthäters, das Werk eines göttlichen Agenten. Er wird daher auch höchstvorzüglicher Weise der Glaube genannt, den Gott wirket r); weil Gott selbst ihn durch die kräftige Wirkung seiner gewaltigen Macht in der menschlichen Seele hervorbringet.

Die drohete er, die Christen mit der äussersten Strenge zu verfolgen, so bald er siegreich zurück käme. — Bey dieser Gelegenheit fragete der Lehrer der Redekunst, Libanius, mit einem höhnischen Wesen einen von ihnen: Was der Zimmermannssohn thun würde, da ein solcher Sturm über seine Nachfolgern hienge? — Der Zimmermannssohn, erwiederte der Christ, wird einen Sarg für euren Kaiser machen. — Der Ausgang bewies, daß dieses eine prophetische Antwort gewesen. Denn der gottlose Abgefallene wurde in einem Treffen mit dem Feinde tödtlich verwundet, und rief noch, da ihm der Athem entgieng: *Vicisti o Galilaee*; du hast überwunden, o Galiläer! Denn Rechte behält den Sieg!

q) Jac. II, 19.   r) Col. II, 12.

Die Ausübung dieses Glaubens wollte ich nicht gern mit einem thätigen Manne vergleichen, der von seinem Sitze aufsteht, sondern vielmehr mit einem Schiffer, der Schiffbruch gelitten, und sich bestrebet einen sichern Ort zu erreichen. — Er spähet einen großen Felsen aus, welcher sein Haupt über die ungestüme Fluth erhebt. Nach diesem schwimmet er, und diesem nähert er sich: allein, Wirbelwinde und stoßende Wellen treiben ihn zu einer unglücklichen Ferne zurück. — Er strenget alle seine Kräfte an; er kömmt näher hinzu, und versuchet, auf die erwünschte Höhe hinan zu klimmen, da eine hinwegreißende Wasserwoge dazwischen kömmt, und ihn wieder in die wallende Tiefe führet. — Durch müthige Bemühungen erreichet er den Raum wieder, den er verloren hat. Nunmehr hängt er sich an die Klippe, und ist der Gefahr beynahe entgangen. Allein, seine Glieder sind dergestalt erstarret, daß er seinen Sicherheitsort nicht behaupten kann; und das Meer schwillt dergestalt heftig, daß er noch einmal hinweggestoßen und von neuem in die tobenden Wellen gestürzet wird. — Was kann er thun? Sein Leben, sein kostbares Leben steht in Gefahr. Er muß seine Bemühungen erneuern; er muß sie nochmals erneuern, und darf sich der Verzweifelung nicht überlassen. Der Meister sieht ihn mitten unter aller seiner fruchtlosen Arbeit. Er mag ernstlich ausrufen: Herr, hilf mir, ich verderbe! und derjenige, welcher den Winden und Wellen gebeut, wird gewiß seine Hand ausstrecken, und ihn von den verschlingenden Wassern erretten.

Das V Gespräch.

So werthester Freund, so mühsam, so stetig ist der Kampf des Glaubens, bevor er in friedsamer Sicherheit auf dem Felsen des Heils, Christi Jesu, ruhen kann. Hiervon mögen Sie zu einer oder der andern Zeit nicht allein aus meinem Munde, sondern aus Ihrer eigenen Erfahrung überzeuget werden.

Theron. Was sich in einem künftigen Zeitpuncte ereignen wird, das kann ich nicht vorhersehen. Gegenwärtig müssen wir wohl, dächte ich, der theologischen Lehrstunde ein Ende machen. Erinnern Sie sich nicht, daß wir uns bey dem Altinous versprochen haben? Und Sie werden gestehen, daß, wenn man sein Versprechen genau hält, solches wenigstens eine moralische Tugend ist, wofern es nicht eine christliche Gnadengabe ist.

Das VI Gespräch.

Bildergallerie. — Büchersaal und dessen Aufputz. — Ein schlechter Geschmack in der Malerey wird getadelt, und eine anmuthigere Art angegeben. — Die Zurechnung der Gerechtigkeit Christi wird wieder vorgenommen — Einwürfe aus der Schrift gemacht und widerlegen.

Die Angelegenheiten des Aspasio riefen ihn nach London. Er hielt sich einige Tage in der Stadt auf. Sobald aber seine Geschäffte geendiget waren, verließ er die Stadt, und eilete nach seines Freundes Landgute. — Bey seiner Ankunft fand er einige angenehme Gesellschaft, die in dem Vorsatze gekommen war, den Abend daselbst zuzubringen. Dieser Umstand verhinderte, daß sie ihre Materie nicht sogleich fortsetzen konnten. — Weil der folgende Morgen neblicht und zum Ausgehen nicht bequem war: so lud Theron den Aspasio ein, eine Stunde in seiner Studierstube zuzubringen.

Es lag solche an dem äußersten Ende eines langen Ganges, welcher das Ohr von allem Geräusche des Hauswesens abzog, da er den Fuß zu einem Behältnisse der Gelehrsamkeit führete; so, daß man mit allem versehen war, was einem dem Studieren ergebenen Gemüthe angenehm seyn konnte; und durch nichts beschweret wurde, was eine geruhige Aufmerksamkeit stöhren konnte. — Aspasio willigte in den Antrag sogleich ein: wünschete aber erst auf diesem

schönen

Das VI Gespräch.

schönen Gange ein wenig herum zu gehen, und die Auszierungen des Ortes zu beschauen.

Aspasio. Ein kleiner Blick, Theron, ist schon hinlänglich die Richtigkeit Ihrer Urtheilskraft und die wahre Zärtlichkeit Ihres Geschmackes zu entdecken. — Hier sind keine ungereimte und eitele Vorstellungen romanhafter Mährchen und poetischer Geschichte. Hier sind keine unanständige Stücke von Bildern, welche eine keusche Einbildungskraft zu verderben, oder eine unzüchtige anzuflammen dienen. — Gegentheils werden mir vielmehr eine Sammlung von Landkarten, die von den geschicktesten Händen gezeichnet worden, und einige merkwürdige Handlungen des Alterthumes, die in der Sprache des Pinsels sehr beredt ausgedrückt worden, vorgestellet. — Sie haben glücklicher Weise das Ziel getroffen, welches sowohl der Liebhaber schöner Kunststücke, als der Künstler und witzige Kopf stets vor Augen haben soll. — Die Vereinigung des Nutzens mit dem Vergnügen a).

Theron. In der That, mein Aspasio, mir ist oftmals meine Hoffnung in den Gärten, in den Sälen und in den Gängen einiger heutigen Kunstliebhaber fehlgeschlagen; zuweilen sind sie mir auch wohl gar anstößig gewesen. Ihre Gemälde und Bildsäulen sind nicht viel mehr als eine Sammlung wohlausgearbeiteter Kleinigkeiten. Ein auf dem Rade ausgestreckter Irion; oder ein von dem Wagen gestürzeter Phaeton. Ein Apollo, welcher seine Leyer rühret;

---

a) Omne tulit punctum, qui miscuit vtile dulci.

HORAT.

Das VI Gespräch.

ist; oder ein Jupiter, (ich bitte seine oberste Hoheit um Verzeihung, daß ich ihm nicht den Vorrang in meinem Verzeichnisse gegeben habe,) welcher seinen Adler beschreitet und seine Donnerkeile schwingt. — Sagen Sie mir doch, was für Vortheile hat man, wenn man zu dieser fabelhaften Zunft von Leuten geführet wird? Was für einen edlen Begriff können sie erwecken, oder was für einen schätzbaren Eindruck in dem Gemüthe lassen? Das Beste, was wir von solchen Arbeiten sagen können, ist, daß sie mit großen Unkosten weggeworfene Malereyen und Bildsäulen sind.

Gleichwohl kann man diese Lappereyen noch ertragen. Allein, wenn die Malerey und Bildhauerkunst, anstatt daß sie die Tugend anbauen und unsere Sitten verbessern sollen, für das rechte Verderben von beyden müssen gehalten werden; — werden Sie das auch eine schöne Unterhaltung nennen? Nein; es ist ein Schaden; es ist eine Pest. — Ich gebe es zu, daß bey den Bildsäulen ein jedes Grübchen sinkt, und jede Muskel schwillt, so vollkommen, als es sich gehöret. Das Gesicht ist mit Leben beseelet, und die Glieder stehen da, als wenn sie sich bewegen wollten. — Ich sehe es wohl ein, das Gemälde ist eben so vollkommen, als das Bild. Die Austheilung des Lichts und Schattens ist höchst künstlich eingerichtet. Die Verminderungen bey dem Perspectiv auf das genaueste richtig. Nichts kann das leichte Fliegen des Rockes übertreffen, wofern es nicht die angenehme Stellung und der beynahe redende Blick der Hauptfigur ist. — Allein, ist diese meisterliche Ausarbeitung eine Vergeltung für die bösen Wirkungen, für

die

die Befleckung der Reinigkeit meiner Einbildungskraft, und für die Vergiftung der Kräfte meiner Seele?

Ist es eine Anzeige von des Eigenthümers scharfsinnigem Geschmacke, daß er regelmäßige Züge an einem ausgehauenen Klotze den ordentlichen und harmonischen Neigungen in seiner eigenen Brust vorzieht? Verräth es eine feine Gemüthsart, oder ein wohlwollendes Herz, wenn man in die Striche eines geilen Pinsels so übermäßig verliebt ist, daß man solche Gemälde an Orte setzet, die am meisten besuchet werden, und sie einem jeden unvorsichtigen Gaste aufbringt? — Gewiß, dieses kann eben keine vortheilhafte Meynung von eines Herrn Verstande und Klugheit erzeugen. Noch vielweniger kann es einen liebenswürdigen Begriff von seinem moralischen Charakter erwecken b). Bey solchen Gelegenheiten habe ich eine große Versuchung zu argwohnen: daß die wirkliche Ehre daselbst ein Fremdling ist, wo der gemeine Wohlstand fehlet c).

Was

b) Es ist zu bedauern, daß der Rath des großen Meisters eines zierlichen Geschmackes und feiner Sitten, Cicero, nicht als eine Richtschnur von allen Kennern der schönen Künste angenommen wird. In primis provideat, ne ornamenta aedium atque hortorum vitium aliquod indicent inesse moribus.   cic. de offic.

c) Ein Herr, welcher auf dem Rittersitze einer Standesperson einige grobe Unanständigkeiten von dieser Art antraf: sagete sehr spitzig, und ich glaube auch, mit nur gar zu gutem Rechte;

Die Malereyen sind der Galgen seines Namens.

[Was den Künstler betrifft:] so kann es einer schwerlich unterlassen, seine verhaßte Thorheit zu verfluchen, welche solche schöne Gaben bey solchen schändlichen Absichten verunehret. — Verfluchet sey der Meißel, der wiewohl mit einer unnachahmlichen Geschicklichkeit den kalten harten Marmor lehret unzüchtige Neigungen zu entzünden! — Verabscheuet sey der Pinsel, welcher sich der liebenswürdigsten Farben nicht anders bedienet, als die Leinwand zu besudeln, und den Anschauer zu verstricken!

Ich weiß, man behauptet, daß viele von diesen Stücken die vollkommensten Muster sind, die man nur hat. — Dieses gereichet der Kunst zu einem ewigen Vorwurfe, nicht aber den Arbeiten zum Schutze, weil, je feiner sie ausgearbeitet sind, desto schädlicher ihr Einfluß ist d). Sie rühren desto sicherer,
und

---

d) Ich hoffe, es werde nicht undienlich seyn, doch wünsche ich, daß es gänzlich unnöthig seyn möchte, etwas wider eine Gewohnheit anzumerken, welche nicht allein unserm christlichen Glauben zum Vorwurfe gereichet, sondern auch unsern Nationalwohlstand verhöhnet. Es ist die Gewohnheit, solche schandbare Kupferstiche, welche allein geschickt sind, geile Begierden zu erwecken, und die liederlichsten Gemüthsneigungen zu hegen, dem öffentlichen Anschauen darzustellen, und zum öffentlichen Verkaufe anzubiethen.

Solche Anblicke sind eine Art vom stärksten Gifte. Und kann das Gift nicht so schädlich seyn, weil es anstatt durch die Lippen zu gehen, durch die Augen eingenommen wird; weil es unmittelbarer Weise abzielet, die Sittenlehre zu verderben, und nur von ferne die Leibesbeschaffenheit zu Grunde richtet? — Kein Wunder, daß so viele von unsern jungen Leuten verderbt

und stürzen desto tiefer. Sie kleiden den Untergang munter, und bähnen den Weg zum Verderben mit Schönheit.

Ich suche meine vornehmste Ehre darinnen, Aspasio, daß alle meine Auszierungen in solchen Umständen sind, daß derjenige, der sie beschauet, ein schä-

derbt sind, und so manche Räubereyen begangen werden; weil man leidet, daß solche Scenen von gemalter Unzucht sie mit Lüsten entzünden und zur Unverschämtheit gewöhnen.

Es hat sich eine andere unanständige Gewohnheit unverantwortlicher Weise in verschiedene Arbeiten der Kunst und Zierlichkeit eingeschlichen; ich meyne die Gewohnheit, die Musen, die Gratien und andere romanhafte Personen in der Gestalt schöner Frauenzimmer vorzustellen, die zum Theile, wo nicht ganz nakend sind. — Es ist wahr, hier sind keine lüderlichen Vorfälle, keine unehrbaren Geberden; ja noch mehr, der Künstler zeiget seine eigene Ehrbarkeit dadurch, und ziebt unsere dabey in Erwägung, daß er uns mit einer Stellung von der Seite, mit der Darzwischenkunst eines Blattes oder des Zipfels eines Rockes beschenket. — Ich muß aber den scharfsinnigen Künstler fragen: ob er wohl seine Frau, oder seine Tochter auf eine solche Art in öffentliche Gesellschaft führen wollte? — Stutzet er bey der Frage? Ist ihm der Gedanke anstößig: so mag er erwägen; so mögen andere bedenken, ob das in einem Gemälde angenehm oder erlaubt seyn kann, was im gemeinen Leben viehisch und unleidlich seyn würde.

Sokrates, welcher vorher, ehe er sich auf die Weltweisheit legte, die Bildhauerkunst trieb, mußte sich nothwendig über diesen Mißbrauch seiner Kunst schämen; und da er die Gratien vorstellen sollte: so stellete er sie gehörig gekleidet vor.

Das VI Gespräch.

baare Sittenlehre daraus lernen, oder sich einiger wichtigen Begebenheiten in der Geschichte erinnern, und selbst in den Augenblicken seines Zeitvertreibes etwas finden kann, was seine Tugend befestiget, oder ihre Kenntniß erweitert.

Ich unterhalte oftmals meinen ältesten Sohn, welcher die griechischen und lateinischen Schriftsteller liest, mit einer Erklärung meiner vornehmsten Gemälde, damit er dasjenige in Farben sehen möge, was er in der Erzählung gelesen hat. — In diesem Augenblicke erschien der junge Mensch und bezeugete dem Aspasio seine Ehrerbiethung, seinen Vater aber begrüßete er mit kindlicher Schuldigkeit. — Es fällt mir eben ein, sagete Theron, daß ich mich wegen einiger Sachen im Hause einige Augenblicke hinwegbegeben muß. Wollen Sie meine Abwesenheit entschuldigen, mein lieber Aspasio, und meinem Sohne erlauben, meine Stelle zu versehen?

Sie werden mich sehr verbinden, daß Sie mir einen solchen Gesellschafter lassen, antwortete Aspasio. — Kommen Sie, mein lieber Junker, indem er sich zum Eugenio wandte; ich weiß, Sie sind ein Liebhaber der Gelehrsamkeit; was meynen Sie, wenn wir uns mit diesen angenehmen Büchern die Zeit vertreiben, welche uns ihren lehrreichen Unterricht nicht in schweren Sprachen, sondern in angenehmen Farben vortragen. — Eugenio gab durch eine anständige Erröthung, seinen Beyfall, und drückete seine Sittsamkeit aus; indem Aspasio fortfuhr. —

Aspasio. Das ist in der That ein rührendes Bildniß! Hügel sind auf Hügel gethürmet von einem erstaunlichen Anblicke. Was für eine erschreckliche

liche Pracht herrschet mitten unter diesen wilden und rauhen Felsen! Die Natur scheint solche zu Gränzen der Welt bestimmet zu haben. Jedoch diese kühnen Truppen versuchen, über diese ungeheuren Schranken zu gehen. Wer sind sie Eugenio, und wie heißt ihr Führer?

Eugenio. Dieß ist der berühmte Hannibal, welcher sein Heer über die Alpen führet, und ihm bey dessen Uebergange Muth einspricht. Die Söhne von Africa scheinen vor Kälte zu schaudern, indem sie über diese frostigen Gegenden gehen, und unter den Wolken marschiren.

Aspasio. Ganz recht. Einige, wie Sie sehen, klettern mit ungemeiner Arbeit die steilen und felsichten Klippen hinan, andere steigen mit noch grösserer Schwierigkeit durch die erschrecklichen Abschüsse von Eise hinunter; und sind die ganze Zeit über den Pfeilen der Gebirger bloß gestellet. — Einige, die sich bemühen, dem Pfeilhagel zu entgehen, glitschen mit ihren Füßen aus, und stürzen über Hals und Kopf die vorhängenden Gebirge hinunter. Sehen Sie, von was für einer Höhe sie fallen! die Wagen und ihre Fuhrleute, das Pferd und sein Reuter! Und wie weit noch von dem steinichten Abgrunde unten entfernet! Einige liegen mit geschlossenen Augenliedern und gräßlichen Gesichtszügen auf dem Boden selbst zu Tode zerschmettert. Andere, die sich mit der Marter zerschellter Glieder und zerbrochener Beine krümmen, heben einen sterbenden Blick gegen ihre Spießgesellen auf. — Ihre Spießgesellen, die bey ihrer Brüder Elende unempfindlich und auf ihre eigene Erhaltung gänzlich bedacht sind, hängen voller

Furcht

Das VI Gespräch.

furcht auf den Ecken des Absturzes. Der Absturz scheint zu wanken, wenn sie sich anhängen, und der beunruhigte Zuschauer erwartet alle Augenblicke eine gräuliche Herabstürzung. — Erstarren Sie nicht bey dem Anblicke, Eugenio, und sind Sie nicht wegen der kühnen Wagehälse bekümmert?

Eugenio. Allerdings; und ich wundere mich, wie sie sich aus diesen gefährlichen Umständen herauswickeln werden. Ich habe im Livius gelesen, daß sie ihren Weg durch die Felsen gehauen, nachdem sie solche mit Essig erweichet. Allein, ist das wahrscheinlich? Wie haben sie mitten unter diesen einsamen Bergen Essig genug dazu bekommen können?

Aspasio. Ich glaube ihre Entschließung und ihre Beharrlichkeit sind der Essig gewesen. Diese öffnen einen Weg durch die Felsen. Diese übersteigen unter der Anführung der Klugheit und der Gunst des Himmels e) alle Hindernisse. Die Ueberlebenden

---

e) Unter der Gunst des Himmels. — Ich kann mich nicht enthalten, zu wünschen, daß der Herr, welcher des Lord Ansons Reise um die Welt beschrieben, des Aspasio Anmerkung schon gemacht hätte; daß er auch einige dankbare Erkenntlichkeiten gegen eine sich mit einmischende Vorsehung bey der männlichen, körnichten und edlen Erzählung angebracht hätte; — bey einer Erzählung solcher ausnehmenden Befreyungen, die in der größten Noth noch zu so gelegener Zeit geschehen, und mit so erstaunlichen Umständen begleitet worden, daß dergleichen kaum bey einem andern Unternehmen vorkommen.

Ich bin überzeuget, es würde keine Verkleinerung des großen Befehlshabers und seiner tapfern Officier gewesen seyn, wenn sie bey einigen ganz unerwarteten

jedoch

den werden dadurch getrieben, und rücken faͤchnuß fort. Sie sind entschlossen, die Schrecken der Natur, als ein Vorspiel ihres Sieges über die römische Macht zu überwinden. Diese werden auch verhoffentlich das jugendliche Studieren meines Eugenio begleiten, und ihn in den Stand setzen, die Schwierigkeiten zu überwinden, die ihm auf seinem Wege zur Gelehrsamkeit vorkommen.

Was steht auf unserm folgenden Gemälde? An jedem Ende sehen wir einen Haufen lebender Figuren. Der ganze mittlere Raum ist ein weiter Strich Landes, welcher bloß mit reißenden Strömen, erschrecklichen Wüsteneyen und großen Reihen Berges abgesetzet ist, wo sich hier und da einige wenige wilde Landeseinwohner in unbekannter Kleidung und mit fürchterlichen Waffen zeigen. — Es sieht eher einer Landkarte, als einem Gemälde ähnlich, und die

jedoch höchst vortheilhaften Veränderungen der Sachen dankbarlichst erkannt hätten; dieß hat Gott gethan! — Es würde auch dem Verdienste der wackern Seeleute nichts entzogen, wenn sie bey manchen gefährlichen Umständen, woraus sie gekommen sind, bekannt hätten, daß alle ihre Herzhaftigkeit, alle ihre Kunst, und die Anwendung ihrer äußersten Geschicklichkeiten bloß verlorene Arbeiten gewesen seyn würden, wenn die göttliche Güte nicht besonders mitgewirket hätte. — Und ich befürchte, daß es das Vergnügen vieler Leser merklich mindern muß, wenn sie beobachten, daß des theuren Urhebers alles dieses Glückes nicht gedacht wird, daß man ihm nicht danket, und er keinen Antheil an dem Lobe und Preise hat.

Ich befürchte, die Spötterey über den Pabst Hadrian und seine Verrichtungen würde sich zu dieser Gelegenheit gut schicken: Hic Deus nihil fecit.

die merkwürdigste Schönheit ist die perspektivische Aussicht von der Luft; welche unsere Augen auf eine angenehme Art betrügt, und uns auf einer Elle Leinwand, den Raum von vielen hundert Meilen sehen läßt.

Eugenio. Dieses stellet den Rückzug der zehntausend Griechen vor. Zuerst sehen wir sie auf den Ebenen von Meden, in einer unermeßlichen Entfernung von ihrem Vaterlande, ohne Führer, ohne Lebensmittel, und was das verzweifelste Elend unter allen ist, ihrer geschicktesten Befehlshaber durch Verrätherey und Mord beraubet. — Sie können wohl mit Recht niedergeschlagen aussehen. Wie habe ich sie bedauret, als ich ihre Geschichte las! die Treulosigkeit ihrer Feinde verabscheuet, und ihnen allen glücklichen Erfolg, bey ihrem gefährlichen Unternehmen gewünschet!

Aspasio. Nehmen Sie nicht wahr, wie ihr gesunkener Muth anfängt, wieder aufzuleben, und sich ein Strahl der Hoffnung auf ihren Gesichtern ausbreitet, da sie dem beredten Xenophon zuhören, welcher da sichtbar in der Mitte steht, zu seinen Soldaten redet und ihren Muth erwecket. Aber, ach! durch was für eine große Strecke von unbekannten Gegenden müssen sie ziehen, da ihnen stets ein zahlreiches und sieghaftes Heer in die Seite fällt, oder auf den Hacken liegt! Was für Beschwerlichkeiten müssen sie ausstehen, was für Ungemach müssen sie erdulden, ehe sie zu ihrer erwünschten Heimath gelangen! — Heimath! Von diesem bezaubernden Namen angefeuret, und von ihrem tapfern philosophischen Anführer beseelet, entschließen sie sich, ihren Weg dahin

Das VI Gespräch.

hin durch alle die äußersten Gefährlichkeiten und Beschwernisse zu nehmen. Mit ihrer kleinen Schaar die sie umgebenden Millionen von Barbaren zu zerstreuen, ist die kleinste von ihren Heldenthaten. Sie gehen über Flüsse, sie ersteigen Felsen, deren schlüpfrige Seiten und rauhe Höhen mit feindlichen Nationen besetzet sind. Sie waden durch Wüsten von Schnee; und gehen über unwirthbare Berge, die noch weit erschrecklichern Wohnungen der Verheerung, des Hungers und Durstes. Sie kämpfen mit der Schärfe der nordlichen Stürme und aller Strenge der rauhesten Jahreszeiten. — Weil einige von diesen Dingen durch den Pinsel nicht können ausgedrücket werden: so verweist uns der Künstler zu dem Geschichtschreiber; und ist damit zufrieden gewesen, daß er nur die ausnehmendsten Auftritte dieser merkwürdigen Heerfahrt bemerket hat. Wir sehen nur die herzhaften Wanderer noch einmal wieder auf einer ziemlich großen Höhe. Daselbst erscheinen sie nicht mehr mit ihrem ersten niedergeschlagenen Wesen, sondern in allen Entzückungen der Freude.

Eugenio. Das ist der Berg Tecqua, von da sie den ersten Anblick von der See, und die erste Dämmerung einer Sicherheit hatten. Daselbst umarmeten sie einander, und erhoben ihre Befehlshaber, vornehmlich den edlen Xenophon. Seine Geschichte machet mir ein großes Vergnügen, und sein männliches, jedoch gütiges Ansehen zieht meine Hochachtung überaus stark an sich. Unter einem solchen Feldherrn, dünkt mich, würde ich willig gewesen ton seyn, an aller Mühseligkeit und an aller Gefährlichkeit des Heereszuges Antheil zu nehmen.

Aspasio. Wollte mein Eugenio das thun? So will ich ihn denn unter einem Hauptmanne einschreiben lassen, der unaussprechlich weit vollkommener und gütiger ist. So jung als Sie sind, so sollen Sie doch von dieser Stunde an, ein Streiter und ein Wanderer werden. Ein Streiter, um wider die Sünde und alle Versuchung zu fechten. Ein Wanderer, um durch die Wildniß dieser Welt, zu dem Lande der ewigen Ruhe zu gehen. —— Obgleich Ihre Feinde zahlreich seyn mögen, und Ihre Reise langwierig: so werden Sie doch nicht müde, noch lassen Sie das Herz sinken. Der Herr des Himmels ist Ihr Führer; und der Himmel selbst wird Ihr überaus großer Lohn seyn. Wenn Sie zu diesen glücklichen Wohnungen gelangen: so wird Ihr Vergnügen alles dasjenige unendlich übertreffen, was die Griechen auf dem Tecqua fühleten, als ihre erfreuten Augen das Meer sahen, und ihre Zungen voller Entzückung ausriefen: das Meer! das Meer!

Ich wollte mir wohl getrauen zu behaupten, daß der Schauplatz von jenem Gemälde da, unter den alten Jüden liegt.

Eugenio. Woraus können Sie das in solcher Entfernung schließen?

Aspasio. Aus den Fransen an ihren Kleidern. —— Der allmächtige Gott befiehlt allen Jüden dieses Besondere bey ihren Kleidern zu beobachten f); damit selbst ihre Kleidung, wenn sie von der Tracht ihrer heidnischen Nachbarn unterschieden wäre, sie ermahnen möchte, sich ihrem Götzendienste, und ihren frechen Sitten nicht gleich zu stellen. — Diesem sowohl, als einem jeden andern göttlichen Gebote hat unser Herr Jesus Christus genau gehorchet. Daher erzählet uns der evangelische Geschichtschreiber, daß die kranke Frau, welche seines Kleides Saum angerühret, wieder gesund geworden. In unserer Uebersetzung steht das Wort Saum. Wenn Sie aber, wie ich hoffe, daß Sie oftmals thun werden, das vortrefflichste unter allen Büchern, das griechische Testament zu Rathe ziehen: so werden Sie finden, daß das Wort im Grundtexte eigentlich durch

―――――

f) Man muß sich wundern, wie die Juden so hartnäckig ihrem Gesetze anhängen, und doch so offenbarlich dessen Gebote verabsäumen können. Wo sind die Söhne Abrahams, welche dieses ausdrückliche Gebot des Jehovah beobachten. Obgleich diesem in der That könnte gehorchet werden: so sind dennoch viele von den mosaischen Satzungen durch die Vorsehung selbst, so eingerichtet worden, daß sie sich durchaus nicht mehr thun lassen. Ist nicht dieses daher ein höchstunstreitiger Beweis, — ein Beweis, der nicht durch sophistische Künste erfunden, sondern durch den Finger des Allmächtigen selbst geschrieben worden, daß die Verordnungen des Gesetzes abgeschaffet sind, um einer bessern Verfügung Raum zu geben? Wenn die Zugänge ungangbar geworden, das Haus nicht mehr zusammenhält, und die vornehmsten Zimmer so verfallen sind, daß sie sich nicht mehr ausbessern lassen: ist das nicht die dringendste Ermahnung für die Einwohner, daß sie eine neue und bequemere Wohnung beziehen? Man sehe 4 B. Mos. XV, 38.

durch Franse g) könnte gegeben werden. — Doch lassen Sie uns gleichwohl von der Kleidung zur Vorstellung schreiten.

Eugenio. Hier sehen wir Daviden in einer von den am meisten drohenden Nöthen seines ganzen Lebens. Saul, welcher mehr einem Bluthunde als einem Könige glich, verfolget den besten Sohn und den schätzbarsten Unterthan. Er hat die Flügel seines weit überlegenen Heeres ausgebreitet, um den beleidigten Held und seine Hand voll Leute bey ihm zu umringen h).

Aspasio,

g) Matth. IX, 20. Κρασπεδον.

h) Auf diese oder eine solche Begebenheit kann eine Stelle in den Psalmen angewandt werden, die in der engländischen Uebersetzung sehr dunkel ist; kaum einen Verstand hat; oder wenn sie ja einen hat, so läßt sich solcher doch nicht rechtfertigen. Warum sollte ich mich in diesen Tagen fürchten, wenn mich die Bosheit meiner Fersen rund umber umgiebt? Ps. XLIX, 1. — Warum? Die Ursache ist ganz offenbar Wenn Bosheit unsern Fersen anklebt, oder unsern Gang begleitet: so entsteht ein Heer von Schrecken. Es zieht das Schwerdt der göttlichen Rache, und richtet alle Drohungen in dem Buche Gottes wider unsere strafbaren Häupter.

Gewiß, es sollte also den Worten eine andere Uebersetzung und dem Verstande ein anderer Schwung gegeben werden. Und die Worte werden eine andere Uebersetzung leiden; die Verbindung fordert einen andern Verstand. Warum sollte ich mich fürchten, wenn Bosheit mich auf meine Fersen umgiebt: Dieses ist eine schöne muthige Frage. Sie enthält eine große und edle Wahrheit. Dadurch erscheint d Vers nicht allein mit Schönheit, sondern auch in e nem gehörigen Verstande. — Wenn Bosheit, ode
die

Das VI Gespräch.

Aspasio. Dieß ist das beseelteste, und mich dünkt, auch das schönste Meisterstück, das uns bisher vorgekommen ist. — Bestürzung und Zweifel bewegen ihre Blicke. Sollen sie sich der Wuth eines Tyrannen, als so viele zahme Schlachtopfer ergeben? Oder sollen sie sich durch die Herzen ihrer Landesleute, Freunde und Brüder, einen Weg zur Sicherheit hauen? Schreckliche Wahl unter beyden! — Unterdessen, daß sie mit sich streiten, bringen die Verfolger dicht auf sie. Noch wenige, wenige Minuten müssen ihr Schicksal entscheiden. Aber, wer ist die Person, die in diesen critischen Umständen gerade dazwischen kömmt?

Eugenio. Es ist ein Bothe von den vornehmsten Einwohnern in Judäa. Er kömmt ganz athemlos und zitternd. Erstaunen ist in seinem Gesichte, und Staub auf seinem Kopfe. Eile! rufet er: eile und komm: denn die Philister sind ins Land gefallen i).

Aspasio. die boshaften Angriffe gottloser Menschen — mich umgiebt, mich umringen, mir auf allen Seiten drohen — ja, wenn sie mir recht auf meine Fersen, auf die Hacken sind, eben im Begriffe stehen, mich zu ergreifen, zu überwältigen und zu zertreten, so, daß die Gefahr sowohl unvermeidlich als nahe zu seyn scheint. — Jedoch, warum sollte ich auch alsdenn, da ich Gottes allmächtige Gewalt und unverbrüchliche Treue zu meiner Beschützung habe, beunruhiget seyn? Beunruhiget! Nein, ich vertraue auf einen solchen Schutz, ich will meinen Feinden Trotz biethen, und meine Furcht fahren lassen.

i) Diese Begebenheit wird 1 Sam. XXIII, 25. u. f. V. erzählet, und ist eins von den außerordentlichsten

Das VI Gespräch.

Aspasio. Sehen Sie, was für Verdruß, bey Erhaltung dieser Zeitung in dem Gesichte des Monarchen, dem seine Absicht fehlgeschlagen, roth aufsteigt! Was für Zorn in seinen Augen blitzet! Zugleich was für blasse Betrachtungen über die Gefahr seines Landes, vermischen sich mit den hitzigen Leidenschaften, und verlöschen beynahe die Flamme, die auf seinen Wangen brennet! Soll der Geyer seinen Raub verlassen, wenn er ihn flatternd unter seinen Klauen hat? Vergällter Gedanke! Allein, sein Königreich steht auf dem Spiele. Wenn er nicht sogleich anrücket, den Feind abzutreiben: so ist alles, alles verloren. Da er also voller Unwillen brennet, jedoch auch vor Furcht erstarret ist: so eilet er hurtig, wiewohl mit Widerwillen, hinweg k). — Werden Sie nicht, Eugenio, von dieser Beschreibung der unruhigen und widerwärtigen Leidenschaften gereizet, welche die schönste Materie zu historischen Gemälden geben, und in diesem Stücke so glücklich ausgedrücket sind?

Eugenio. In der That, ich werde vielmehr beleidiget, als gereizet. Selbst die Blicke dieses neugierigen Monarchen erfüllen mich mit Schrecken. Was muß er in seinem Gemüthe ausstehen, welches solchen Grimm und solche Angst in seinen Gesichtszü-

Beyspielen einer göttlichen Dazwischenkunft, wenn die Noth am größten gewesen, welches nur irgend ein Geschichtschreiber aufgezeichnet hat.

k) — Επων αικοντιγε θυμω.
So drücket Homer die Widerwärtigkeit der Leidenschaften aus, die vielmals zu gleicher Zeit in einerley Brust wirken.

gen entdecket. Ich wollte um aller seiner königlichen Gewalt willen seine grimmige Gemüthsart nicht haben.

Aspasio. Sie müssen sich also bemühen, mein lieber Eugenio, alle Bewegungen des Neides und Uebelwollens zu unterdrücken. Sie müssen einen aufrichtigen guten Willen gegen alle Menschen hegen, und sich über ihre Vortrefflichkeiten und ihre Glückseligkeit sowohl, als über ihre eigene erfreuen. Neid ist der Wurm, der sein elendes Herz benaget; Neid ist die Furie, die es beunruhiget. Und ein Schriftsteller, mit dem Sie schon lange bekannt seyn werden, hat uns versichert:

> Inuidia Siculi non inuenere Tyranni
> Tormentum majus.   HOR.

Das folgende ist ein Nachtstück. Die Sterne stehen am Himmel, und der Neumond steht am Rande der Halbkugel, welcher gerade Licht genug giebt, die Gegenstände zu unterscheiden. — Dieses ist ein vollkommenes Gegenbild von dem vorigen. Wir sehen da keinen Kampf wider einander streitender Leidenschaften. Die vornehmste Person scheint ruhig und gelassen zu seyn, wie die Nacht, welche sie umgiebt. Sie steht an dem Ufer eines Flusses, in Gedanken vertiefet, als ob sie einen Anschlag überlegete oder vorhätte.

Eugenio. Das ist Cyrus der Große. Er steht am Ufer des Euphrates, nicht weit von Babylon. Er weist mit seinem Zepter und giebt seinem Heere Anweisung. Sie haben Befehl, durch den Graben

Das VI Gespräch.

Graben des Flusses zu gehen, welcher vom Wasser geleeret ist, um die Stadt zu überrumpeln.

Aspasio. Dieß ist ein Fürst von sehr erhabener Würde; das geehrte Werkzeug, die Rathschläge des Jehovah auszuführen. Er wurde von dem Propheten Jesaia vorher prophezeyet, und so gar über mehr als zweyhundert Jahre vor seiner Geburt mit Namen genennet 1). Wir wollen ihm Glück wünschen. Denn er will den Stolz von Babylon demüthigen, und Israel aus seiner Gefangenschaft erlösen. — Sehen Sie, mit was für ordentlichen Bewegungen und mit was für ruhiger Hurtigkeit seine Truppen anrücken. Das Stillschweigen scheint sie zu begleiten, indem sie unter der Bedeckung der Schatten, und mit der Vorsehung an ihrer Spitze, einen Weg marschiren, der vorher noch niemals von dem Fuße eines Menschen betreten worden. — Die Soldaten von der Besatzung haben ihren Posten auf dem Walle verlassen, um sich zu dem ungebundenen Wohlleben dieser unglücklichen Nacht zugesellen. Die Einwohner sind, wie viele unachtsame Sünder, selbst am Rande des Untergangs, in Sicherheit gewiegt.

Eugenio. Warum sind diese ehernen Thore, welche zu dem Flusse führen, in einen solchen ausnehmenden Gesichtspunct gestellet? Sie rühren meine Augen mehr, dünkt mich, als alle die Denkmaale der Kunst und Größe, welche diese hoffärtige Stadt schmücken. — Und ich muß weiter fragen, ob der Maler nicht wider die Wahrscheinlichkeit verstoßen, daß er sie weit offen stehen lassen? Ich würde erwartet

---

1) Jes. XLIV, 28.

wartet haben, sie bey der Annäherung eines so furchtbaren Feindes mit aller möglichen Sicherheit geschlossen zu finden.

Aspasio. In diesem Umstande hat der Maler seine Urtheilungskraft gezeiget, und seine Gottesfurcht nicht vergessen. Gott hatte diese hochmüthige und unterdrückende Stadt zur Verheerung gewiedmet. Und aus diesem Umstande werden Sie wahrnehmen, wie wundersam er alle Begebenheiten, zur Erfüllung seiner heiligen Absichten, regieret. Wären diese schweren Thore geschlossen gewesen m): so

würde

m) Man sehe diesen wichtigen, wiewohl dem Scheine nach nicht beträchtlichen Umstand von dem Herrn Rollin in dem II Bande seiner alten Geschichte vortrefflich erläutert, und mit einer merkwürdigen Prophezeyung bey dem Jesaia verglichen. — Rollins Geschichte ist ein Werk, worinnen die angenehmsten und lehrreichsten Begebenheiten des Alterthumes ordentlich zusammengebracht, zierlich erzählet, und von denen kleinern Zufällen entblößet sind, welche machen, daß sich die Geschichte langsam beweget, und die Aufmerksamkeit ermüden können. — Es sind kurze aber scharfsinnige Anmerkungen mit eingestreuet, welche junge Gemüther lehren können, ein richtiges Urtheil von Dingen zu fällen, und sich nicht durch die Wahrscheinlichkeit pöbelhafter Begriffe, oder die Parteylichkeit der von Vorurtheilen eingenommenen Geschichtschreiber verführen zu lassen. — Es werden viele ausnehmende Weißagungen der heiligen Schrift erkläret, und durch damit übereinstimmende Thaten aus den bewährtesten Nachrichten der classischen Schriftsteller bestätiget. Es gebt in der That eine beständige Absicht auf die Erläuterung und Ehre der heiligen Aussprüche durch das ganze Werk und veredelt es. — Wenn diese Art den Regeln der histori-

Das VI Gespräch. 283

würde die Stadt noch immer unüberwindlich geblieben, und das ganze Unternehmen fehlgeschlagen seyn. Allein, durch eine zufällige Vergeßlichkeit, die durch die Unordnung des schwelgerischen Festes verursachet worden, oder vielmehr durch eine sehr sonderbare Dazwischenkunft der göttlichen Rache werden sie aufgelassen und geben einen leichten Eingang zum Blutvergießen und Tödten, welches die unglücklichen Geschöpfe, die alle in Schlaf versenket, oder mit Weine überladen sind, überraschet, so, wie ein verborgener Fallstrick bey einem schrecklichen unerwarteten Augenblicke lospringt, und den unvorsichtigen Vogel unauflöslich verwickelt. — Sollte ich einen Sinnspruch über dieses Gemälbe schreiben: so würde ich des Apostels Ermahnung dazu wählen: Seyd nüchtern und wachet.

Wer storischen Schriften nicht genau gemäß ist: so ist sie eine Uebertretung, die sehr zu ihrem Vortheile gereichet. Man kann sagen, sie gleiche dem goldenen Zweige, welchen Virgil gepriesen, und sein Held abgebrochen hat. Der Wuchs desselben war wider die gewöhnlichen Gesetze des Wachsthumes, doch verminderte er den Werth des Baumes gar nicht.

Ob ich gleich das Ganze bewundere: so bin ich doch von dem Schlusse besonders eingenommen. Es ist, mich dünkt, besonders wichtig und unnachahmlich groß. Er hat eine Würde, eine Hoheit, eine Majestät, die dem Königreiche etwas gleich, welches er beschreibt, nichts gleiches hat, und nicht viel weniger, als erstaunlich ist.

Πυναμεν αργυρεον, χρυσην δ' επιθηκε κορωνην.

Wer ist, der mit seinen langen Haaren n), die ihm über die Schultern fliegen, der solche ansehnliche Person vorstellet, und solche Pracht in seinem Wesen und eine edle Einfalt in seiner schlechten Kleidung zeiget?

Eugenio. Das ist mein liebstes Stück. — Mein Vater zeiget mir zuweilen die Köpfe der Weltweisen: allein, es sindet sich so etwas widerwärtiges und strenges an dem Sokrates und Diogenes, daß ich sie niemals sehr bewundern kann. Dieser aber ist Scipio, der Donnerkeil des Krieges, wie ihn Virgil nennet. Hier ist etwas so liebreiches und gnädiges, wie auch großes und majestätisches, daß ich niemals müde werde, ihn anzusehen.

Aspasio. Er erscheint mit einem Frauenzimmer von ausnehmender Schönheit an seiner Hand.

Eugenio. Das ist die gefangene Prinzessinn, die in dem Kriege weggenommen, und besonders für den Feldherrn zur Beute ausgesetzet worden; die aber nunmehr ihrem versprochenen Gemahle wiedergegeben wird.

Aspasio.

---

n) Ich glaube, es war bey den Römern, vornehmlich ihren Kriegesleuten, nicht gewöhnlich, lange fliegende Haare zu tragen. Dieses könnte daher eine Verstossung wider dasjenige seyn, was die Italiäner il Costume nennen, wenn der Maler nicht durch des Livius Zeugniß unterstützet würde, welcher uns bey seiner beschreibenden Abbildung vom Scipio folgende Striche von ihm giebt: Species corporis ampla ac magnifica. Praeterquam quod suapte Natura multa majestas inerat, adornabat promissa caesaries, habitusque corporis non cultus munditiis, sed virilis vere ac militaris. *Lib. XXVIII. c. 35.*

Das VI Gespräch.

Aspasio. Sie haben recht, Eugenio. — Er hat seine liebenswürdige Gefangene in Begleitung ihres Gemahls, und ihrer Verwandten, eben itzten in eine volle Versammlung von Römern und Celtiberiern, Siegern und Besiegten geführet. Seine bescheidenen Augen sind, wie Sie beobachten, eher von der schönen jungen Prinzessinn weggewandt, als auf sie gerichtet. — Können Sie sich nicht vorstellen, wie die Zuschauer bey Eröffnung dieses außerordentlichen Auftrittes müssen seyn gerühret worden? Ein jeder sieht den Held mit Bewunderung, die Prinzessinn mit Vergnügen an. Ein jeder Busem ist voller Erwartung oder in Kummer, wie die Sache ablaufen werde. Nach einem kurzen Stillschweigen wendet er sich zu dem Liebhaber mit diesen Worten ungefähr: — „Mir ist nicht unbekannt, was für „Antheil Sie an diesem schönen Frauenzimmer ha„ben. Das Kriegesglück hat sie gänzlich in meine „Gewalt gegeben. Die Umstände meiner Jugend „könnten mich gegen eine so einnehmende Person nicht „unempfindlich machen. Bey uns Römern aber „haben Ehre und Großmuth einen stärkern Einfluß, „als ein überhingehendes Vergnügen. Nehmen Sie „Ihre Braut hin; seyn Sie glücklich mit einander; „und wenn Sie dieses Geschenk ansehen, so bewun„dern Sie die Römer, seyn Sie ein Freund von „Rom.„ — Hiermit übergab er sie dem verliebten Prinzen, wie Sie sehen, daß die Handlung hier vorgestellet wird.

Sehen Sie, wie die Menge von Leuten, welche nahe und dicke herumstehen, von dieser Gutthat gerühret werden! — Bey den Celtiberiern sehen wir
eine

eine Vermischung von Verehrung und Erstaunen. Ihre Blicke sind voller Bedeutung. Mich dünkt sie wollen ausrufen: vortrefflicher Mann! — In den Römern erkennen wir das Bewußtseyn ihrer Hoheit und die Freude ihrer Seele. Triumph ist in ihren Gesichtszügen, als ob sie sagen wollten: dieser bewundernswürdige Mann ist unser! — An der Prinzessinn bewundern wir die vollkommene und bescheidene Schöne, welche alle Würde ihrer Geburt mit aller Zärtlichkeit ihres Geschlechtes verbindet. Was für sanfte Verwirrung und was für zarte Freude erscheint in ihrem Gesichte! Sie verliert sich ganz in Verwunderung, und weiß nicht was sie sagen soll. Sie drücket die Erkenntlichkeit ihres Herzens durch die stillschweigende Beredtsamkeit einer Zähre aus, welche von ihren glühenden Backen herabschleicht, die gütige Hand zu benässen, welche ihre Unschuld beschützet hat, und sie ihrem Gemahle überliefert. — Ihr Gemahl ist in einem sichtbaren und angenehmen Kampfe von Liebe und Dankbarkeit. Er ist in seine reizende Prinzessinn sterblich verliebt, und bethet seinen großmüthigen Wohlthäter beynahe an. Wir können schwerlich sagen, ob er die erstere in seine Arme schließen, oder sich den letztern zun Füßen werfen will. — Die bejahrten Verwandten drücken ihre Entzückung auf verschiedene Art aus. Ihre Kniee sind zur Erde gebeuget: ihre Augen gen Himmel erhoben; sie erbitten für ihren edlen Schutzherrn allen Segen, den die Götter nur schenken können. — Scipio selbst zeiget alle Großmuth des Siegers mit der Gelassenheit des Weltweisen gemäßiget, und durch die Freundlichkeit des Freundes versüßet. Er ertheilet

der Glückseligkeit, genießt aber selbst noch einer größern. Seine Augen funkeln von einem erhabenen Vergnügen, und er scheint den Beyfall im Voraus zu empfinden, welchen diese wahrhaftig heldenmäßige That in allen Ländern und zu allen Zeiten erhalten wird.

Eugenio. Ist dieses nicht ein größerer Sieg, als alle, die er auf dem Schlachtfelde erfochten hat. Und ein edler Triumph, als irgend einer, der ihm von dem frohlockenden Senate konnte bestimmet werden? liebenswürdiger Scipio! Könnte ich ein Römer seyn: so wollte ich kein anderer, als Scipio seyn.

Aspasio. Ich wünsche Ihnen, mein lieber Junker, des Scipio Gemüthsart und Großmuth: aber aus einem bessern Bewegungsgrunde, als seiner gewesen. Denn ich befürchte, er sey von dem Geiste des Ehrgeizes gar zu sehr getrieben worden, welchen Sie vielmehr zu unterdrücken, als zu hegen sich bemühen müssen. — Dieser Geist des Ehrgeizes, welcher nach Vorzuge ringt, und nach Beyfalle trachtet, ist dem Geiste des Evangelii schnurgerade entgegen o). — Er ist eine Lehre, die man unfehlbar verlernen muß, wenn wir jemals Besitzer des Glaubens werden, oder an Christo Theil nehmen p). — Er ist eine bittere Wurzel, die natürlicher Weise Neid hervorbringt q); die verhaßteste und wie Sie eben itzt selbst gesehen haben, die sich am meisten selbst marternde Gemüthsart. — Er ist eine Fertigkeit

o) Gal. V, 26. p) Joh. V, 44.
q) Gal. V, 26.

tigkeit der Seele, welche die Menschen gemeiniglich zu Mordbrennern in der Kirche und zu Stöhrern ihrer Ruhe machet r). — Er ist daher mehr einem vergifteten Tranke gleich, welcher berauschet, als einer aufrichtigen Herzstärkung, welche beseelet.

Eugenio. Durch was für einen Bewegungsgrund wollten Sie mich denn aufmuntern, der Gelehrsamkeit fleißig nachzustreben, und eine jede Tugend anzubauen?

Aspasio. Nicht, damit Sie die armselige, verächtliche, vergängliche Ehre erhalten möchten, welche von den Menschen kömmt, sondern damit Sie Gott, Ihrem allmächtigen Schöpfer, gefallen, — damit Sie Christum, Ihren unendlich gütigen Erlöser verherrlichen — damit Sie selbst zu demjenigen gelangen mögen, was die wahre Würde und einzige Glückseligkeit Ihrer Natur ist; und damit Sie zu dem Besten Ihrer Nebengeschöpfe dienlich seyn mögen — selbst zu ihrer gegenwärtigen Heiligkeit und ihrer ewigen Glückseligkeit.

Dieß sind die großen und beliebten Aufmunterungen, die unsere heilige Religion vorträgt. Diese werden, ich bin so kühn, es zu behaupten, mit einer lieblichern und weit unumschränktern Kraft wirken, als alle die scheinbaren Anreizungen, welche der Ehrgeiz nur ersinnen kann. Und was wichtiger ist, als alle andere Betrachtungen: so werden diese viel eher oder viel gewisser den göttlichen Segen erlangen.

Sie haben mir gesaget, Sie würden niemals müde, den Scipio zu betrachten. Ich verspreche mir

---

r) 3 Joh. 9. 10.

wir daher, daß Sie auch nicht ermüdet oder misvergnügt seyn werden, ob ich gleich ihre Aufmerksamkeit so lange bey diesem Gemälde aufgehalten habe. — Haben wir aber keinen britannischen Held, den man diesen drey berühmten Leuten aus Rom, Persien und Judäa beyfügen könnte?

Eugenio. Das gleich folgende Stück, das wir antreffen, ist einer von unsern engländischen Königen: ich kann aber nicht sagen, daß ich mich seines Namens oder seiner Geschichte erinnere.

Aspasio. Wie, mein werther Junker! Sie lesen die Jahrbücher anderer Völker, und machen sich nicht mit den Angelegenheiten ihres eigenen Vaterlandes bekannt? — Wenn ich in Ihrer Stelle wäre: so wollte ich mir die classischen Schriftsteller zum Studieren und einige schäzbare englische Geschichtschreiber zum Zeitvertreibe wählen. Ein solcher Zeitvertreib würde den Erzählungen oder Romanen unendlich vorzuziehen seyn, und nicht allein Ihre Aufmerksamkeit erquicken, sondern auch Ihre Seele bereichern.

Eugenio. Ich danke Ihnen für Ihre Ermahnung. Und wenn es Ihnen beliebt, so will ich izt das Studium anfangen, welches Sie mir anpreisen. Ihre Erklärung dieser Gemälde sollen die Anfangsgründe meiner Kenntniß seyn. Und ich werde es für ein Glück halten, meinen ersten Unterricht von einem so geschickten Lehrmeister zu bekommen.

Aspasio. Es ist Ehre genug für mich, Eugenio, daß ich Ihnen einen Wink dazu gegeben habe. Ich weise Ihnen nur die Jagd an, oder treibe den Flug auf. Ein weit erfahrenerer Meister wird

Sie schon lehren, wie Sie sich daſſelbe zu eigen machen können. Jedoch obgleich andere Sie mit größerer Geſchicklichkeit anführen können: ſo wird ſich doch keiner über Ihren glücklichen Fortgang aufrichtiger freuen, als ich.

Dieſes iſt unſer berühmte Heinrich der V, wie er nach dem Siege bey Agincourt erſcheint. Sie ſehen den tapfern Sieger in Stahl gekleidet, und friſch von dem Blutbade des ihn verſpottenden Feindes zurückgekommen. Er ſcheint eine heroiſche Hitze von ſich zu hauchen, welche durch eine lebhafte Andacht gemildert und erhaben wird. — Vor einer kleinen Weile trieb er das Treffen wie einen Wirbelwind auf die franzöſiſchen Legionen. Itzt beuget er ein demüthigbittendes Knie, und bringt dem Herrn der Heerſchaaren ein Lob- und Danklied. Es ſchwärmet keine ungeſtüme oder unordentliche Freude unter den Soldaten. Sie drücken den Triumph ihrer Herzen nicht durch unſinniges Jauchzen oder durch Freſſen und Saufen, ſondern durch Dankſagungen gegen Gott aus; in einer Stellung, welche des Pſalmiſten andächtige Erkenntlichkeit ausrufet: Nicht uns, o Herr, nicht uns, ſondern deinem Namen gebühret die Ehre.

Dieſer letzte Umſtand lehret meinen Eugenio, daß Bethen eine rühmliche Verrichtung iſt, — von Perſonen, welche die bewundernswürdigſten Gaben gehabt, zu allen Zeiten ausgeübet worden, — das ſicherſte Mittel iſt, einen glücklichen Erfolg zu erhalten, was für Geſchäffte wir auch nur unternehmen, und die Wohlfahrt zu genießen, in was für Umſtände wir auch nur geſetzet werden.

Das

Das nächste Stück ist von allen vorhergehenden unterschieden. In jenen sahen wir in der Ferne Kriegesheere mit fliegenden Fahnen, Kriegesschiffe vor Anker, Mauerbrecher und andere Werkzeuge des Todes. In diesem haben wir rund herum eine liebliche Landschaft, die den Frieden anzeiget, und mit Ueberflusse bereichert ist. Korn und Vieh ist in den Thälern, fruchtbare Weinberge sind auf den Hügeln, und schöne Gärten umringen die Häuser. — Wer ist aber die huldreiche und erlauchte Person, die auf einem stattlichen Throne von Gold und Elfenbeine sitzt?

Eugenio. Es ist Salomon, wie er der Königinn von Saba zum erstenmale Gehör giebt. Ein großer Zug von ihrem Gefolge drängt sich durch die Thüren des Pallastes. Einige führen fremde Thiere; andere tragen Gefäße und Kästchen; alle sind mit fremder Kleidung geschmücket. Die Israeliten gaffen ihre ausländischen Besucher, ihre köstlichen Geschenke und besondern Sitten an. Ihre Besucher sind eben so sehr über die Mauern, über die Thürme und vornehmlich über den Tempel zu Jerusalem erstaunet. Ich merke aber, daß Ihnen die ehrwürdige Person am meisten gefällt, die den Thron einnimmt.

Aspasio. Das thut sie auch in der That; und sie gefällt auch der Königinn eben so sehr. — Sie sehen in ihrer Kleidung, in ihrem Gefolge, in ihrem Betragen eine rauhe ungeschliffene Art von Hoheit. Beym Salomon aber ist alles so herrlich und zu gleicher Zeit so zierlich; es zeigt einen solchen feinen Geschmack und einen solchen prächtigen Geist, daß

T 2   die

die Königinn von Saba von Erstaunen überwältiget, und vor Vergnügen entzücket wird. Ihre Blicke drücken das emphatische Geständniß aus, welches von dem heiligen Geschichtschreiber aufgezeichnet ist: *Es ist wahr, was ich in meinem Lande von deinem Wesen und von deiner Weisheit gehöret habe; und ich habe es nicht glauben wollen, bis ich gekommen bin, und es mit meinen Augen gesehen habe. Und siehe, es ist mir nicht die Hälfte gesaget. Du hast mehr Weisheit und Gutes, denn das Gerücht ist, das ich gehöret habe* s).

Das Dach ist von Cedern, die Pfeiler sind von Marmor; an welchen gestickte Vorhänge angemacht sind. — Die Pfeiler scheinen auf das glänzendeste geschliffen zu seyn, und erfüllen das Auge mit der kühnesten Zeichnung. Die Vorhänge hängen in großen und leichten freyen Falten, und scheinen nicht an dem Zeuge zu hängen, sondern in der Luft zu schweben. Der Thron ist so auserlesen angegeben, so reichlich geschmücket, und so vollkommen ausgeputzet, daß es scheint, der Maler habe die merkwürdige Beobachtung der heiligen Schrift vor Augen gehabt. Dergleichen sey in keinen Königreichen gemacht.

Wenn der Monarch nicht da wäre: so würden wir keine größere Unterhaltung verlangen, als die Schönheiten des Zimmers zu besehen. Wir können aber schwerlich einige Aufmerksamkeit auf das Gebäude wenden, wenn eine so huldreiche und so große Gegenwart

---

s) 1 Kön. X, 6. 7.

Das VI Gespräch.

genwart unsere Blicke an sich zieht. Denn ich muß es gestehen, es scheint mir so etwas besonders vortreffliches in diesem Bilde; eine Heiterkeit und Würde, ohne etwas von dem kriegerischen Wesen, welches dem Kriegesmanne eine Art von Wildheit giebt; eine Verschlagenheit und Scharfsichtigkeit, welche nicht mit den Runzeln des Alters zu vergleichen sind, sondern durch alle Blüthe der Jugend hervor scheinen. Frömmigkeit und Weisheit, die Liebe zu Gott, und die Gnade seines Geistes geben dem Gemüthe eine Hoheit, dem Gesichte einen geheimen Reiz, und dem ganzen Menschen etwas mehrers, als was sterbliches. — Ich wollte fast muthmaßen, Eugenio, daß Sie selbst einen neuen Liebling annehmen werden; daß Sie Salomon nunmehr dem Scipio selbst werden vorziehen, und lieber dem Geliebten des Herrn, als Roms Lieblinge, gleich seyn wollen.

Eugenio. Beym Salomon ist alles so ehrwürdig und himmlisch, daß ich vielmehr mit Ehrfurcht erfüllet, als durch Nacheiferung angefeuert werde. Es schicket sich für einen jungen Menschen nicht, an die Nachahmung solcher hohen Vollkommenheit zu denken.

Aspasio. Warum nicht, mein lieber Junker? Gott gab dem Salomon seine höhere Weisheit und erhabene Vollkommenheiten. Und Gott ist derselbe gestern und heute und derselbe auch in Ewigkeit. Er ist eben so bereitwillig, Sie zu hören, und eben so vermögend, Ihnen zu helfen, als er war, seinen Diener Salomon zu hören, und zu segnen. — Lassen Sie sich Ihre Jugend nicht abschrecken. Aus dem Munde der jungen Kinder und Säuglinge

linge hat er sich eine Macht und vollkommenes Lob zugerichtet t). Samuel dienete in dem Tempel, da er nur noch ein Kind war u). Josia fing an; da er noch ein Knabe war, den Gott seiner Vaters Davids zu suchen x). Timotheus war von seinen frühesten Jahren an mit der heiligen Schrift bekannt y). Und Salomon selbst war keiner von den ältesten, als er zu Gibeon mit der außerordentlichen Erscheinung begnadiget wurde, und die vortreffliche Wahl traf z). Sie haben, wie ich mir zu sagen getraue, diese Stelle gelesen, die ich Ihrer aufmerksamen Betrachtung empfehlen wollte, und die Sie, wie ich hoffe, zum Muster Ihrer Aufführung annehmen werden. — Und wenn Sie, wie dieser erlauchte junge Prinz, mehr ein weises und verständiges Herz, als den Zufluß des Vermögens, oder den Vorzug der Ehre verlangen werden: wenn Sie Weisheit suchen, wie Silber, und nach ihr forschen, wie nach verborgenen Schätzen: dann werden Sie die Furcht des Herrn vernehmen, und Gottes Erkenntniß finden a).

Das nächste Stück, was uns vorkömmt, giebt uns einen Anblick von der See, und das ist ein entsetzlicher Anblick.

Eugenio. Es ist die Reise, die der Evangelist erzählet, da unser Heiland mit seinen Jüngern segelte, und dem Sturme geboth stille zu seyn, und das Meer ruhig machete.

Aspasio.

t) Psalm VIII, 2.   u) 1 Sam. II, 18.
x) 2 Chron. XXXIIII, 3.   y) 2 Tim. III, 15.
z) 1 Kön. III, 5. 6.   a) Sprüch. II, 4. 5.

Das VI Gespräch.

Aspasio. Wir können also mit Wahrheit sagen: Hier ist ein Größerer, als Salomon. — Erlauben Sie mir, bey dieser Gelegenheit anzuzeigen, daß ein jedes Gemälde von Christo nothwendig seiner glorreichen Person etwas von ihrem Ansehen benehmen muß. Sie werden daher niemals denken, daß einige wenige Strahlen, die sein heiliges Haupt umgeben, den Sohn Gottes eigentlich unterscheiden, oder die Gottheit seiner Natur ausdrücken können. Der Pinsel ist bey dieser großen Materie nicht gebrauchet worden, die Vollkommenheiten des Herrn Jesu selbst anzuzeigen, sondern einzig und allein uns eine Vorstellung von einem seiner Werke zu geben.

Sie werden sich auch erinnern, daß sie nicht auf dem großen Weltmeere, sondern auf dem See Tiberias gefahren. Gleichwohl steht dem Maler frey, seinen See so groß zu machen, als es ihm beliebt, und seinen Sturm so erschrecklich zu bilden, als er kann. Diesemnach hat er alles das Schreckliche bey einem Sturme zusammengenommen. — Blitze setzen das Gewölbe oben in Brand und Donner, wofern Donner hätten gemalet werden können, würden den Grund unten erschüttert haben. Diese flammenden Bolzen haben ein hohes Vorgebirge getroffen, und seine rauhe Stirn abgerissen. Sehen Sie, wie das Felsenstück mit einem gewaltsamen Anprallen von Klippe zu Klippe hinabstürzet. — Die Wasser, welche von grimmigen Winden gepeitschet werden, häufen und stoßen ihre tobenden Wellen. Hier erheben sie sich in rollenden Reihen; dort wüthen sie in verschlingenden Wirbeln. — Mitten unter diesen entsetzlichen Bewegungen sehen Sie ein Fahrzeug in der äußersten Noth. Es bearbeitet sich unter dem Brausen des Windes; die Wasserwogen schlagen darüber, und haben es schon halb überwältiget; es kann den ungleichen Kampf nicht länger aushalten; es ergiebt sich der nicht zu widerstehenden Fluth, und fängt an, es fängt augenscheinlich an, zu sinken. — Die Jünger laufen verwirrt, erstaunt, und ganz außer sich hin und wieder. Sie verändern Segel und Thauwerk, lichten das Schiff, versuchen alle Hülfsmittel, und finden zu ihrem unaussprechlichen Erstaunen alle Hülfsmittel unkräftig.

Wir werfen unsere Augen vorwärts, und ihr göttlicher Meister erscheint, wie er von einem sanften Schlummer geruhig aufsteht. Er sieht die Verwirrung und das Schrecken seiner Gefährten ohne die geringste Bewegung einiger Unruhe. Er sieht das Verderben herankommen, Himmel und Erde sich unter einander mischen, und anstatt kleinmüthig zu seyn, ergötzet er sich an diesem Kriege der Elementen. — Was für Gelassenheit in seinen Geberden! Was für Würde in seiner Stellung! Was für Majestät, durch Mitleiden versüßet, in seinem Anblicke! Ein solcher Anblick konnte von keiner andern Ursache entstehen, als von einer sich bewußten und ungezweifelten Gewißheit, daß keine Seele von dem Volke im Schiffe verloren gehen, kein Haar von ihrem Haupte wegkommen, und dieser mächtige Aufruhr der Natur sich mit einem Beweise seiner noch mächtigern Gewalt und einer Bestätigung des Glaubens seiner Schüler endigen sollte. — Er sah hinaus in die aufrührische Luft und in die unruhige Tiefe. Er bewegete mit einem gebiethenden Wesen seine heili-

heilige Hand, und setzete das große Befehlswort: Schweig und verstumme! hinzu. Forschen Sie nach der Wirkung: so mag Milton solche melden:

Verwirrung hört sein Wort, und wilder Aufruhr steht Gezähmet.

Dieses wird in einem andern Gemälde ausgedrücket, wo alles gestillet ist, wo die entsetzlichen Bewegungen aufhören, und die tiefste Ruhe Platz nimmt. Das Wasser ist so glatt, als ein Glas. Wir haben die Abbildung von einer vollkommenen Windstille, und sehen eben die Personen, die vor einer kleinen Weile in der wildesten Zerstreuung und recht in dem Rachen des Unterganges waren, rund um ihren Herrn herum stehen, als Leute, die von dem Tode erwecket sind b). Ihre Bestürzung ist in Wunder

und

b) Die Umstände von diesem Wunderwerke, wie sie von den Evangelisten erzählet werden, sind wahrhaftig wunderbar, und im höchsten Grade malerisch.

Meister! Meister! wir verderben! Wie kurz, wie abgebrochen, und wie hitzig ist dieser Ausruf! Wie stark drücket er also nicht auch die obschwebende Gefahr und die äußerste Noth aus! Sie haben nicht Zeit, sich ausführlich zu erklären. Ein Verzug von einem Augenblicke könnte gefährlich seyn. Was sie ausstoßen, ist an sich selbst Kürze und lauter Geschwindigkeit. — Dieß ist Natur. Dieß ist die wahre Sprache des Herzens; dieß ist die rechte historische Malerey. Ein jeder unparteyischer Leser muß diese auserlesen richtige und feine Züge bewundern, die weit über die weitschweifige, und (ich hätte fast gesagt zur Ungebühr) zierliche Sprache erhaben ist, welche Virgil

und ihre ängstliche Furcht in Entzückungen der Freude verwandelt. Sie erkennen die Allmacht, und bethen die Gütigkeit Jesu an.

Eugenio. Sie mögen wohl mit Recht seine Allmacht erkennen, weil ihm Wind und Meer gehorsam sind. Sie haben große Ursache, seine Gütigkeit anzubethen, weil er sie recht aus dem Rachen des Todes herausgerissen hat; aus dem ärgsten Tode, in einer stürmenden Tiefe umzukommen.

Aspasio.

---

gil seinem Helden bey einer gleichen Gelegenheit in den Mund leget. Aen. I, 98.

Σιωπα, πεφιμωσο. Was für Majestät ist doch in diesem Befehle! Er ist bewundernswürdig; er ist unnachahmlich; er ist Gotte anständig. — Mich dünkt, wir können beobachten, daß ein eigenes besonderes Wort an jedes Element gerichtet ist, welches sich für dasselbe schicket. Das erstere befiehlt ein Aufhören des Windes; das andere eine Beruhigung der Wellen; eine Stille allem, was brauset; eine Gelassenheit allem, was tobet; gleich als wenn, um dem großen Befehle eine kurze Umschreibung zu geben, gesagt worden wäre: Winde, seyd stille; Wellen seyd ruhig!

Die Wirkung bey den Jüngern wird mit aller Stärke der Einbildungskraft, und aller Kraft des Ausdruckes beschrieben. Dasjenige in Farben vorzustellen, was die evangelischen Geschichtschreiber aufgezeichnet hinterlassen haben, würde ein Werk für den unsterblichen Raphael seyn, und vielleicht auch von seinem Meisterpinsel nicht erreichet werden. Λιαν εκ περισσου εν εαυτοις εξισταντο και εθαυμαζον — εθαυμαζον, sie entsätzten sich — εξισταντο, sie waren vor Erstaunen außer sich — λιαν im höchsten Grade — εκ περισσου über alle Maaße, mehr als man mit Worten ausdrücken kann. Marc. VI, 51.

Das VI Gespräch.

Aspasio. Wenn Jesus Christus meinem Eugenio eine solche Befreyung gewähret hätte; was würde er gedacht haben, oder wie würde er gerühret gewesen seyn?

Eugenio. Ich würde geglaubet haben, daß ich ihm auf eine unaussprechliche Art verbunden wäre, und daß ich einem so großen Wohlthäter niemals genugsame Dankbarkeit bezeugen könnte.

Aspasio. Seyn Sie versichert, mein lieber Junker, daß er unendlich mehr für Sie gethan hat. — Er hat Sie befreyet, daß Sie zwar nicht von den tobenden Wellen verschlungen würden, sondern, daß Sie nicht in den Abgrund des ewigen Verderbens versänken. — Er hat Sie nicht allein von einem unendlichen Untergange errettet, sondern auch das ewige Leben und die himmlische Glückseligkeit für Sie erhalten. — Dieses hat er nicht durch Aussprechung eines Wortes oder Ertheilung eines Befehles gethan, sondern dadurch, daß er Ihre Schuld getragen, daß er Ihre Strafe gelitten, und den Tod, den schimpflichsten und schmerzhaftesten Tod an Ihrer Statt ausgestanden. — Sollten Sie ihn denn nicht aufrichtigst lieben, sich befleißigen, ihm zu gefallen, und es zur vornehmsten Bemühung Ihres Lebens machen, ihn zu verherrlichen?

Hier kam Theron wieder zurück, und der junge Student gieng fort, nachdem er einige wohlmeynende und aufmunternde Complimente vom Aspasio erhalten, welcher sich über den vortrefflichen Geschmack seines Freundes, die lehrreiche Schreibart seiner Gemälde, die gesunde Vernunft und die größe Kenntniß seines Sohnes weitläuftiger herauslassen wollte.

Allein,

Allein, Theron, der gar nicht nach Lobe geizete, und völlig damit zufrieden war, daß er wußte, er thäte was anständig wäre, beugete seiner Rede dadurch vor, daß er zu einem Paare gläsernen Flügelthüren gieng, welche sie, nachdem er solche aufgemacht hatte, in die Studierstube ließen.

Ein Caminstück von grauem Marmor mit glattem aber kühnem und hervorragenden Säulenwerke und Bogen machete einen sehr schönen Anblick. — In verschiedenen kleinen Bilderblenden stunden zierliche Brustbilder; und in den unterschiedlichen Zwischenräumen hingen schöne Kupferstiche, welche viele von den berühmtesten gelehrten Leuten vorstelleten, welche die Zierden und Schätze sowohl der alten, als neuen Zeit gewesen. Die Gesimse rund umher waren mit Büchern versehen, aber nicht beschweret. Aspasio, welcher die Titel auf den Rücken derselben durchlief, beobachtete eine Sammlung von den schätzbarsten Schriftstellern in der Geschichte und Naturlehre, in der Dichtkunst und Gottesgelahrtheit.

Sie werden leicht wahrnehmen, sagete Theron, daß ich bey dem Aufpuße meiner Studierstube sowohl, als bey der Auszierung des Zuganges dazu, etwas sonderbar bin. Meine Bücher sind nicht zur Schau, sondern zum Gebrauche, und fordern mehr wegen ihres Werthes, als wegen ihrer Anzahl einige Achtung. — Ich habe stets dafür gehalten, daß eine unermeßliche Menge von Bänden mehr die Aufmerksamkeit verwirren, als den Verstand verbessern kann. Ein großer Büchersaal scheint einem irreführenden Labyrinthe gleich zu seyn, und verwirret oftmals die
Seele,

Seele, anstatt daß er solche geschwind zur Erlangung der Wahrheit führen sollte.

Wenn Leute eifrig sind, eine Menge Schriften zu lesen: so ereignet es sich häufig, daß, indem sie alles lesen, sie nichts verdauen c). Sie schmecken einigen leeren und überhingehenden Zeitvertreib, sammlen aber keinen gründlichen oder daurenden Vortheil. Ihre Gemüther gleichen denen großen Spiegeln etwas, die wir in den am meisten besuchten und volkreichsten Straßen in London ausgestellet gesehen. Sie nehmen alle Arten von Schattenbilder, aber keinen wesentlichen Eindruck, an sich. Tausenderley Bilder gehen durch dieselben, kein einziges aber bleibt in ihnen.

Unsere Bücher, erwiederte Aspasio, sollten sowohl, als unsere Freunde, mehr auserlesen, als zahlreich seyn. Ich für mein Theil wollte nicht mehr, als zween oder drey von den richtigsten Schriftstellern und besten Meistern in einer Wissenschaft verlangen. Diese kann eine Person von mäßiger Fähigkeit begreifen, und nicht allein begreifen, sondern auch derselben

---

c) Der Verfasser der Nachtgedanken hat diese Materie mit großer Beurtheilungskraft und gleicher Lebhaftigkeit berühret:

Gefräßigs Lesen giebt oft gar zu viele Nahrung,
Verdauet zu Verstand nicht die gemischten Speisen.
Wer so auf Fütterung nach andrer Weisheit geht,
Läßt die Vernunft bey sich, sein Erbgut, ungebaut.
Der geile Boden wird durch den vermengten Dung
Nur überfüllt und bloß gedüngt, nicht zugerichtet,
Und reich zur Betteley.

Das VI Gespräch.

ben auserlesenste Gedanken in ihr Gedächtniß bringen, und das Wesen ihrer Werke sich zu eigen machen. —— Er wird durch Wiederholung und vertrauten Umgang mit ihnen ihren Geist annehmen, und ihre Art erlangen; dahingegen einer, der in seinem Lesen herumschweift, wenig mehr thut, als daß er seiner Einbildungskraft willfahret, ohne seinen Geschmack zu läutern, oder sein Herz zu verbessern.

Hierbey wandte sich Aspasio um, und entdeckete in der einen Ecke des Zimmers die Erd- und Himmelskugel; in einer andern ein großes reflectirendes Telescopium, und oben auf der Spitze eines Schrankes ein Paar der besten Microscopien.

Diese Instrumente, nahm Theron das Wort wieder, haben einen unerschöpflichen Vorrath von den feinsten Unterhaltungen eröffnet d). Sie haben uns

---

d) Herren von Geschmacke und ernsthaftem Wesen können, dünkt mich, kein edler Stück von Geräthe für ihre Studierstuben haben, als das Microscopium und Telescopium nebst der Luftpumpe. Dieses Geräthe würde ihnen einen höchstangenehmen und lehrreichen Zeitvertreib bey einer einsamen Stunde verschaffen. —— Es würde ihnen auch eine bequeme Gelegenheit geben, ihre Gesellschaft auf eine wahrhaftig feine und sehr lehrreiche Art zu unterhalten. Es würde ein schönes und weites Feld zur Ausbreitung der Herrlichkeiten Gottes des Schöpfers und Gottes des Erlösers eröffnen. —— Weil die durch diese Instrumente gemachten Entdeckungen an sich so erstaunlich, und den meisten Menschen so neu sind: so würde eine jede erbauliche Anmerkung, die von solchen Beobachtungen hergeholet würde, sich besonders anpreisen. —— Dieses

uns mit neuen Augen versehen, und uns, ich darf es wohl sagen, eine neue Welt vor die Augen gebracht. Sie geben uns einen Anblick von Wundern, welche dem nicht neugierigen Pöbel unglaublich zu seyn scheinen, und denen Weisen des Alterthums, die noch am meisten nachgeforschet haben, gänzlich unbekannt gewesen sind. Sie entzücken das Auge mit einer Darlegung unnachahmlicher Schönheiten, wo man nichts dergleichen, welches der Achtung würdig wäre, erwartete. Sie stürzen die Seele in eine angenehme Entzückung von Bewunderung, und von den geringsten kleinesten Gegenständen entstehen die lieblichsten und erhabensten Begriffe von dem allerglorreichsten Schöpfer.

Ich habe es oftmals bedauert, daß solche vernünftige und männliche Vergnügungen durch die im Schwange gehenden phantastischen und kindischen Zeitvertreibe fast durchgängig sollten verdrungen werden. Warum sollte nicht die Betrachtung der erstaunlichen Neuigkeiten der Natur eine eben so angenehme Unterhaltung seyn, als der alte Zeitvertreib der

ses würde, ich bin es versichert, eine Methode seyn, dasjenige in Ausübung zu bringen, was der gesittete Geschichtschreiber von dem noch gesittetern Scipio angeführet hat: Elegantissimo intervalla negotiorum otio dispunxit. VELLEI. PATERC. — Und ich glaube, es könnte ein glückliches Mittel seyn, die Seele zu stimmen, daß sie an dem unsterblichen Lobgesange mit Theil nähme: Herr, du bist würdig zu nehmen Preis und Ehre und Kraft; denn du hast alle Dinge geschaffen, und durch deinen Willen haben sie das Wesen und sind geschaffen. Offenb. St. Joh. IIII, 11.

der Quadrille; eine eben so feine Beschäfftigung in einer müßigen Stunde seyn, als die Flecken auf einem Pack Karten zu zählen? — Ich bin gewiß versichert, die Frauenzimmer würden hellere Farben und zärtlichere Zierrathen auf den Röcken und dem Kopfpuße einer gemeinen Fliege finden, als sie jemals mitten unter den Tändeleyen eines Puppenkrames gefunden. Und wenn das schöne Geschlecht nur einmal mit dem strahlenden Firnisse und den reichen Knöpfchen bekannt wären, welche die Decke eines Käserflügels verzieren: so würde es, wie ich gern denken will, mit weniger Entzückung, mit mehrer Gleichgültigkeit, und vielleicht auch mit anständiger Verachtung alle die artigen Phantasien an der Kleidung eines Stußers ansehen.

Vor wenigen Tagen, als die vollkommene Manilia uns mit einem Besuche beehrete, zeigete ich ihr, durch ein Vergrößerungsglas, den Stachel einer Biene, die Schuppe eines Fisches, den Flügel einer Mücke, und einige andere schöne Kleinigkeiten der Natur, nebst dem Puder, der an unsere Finger klebet, wenn wir den Leib einer Motte anrühren. — „Das ist erstaunlich! rief die junge Dame. Was „für zierliche Figuren! Was für bezaubernder „Schmuck e)! — Wie vollkommen ist die Poli- „rung, und wie schön die ganze Ausarbeitung dieses „kleinen

e) — Die kleinsten Züge sind
 In aller Liverey der Sommerspracht geschmückt
 Mit gold- und purpurnen, lasur- und grünen Flecken.
                                    Milton.

Das VI Gespräch.

„kleinen Gewehres! — Wie geschicklich ist doch
„dieses Stück von Vertheidigungswaffen ersonnen,
„und wie artig ausgearbeitet! Hier erhebt es sich in
„kleine Höhen, gleich den Buckeln eines Schildes,
„die geschickt sind, die Beleidigungen zurück zu trei-
„ben. Dort ist er in kleine Höhlungen ausgeschwei-
„fet, vermuthlich in der Absicht, dessen Schwere zu
„vermindern, damit der Panzer den kleinen Träger
„nicht beschweren möge, selbst da er ihn vertheidiget.
„— Was ich für ein weißlich verächtliches Läppchen
„gehalten, ist der niedlichste Fächer, den ich jemals
„gesehen habe. Er ist an Stäben f), die unnach-
„ahmlich langrund zugespitzet und dünne sind, mit
„allen sanften und lieblichen Farben der glänzendsten
„Perlmutter bemalet. — Was mich aber vor
„allen am meisten in Erstaunen setzet, ist der Anblick
„des gefärbten Staubes, welchen Ihr Instrument
„in einen Busch Federn verwandelt hat. Eine jede
„ist mit einer solchen Regelmäßigkeit und Zartheit
„ausgearbeitet, daß man es nicht beschreiben kann.
„Der feinste Strich, den ein italienischer Pinsel gezo-
„gen hat, ist in Vergleichung mit der ungemeinen
„Kleinigkeit des Schaftes so breit und dick, als eines
„Admirals Mast. Könnte ein Stückchen Goldblätt-
„chen gegen die überauszarten Verdünnungen des
„Fähnchens g) abgewogen werden: so würde es weit
„we-

f) Diese Stäbe sind die kleinen Rippen, welche in gehörigen Zwischenräumen die feine durchsichtige Haut des
Flügels halten.
g) Das Fähnchen oder die Fähne, heißt der federichte
Theil an einem Kiele.

II Theil.

„wesentlicher und schwerer seyn, als jenes Marmor-
„stückchen.

„Wie so höchstwundersam zart muß doch der me-
„chanische Bau des thierischen Geschlechtes seyn! Ich
„sehe Kügelchen; ich sehe eine Ebbe und Fluth vom
„Blute durch unaussprechlich feinere krumme Gänge
„rollen, als das feineste Haar! — Noch seltsa-
„mer! Ich sehe ganze Schaaren von thätigen Ge-
„schöpfen, in einem einzigen Tropfen Wasser wim-
„meln h); die mitten in einem so engen Canale,
„eben so uneingezwängt, und eben so geräumig, als
„der Leviathan in den Abgründen des Weltmeeres,
„ihre Kurzweile treiben. — Ein ganzes Königreich
„von

h) D. Hook soll mit seinem Microscopio in einem einzigen
Tropfen Wasser acht Millionen zweyhundert und acht-
zigtausend Thierchen entdecket haben. — Es wird
dieser deswegen angeführet, weil es die heutiges Tages herrschende Philosophie ist; wiewol ich gestehen
muß, daß Herr Gautier einen beträchtlichen Weg gegangen zu seyn scheint, um ihr einen andern Schwung
zu geben. Er hat vor einer gelehrten Gesellschaft zu
Paris bewiesen, daß Lewenboecks Vermiculares, und
Büffons lebende Moleculae, bloße Luftkügelchen wären,
welche durch die Gährung des Saamens in Bewegung
gesetzet würden. Wenn das ist, so ist es nicht unmöglich, daß D. Hooks Thierchen nichts als Luftkügelchen
seyn können, welche durch die Gährung des Pfeffers in
Bewegung gesetzet werden.

Es sey damit wie ihm wolle: so wird doch
niemand, glaube ich, die Anmerkungen des jungen
Frauenzimmers über die thierische Schöpfung in
Zweifel ziehen.

„von diesen Geschöpfen kann von dem bloßen Auge „gar nicht erkannt werden, ob es gleich in einen Kör- „per zusammen genommen ist. Wie muß denn die „Größe eines jeden einzelnen Geschöpfes beschaffen „seyn? Doch in einem jeden einzelnen Geschöpfe fin- „det sich noch ein vollständiger Bau von Gliedern, „deren jedes mit freywilliger Bewegung begabet ist, „und alle zusammen in ein lebendes Sonnenstäub- „chen gebracht, jedoch nicht gepreßt sind. — Wenn „man über das Gewebe der Gefäße, und über die „Wirkungen der so in einander gewickelten, so zahlrei- „chen, jedoch so unbegreiflich kleinen Werkzeuge seine „Betrachtungen anstellet; wie sehr erwecket dieses die „Bewunderung! erfüllet mich mit Ehrerbiethung „gegen den allmächtigen Schöpfer, und giebt ein weit „erhabeneres Vergnügen, als alle die modischen Zeit- „vertreibe unseres Geschlechtes! — Ihre Entde- „ckungen von dem Leben im Kleinen, hat mir einen „Ekel vor demjenigen gegeben, was man die große „Welt nennet, und vor seinen feyerlichen Lappereyen. „Sie haben mich zu einer modischen Liebhaberinn „von Kleinigkeiten verderbet, Theron. Ich werde „nicht länger an dem ungeschickten Baue eines Fä- „chers, oder der armseligen Pracht einer Schnupsto- „baksdose einen Geschmack finden.„

Aspasio. Haben Sie nichts von dem Telescopio zu sagen? — Ich glaube, es wird mein Amt seyn, diese vortreffliche Erfindung zu preisen; und ich wünsche, daß ich es mit Maniliens blitzender Einbildungskraft thun könnte. — Führet uns das Microscopium hinunter zu den merkwürdigen Geheimnissen der thierischen Schöpfung: so hebt uns das Telescopium hinauf zu den großen besondern Dingen in den Gegenden der Sterne. Das Auge, welches durch diesen wundersamen Führer geleitet wird, besuchet eine Menge von majestätischen Kreisen, welche sonst in unmeßbaren Landschaften des Aethers verloren seyn würden — Dieses hat, welches weit erstaunlicher ist, als die Entdeckung des Columbus, in jedem Viertheil der nächtlichen Wolken, neue Colonien von Welten ausfündig gemacht. Dieses hat einen glänzenden halben Mond an die Stirne eines Planeten i) gesetzet, und andern ein höchststattliches Gefolge von Begleitern gegeben k).

Sagen Sie mir, Theron, könnten Sie wohl ohne Hülfe ihres Sehrohres das volle Heer der Gestirne erkennen, oder die abwechselnde Gestalt des Mondes unterscheiden? Könnten Sie wohl mit Ihrem nicht gestärkten Auge einen Anblick von des Jupiters Trabanten bekommen, oder einen Strahl von dem Ringe des Saturnus wahrnehmen? — Ohne diese unserm Gesichte verliehene Hülfe sind sie ganz und gar nicht zu sehen; obgleich die Trabanten des erstern unvergleichlich weit prächtiger, als das Gefolge aller Monarchen in der Welt sind; und in Vergleichung mit dem Ringe des letztern sind alle Brücken über zehntausend Flüsse weniger, als Ihr Stab in der Hand.

Was das Telescopium dem Auge ist; das ist die Offenbarung dem Verstande. Sie entdecket
Wahr-

i) Der Planet Venus.
k) Die Trabanten des Jupiters und Saturnus.

Wahrheiten, welche ohne eine solche Entdeckung auf ewig von den scharfsinnigsten Gemüthern würden verborgen gewesen seyn. — Es ist für den ungelehrten Beobachter etwas seltsames, daß diese schwere Kugel von Erde und Wasser, ihren geschwinden Kreis um die Sonne laufen sollte. Das Telescopium aber hat diese Sache so klar gemacht, daß sie unumstößlich kann erwiesen werden. — Es ist unsern natürlichen Begriffen gleichfalls fremd, daß wir in Adam alle sterben, und durch unserer ersten Aeltern Ungehorsam verloren seyn sollten: nicht weniger auch, daß wir in Christo lebendig gemacht werden, und unsere Genesung von seiner zugerechneten Gerechtigkeit herleiten sollten. Die Offenbarung aber macht diese Lehre so gewiß, als sie tröstlich ist.

Theron. Machet die Offenbarung sie gewiß? — Das ist ein Punct, der noch nicht festgesetzet, sondern nur für zugegeben angenommen ist. Ich befürchte vielmehr, daß die Offenbarung solche an keinem Orte behaupte, an vielen aber gar läugne. — Seit Ihrer Abwesenheit, Aspasio, habe ich einige Zeit angewandt, mit einer besondern Absicht auf diese Materie in der Schrift zu forschen. Ich kann aber keinen solchen Ausdruck in der ganzen Bibel finden, als die Zurechnung der Gerechtigkeit Christi ist. Wenn es ein solcher Hauptartikel ist, als Sie es vorstellen: so würde er in der That von den von Gott begeisterten Schriftstellern nicht gänzlich aus ihrem Lehrgebäude der Gottesgelahrtheit seyn ausgeschlossen worden.

Aspasio.

Das VI Gespräch.

Aspasio. Der eigentliche Ausdruck an sich selbst mag wohl nicht vorkommen, und dennoch wird die Lehre überflüßig gelehret. Ich glaube, Sie treffen das Wort Auferstehung auch an keinem Orte in den fünf Büchern Mosis an; und lesen das Wort Genugthuung in dem ganzen neuen Testamente nicht: dennoch beweist unser Heiland die Wahrheit des erstern aus den Schriften Mosis völlig; und Sie selbst haben erkannt, daß das letztere der einmüthige Verstand von den Aposteln und Evangelisten sey.

In dem Briefe an die Römer geschieht einer zugerechneten Gerechtigkeit ausdrücklich, und zu wiederholtenmalen Erwähnung. Was für oder wessen Gerechtigkeit kann dadurch verstanden werden? Nicht der Gerechtigkeit der Engel. Die sind eine höhere Classe von Wesen, und haben keine solche genaue Verbindung mit unserer Natur. — Nicht die Gerechtigkeit erhabener Heiligen. Dieß ist der verworfene Irrthum des Pabstthumes, und giebt den römischen Eiferern das Hirngespinst des Hochmuthes und der Thorheit, die über ihre Schuldigkeit geleisteten guten Werke (opera supererogationis.) — nicht unsere eigene Gerechtigkeit. Denn es wird ausdrücklich gesaget, ohne Zuthun der Werke 1): wobey unsere eigenen Werke nichts zu thun, oder woran sie nicht den geringsten Antheil haben. — Was für eine andere Gerechtigkeit kann denn wohl gemeynet werden, als die Gerechtigkeit unsers großen Substituten, Bürgen und Heilandes, welcher unsere

1) Röm. IV, 6.

Das VI Gespräch.

unsere Natur an sich genommen, unsere Schulden bezahlet hat, und daher der Herr, der unsere Gerechtigkeit ist m), genannt wird.

Theron. Dieses ist dem ganzen Inbegriffe der heiligen Unterweisungen zuwider. Was saget der Prophet? Wenn sich der Gottlose von seiner Ungerechtigkeit kehret, die er gethan hat, und nun recht und wohl thut, der wird seine Seele lebendig erhalten n). — Hier wird die größeste Gnade, die Seligkeit der Seele, einem Abgehen vom Bösen, und einer Beharrlichkeit im Guten, einer wirklichen Aenderung in eines Menschen eigener Gemüthsart, und nicht einer ersonnenen Anwendung einer Gerechtigkeit, die von einem andern auf uns gebracht wird.

Aspasio. Ich bilde mir ein, der Text gehe mehr auf eine zeitliche Erhaltung, als auf eine geistliche und ewige Seligkeit. — Wenn man solchen aber in Ihrem Verstande nimmt: so wollte ich gleichwohl fragen: giebt es denn sonst keine Gottlosigkeit, als Schwelgerey und lüderliches Leben, Entheiligung und Ungerechtigkeit? — Der Unglaube wird zwar in unsern Lehrverfassungen von der Sittenlehre nicht als dergleichen angemerket, in dem Buche der Offenbarung aber doch für ein Hauptverbrechen erkläret. Wenn unser Heiland von dem heiligen Geiste redet: so gedenket er als eines besondern Stückes seines Amtes, daß er die Welt von der Sünde überzeu-

gen

m) Jer. XXIII, 6.
n) Hesek. XVIII, 27.

gen soll. — Von was für Sünde? Von den ärgerlichen Uebertretungen der sittlichen Rechtschaffenheit?. Das war nicht nöthig. Das Licht der Vernunft ist schon hinlänglich, solches zu thun; und der Richterstuhl des Gewissens ist aufgerichtet, das verdiente Urtheil zu fällen. — Von der Sünde, setzet der himmlische Lehrer hinzu, weil sie nicht an mich gläuben o); nicht an meinen Tod, als die Ursache ihrer Vergebung, nicht an meine Gerechtigkeit, als den Grund ihrer Annehmung; an meinen Geist, als die mächtige Triebfeder ihrer Heiligkeit.

Der Unglaube begegnet Gott als einem Lügner, weil er das Zeugniß verwirft, welches er von seinem geliebten Sohne gefället hat. — Der Unglaube tritt das Blut Christi mit Füßen, und ist allen seinen seligmachenden Aemtern der verächtlichste Schimpf. — Der Unglaube will die Wirkungen des heiligen Geistes hintertreiben, dessen besonderes Werk es ist, von Christo zu zeugen, und seine Gerechtigkeit offenbar zu machen. Der Unglaube reizet, (und wer hätte solches für möglich halten können?) ein Kind des Staubes, einen Sclaven der Sünde an, sich und seine eigenen Werke anzubethen. — Alles mit einem Worte zu sagen: der Unglaube ist die große, die alles in sich fassende Sünde, welche die glorreichsten Mittel der Seligkeit verächtlich verwirft, oder gottloser Weise aufgiebt, welche die Allwissenheit selbst ersinnen können.

Ein Sünder kehret sich daher nie von seiner Gottlosigkeit, als bis er sich durch einen wahren Glauben

zu

o) Joh. XVI, 9.

Das VI Gespräch.

zu Jesu Christo wendet. Bis dahin ist er ein Aufrührer wider das Evangelium; ein so großer Aufrührer, daß er in der Urkunde von der evangelischen allgemeinen Vergebung und Vergessung aller Sünden besonders ausgenommen wird. Denn, alle, die an den eingebohrnen Sohn glauben, werden nicht verloren, sondern haben das ewige Leben; und, wer dem Sohne nicht gläubet, der wird das Leben nicht sehen, sondern der Zorn Gottes bleibt über ihn p).

Theron. Was ist des Psalmisten Meynung von dieser Materie? Stellet er sie nicht in einem ganz andern Lichte vor? Du, Herr, bist gnädig, und bezahlest einem jeglichen, wie er verdienet q); nicht nach eines andern Werken.

Aspasio. Edler Ausspruch! Möchte er doch recht in unsere Herzen geschrieben seyn! — Gott ist

---

p) Joh. III, 18. 36. Die Worte sind überaus nachdrücklich und nicht weniger erschrecklich — Er soll nicht bloß in die Verdammung kommen, sondern Er, der nicht gläubet, ist schon verdammt. Ob er gleich in seinem äußerlichen Umgange noch so scheinbar oder fein ist: so liegt er doch unter einem Todesurtheile, und ist ein Gegenstand des Zornes Gottes, — welcher ihn nicht bloß heimsuchen, sondern bey ihm bleiben wird. Wo er also nur seyn mag, was er auch nur thun mag, da schwebet die Ungnade des entsetzlichen Jehovah, wie ein fürchterliches verheerendes Schwerdt über ihn; und wenn er in einem solchen Stande stirbt, so wird es unvermeidlich über ihn fallen, und ihn auf ewig in Stücken zerhauen.

q) Psalm LXII, 12.

ist gnädig, und belohnet daher. Hieraus erhellet, daß dasjenige, was wir eine Belohnung nennen, wirklich mehr eine Handlung der Gnade, als der Gerechtigkeit ist. Der Sold der Sünden ist der Tod: aber die Gabe Gottes, (saget der Apostel, indem er seine Schreibart ändert, und einen höchstwichtigen Unterschied machet,) die Gabe Gottes ist das ewige Leben r). — Der von Gott getriebene Schriftsteller setzet hinzu, nicht für, sondern nach eines jeden Menschen Werken. Seine Werke sind das Maaß, nicht die verdienstliche Ursache. Verdienen ist allein das Vorrecht unsers Erlösers. Ihm ist es zuzuschreiben, daß unsere unvollkommenen Dienste mit einiger Annehmung beehret werden; und noch mehr, daß sie mit einiger Belohnung vergolten werden.

Theron. Läuft nicht diese Ihre Erklärung wider das wahrhaftig großmüthige Geständniß des Apostels Petrus: Wer in allerley Volke Gott fürchtet, und recht thut, der ist ihm angenehm s). Hier ist es unstreitig augenscheinlich, daß die Annehmung bey unserm Gotte auf des Menschen eigene Frömmigkeit und persönliche Aufrichtigkeit gegründet sey.

Aspasio. Um diesen Text recht zu verstehen, sollten wir die Umstände der Geschichte untersuchen. — Der Apostel war stark, und höchst unbilliger Weise für die Juden eingenommen; und bildete sich ein, daß die Seligkeit durch Christum, so, wie die Verfügun-

r) Röm. VI, 23.
s) Apostelgesch. X, 35.

Das VI Gespräch.

Jüngen des Moses nur auf seine Landesleute eingeschränket seyn müßten. — Nachdem er aber die Bedeutung seines letzten himmlischen Gesichtes erwogen: nachdem er solches mit der englischen Bothschaft verglichen, die dem Cornelius gebracht worden; und nachdem man ihm den Charakter dieses schätzbaren Mannes bekannt gemacht hatte: so bricht er in diese wahrhaftig katholische Erklärung aus: „Meine Vorurtheile sind verschwunden. Meine „Meynungen sind erweitert. Aus dem Beyspiele „vor mir ist es überzeugend gewiß, daß Gott den „Segen seines Bundes nicht einer besondern Person, „Familie, oder einem Volke allein zueignet, sondern „in allerley Volke ist ihm derjenige angenehm, „wer ihn fürchtet, und aus dem Triebe der „Religion in seinem Herzen recht thut im Leben; „er ist ihm so angenehm, das er ein Gegenstand der „göttlichen Gnade und ein Erbe der ewigen Glückse„ligkeit ist.„

Dieses, denke ich, ist die genaueste Meynung der Stelle. Und man muß sich erinnern, daß niemand ohne Glauben wahrhaftig Gott fürchten, oder ihm wahrscheinlicher Weise gefallen kann t). Aus dieser Ursache scheint es nöthig zu seyn, voraus zu setzen, daß Cornelius, ob er gleich von Geburt ein Heide gewesen, durch die Gnade geglaubet hat. — Ja es ist aus dem Zusammenhange offenbar, daß er von Jesu Christo gehöret hatte, daß er einige Nachricht von der Absicht seiner Ankunft und der Ausübung seines

t) Ebr. XI, 6.

seines Amtes gehabt hatte u); welches genug ist, der Grund zu einem wirklichen wiewohl vielleicht kindischen Glauben zu seyn. Das Wort dieses Apostels war, diesen Bekehrten in das helle Licht und zu den völligen Vorrechten des Evangelii zu leiten, seine Gerechtsamen zu solchen durch das heilige Siegel der Taufe zu bewähren und zu bestätigen, und ihn als die ersten Früchte der Heiden in die christliche Kirche zu führen.

Es kann also aus dieser Stelle nichts weiter geschlossen werden, als daß die freudigen Zeitungen des Christenthums für alle Völker, für Juden und Heiden sind; — daß der Glaube, auch selbst wenn er schwach ist, gute Werke hervorbringt; und wenn er aufrichtig gewartet wird, auch gewiß zunehmen, und immer stärker und stärker werden wird.

Theron. Weist nicht unser Heiland, da er beschreibt, wie es bey dem jüngsten Gerichte hergehen wird, und da er den Ausgang desselben voraussaget, den Gerechten ein Königreich an? Er weist es ihnen in dieser Absicht, als eine eigentliche Belohnung für ihre eigenen guten Werke an; indem er mit den ausdrück-

---

u) Man sehe den 36 und 37 V. Es konnte in der That schwerlich anders seyn, weil Cornelius zu Cäsarea, dem Aufenthalte des Statthalters und Sitze der weltlichen Regierung, so, wie Jerusalem der Sitz der geistlichen Regierung war, wohnete. An einem solchen Orte, wo so viele Leute hinkamen, mußte eine so merkwürdige Begebenheit nothwendig bekannt seyn; vornehmlich weil der Evangelist Philippus seine Wohnung in dieser Stadt genommen hatte. Man sehe Apostelgesch. VIII, 40.

Das VI Gespräch.

drücklichsten Worten saget: Kommet her, ihr Gesegneten meines Vaters, ererbet das Reich, das euch vom Anbeginne der Welt bereitet ist; denn ich bin hungerig gewesen, und ihr habet mich gespeiset; ich bin durstig gewesen, und ihr habet mich getränket; u. s. w. x).

Aspasio. Belieben Sie doch auf den Ausdruck Achtung zu geben. Sie werden berufen zu erben; und was ist freyer als eine Erbschaft? — Beobachten Sie auch die angeführte Ursache, und vergleichen dieselbe mit der Regel des Gerichts. Wer da gläubet, saget der höchste Richter, der soll selig werden. Dieses ist die bekannte, die unveränderliche Richtschnur, nach welcher er bey Verwaltung des ewigen Gerichtes verfährt. Diesemnach ertheilet er den Gerechten das ewige Leben, als Personen, die zu dieser großen Glückseligkeit deswegen berechtiget sind, weil er sie ihnen selbst gnädigst angewiesen hat.

Das Wörtchen denn bedeutet nicht den Grund, sondern die offenbare Deutlichkeit ihres Rechtes. „Ich spreche eine solche Person los, saget der Schie„desrichter bey der gerichtlichen Forderung; denn die „Zeugnisse sagen aus, die Schuld sey bezahlet.„ Die Aussage, welche mit diesen gerechten Handlungen übereinstimmt, ist der Beweis; die Bezahlung der Schuld, welche mit Christi vollkommenem Gehorsame übereinkömmt, ist die Ursache ihrer Lossprechung y).

Denn

x) Matth. XXV, 34. u. f.
y) Der Frühling ist gekommen, saget der Landmann: denn die Bäume blühen, und die Amsel singt. Man ver

Denn ihr habet ꝛc. Ihr habet an allen Beweisen der Schuldigkeit gegen mich, und der Liebe gegen eure Brüder nichts ermangeln lassen; und euch dadurch selbst als wahre Gläubige offenbaret.

Man kann ferner beobachten, daß unser Heiland nicht saget, ihr habet es euren Nebenmenschen gethan, sondern diesen meinen Brüdern z). Er empfiehlt nicht eine jede unbesonnene Handlung von Gutartigkeit oder Großmuth, sondern bloß eine solche Art von Wohlthätigkeit, welche den christlichen Stempel führet; welche gegen einen Jünger im Namen eines Jüngers ausgeübet worden. Diese rühret offenbarlich von dem Glauben her, und beweist dessen Aufrichtigkeit unstreitig.

Theron. Sind nicht diese Unterscheidungen spitzfündiger als gründlich?

Aspasio. Mir kommen sie nicht so vor. Wenn Sie anders denken: so wollen wir uns auf diese vortrefflichen Personen selbst beziehen. Der Schwung, der sehr merkwürdige Schwung ihrer Meynungen wird unsere Frage vollkommen entscheiden. — Legen sie wohl ihren eigenen gottseligen Pflichten und guten Werken einiges Gewicht bey. Sie verlassen sich gar nicht auf dieselben, noch vielweniger wenden sie dieselben vor, ja, sie haben nicht einen einzigen Gedanken

vermuthet niemals, daß das Blühen der Bäume und das Singen der Vögel die angenehme Jahreszeit verschaffen, sondern bloß sie anzeigen. Sie sind nicht die Ursache, sondern der Beweis, daß sie Platz nimmt.

z) Matth. XXV, 40.

Das VI Gespräch.

danken darauf. Da sie ihre Hoffnung auf den Fels des Heiles gesetzet haben: so vergessen sie die leichtzerspringenden Wasserblasen a). Sie verwundern sich, daß ihr erhabener Meister sich herablassen sollte, solcher unvollkommenen Dienste nur einige rühmliche Erwähnung zu thun. — O daß wir doch den ganzen Lauf unsers Lebens hindurch im Stande seyn möchten, dem Beyspiele ihrer Frömmigkeit zu folgen, und wenn wir vor dem erschrecklichen Gerichtsstuhle stehen, ihrer Demuth und Weisheit nachzuahmen! Ihrer Demuth, da sie ihrer selbst entsagen und läugnen, daß sie für sich irgend einen Lohn verdient haben. Ihrer Weisheit, indem sie ihr ganzes Vertrauen auf die Verdienste und Gerechtigkeit ihres Erlösers setzen.

Theron. Unser Heiland erwähnet dieser Lehre in seiner Predigt auf dem Berge nicht. Wenn sie daher so sehr wesentlich wäre: so würde er derselben wenigstens in dem zusammengefaßten kurzen Begriffe der wahren Religion berühret haben.

Aspasio. Unser Heiland saget nicht ein Wort von dem Opfer seines Todes. Noch findet sich daselbst

---

a) Es sind Wasserblasen, in Vergleichung mit dem allglorreichen Gehorsame Christi, oder wenn man sie in Absicht auf die große Sache der Rechtfertigung vor Gott betrachtet. — Wie aber Wasserblasen oder die mit Luft angefüllten wässerichten Kügelchen die Mittel sind, die schönsten Farben des Regenbogens vorzustellen: so geben auch diese Dienste, wenn sie gleich armselig und mangelhaft sind, ein Zeugniß von dem Daseyn dieser kostbaren Gnade — des Glaubens.

Das VI Gespräch.

selbst eine Sylbe, die seine Fürsprache für die Uebertreter betrifft. Allein, müssen diese Artikel unsers Glaubens für erdichtete oder überflüßig gehalten werden; weil sie in der vortrefflichen Abhandlung der praktischen Gottesgelahrtheit nicht ausdrücklich eingepräget worden?

Gleichwohl werden wir bey einer aufmerksamern Untersuchung finden, daß der Punct sehr stark mit darinnen begriffen, obwohl nicht besonders angezeiget gewesen; daß dessen Nothwendigkeit gezeiget, obgleich dessen Natur nicht erkläret worden. — Der erlauchte Lehrer öffnete seinen Mund, und sagete mit einer besondern Feyerlichkeit: Selig sind, die da geistlich arm sind b). — Aber, wer sind die? Nicht die Personen, die sich mit dem schmeichelnden Begriffe der laodicäischen Kirche liebkosen: Ich bin reich an Gehorsam, und habe gar satt, und darf nichts mehr von geistlichen Gaben c); sondern diejenigen vielmehr, welche ihre Dürftigkeit einsehen, ihre Missethat beweinen, und nach dem rechtfertigenden Verdienste eines Erlösers hungern, und dürsten; welche recht aus dem Grunde eines demüthigen Herzens bekennen: „Herr, ich bin eben so we-
„nig fähig, meine ganze Aufführung nach deinem hei-
„ligen Gesetze einzurichten, als ich vermögend bin,
„meine unzähliche Sünden auszusöhnen. Christus
„muß meine Gerechtigkeit sowohl, als meine Ver-
„söhnung seyn; oder sonst bin ich unwiederbring-
„lich verloren.„

Der

b) Matth. V, 3.   c) Offenb. III, 17.

Das VI Geſpräch.

Der unnachahmbare Prediger verſichert ſeine Zuhörer ferner: daß, wo nicht ihre Gerechtigkeit beſſer iſt, denn der Schriftgelehrten und Phariſäer ihre, ſie nicht in das Himmelreich kommen werden d). — Wie ſehr müſſen doch die Chriſten die Phariſäer übertreffen! Nicht allein darinnen, daß ſie aufrichtig ſind, daß ſie Ehrerbiethung gegen alle Gebothe Gottes haben; ſondern auch, daß ſie eine völlige Gerechtigkeit beſitzen; eine ſolche Gerechtigkeit, als die göttliche Heiligkeit mit Gefälligkeit annehmen kann; und bey welcher die göttliche Gerechtigkeit mit Ehren beruhen mag. Dieſes kann aber nichts geringers ſeyn, als der vollkommene Gehorſam des großen Mittlers. — Das merkwürdige Zeugniß des Apoſtels Paulus von dem, was er in dem phariſäiſchen Stande erlanget hatte, und was er in dem chriſtlichen Stande hoffete e), giebt die beſte Auslegung über dieſe wichtige Erklärung unſers Heilandes.

Theron. Sie wiſſen, das göttliche Orakel des Himmels wurde einsmal wegen der wichtigſten unter allen Fragen zu Rathe gezogen: wie ein Menſch ſich ſeines Rechtes zum Leben und zur Unſterblichkeit vergewiſſern könne? Und was iſt der Inhalt der heiligen Vorſchrift? — Wir werden auf die zehen Gebothe verwieſen; und uns wird in den ausdrücklichſten Worten zum endlichen Beſcheide gegeben: Thue dieſes, ſo wirſt du leben f).

Aſpa-

d) Matth. V, 20.   e) Phil. III, 7. 8. 9.
f) Marc. X, 17. Luc. X, 28. XVIII, 18.

Das VI Gespräch.

Aspasio. Diese besondere Person nur, wenn Sie belieben, und nicht wir, und das menschliche Geschlecht überhaupt, wurde auf die zehen Gebothe verwiesen. — Unser Heiland hatte in den vorhergehenden Versen seine Jünger unterrichtet: daß sie das Reich Gottes, oder die Gnade des Evangelii und den Segen, den es vorträgt, als ein Kindlein empfahen sollen; und dieses kann schwerlich heißen, zu Folge ihrer eigenen Werke.

Theron. Diese besondere Person ward nur darauf verwiesen, nicht wir, und das menschliche Geschlecht überhaupt! — Ich verstehe Ihre Meynung nicht, Aspasio.

Aspasio. Sie werden also beobachten, daß unsers Heilandes Antwort keine allgemeine Anweisung, sondern eine Antwort ad hominem war, die zur Anwendung des jungen Menschen eingerichtet war g). Anstatt daß er fragen sollen: „wie soll ein armer straf-
„barer

---

g) Es ist angenehm, die Weisheit unsers Heilandes zu beobachten, wie genau dieser göttliche Casuist seinen Rath nach den mancherley Ständen des menschlichen Geschlechtes einrichtet. — Den Sichern und Eingebildeten schicket er nach dem Gesetze, damit sie mögen gedemüthiget werden. Den Zerknirschten und Bußfertigen prediget er das Evangelium, damit sie mögen getröstet werden. — Wenn der Pharisäer, voll von sich selbst, aufsteht und saget: was soll ich thun? so ist die Antwort: Thue alles, was dir gebothen ist. Wenn die Frau mit zerbrochnem Herzen ihm zu Fuße fällt, und mit Thränen die Missethat ihres Lebens und die Angst ihres Herzens bekennet: so ist seine gnädige Antwort: deine Sünden sind dir vergeben.

Das VI Gespräch.

„barer Mensch, welcher jeden Tag sündiget, Verge-
„bung von dem gerechten Gotte erhalten„? Anstatt
daß er sagen sollen: „Wie soll ich, der ich nicht ver-
„mögend bin, einen guten Gedanken zu denken, mein
„Recht zu einer ewigen Herrlichkeit sicher machen„: so
fraget unser Forscher vielmehr: was soll ich Gutes thun, daß ich das ewige Leben ererbe?
Die Antwort erfolgete nach des Erforschers eigenen
Grundsätzen. Wenn du unter solchen gesetzmäßigen
Bedingungen Seligkeit erwartest: so wisse, daß dein
Gehorsam nicht weniger, als eine vollkommene Gleichförmigkeit nach dem göttlichen Gesetze seyn muß.
Verrichte alle dessen Gebothe in ihrem äußersten Umfange, in ihrer genauesten Reinigkeit und mit einer
nie nachgelassenen Beharrlichkeit alsdann — Aber
ach! solche Vollkommenheit ist zu groß für gefallene
Geschöpfe. Sie können sie nicht erreichen. Sie
müssen daher nothwendig alle solche Ansprüche fahren
lassen, und zu einigem andern Mittel der Rechtfertigung ihre Zuflucht nehmen.

Theron. Wenn solches der Inhalt seiner Antwort gewesen; warum drücket sich der wunderbare
Rathgeber so dunkel aus? Warum zieht er seinen
viel versprechenden Schüler nicht von diesem fruchtlosen Versuche ab, und bringt ihn auf den rechten praktischen Weg, die Seligkeit zu erhalten?

Aspasio. Dieses that er mit der größten Geschicklichkeit und auf die allerbeste Art. — Hätte
unser Heiland gerade herausgesaget: „du bist welt-
„lich gesinnt; du bist geizig; dein Reichthum ist dein
„Gott:„ so würde eine solche Aufbürdung aller
Wahrscheinlichkeit nach mit eben so vielem Vertrauen

seyn geläugnet worden, als sie aufrichtig und deutlich vorgebracht worden. Er stellet daher diesen scheinbaren Heuchler auf eine Probe h), die nicht fehlschlagen konnte, und gewiß die Wahrheit entdecken mußte. Diese Probe offenbarete die handgreiflichen und ungeheuren Mängel seines so gerühmten Gehorsames; welche denn anzeigete, daß dieser Mensch, der sich selbst so rechtfertigte, anstatt daß er alle Gebothe gehalten, dem ersten nicht einmal gehorchet hätte. Mitten unter allen diesen hohen Einbildungen von sich selbst aber war er, und zwar in diesem Augenblicke selbst, ein filziger kriechender Abgötter, welcher seine vergänglichen Güter der Erde einer unvergänglichen Erbschaft in dem Himmelreiche vorzog i). — Konnte sich wohl irgend ein Mittel besser zu dem Falle schicken? oder wohl besser erdacht werden, ihn, da er vom Stolze so eingenommen war, zu einem demüthigen Sinne zu bringen; ihn von seinem falschen Grunde, der Gerechtigkeit, welche aus dem Gesetze kömmt, abzuziehen, und ihn dahin zu führen, daß er sich auf den versprochenen, den erwarteten, den gegenwärtigen Meßias verließe?

Es fällt mir meines Freundes Sagacio Betragen ein. Dieses scheint einige Gleichförmigkeit mit dem Verfahren unsers Heilandes zu haben; und wahrscheinlicher Weise die eigentliche Beschaffenheit derselben erläutern kann. — Als er einen von seinen ungelehrten Nachbarn besuchete: so fand er ihn mit einem gewissen geschwätzigen Fremden in Gesellschaft, welcher auf eine ausschweifende Art von den Wundern

der

h) Luc. XVIII, 22.   i) Luc. XVIII, 23.

der Astronomie redete. — Sagacio merkete gar bald, daß die Hauptwissenschaft dieses außerordentlichen Sternkundigen in einer kleinen Bekanntschaft mit den Kunstwörtern und einem ziemlich starken Antheile von Zuversicht bestund. Wie sollte er nun den mit fremden Federn geschmückten Halbgelehrten zu einer kleinen Bescheidenheit in Meynungen und zum Wohlstande in dem Umgange bringen? Er nahm also Erlaubniß zu fragen: was das Wort Astronomie wohl bedeuten möchte? Dem Redner war in dem Augenblicke der Mund gestopfet. Er hatte sich, wie es schien, niemals unterrichtet, daß die Astronomie die Ordnung und Regulierung der Sterne angieng. Diese einzige Frage lehrete unsern kleinen Philosophen in der That mehr, als ihn zwanzig Vorlesungen von dieser Materie würden gelehret haben. Sie lehrete ihn seine eigene Unwissenheit; und daß er noch selbst die ersten Anfangsgründe von seiner so bewunderten Wissenschaft zu lernen hätte.

Theron. Was wollen Sie von denen berühmten Stellen in dem Briefe St. Jacobi sagen: *Ihr sehet, daß der Mensch durch die Werke gerecht wird. Ist nicht Abraham, unser Vater, durch die Werke gerecht worden* k)? Können einige Worte eine klärere Bedeutung haben? Oder kann irgend einige Meynung dem ganzen Endzwecke ihres Beweisgrundes mehr gerade entgegen seyn?

Aspasio. Das wollte ich sagen, Theron. — Wenn die Stellen, die Sie anführen, aus dem Zu-

---

k) Jacobi II, 21. 24.

sammenhange herausgerissen sind: so mögen sie wohl mit den Erklärungen eines andern Apostels nicht bestehen zu können scheinen: so wie ein Glied, wenn es aus seiner natürlichen Lage verrenket ist, nicht das gehörige Verhältniß zu haben scheint. Man setze hingegen den verrenkten Theil wieder an seinen Ort, so wird er das Ebenmaaß seiner Gestalt gleich wieder erlangen. — Eben so setze man auch diese Sprüche wieder an ihren Ort; man betrachte sie in der Verbindung mit dem ganzen Satze: so wird man finden, daß sie mit der Lehre des Apostels Paulus wo nicht einerley klingen, doch vollkommen übereinstimmen.

Was für einen Punct unternimmt der Apostel Jacobus zu erläutern? — Er will den aufrichtigen von einem nicht aufrichtigen Glauben unterscheiden. Wenn ein Mensch saget, er habe Glauben: so ist solches die Prahlerey eines heuchlerischen Bekenners. Der Apostel hat also augenscheinlich mit einem Menschen zu thun, welcher auf diese kostbare Gabe Anspruch machet; und antwortet daher: Zeige mir deinen Glauben; beweise die Wirklichkeit deines Anspruches; beweise es mir, und der Kirche, deinen Nebenmenschen und Nebenchristen. Wenn er nicht gerechte Werke hervorbringt: so müssen wir ihn für falsch, nichtswürdig, und todt erklären.

Nachdem er den falschen Glauben entdecket: so fährt er fort, den wahren Glauben zu beschreiben. Das große Kennzeichen desselben ist, eine Gemüthsbeschaffenheit und ein Lebenswandel, welche mit der geglaubten Lehre übereinstimmen. An diesem Probiersteine wurde der Glaube unsers berühmten Ahnherrn geprüfet und nachdem er geprüfet worden, zu

seinem

Das VI Gespräch.

seinem Preise, Lobe und Ehre befunden. Ist nicht Abraham unser Vater durch die Werke gerecht worden? — Gerecht? wie? Als zur Annehmung bey dem höchsten Richter? Nein; dieses war lange vorher geschehen, ehe der Patriarch seinen Sohn Isaac opferte. Allein, da er diese heroische That der Selbstverläugnung, Entsagung und des Gehorsames ausübete: so wurde seine Rechtfertigung allen seinen Zeitgenossen und allen Geschlechtern offenbar gemacht. Sein Glaube wurde vollkommen gemacht l); kam seinem eigentlichen Endzwecke gemäß; und schien von der wahren, der triumphirenden, der schriftmäßigen Art zu seyn; weil er die Welt überwand, sich selbst überwand, und Gott als Alles in Allem ansah.

Ueberhaupt so redet der Apostel Paulus von der Rechtfertigung unserer Personen, der Apostel Jacob aber von der Rechtfertigung unsers Glaubens m). —

l) Ἐτελειώθη. In diesem Verstande, vermuthe ich, müssen wir des Apostels Johannis Spruch verstehen. Wer recht thut, der ist gerecht; offenbaret die Wahrheit seiner Bekehrung, und rechtfertiget sein Bekenntniß von allem Verdachte eines nicht aufrichtigen Wesens. 1 Joh. III, 7.

m) Daß der Ausdruck, dessen sich der Apostel Jacob bedienet, diese erklärende Rechtfertigung bedeute, ist aus 1 Tim. III, 16. klar, wo der Apostel, da er von unserm Herrn Jesu Christo redet, saget, ἐδικαιώθη, er wurde gerechtfertiget in oder durch den Geist; er wurde für den wahren Sohn Gottes erkläret, als der ungezweifelte Heiland der Welt auf Erden geoffenbaret, und vom Himmel erkannt.

Das VI Gespräch.

Der Apostel Paulus beschreibt die Art, gerecht zu werden, vor dem allsehenden Gotte; der Apostel Jacobus zeiget den Beweis n) eines gerechtfertigten Zustandes, wie solcher bey den Menschen sichtbar ist. — Das erste rühret von der unbefleckten Gerechtigkeit Christi her, die auf unsere Rechnung gesetzet wird; das letztere besteht in den Früchten der Gerechtigkeit, die unser Leben schmücken. Diese Stellen sind daher, wenn man sie recht versteht, den Briefen des Apostels Paulus oder dem Endzwecke meines Beweisgrundes nicht im geringsten zuwider, sondern eine gehörige Warnung und ein eigentliches Verwahrungsmittel, daß man jene nicht unrecht versteht, und diese nicht verkehret.

Theron. Ich wünsche, daß Sie den kurzgefaßten aber scharfsinnigen Begriff der wahren Religion lesen wollten, welcher in dem funfzehnten Psalme enthalten ist. Der heilige Schriftsteller fängt mit dieser

---

n) Ich sollte mir einbilden, eine sehr kleine Anmerkung müsse einen jeden Leser, der ohne Vorurtheile ist, überzeugen, daß der Apostel Jacobus gewiß nicht die Art der Rechtfertigung vor dem unendlich gerechten Gotte fest setzen könne; weil er niemals des Todes Christi dabey erwähnet — welcher seine Seele zum Opfer für die Sünde machete, — von dem alle Propheten zeugen, daß, wer an ihn gläubet, Vergebung der Sünde erlangen soll — und außer welchem kein anderer Name unter dem Himmel gegeben worden ist, worinnen wir können selig werden. — Konnte ein Apostel so durchaus seines Heilandes vergessen, und in einem Falle, wo ein jeder anderer von Gott begeisterter Schriftsteller ihn erkennet, ja, ihn erkennet, daß er alles in allem ist.

dieser Frage an: Herr, wer wird wohnen in deiner Hütte? Wer wird bleiben auf deinem heiligen Berge? Auf diese höchstwichtige Frage sind die folgenden Verse eine völlige und hinlängliche Antwort. Alles läuft auf die Ausübung der moralischen Pflichten hinaus. Wer ohne Wandel einhergeht und recht thut. Es kömmt da nicht eine einzige Sylbe, oder eine einzige Anzeige von der weit höhern Vortrefflichkeit des Glaubens, oder der äußersten Nothwendigkeit eines für andere geleisteten Gehorsames vor.

Aspasio. Ich habe den schönen, den lehrreichen Psalm oftmals gelesen, und werde mich seiner erinnern. Und ich bitte um Erlaubniß, einmal für allemal wegen solcher Stellen aus dem alten Testamente zu erinnern, daß sie voraussetzen, die Personen, welche sie beschreiben, wären von ihrem natürlichen Verderben überzeuget, unter einer Empfindung von ihrer wirklichen Schuld gedemüthiget, und lebeten in einer gewissenhaften Beobachtung der Sühnopfer, die sich insgesammt auf Christum bezogen, und von seiner Vermittelung alle ihre Kraft herleiteten.

Denken Sie wohl, daß sich irgend einer von den jüdischen Heiligen würde getrauet haben, eine Ursache zur ewigen Seligkeit daher zu nehmen, weil er solchen moralischen Anweisungen gemäß gehandelt hätte, und zu gleicher Zeit verabsäumet haben, die jährliche Anordnung des Passah, die Opfer der drey großen Festtage, oder eine gläubige Verbesserung des täglichen Opfers zu beobachten? — Keinesweges. Sie waren kläglich mangelhaft, und würden sich auch dafür erkannt haben. Sie würden das Versprechen der freyen Gnade borgewandt, und zu dem Blute ihre Zuflucht genommen haben, welches Gott selbst zu einer Versöhnung für ihre Seelen gemacht hatte. — Durch solche Gedanken und durch ein solches Betragen brachten sie selbst das rechte Wesen unserer Lehre zur Ausübung, verwarfen ihre eigenen Werke, so tugendhaft oder gottselig sie auch seyn mochten, und vertraueten auf die Stärke Israels, den Herrn unserer Gerechtigkeit, welcher allein alle Gebothe erfüllete, die in diesem vortrefflichen Formulare der Pflicht enthalten waren; welcher auch das Wesen eines jeden reinigenden und eines jeden versöhnenden Gebrauches war.

Theron. Hat nicht der heilige Schriftsteller ausdrücklich zum Beschlusse des Psalmes gesaget: Wer das thut, der wird wohl bleiben?

Aspasio. Das hat er gethan. Und ich glaube, dieses ist seine Meynung: „Personen von einer „solchen Gemüthsart, und die dergleichen thun, tra„gen die Kennzeichen als Gottes Kinder, und sind zu „seiner Herrlichkeit geschickt. Sie werden daher „niemals weder hier in einen gänzlichen Abfall, noch „nach diesem Leben in eine endliche Verdammung ge„rathen. Sie sind nunmehr Erben, und werden „zu gehöriger Zeit auch Besitzer seines ewigen Kö„nigreiches seyn.„

Sie werden aber anmerken, daß alle diese Pflichten und Eigenschaften nur bloß den Erben des Himmels kenntlich machen, nicht aber wirklich dazu bestellen. — Sie werden auch ebenfalls auf einen andern sehr merkwürdigen Umstand in seiner Abschilderung Acht haben: der sich nicht selbst achtet,
sondern

Das VI Gespräch.

sondern in seinen eigenen Augen niedrig ist o). Oder wie der lebhafte Grundtert saget, der gering und schlecht vor seinen eigenen Augen ist; der gar nicht strebet sich selbst zu rechtfertigen, sondern solcher Bemühung gänzlich entsaget, und in tiefer Erniedrigung zu den Füßen der unendlich reichen Gnade niederfällt.

Theron. Ich kann nicht anders denken, als daß es die durchgängige Lehre der heiligen Schrift ist; und ich bin versichert, daß es einer von den ersten Grundsätzen ist, welche das Licht der Natur lehret: — daß der allerhöchste Gott nothwendig Gerechtigkeit lieben, und an dem Gerechten ein Vergnügen haben muß.

Aspa-

---

o) Psalm XV, 4. נבזה בעיניו נמאס. Ich kann nicht sagen, daß ich die Uebersetzung der Bibel in diesem Verse bewundere: Wer die Gottlosen nicht achtet; in dessen Auge die geringe Person verächtlich ist. Mich dünkt, sie ist dem zärtlichen und gütigen Geiste unserer Religion nicht günstig, welche uns lehret, alle Menschen zu ehren, niemandes Person zu verachten, sondern allein die Gottlosigkeit des Gottlosen zu verabscheuen.

Sollte der Verstand, wider den ich etwas einzuwenden habe, seinen Nachdruck haben: so ist der Verstand, den ich vorgezogen habe, noch unvergleichlich nachdrücklicher. Wenn es eine gottselige Handlung ist, den Gottlosen nicht zu achten: so ist es ein noch weit stärkerer und noch weit schwererer Beweis der Religion, von uns selbst geringschätzig zu denken. Man ahmet darinnen dem höchsten Muster der menschlichen Vortrefflichkeit nach, welches ungeachtet seiner weit erhabenern Gaben sich dennoch weniger achtete, als den geringsten unter den Heiligen; ja sich für den vornehmsten Sünder angab.

Das VI Gespräch.

Aspasio. Wenn das Licht der Natur ein Evangelium bekannt machen sollte: so glaube ich, es würde nach ihrem Entwurfe eingerichtet werden. Es würde dem Unschuldigen, dem Tugendhaften und dem Heiligen allein Gewogenheit schenken. — Allein, das Evangelium von Christo lautet ganz anders: Dieses bringt dem Verdammten Verzeihung, und dem Verfluchten Segen. Es ist dem Kranken Gesundheit, und dem zu Grunde gerichteten eine Wiederaufrichtung. Der Herr hat mich gesalbet, saget dessen göttlicher Urheber, den Elenden, die unter einem Gefühle ihrer Unwürdigkeit gedemüthiget sind, zu predigen. — Er hat mich gesandt, die zerbrochenen Herzen zu verbinden, die von einer Ueberzeugung ihres zu Grunde gerichteten Zustandes verwundet sind, — den Gefangenen, den elenden Gefangenen des Satans, eine Erledigung zu predigen; und den Gebundenen, den mit Ketten der Finsterniß, des Elendes und der Sünde Gebundenen, eine Oeffnung p).

Weil ich selbst ein höchst unwürdiger Sünder bin: so müssen Sie nicht ungehalten darüber werden, wenn ich mich der Sache dieser unglücklichen Geschöpfe annehme. Jedoch, ob ich gleich ein Freund der Sünder bin; so bin ich doch kein Feind des Gerechten. Ich bin mit meinem Theron darinnen völlig einig, daß ich zugebe, der allerhöchste Gott liebe nothwendig die Gerechtigkeit. Ich möchte nur allein gern wissen, wo diese vortreffliche und liebenswürdige Eigenschaft zu finden sey. Nicht unter den Hei-

---

p) Jes. LXI, 1.

Das VI Gespräch.

Heiden. Sie sind von den Aussprüchen des natürlichen Gewissens abgewichen. — Nicht unter den Juden. Sie haben die heiligen Gebothe gebrochen, die auf dem Berge Sinai gegeben worden. — Nicht unter den Christen. Denn sollte Gott mit uns ins Gericht gehen: so würden wir ihm auf tausend nicht eins antworten können. — Wo wollen Sie in dem Königreiche Aethiopien, oder in dem Lande der Mohren einen eingebohrnen Weißen finden?

Der Sohn Gottes fand keinen unter dem Geschlechte Adams, welcher zu dem Charakter des Gerechten berechtiget gewesen wäre. Er, der sich selbst zu einer Erlösung für alle gab, machte keine Anwendung auf solche Personen q)? — Warum? Weil er hartnäckiger Weise das persönliche Gute nicht achtete? Oder weil er unfähig war, die Vortrefflichkeit der anklebenden Tugend zu unterscheiden? — Nein; sondern weil er wußte, daß, so liebenswürdig diese Eigenschaften auch wären, sie dennoch kein Daseyn in dem menschlichen Herzen hätten, bis der Sünder, der durch seinen Tod versöhnet worden, auch durch seinen Geist geheiliget worden.

Sie erinnern sich vielleicht der merkwürdigen Antwort, welche die Spartaner ehemals einem drohenden Gesandten von einigen benachbarten Staaten gaben. Nichts konnte kürzer gefasset; und ich denke, es war auch nichts scharfsinniger und nachdrücklicher.

Theron.

---

q) Matth. VIIII, 13. Ich bin gekommen, die Sünder zur Buße zu rufen, und nicht die Frommen.

Theron. Diese Nachbarn gaben ihnen durch ihre Gesandten zu verstehen: „daß, wenn sie in „ihr Gebieth einfielen, sie ihre Städte verbren„nen, ihre Einwohner zu Gefangenen machen, und „alles verheeren wollten, wo sie nur hinkämen.„. — Auf diese übermüthige Drohung gaben die tapfern Lacedämonier keine andere Antwort, als — Wenn:

Ist dieses die Geschichte, auf welche Sie sich berufen?

Aspasio. Es ist eben dieselbe. — Und wenn Sie von der menschlichen Gerechtigkeit, als der Ursache unserer Annehmung bey dem ewigen Gotte reden: so wollte ich die Sprache eines Spartaners borgen. Wenn, sollte meine Antwort seyn. — Wenn Sie sich außer dem Gehorsame und ohne den Geist Christi mit dieser Gabe versehen können; oder wenn Sie Ihre Gerechtigkeit zu derjenigen Vollkommenheit führen können, welche der Reinigkeit des Gesetzes gleich kommen, und mit der Majestät des Gesetzgebers übereinstimmen kann: alsdann bauen Sie darauf; lassen Sie solche den Grund Ihrer Zuversicht seyn, und suchen Sie keinen bessern Grund.

Allein, wer auf diese Art suchen will, sich der Gnade Gottes zu empfehlen, wird eben so verfahren, als der irrige Landmann beym Horaz, welcher nicht vermögend war, über den Fluß zu kommen, und daher den Entschluß fassete, an dem

Ufer

hier so lange zu warten, bis das Wasser alles verlaufen wäre:

— — — — — At ille
Labitur, et labetur in omne volubilis aevum r).

Theron. Hier müssen wir, denke ich, von ihrem Landmanne Abschied nehmen. Wenn er bey seinem Entschlusse bleibt: so werden wir ihn in eben der Stellung wieder finden, wenn das Frühstück vorbey ist; und können unsere Materie wieder vornehmen, da wo sie abgebrochen worden.

* * *

r) Steh ab, o eitler Mann; laß solche Hoffnung
schwinden;
Er fließt und fließt; du wirst ihn ewig fließend
finden.

Das VII Gespräch.

Das Heumachen. — Die Vergnügungen der Natur kann man frey genießen. — Die Güter der Gnade werden mit gleicher Freygebigkeit geschenket. — Therons Entwurf von Annehmung der Sünder bey Gott, besteht aus Aufrichtigkeit, Reue und guten Werken, welche durch das Verdienst Christi empfohlen werden. — Es wird gezeiget, daß dieses ein falscher Grund sey. — Es giebt eher keine gute Werke, als bis wir durch den Erlöser angenommen sind.

Theron.

Da ich den größten Theil des Winters in der Stadt zugebracht habe: so sind mir diese Auftritte des Landlebens unaussprechlich angenehm. Es nehme wer da will, den vergoldeten Saal und den seidenen Polster: so lange ich mich unter dem Dache einer solchen ausgebreiteten Buche beschirmen, und einer von seinen groben und ungestalten Wurzeln zu meinem Sitze bedienen kann.

Es ist wahr, wir sehen die glänzenden Brocade und die zierlichen Toupee nicht mehr, welche den Park und den Mall unterscheiden. — Wir haben aber gerade vor unserm Gesichte eine Menge ehrlicher Bauern, welche ihre fröhlichen Arbeiten auf jener Wiese fortsetzen. Einige mähen das geile Gras ab. Einige häufen es in ordentliche Schober. An-
bere

Das VII Gespräch.

dere beladen ihre Wagen mit dem Heue, oder machen den Boden mit ihren Harken rein. Der von seiner sanften Beschattung gesäuberte Grund erscheint, wie ein anderer Frühling, frisch und grün: da inzwischen die Ausdünstungen des zu Heu gemachten Grases in die Luft steigen, und dem Winde einen lieblichen Landgeruch geben. — Und wer, mein Aspasio, wer sind die schätzbarsten Gegenstände? Die kleinen Arbeiter des Bienenstockes, die sich bereichern und ihre Herren beschenken? oder die lustigen Flatterer der Gärten, deren ganzes Leben sonst nichts, als eine Kurzweil ist; und ihr höchster Charakter ist, daß sie nichtsbedeutend artig sind?

Aspasio. In dieser Einsamkeit hören wir nichts von den üppigen und verderblichen Arien des Singespiels; und auch nichts von der majestätischen und edlen Melodie des Oratorio a). — Aber wir haben eine Bande Musikanten in dem Walde stehen; und ein Concert von natürlicher Harmonie, welches von den Zweigen herab erklingt. Wir werden mit derje-

---

a) Majestätisch und edel. — Dieses ist, denke ich, der wahre Charakter des Oratorio, und drücket die wirkliche Absicht desselben aus. Dem ungeachtet wird es doch nicht undienlich seyn, anzumerken, daß wenn wir einen Geist voller Kleinigkeiten und ohne Andacht zu der Unterhaltung mitbringen; wenn wir nur auf die Musik der Arien aufmerksam sind, auf die heiligen Wahrheiten aber nicht achten, welche darinnen enthalten sind: so wird solches nicht viel besser seyn, als eine Entheiligung heiliger Sachen. Ich befürchte, es werde eine Art von eitelm Mißbrauche des anbethenswürdigen und glorreichen Namens Gottes seyn.

II Theil.

derjenigen Musik unterhalten, welche das menschliche Ohr reizeten, lange zuvor, ehe Jubal b) seine Instrumente erfand; und einige tausend Jahre vorher, ehe Händel seine Stücke setzete. — Das Rothschwänzchen und eine Menge kleiner tonreichen Kehlen geben den Ton an. Die Drossel unten, und die von oben antwortende Lerche verändern und erhöhen den Klang. Die Amsel machet das Chor mit vollkommen ausgeführten und annehmlich hellklingenden Noten, der feyerlichen Orgel etwas gleich; da inzwischen die melancholische Stimme der Turteltaube und der murmelnden Wasser klagender Ton die allgemeine Symphonie vertiefet und vollständig machet.

Dieses ist die Musik, welche das erste Danklied ausmachete, und das erste Lob mit Stimmen bildete, welches der allgnädige Schöpfer, von seiner neugemachten Welt erhielt. Diese ist weder die Mutter der Weichlichkeit, noch eine Beförderinn der Laster; sondern läutert die Gemüthsneigungen, selbst wenn sie die Einbildungskraft vergnüget.

Theron. Alle Vergnügungen der Natur haben die Absicht, sowol unsere Unschuld sicher zu erhalten, als unserer Einbildungskraft zu willfahren. — Und was noch ein anderer sehr angenehmer Umstand ist: so werden diese Willfahrungen, welche das erhabenste Vergnügen machen, umsonst ertheilet; da man diejenigen, welche die Seele entkräften, und die Neigungen verderben, sehr theuer kaufen muß. — Es kann nicht ein jeder eine Loge erhalten, oder in das Parterre kommen, wenn ein berühmtes Trauerspiel aufgeführet wird. Ein jeder aber kann die schönen Vorstellun-

b) 1 B. Mos. IV, 21.

stellungen des Frühlinges und die edlen Früchte des Herbstes sehen. Alles kann die Kunstwerke der Natur, und die Wunder der Schöpfung betrachten; und dadurch ein weit auserleseneres Vergnügen ohne einige Schuld oder Gefahr genießen.

Die Einwohner von jenen Dorfschaften haben niemals den prächtigen Aufzug bey der Krönungsfeyer eines Monarchen, noch die buntfärbigen Erleuchtungen bey der jährlichen Feyer seines Geburtstages gesehen. Sie sehen aber fast alle Morgen ein weit edler Schauspiel in Osten vorgestellet. Sie sehen den großen Regierer des Tages, oder vielmehr den Gesandten von des Tages ewigem Oberherrn mitten unter den weiten Räumen der Wolken seinen Einzug halten. — Der Himmel ist mit Farben bestreuet; welche den Nelken und andern bunten Blumen Trotz biethen. Das Gras ist mit Thautropfen bedecket, und jede Pflanze ist gleichsam mit Perlen eingefasset. Rund umher fliegt die Finsterniß, und süße erquickende Lüftchen erheben sich. — Endlich erscheint das prächtige Licht. Und was ist aller der prahlerische Pracht der Könige? Was ist aller Schimmer des glänzendsten Hofes, in Vergleichung mit seinem überschwenglichen Glanze? — Dieses Schauspiel können wir ohne Zeitverlust, ohne Nachtheil der Gesundheit ansehen. Ja, wir können es nicht ansehen, ohne das eine zu verbessern, und das andere wieder zu erlangen. So gutthätig sind selbst die Vergnügungen, welche die Natur schenket! So dienlich sind die Belustigungen, wozu sie einladet!

Aspasio. So gnädig ist der allmächtige Schöpfer bey der Einrichtung der materialischen Dinge.

Das VII Gespräch.

Das Wesentliche und das Schätzbare sind einem jeden offen; ein jeder kann dazu kommen. Nur das Flittergold und der Pferdeschmuck ist das Eigenthum weniger Leute; das armselige Vorrecht des Vermögens.

Nicht weniger gnädig ist Gott bey Ausspendung der geistlichen Gaben. Sie sind unendlich vortrefflicher, und doch eben so frey. Wir werden eingeladen, solche ohne Geld und umsonst zu kaufen c). — Was geben Sie für die Wohlthaten der aufgehenden Sonne, oder für die Vergnügungen dieser Landmusik? Die Sache verhält sich eben so in Ansehung der Gerechtigkeit, wodurch wir gerechtfertiget werden, und alles Segens der Seligkeit.

Theron. Dieß erinnert uns an unsern Landmann, den wir an dem Ufer des Flusses stehen liessen. Und so viel ich sehen kann, so sind Theron und der Landmann ziemlich auf einem Fuße. Der erste ist eben so fern, ihren Begriffen beyzutreten, als der letzte ist, seine Absicht zu erreichen.

Aspasio. Haben Sie wider diese Gaben der Natur etwas einzuwenden, Theron; weil sie weder durch Ihr Geld erkaufet, noch durch Ihre eigene Arbeit hervorgebracht worden?

Theron. Aber wer kann es jemals erwarten, Verzeihung und Annehmung und ewige Seligkeit für einen so wohlfeilen Preis zu erhalten? Es scheint lauter Verblendung zu seyn, Aspasio.

Aspasio. So wohlfeil! Sie wollten also wohl etwas, vermuthe ich, als einen Preis bezahlen. — Aber ich bitte, sagen Sie mir doch, was für einen

Preis

---

c) Jes. LV, 1.

Das VII Gespräch.

Preis haben Sie Gotte Ihrem Schöpfer dafür bezahlet, daß er Sie in Mutterleibe gebildet hat? Was für einen Preis haben Sie Gotte Ihrem Erhalter dafür bezahlet, daß er Sie seit Ihrer Geburt bis hieher erhalten hat? Oder was für einen Preis denken Sie Gotte dem höchsten Eigenthümer für den Grund, auf den Sie treten, für die Luft, worinnen Sie athmen, für die Sonne, wodurch Sie sehen, zu bezahlen? Eben denselben Preis müssen Sie auch Gotte Ihrem Erlöser für alle seine rechtfertigende Verdienste bezahlen.

Sowol diese als jene rühren von einerley Wohlthäter her. Sie sind entweder zur Wohlfahrt des Körpers, oder der Glückseligkeit der Seele unumgänglich nöthig; und sie werden insgesammt unter einerley freyen Bedingungen gewähret. Denn so saget der Prophet d): Er wird hervorbrechen, bey der Ausspendung des Evangelii, wie die schöne Morgenröthe. Christus mit allen seinen kostbaren Vorrechten, wird zu uns kommen wie ein Regen; und wie ein Spatregen, der das Land feuchtet. — Wenn Ihnen aber gleichwol ein anderer und besserer Weg bekannt ist: so seyn Sie so gütig, und theilen Ihre Wissenschaft mit.

Theron. Einige, wie Sie beobachten können, verlassen sich auf ihre unanstößige Aufführung. Sie leben friedlich. Sie thun ihren Nachbarn kein Leides. Sie sind keiner großen Beleidigung gegen Gott schuldig. Und warum sollten sie nicht hoffen, seine Gewogenheit zu erhalten? — Sie glauben,

d) Hof. VI, 3.

der Prophet Samuel bestätige ihre Hoffnung, wenn er diese feyerlichen Fragen thut: Habe ich jemandes Ochsen und Esel genommen? Habe ich jemanden Gewalt oder Unrecht gethan e)? — Ja, sie bilden sich ein, daß unser Heiland selbst ihre Erwartung dadurch bestätiget habe, daß er vom Nathanael diese Abbildung gemachet: Ein rechter Israeliter, in welchem kein Falsch ist f). — Eine Befreyung von äußerlicher Ungerechtigkeit und innerlicher Heucheley sind alle Eigenschaften, die in dem einen Falle gelobet, und in dem andern zugestanden werden.

Aspasio. Diese verneinende Güte, wenn sie ja Güte genannt zu werden verdienet, war ein Vorwand für den sich brüstenden Pharisäer. Ich vermuthe aber, es wird niemand gern mit einem solchen Gefährten weder hier in seiner Abschilderung, noch dort in seinem Zustande wollen gepaatet seyn.

Samuel rechtfertiget sich an dem Orte, den Sie anführen, bloß gegen seine Nebengeschöpfe, und allein, als eine obrigkeitliche Person. Er redet nicht von seiner Rechtfertigung vor dem Richter über Leben und Tod. Diese mußte, wie er wohl wußte, aus einer andern Quelle herkommen, und auf einen festern Grunde bleiben.

Der Israelite ohne Falsch war eine Person, die sich nicht allein von allen Sünden enthielt, sondern auch alle Pflichten ausübete, und das ohne freywillige Verabsäumung der einen oder einiger vergönnten Nachsicht gegen die andere. Dieses Beyspiel wird
daher

---

e) 1 Sam. XII, 3.   f) Joh. I, 47.

daher auf keine Art und Weise die Hinlänglichkeit Ihrer verneinenden Gerechtigkeit beweisen, welche eben den Grad der Vortrefflichkeit zu haben scheint, als ein Brunnen, der niemals Wasser giebt, oder als eine Wolke, die niemals in Regen herabfällt g).

Theron. In diesem Stücke, Aspasio, bin ich Ihrer Meynung. — Allein, ich wollte noch Sittlichkeit mit der Höflichkeit, den tugendhaften mit dem unanstößigen Umgange verbinden. Und wenn wir nicht allein aufhören, übels zu thun, sondern auch wohl thun lernen; wenn wir mäßig leben, Mildthätigkeit ausüben, und alle Gebote nach unserm besten Vermögen halten; ist das nicht ein hinlänglicher Grund zu unserer Hoffnung?

Aspasio. Ja, Theron, wenn Sie so, wie Sie Sittlichkeit mit Ihrer Höflichkeit verbinden, noch Vollkommenheit zu beyden hinzufügen: Sonst müssen Sie, nicht unter diejenigen, die Anspruch machen; sondern unter die Missethäter gestellet werden. Sie haben kein Recht zu einer Belohnung, sondern bedürfen einer Verzeihung.

Es ist ein Grundsatz der Gerechtigkeit, welcher sich auf die unveränderliche Einrichtung der Dinge gründet: daß der Schuldner losgesprochen wird, wenn er die Schuld bezahlet hat. Man setze aber, daß er anstatt des Goldes Eisen bringt; daß er anstatt Talente Groschen abträgt, daß er anstatt sich loszumachen, die Summe täglich stärker machet:

---

g) Vel Lyra quæ reticet, vel qui non tenditur arcus,
CLAVDIAN.

Das VII Gespräch.

kann er alsdenn vernünftiger Weise eine Quittung erwarten, oder rechtmäßiger Weise eine fordern?

In Ansehung eines solchen Gehorsames können wir unser Endurtheil in der figürlichen aber sehr nachdrücklichen Sprache des Jesaias lesen: Das Bette ist so eng, daß nichts übrig ist, und die Decke so kurz, daß man sich drein schmiegen muß h). Er kann dem erwachten Gewissen weder Ruhe geben, noch der strafbaren Seele Schutz verleihen. Wenn wir nichts bessers vorzubringen haben: so werden wir nicht vermögend seyn, bey dem jüngsten Gerichte unsere Häupter aufzuheben; sondern müssen in den Felsen gehen, und uns in der Erden vor der Furcht des Herrn und vor seiner herrlichen Majestät verbergen i).

Theron. Wir wollen noch einen Schritt weiter gehen, und die Ausübung der Andacht mit einnehmen. Wir wollen Gottes Wort lesen, zu seiner göttlichen Majestät bethen, und seinem öffentlichen Dienste ordentlich beywohnen. Hier sind nun die gesellschaftlichen Vollkommenheiten, und die moralischen Tugenden durch die Ausübung der Religionspflichten vollständig gemacht.

Aspasio. Vollständig gemacht! — Ich befürchte, dieser Ausdruck werde kaum die Probe einer einzigen Frage aushalten können. Haben Sie denn alle ihre Pflichten mit der brünstigen Liebe gegen Gott, und der ungetheilten Absicht zu seiner Ehre, mit der anbiethenden Dankbarkeit gegen den Herrn Jesum, und dem kinderähnlichen Vertrauen auf den

heili-

h) Jes. XXVIII, 20.   i) Jes. II, 10.

Das VII Gespräch.

heiligen Geist ausgeübet, welche die Beschaffenheit der Sachen erfordert, und die Schriften der Wahrheit auflegen. — Wo das nicht ist, so sind ihre Pflichten, sie mögen nun sittlich oder Religionspflichten, oder beydes seyn, noch weit entfernet, vollständig zu heißen; ja sie sind gänzlich mangelhaft, und aus der Ursache auch zu ihrer Rechtfertigung durchaus unzulänglich. Sie sind beschnitten oder von falschem Gepräge. Und werden die in der Welt der Herrlichkeit gelten?

Theron. Wenn ich auch zugebe, daß sie mangelhaft sind: so sind sie doch aufrichtig. Und ob sie gleich nicht frey von allem Zusatze sind; warum sollten sie doch, wenn sie das Bild und die Ueberschrift der Aufrichtigkeit tragen, als verrufenes Geld verworfen werden? Warum sollten sie nicht in der Welt gelten, deren sie gedenken?

Aspasio. Ach! — saget ein scharfsinniger und bewunderter Schriftsteller: — „die Unvollkommen„heiten unserer besten Dienste verwirken täglich den „Segen der Zeit. Wie unmöglich ist es denn, „daß die Aufrichtigkeit derselben mitten unter so vie„len Gebrechlichkeiten und Mängeln die ewige Herr„lichkeit kaufen sollten.„

Theron. Ihr Schriftsteller mag auch noch so scharfsinnig seyn: so kann ich ihm dennoch andere entgegenstellen, die eben so vermögend sind, zu urtheilen, und ihm in ihrer Meynung gerade entgegen stehen. — Was saget der weise und tapfere Mann, Mosis Nachfolger und Feldherr des israelitischen Heeres? Josua, ich bin es versichert, erkläret sich für mich. Fürchtet den Herrn, und dienet ihm

ihm treulich und rechtschaffen k), ist sein letzter
feyerlicher Befehl an das Volk. — Selbst der
große Apostel wünschet sich Glück, daß er in Ein-
fältigkeit und göttlicher Lauterkeit gewandelt
habe l).

Aspasio. Sie haben den Befehl angeführet, der von dem Diener gegeben worden: erinnern Sie sich doch auch dessen, was der Herr dawider vorbringt: Du kömmest nicht herein, ihr
Land einzunehmen, um deiner Gerechtigkeit
und deines aufrichtigen Herzens willen m).
So gar das irdische Canaan wurde den Israeliten nicht als die Belohnung ihres äußerlichen Gehorsames oder ihrer innerlichen Aufrichtigkeit gegeben. Noch vielweniger können wir das Königreich
der Unsterblichkeit wegen einiger Aufrichtigkeit unserer Gesinnungen oder Gottseligkeit unserer Handlungen erwarten.

Weil aber gleichwol die Lehre von der Aufrichtigkeit der liebste und modische Lehrsatz heutiges Tages ist: so will ich mich ein wenig nach dem herrschenden Geschmacke bequemen. Sie sollen keine
Ursache haben, sich zu beklagen, weder daß ich ein
Cyniker, noch daß ich ein Stoiker bin. — Es mag
genug seyn für uns, daß wir aufrichtig sind. Nur
wollen wir uns wegen einer Erklärung dieser so lieben
Eigenschaft an den Apostel wenden: Auf daß ihr
lauter und unanstößig seyd, erfüllet mit Früchten der Gerechtigkeit, die durch Jesum Christum

k) Jos. XXIIII, 14.   l) 2 Cor. I, 12.
m) 5 B. Mos. VIIII, 5.

Das VII Gespräch.

stum geschehen zur Ehre und Lobe Gottes n).

Hier sind drey Eigenschaften von einer Aufrichtigkeit, die anzunehmen ist. — Sie muß Früchte bringen; die Früchte der Gerechtigkeit, und sie so reichlich bringen, daß wir damit erfüllet werden. — Der Zweig und die Früchte müssen jener seine Kraft, und diese ihre Reife, beyde aber ihr rechtes Wesen von der alles tragenden, alles ernährenden Wurzel Jesu Christo bekommen. — Alsdann müssen sie, anstatt daß sie sich mit der Rechtfertigung sein selbst endigen, zur Ehre Gottes ausschlagen. Es wird nicht gesaget, diese werden euch rechtfertigen, sondern diese werden euren Vater im Himmel preisen.

Diese Art von Aufrichtigkeit kann niemals zu hoch geachtet, noch zu eifrig angepriesen werden. Sie werden aber beobachten, daß solche von der Gnade Christi herkömmt, und auf die Ehre und das Lob Gottes hinausgeht. Daher bezeuget sie sehr schlecht die Zulänglichkeit der menschlichen Fähigkeit gute Werke zu thun, oder die Zulänglichkeit der menschlichen Werke, den Preis unsers hohen Berufes zu gewinnen.

Theron. Schließen Sie denn alle Werke aus? Wollen Sie ein bloßes Nichts sowol aus unsern sittlichen Naturgaben, als aus unserm evangelischen Gehorsame machen?

Aspasio. Sie sind von allem Antheile, uns zu rechtfertigen, gänzlich ausgeschlossen; jedoch nicht durch mich, sondern durch ein Zeugniß, wider welches man nichts einwenden, und von welchem man sich auf kein anders berufen kann. Wenn die göttliche

n) Phil. I, 11. 12.

che Weisheit von der Seligkeit redet: so saget sie so: nicht aus den Werken. —

Theron. Werke des Ceremonialgesetzes, vermuthe ich. Dieses ist, wie wir alle zugeben, unter der christlichen Verfassung, als eine durchstrichene Handschrift, oder als eine aufgehobene Urkunde. Aber gewiß Sie werden demjenigen Gehorsame, welcher durch die Gebote Christi eingerichtet ist, ein besseres Amt und einen edlern Charakter zugestehen.

Aspasio. Der Apostel Paulus will solches Amt nicht verstatten, als dasjenige ist, wofür Theron hier streitet. Ihr seyd selig geworden, saget der Apostel; ihr seyd von dem Zorne Gottes befreyet, mit Gotte versöhnet, und zu Erben seines Königreichs gemacht worden. — Wie? Aus Gnaden, durch den Glauben o). Gnade ertheilet, wie ein prächtiger Fürst, aus dem Reichthume seiner eigenen Güte, und ohne Absicht auf menschliche Würdigkeit, die herrliche Gabe. Der Glaube empfängt wie ein dürftig Bittender mit einer leeren Hand und ohne einigen Anspruch auf persönliches Verdienst, den himmlischen Segen.

Beyde, Gnade und Glaube stehen den Werken gerade entgegen; allen Werken, was für welche es auch seyn mögen. Es mögen entweder Werke des Gesetzes, oder Werke des Evangelii, Uebungen des Herzens, oder Handlungen des Lebens seyn; sie mögen geschehen, so lange wir unwiedergeboren bleiben; oder wenn wir wiedergeboren sind: sie werden alle und jede bey dieser großen Sache auf gleiche Art an die Seite gesetzet.

Daß

o) Ephes. II, 8.

Das VII Gespräch.

Daß sich diese Ausschließung so weit erstrecket, oder besser ganz uneingeschränkt ist, erhellet aus der angewiesenen Ursache, damit sich nicht jemand rühme p); damit den gefallenen Geschöpfen aller Anspruch auf das Rühmen abgeschnitten werde; damit die ganze Ehre die Seligkeit zu erhalten, ihm zugeeignet werden möge, der sein Antlitz nicht vor der Schande und dem Speichel verbarg. — Und ist er nicht würdig, unaussprechlich und unendlich würdig, diese Ehre allein, als eine Belohnung für seine Demuth ohne ihres Gleichen zu empfangen?

Theron. Wir geben es zu, alle unsere guten Werke werden durch Christum angepriesen. Sie behalten zu unserer Rechtfertigung bloß durch sein Verdienst die Oberhand, so daß wir stets von dem Erlöser abhängen. Und dadurch erweisen wir ihm die höchste Ehre.

Aspasio. Von unserm Erlöser abhänge! Nein, mein werthester Freund, Sie verlassen sich auf Ihre eigenen frommen Handlungen und sittliche Eigenschaften. Sie, sie sind Ihre große Empfehlung. Das Amt, welches dem göttlichen Jesus übergeben wird, ist weiter nichts, als daß er gleichsam der Ceremonienmeister seyn soll. Er mag das Ansehen haben, daß er Ihre feinsten Vollkommenheiten mit einer Art von einem annehmlichen Wesen einführet. — Allein ist dieses ein Amt, das sich für seine unvergleichliche Würde schicket? Beugete er dafür den Himmel, und nahm unsere Natur an? Wurde er dafür dem Gesetze unterthan, und bis zum Tode gehorsam? Bloß dafür, damit er unsere eigenen Naturgaben mit einer

Feder

---

p) Eph. II, 9.

Feder und einer Scherpe einführen möchte? — Gewiß, Theron, Sie können solche niedrige Gedanken von dem ins Fleisch gekommenen Gotte und von Christi Mittleramte nicht hegen.

Theron. Ich kann auch solche niedrige und geringschätzende Gedanken von unsern eigenen Tugendgaben nicht hegen. Sie unterscheiden vornehme und würdige Personen von dem elenden Kerl und abscheulichen Spitzbuben: eben so als die edle Gabe der Vernunft den Menschen von dem Viehe unterscheidet.

Aspasio. Guten Werken das Verdienst uns zu rechtfertigen, versagen, ist ganz etwas anders, als sie geringschätzig machen. — Sie wollen ein neues Haus bauen, Theron. Sagen Sie mir doch, sind Sie gesonnen, Ihr Zimmerholz von den lockern Weinreben zu nehmen?

Theron. Nein, gewiß nicht q).

Aspasio. Weil Sie nun deren schwache Ranken nicht für geschickt halten, die Queerbalken abzugeben, und das Dach Ihres vorhabenden Gebäudes zu tragen: beschimpfen Sie denn daher solche, machen Sie sie geringschätzig, oder läugnen Sie deren Nutzbarkeit? — Keinesweges. — Sie können mit ihrer zierlichen Ausbreitung Ihre Wände verschönern, und mit ihrer lieblichen Frucht den Nachtisch bereichern. Dieses ist der Natur der Pflanze gemäß; und daher wird sie hochgeschätzet genug, ohne daß

---

q) Nein, gewiß nicht. — Vielleicht möchte es unserer Mühe werth seyn, anzumerken: daß dieses die Meynung eines alten Ausdruckes ist, der in unserer Uebersetzung von dem ex οιδα Luc. XVII, 9. vorkömmt: Ich meyne es nicht.

daß sie eben auf die Ehre der Eiche einen Anspruch machet.

Ich gestehe es, bey dem gegenwärtigen Zustande der Dinge unterscheiden Tugendgaben einen auf eine beträchtliche Art. Und was noch ein höheres Lob ist (ich will Sie nunmehr mit Ihrem eigenen Schwerdte schlagen) so werden sie den wahren Gläubigen von dem heuchlerischen Bekenner, selbst vor dem großen Richterstuhle unterscheiden. — Sie mögen aber mit ihrem Amte zufrieden seyn, und sich nicht in unsers Heilandes Vorrecht eindringen. Die Rechtfertigung bewirken, gehöre für ihn; den Gerechtfertigten unterscheiden, für sie. — Sie müssen aber ihre Besitzer niemals mit einer eiteln Einbildung von sich selbst erheben; welche, wenn sie auch so sanftmüthig wären, als Moses, so heilig als Samuel, und so weise als Daniel, auf nichts, als auf die unbegränzte Barmherzigkeit des Herrn, vertrauen, und nichts, als das unendliche Verdienst Christi vorwenden dürfen.

Dieses, ich bin es versichert, ist die Gottesgelahrtheit sowol des Psalmisten, als des Apostels Paulus. Sie leiten den in der heiligen Schrift versprochenen Segen nicht von dem seichten Strome menschlicher Vollkommenheiten, sondern von dem unerschöpflichen Oceane der göttlichen Gnade her. *Wohl dem, dem die Uebertretungen vergeben sind, dem die Sünde bedecket ist* r)!

Theron. Will Aspasio denn, wie viele unserer heutigen Disputanten, das Wort Gottes verstümmeln? Will er mit Fleiße dasjenige sorgfältig auskramen, was seiner Sache Vorschub zu thun scheint;

und

---

r) Psalm XXXII, 1. Röm. IIII, 7.

Das VII Gespräch.

und dasjenige listig verhehlen, was seinen Grundsatz über einen Haufen zu werfen, abzielet? Wie konnte er den folgenden Vers vergessen, oder warum sollte er ihn unterdrücken? Wohl dem Menschen, dem der Herr die Missethat nicht zurechnet, und in deß Geiste kein Falsch ist. — Befürchteten Sie, es würde solcher Ihre Meynung niederreißen, und ein aufrichtiges redliches Herz als die Ursache dieses Segens anzeigen?

Aspasio. Von einer solchen ungegründeten Furcht, mein werthester Theron; und von allen solchen betrüglichen Absichten bin ich gleich weit entfernet gewesen. Sollte ich Gott vertheidigen mit Unrechte s)? Seine heilige Sache bedarf dessen nicht, und seine erhabene Majestät würde es verachten. Nein, ich wollte meine Zunge eher zu einem ewigen Stillschweigen verdammen, als eine Sylbe sagen, die Wahrheit entweder zu verhehlen, oder zu verstellen.

Wir wollen den Ausspruch, dessen Sie erwähnen, bereitwillig annehmen, in dessen Geiste kein Falsch ist. Aus dem Zusammenhange ist es augenscheinlich, daß diese Worte nicht eine Person beschreiben, in deren Herzen und Umgange keine Ungerechtigkeit ist, sondern deren Mund die Ungerechtigkeit in beyden bekennet; der sie ohne Zurückhaltung, ohne den geringsten Versuch, sie zu bemänteln, bekennet. Anstatt daß dieses meinen Beweis schwächen sollte, so verstärket es ihn vielmehr; weil nach ihrer eigenen Anführung das höchste Verdienst

---

s) Hiob XIII, 7.

Das VII Gespräch.

dienst in einer freyen Erkenntniß der Sünde, oder einer gänzlichen Entsagung aller Würdigkeit besteht.

Theron. Wenn wir allen unsern andern Werken Reue beyfügen, unsere Mängel beklagen, und um Verzeihung anflehen: so muß solches bey einem barmherzigen Gotte etwas helfen, und kann nicht anders, als uns zu der Glückseligkeit des Himmels berechtigen.

Aspasio. Wie seltsam klingt es doch, wenigstens in meinen Ohren, für armselige, elende, strafbare Geschöpfe, wenn sie davon reden, daß sie sich zur Glückseligkeit des Himmels durch einige von ihren eigenen Thaten berechtigen! Da es doch gänzlich Gottes reichen verschonenden Barmherzigkeit zuzuschreiben ist, daß sie nicht zur Hölle geschicket werden; da es gänzlich Gottes freyen zuvorkommenden Gnade zuzuschreiben ist, daß sie fähig gemacht sind, etwas Gutes zu denken.

Aber wir wollen bey dieser Betrachtung nicht bestehen bleiben. — Ich will setzen, Sie haben Ihre Mängel beklaget und um Verzeihung angeflehet. Dennoch muß ich zu meinem Freunde noch sagen, was unser Heiland dem jungen Manne im Evangelio zur Antwort gab: Es fehlet dir noch eins; eine Gerechtigkeit, die das Gesetz preisen, und es rühmlich machen wird. Sollte Gott, ohne darauf zu bestehen, verzeihen und belohnen: so würde er nicht nach seinem glorreichen Charakter handeln, noch zugleich ein gerechter Gott und Heiland seyn t). — Und wenn Sie diese Gerechtigkeit entweder in

der

---

t) Jes. XXXXV, 21.

der Tiefe oder in der Höhe, bey einiger Person, oder bey irgend einem Gegenstande finden können, außer in dem zugerechneten Gehorsame unsers Heilandes Jesu Christi: so widerrufe ich dasjenige, was ich jemals vorgegeben habe.

Theron. Es hat uns kürzlich ein Prediger und Schriftsteller versichert, „daß wir „von Gott durch „unsern eigenen Gehorsam werden angenommen und „selig gemacht werden„. Wenn das ist, so darf ich mir kein Bedenken machen, dasjenige zu wiederholen, was ich vorgebracht habe, daß unsere eigenen Pflichten, vornehmlich wenn sie mit Reue begleitet sind, ein wirklicher und eigentlicher Grund zum ewigen Leben sind.

Aspasio. Der Apostel hat sich also sehr geirret, wenn er, da er von Christo und seinen Verdiensten gehandelt, sich getrauet, zu behaupten: Einen andern Grund könne niemand legen, außer dem, der geleget ist, welcher Jesus Christus ist u).

Theron. Wenn Sie einem heutigen Prediger nicht glauben wollen: so kann ich eine Entscheidung vorbringen, die von einer der berühmtesten und mit dem größten Ansehen begabten Kirchenversammlungen gemacht worden, die jemals zusammen gekommen ist. So hat Gott auch den Heiden Buße gegeben zum Leben x). — Buße zum Leben ist ihre einmüthige Stimme und mein Gewährsmann, wowider nichts einzuwenden ist.

Aspasio. Ich kann die Versammlung, auf welche Sie zielen, leicht errathen: ich kann ihr aber

den

u) 1 Cor. III, 11.   x) Apostelg. XI, 18.

Das VII Gespräch.

den ehrwürdigen Namen einer Kirchenversammlung schwerlich zugestehen. Sie bestund aus einigen jüdischgesinnten Neubekehrten, die mit einem hartnäckigen und abergläubischen Eifer den mosaischen Gebräuchen anhiengen. — Ob ich nun aber gleich wider meines Therons Benennung einiges Bedenken zu machen habe: so lasse ich es doch bey ihrer Entscheidung gern beruhen.

Es wird aber nicht gesaget, diese Heiden waren bußfertig, und daher gewährete ihnen Gott das Leben. Dieses hätte die Sprache der Versammlung seyn müssen, wenn man meines Freundes Art zu denken fest setzen wollen. — Sie waren todt in Sünden. Gott gewährete ihnen aus freyer Güte Reue, welche sowohl der Anfang, als ein wesentlicher Theil des wahren Lebens ist; eben desjenigen Lebens, welches sich auf Rechtfertigung gründet, durch Heiligung fortgeführet, und in Herrlichkeit vollendet wird.

Ich wollte ferner beobachten, daß die Reue eine Umkehrung des Herzens ist. Und wenn sie eine Buße zum Leben ist, so ist sie eine Umkehrung des Herzens von einem jeden andern Gegenstande zu dem großen und einzigen Brunnquell des Guten, Christum Jesum. — Sind Menschen Sclaven der sinnlichen Lüste? Wenn sie es bereuen: so werden sie zu Christo gekehret, um geläuterte und himmlische Neigungen zu erhalten. Sind sie gewohnt, auf sich und auf ihre eigenen Werke zu vertrauen? So bald sie es wahrhaftig bereuen, so kehren sie sich zu Christo, um einer bessern Gerechtigkeit halber; und dadurch zu einer ewigen Annehmung bey Gott. — Kurz, sie kehren sich von einem jeden falschen Wege, und fliehen bloß

Z 2

zu Christo, verlassen sich einzig und allein auf Christum. Sie sehen nicht auf ihre eigenen Thränen der Demüthigung, nicht auf ihre eigenen Pflichten oder Annehmlichkeiten; sondern warten auf die Barmherzigkeit unsers Herrn Jesu Christi zum ewigen Leben y).

Theron. Gesetzt, es wäre unrecht, eine solche große Belohnung, als die unbegreifliche Herrlichkeit des Himmels ist, wegen unserer eigenen Pflichten zu erhalten: so ist es doch auf der andern Seite ebenfalls zu viel, wenn man sie gänzlich bey Seite setzet, wenn man ihnen ganz und gar keinen Einfluß zugestehet, und nicht einmal die allergeringste Mitwirkung, um der Wagschaale den Ausschlag zu geben. Ist das erstere hohe Einbildung von sich: so ist das letztere Schwärmerey.

Aspasio. Ich muß bekennen, ich verstehe es nicht völlig, was Sie unter Schwärmerey meynen. Es bedeutet aber auch nicht viel, sich in die Untersuchung eines Schimpfwortes einzulassen. Ich wollte nur behaupten, daß dasjenige, was uns unwürdigen Sündern von dem gerechten Gotte irgend geschenket worden, uns nicht als eine Schuld z) für unsere Werke, sondern als ein bloßes Gnadengeschenk geschenket worden.

Theron.

y) Jude 21.
z) Als eine Schuld geschenket. Dieser Ausdruck, ich muß es bekennen, ist einem unverständlichen Gewäsche etwas gleich. Aber vielleicht stehen unverständliches Gewäsche und Unstatthaftigkeit nicht ganz an unrechtem Orte allhier; weil sie die Eigenschaft dieser Lehre zu zeigen, abzielen, welche solche widersprechende Begriffe verbinden würde.

Das VII Gespräch.

Théron. Ich denke, es sey für die Gnade genug, wenn wir erkennen, daß die guten Werke durch den Beystand des heiligen Geistes gewirket werden; und wenn wir sie alsdann nebst unsers Erlösers Verdiensten, als eine Empfehlung zu der göttlichen Gnade zulassen.

Aspasio. Der Pharisäer konnte seine Erkenntlichkeit für den Beystand der Gnade abstatten. Jedoch, dieses befreyete ihn nicht von dem Stolze, und sicherte ihn auch nicht vor der Sünde, sich zu rühmen. — Außerdem so haben die guten Werke, wenn sie durch die Wirkung des heiligen Geistes hervorgebracht werden, eine Anweisung auf unsere Dankbarkeit, und nicht an die Bank des Himmels. Sie machen uns zu dem verbundenen, und nicht zu dem verdienenden Theile. Anders denken oder anders lehren, ist ein papistischer Irrthum a), wenn er gleich unter einer Decke der protestantischen Lehre lauschen mag.

Was Sie sagen, erinnert mich an eine merkwürdige Geschichte. — Zwo Personen reiseten durch die arabischen Wüsten. Der eine hatte eine Flinte; der andere war mit einem Degen bewehret. Ein Löwe spähete sie aus, und kam grimmig auf sie zu. Der erste schoß sein Gewehr los, und verwundete das wilde Thier.

---

a) Gute Werke, saget ein Vorfechter der römischen Kirche, sind mercatura regni coelestis, der Preis, den wir für das Himmelreich bezahlen. — Ein anderer Eiferer dieser Gemeine erkläret sich: Coelum gratis non accipiam. Es soll niemals gesaget werden, daß ich den Himmel als ein bloßes Almosen bekomme. — So redet er. Allein; gesegnet sey Gott, wir haben Christum so nicht gelernet.

Thier. Die Wunde aber, wovon es weder starb, noch umfiel, machete das Ungeheuer nur noch wüthender. Es bemächtiget sich des unglücklichen Schützen, und ist auf dem Puncte, ihn von Glied zu Glied zu zerreißen. Sein Gefährte eilet ihm zu Hülfe, ergreift die Flinte, die dem andern aus der Hand gefallen, und leget das wüthende Thier zu Boden. Darauf zieht er seinen Degen, durchbohret ihm das Herz, und erlöset seinen Freund. — Wie meynen Sie, daß dieser Freund seinen Befreyer bezahlet, als sie beyde wieder nach ihrem Vaterlande gekommen? — Er verlanget Genugthuung für den Verlust seines Gewehres, welches bey dem Gefechte in Stücken gegangen. Er fängt einen Proceß wider den großmüthigen Gefährten an, welcher sein Leben in seine Hand gestellet, und den Kläger selbst aus dem Rachen des Verderbens befreyet hat.

Preisen Sie wohl die Billigkeit eines solchen Verfahrens? — Es ist nur ein Schatten, nur der schwächste Schatten von unserer übermäßigen Unvernunft, wenn wir uns selbst als Gläubiger und das göttliche Wesen als Schuldner ansehen wollen; weil es uns von der Knechtschaft des Verderbens losgemacht, und in den Stand gesetzet hat, die Pflichten der Gottseligkeit zu erfüllen.

Theron schwieg stille, als wenn er durch die Vorstellung etwas gerühret worden. Nach einer kurzen Unterbrechung nahm Aspasio das Wort wieder.

Glauben Sie mir, werthester Freund, die Seligkeit ist sowohl in ihrer Wurzel, als in allen ihren Zweigen gänzlich aus Gnaden. Oder aber glauben Sie mir wegen der vielen bringenden Zeugnisse der

heill-

Das VII Gespräch.

heiligen Schrift, welche diese große Wahrheit höchstumständlich versichern: — daß die Erwählung aus Gnaden ist. Er hat uns zur Kindschaft zuvorverordnet, nicht wegen unserer menschlichen Würdigkeit, sondern nach dem Wohlgefallen seines Willens b). — Eben so freywillig ist auch unser kräftiger Beruf. Gott hat uns mit einem heiligen Rufe berufen, nicht nach unsern Werken, sondern nach seinem Vorsatze und Gnade c). — Der Glaube wird eben der Ursache zugeschrieben. Aus Gnaden seyd ihr selig geworden durch den Glauben d). — Von da entspringt unsere Rechtfertigung. Wir werden ohne Verdienst gerecht, aus seiner Gnade e). — Dieses ist der Ursprung der Wiedergeburt. Er hat uns gezeuget nach seinem Willen durch das Wort der Wahrheit f). — Die Vollendung der Seligkeit fließt von dieser alles erfüllenden Quelle.

---

b) Eph. I, 5.   c) 2 Tim. I, 9.   d) Eph. II, 8.
e) Röm. III, 24. Δωρεαν τη αυτου χαριτι. Eine von diesen Ausdrückungen könnte gedienet haben, des Apostels Sinn zu erklären. Er verdoppelt aber seinen Ausspruch, um uns die völligste Ueberzeugung von der Wahrheit zu geben, und uns eine Empfindung seiner besondern Wichtigkeit einzudrücken. Ohne Verdienst, durch seine Gnade. Ist es möglich, eine andere Verbindung der Worte zu finden, die noch ausdrücklicher alle Betrachtung unserer eigenen Werke und unsers Gehorsames ausschließen sollte; oder welche unsere ganze Rechtfertigung überhaupt, der freyen, durch nichts fremdes bewegten, und der unumschränkten Güte zuschreiben sollte.
f) Jac. I, 18.

le. Die Gabe Gottes g) ist das ewige Leben h). Es ist in aller Absicht eine Gabe, nicht allein ohne unser Verdienst, sondern auch wider unser Verdienst; so daß der Grund in dem Reichthume der Gnade gelegt ist; das Gebäude wird von der Hand der Gnade aufgeführet; und wenn der Schlußstein eingesetzet, wenn unsere Glückseligkeit in dem Himmelreiche vollkommen gemacht wird: alsdann wird der ewige Zuruf seyn: Gnade, Gnade dazu i)!

Dieses ist das glorreiche Evangelium, welches die menschliche Gelehrsamkeit niemals hätte entdecken können; welches die fleischliche Vernunft nicht verstehen kann; welches die Weisheit dieser Welt für Thorheit hält; welchem sich des Teufels Neid und des Menschen Stolz stets widersetzen wird.

Theron. Was sagen Sie zu der Meynung, welche Uranius so ernstlich behauptet: daß wir nicht durch das Verdienst Christi, welches uns zugerechnet worden, sondern durch Christum selbst, der in unsern Herzen gebildet wird, gerechtfertiget werden? Und Uranius ist keiner von Ihren stolzen oder fleischlichgesinnten Leuten. Seine Schriften sind wegen ihrer genauen Gottesfurcht merkwürdig, und sein Leben ist so exemplarisch, als seine Grundsätze.

Aspasio. Sie wissen, Theron, ich habe nichts mit den Personen der Menschen zu thun, sondern mit den Wahrheiten des Evangelii. Obgleich Uranius überaus andächtig ist: so mag er sich doch wohl irren.

Und

---

g) Χαρισμα, welches ein nachdrücklicher Wort ist, als δωρημα, und den Begriff der freyesten Gewogenheit in sich fasset.
h) Röm. VI, 23.   i) Sacharja IIII, 7.

Das VII Gespräch.

Und wenn das seine Gedanken sind, so versteht er die Lehre der Gnade ganz falsch.

Was steht in den Büchern der Schrift geschrieben? Gott machet die Gottlosen gerecht k). Was ist in dem Lehrsatze des Uranius enthalten? Gott machet den Heiligen, den Himmlischen, den, der Christo gleich ist, gerecht. — Der Mensch wird gerecht ohne des Gesetzes Werke l), saget der himmlische Schreiber. Er wird gerecht durch Werke, saget des Uranius Feder, nur daß er solche Werke von einer höhern Art seyn läßt, die innerlich geistlich und durch Christi Wirkung in der Seele gewirket sind. — Nach diesem Begriffe wird ein jeder durch seine eigene Liebe, durch seine eigene Reinigkeit, durch seinen eigenen Eifer gerecht; da hingegen ein Schriftsteller, der nicht irren kann, die feyerlichste Erklärung gethan hat: daß durch eines Menschen Gehorsam viele, viele Myriaden Sünder, ja die ganze erlösete Welt, gerecht gemacht werden m).

Dieser Begriff, denke ich, ist in seiner größten Feinheit, oder wenn er am stärksten geläutert worden, gesetzlich. Er zernichtet das Verdienst Christi; er hebt alle Zurechnung auf; und machet, daß unsere Seligkeit gänzlich in dem Werke der Heiligung besteht. Hierwider habe ich schon, wenn Sie sichs erinnern, in einer von unsern ersten Unterredungen meine Einwendungen gemacht. — Ich bin gerechtfertiget, meine Seele ist angenommen; nicht weil Christus sein Gesetz in mein Herz geleget, sondern sein Blut für meine Sünden vergossen hat; nicht weil

ich

k) Röm. IIII, 5. l). Röm. III, 28. m) Röm. V, 19.

ich mich selbst fähig gemacht, in einem gottseligen Leben zu wandeln; sondern weil der Herr Jesus alle Gerechtigkeit als mein Bürge erfüllet hat.

Theron. Ich bin gar nicht für eins von den beyden äußersten Enden. Der Mittelweg ist am besten zu erwählen. Diesen billiget die gesunde Vernunft, und die heilige Schrift bestätiget solchen. Wer an mich gläubet, saget unser Heiland, soll nicht verlohren werden, sondern das ewige Leben haben n). Selig sind, setzet der geliebte Jünger hinzu, die seine Gebothe halten, damit sie zu dem Baume des Lebens ein Recht haben, und zu den Thoren in die Stadt eingehen o).

Diesen Sprüchen der heiligen Schrift gemäß, wollte ich weder unsers Erlösers Verdienste verwerfen, noch die guten Werke verstoßen. Gleichwie dieser schattichte Baum und diese kühlen Lüftchen, ihre Eigenschaften vereinigen, und unsern Sitz angenehm zu machen: eben so handeln auch diese beyden Sachen in Gemeinschaft, erheben uns zu der Gewogenheit Gottes, und machen uns zu Erben des Himmels. — Gott selbst hat sie mit einander vereiniget. Und ich muß meine Vorstellung in unsers Herrn eigenen Worten thun: Was Gott zusammenfüget, soll der Mensch nicht scheiden.

Aspasio. Wollten Sie denn wohl die Ohnmacht zu einer Gehülfinn der Allmacht bestellen? — Demüthiget das den Sünder? Erhebt das den Heiland? — Nein; es ist ein höchst nachtheiliger Eingriff in seine Würde des Mittlers. Anstatt daß es das Rühmen ausschließen sollte, so führet es solches

augen-

n) Joh. III, 15.   o) Offenb. XXII, 14.

Das VII Gespräch.

augenscheinlich ein. Zu Folge eines solchen Entwurfes würde von den Einwohnern der himmlischen Welt gesaget werden: „Dank sey unserm theuren „Erlöser für diese Seligkeit! Doch nicht ihm allein, „sondern auch unserer eigenen Gerechtigkeit„!

Können Sie sich wohl einbilden, daß Christi Gehorsam nicht zureichend sey, unsere Rechtfertigung zu vollenden? Muß dessen Kraft durch den Beytritt unserer Werke verstärket werden? Und was sind denn diese unsere Werke, daß sie den Werth, den unermeßlichen Werth unsers Erlösers erhöhen sollten? — Verstümmelte, verschossene, wurmstichige Dinge; die von den Würmern des Selbstsuchens, der Selbstbewunderung, der Selbstliebe gefressen sind; die durch tausenderley Eitelkeiten ihren Glanz verloren haben, und durch hunderttausend Nachläßigkeiten verstümmelt worden. — Diese mit unsers göttlichen Meisters Gerechtigkeit bey einer Verrichtung zu paaren, würde noch weit unangenehmer seyn, als wenn man des Bettlers Lumpen über des Monarchen Rock nehmen wollte. Es würde eben so unnöthig seyn, als wenn man sichs einkommen ließe, das Meer durch die Tropfen aus unserm Wassereimer zu vermehren.

Theron. Wurmstichig! Was für Ursache haben Sie, unsere Handlungen des Gehorsames unter diesem unangenehmen Bilde vorzustellen?

Aspasio. Ich dachte es wohl, daß Sie diesen verkleinernden Ausdruck schwerlich würden verdauen können. Er glich einigermaßen dem kleinen Verrathe wider die Würde eines Mannes. Meine Ursachen will ich bis zu einer andern bequemen Gelegenheit

heit aussetzen, da wir, wenn es Ihnen beliebt, die Sache völlig vornehmen wollen.

Gegenwärtig will ich, um diese niederträchtige Schmähung wieder gut zu machen, setzen, daß Ihre Werke alle die Vollkommenheit haben, die Sie nur selbst wünschen können. — Wollen Sie sich dieserwegen rühmen? — Ich bin versichert, Sie sind zu bescheiden, eine solche Ausübung zu bekennen, oder sie zu beschützen. Jedoch, wenn wir von irgend einer von unsern Gaben sagen oder denken: Dieß ist der Grund, aus welchem ich hoffe, der Verdammung zu entgehen, und das Leben zu erben: so rühmen wir uns auf die anstößigste, wenn gleich nicht auf die ausdrücklichste Art.

Oder wollen Sie sich vorstellen, daß diese Dienste, weil sie ohne Fehler sind, verdienstlich sind, und Sie berechtigen, eine Anforderung an den Allmächtigen zu machen? Wir wollen doch die Entscheidung unsers Heilandes in diesem Falle hören. Wenn ihr nicht allein etwas, sondern alles gethan habet, was euch befohlen ist: so sprechet: wir sind nicht besser, als unnütze Knechte; wir haben nichts mehr gethan, als was wir zu thun, unumgänglich schuldig waren p). Und auf diesen Fuß haben wir gerade eben so vielen Anspruch auf die Ehre und Belohnung, als der Negersclave nach seinem verrichteten täglichen Geschäffte auf die Güter oder das Vermögen eines americanischen Pflanzers hat.

Theron. Was sagen Sie aber zu denen Schriftstellen, die ich angeführet habe? Sie haben sie angehöret, aber nichts darauf geantwortet. Ich bestehe darauf,

---

p) Luc. XVII, 10.

Das VII Gespräch.

darauf, sie behaupten ausdrücklich, und beweisen daher unwidersprechlich eine Vereinigung des Verdienstes Christi und unserer eigenen Werke bey dem Geschäffte der Seligkeit.

Aspasio. In dem Buche der Offenbarung steht geschrieben: Selig sind, die seine Gebothe halten. Und warum? Weil der Gehorsam des Glaubens mit einer wirklichen Glückseligkeit auf Erden begleitet wird; und unser Recht zu einer ewigen Seligkeit im Himmel darthut. Es ist nach des heiligen Johannes Vorstellung zu reden, zwar nicht die Erkaufung, aber doch der klare Beweis unseres Rechtes zu dem Baume des Lebens.

Alles dieses erkenne ich. Aber ich bitte Sie, wo vereiniget die Schrift den Gehorsam Christi, und den Gehorsam des Menschen, als Sachen, die gegenseitig zusammentreten, den Sünder zu rechtfertigen? — Die Schrift läugnet eine solche Mitgenossenschaft gänzlich, und behauptet dasjenige, was unsere Homilien sagen: „Gewiß, es kann kein Werk irgend eines „sterblichen Menschen gefunden werden, er sey auch „noch so heilig, welches man an Verdienst mit Christi „heiligster Handlung zusammenpaaren könne q).„ — Sie erkläret beständig, daß bey dieser allergrößten Verrichtung Christus nicht eine hinzugetretene Person, sondern die Hauptperson ist; ja, daß er alles ist. So sey es nun euch kund, lieben Brüder, daß euch durch diesen erhabenen und erlauchten Menschen Vergebung der Sünde verkündiget wird;

q) Homilie am Charfreytage.

wird r); und durch den alle, die an ihn gläu=
ben, von allem gerecht werden. Durch die=
sen; ohne einen Mitgenossen oder Gehülfen. Die=
ses wurde durch den Hohenpriester vorgebildet, wenn
er an dem feyerlichen Versöhnungstage allein in die
Stiftshütte gieng, und die vorbildliche Aussöhnung
ohne einigen Zugeselleten verrichtete s). Von allem;
durch ihn werden sie gänzlich, so wie auch allein ge=
rechtfertiget. Sie werden von einer jeden Beschul=
digung, es sey nun eine Unterlassungssünde, oder ei=
ne begangene Sünde, losgesprochen, und nicht allein
zum Theile, sondern völlig annehmlich gemacht.

Ich hoffe, Sie werden den glorreichen Imma=
nuel daher nicht länger, als eine nur theilhabende Ur=
sache unserer Rechtfertigung ansehen. Was würde
daraus erfolgen, wenn ein Mensch den einen Fuß auf
das Ufer jenes Flusses setzen, und mit dem andern
auf dem fließenden Strohme ruhen wollte?

Theron. Er müßte unvermeidlich fallen.

Aspasio. Und was saget unser göttlicher Lehrer
zu denen doppeltgesinnten Galatern, die sich bey dem
Verdienste allein nicht für sicher und vollständig hiel=
ten; sondern noch einen andern Grund suchen mußten,
auf den sie wenigstens ein Theil von ihrem Vertrauen
legen wollten. Er saget; und es sind fürchterliche
Worte, die meines Therons ernstliche Betrachtung er=
fordern: Ihr seyd von der Gnade gefallen t).

Ich

---

r) Apostelg. XIII, 38. Διχ τϵτϵ, das Wort Menschen
steht nicht im Grundtexte; daher ich glaube, die voll=
ständigste und genaueste Uebersetzung sey, durch die=
sen erhabenen und erlauchten Menschen.

s) 3 B. Mos. XVI, 17.   t) Gal. V, 4.

Das VII Gespräch.

Ich muß meinen Freund ersuchen, sich vor diesem Irrthume in Acht zu nehmen. Mich dünkt, es ist der herrschende Irrthum unserer Zeiten, und um so viel gefährlicher, weil er etwas scheinbar ist. — Verachtung wider den theuren Jesum mit den Freygeistern und Deisten ausstoßen, würde einem Gemüthe anstößig seyn, das noch die geringste Verehrung für heilige Sachen hätte. Die verdienstliche Kraft seiner Unternehmung mit den Arianern und Socinianern gänzlich bey Seite setzen, würde ein Gewissen kränken, welches nur einige Empfindung der Sünde hat. Unser Verdienst hingegen auf dem Grunde des Verdienstes Christi aufrichten; in seiner Gerechtigkeit-gerecht erfunden werden, und doch unserer eigenen Gerechtigkeit dabey nicht entsagen, das ist sowohl unserer Vernunft wahrscheinlich, als unserer Eitelkeit gefällig. Dieses scheint den göttlichen Heiland zu ehren, selbst da es dem menschlichen Stolze willfahret. — Allein, das ist eine vortreffliche Falschheit, die nicht bestehen kann. Es ist ein abscheulicher Götze, und muß in den Staub getreten werden. Christus will, wie die wirkliche Mutter des Kindes, es ganz oder gar nicht haben; die ganze — unzertheilte — unverminderte Ehre unserer Seligkeit.

Ich muß meinen Theron noch einmal ersuchen, sich vor diesem Irrthume in Acht zu nehmen. Er ist der Grundpfeiler des papistischen Irrglaubens, und der vornehmste Staatsgriff der römischen Machiavellisten. Christus hat verdienet, damit wir verdienen können, ist ihr großer Grundsatz und ihre große Verblendung. Daher kommen ihre Bußübungen und ihre Wallfahrten; daher kommen die heuchlerischen Abtödtuntödtungen einiger und die ausschweifende strenge Lebensart anderer. Dieses bereichert ihre Kasten, und füllet ihre Klöster. Und zu diesen Pflanzschulen des Aberglaubens mag er verbannet, darinnen mag er eingeschlossen seyn. Daselbst mögen sie ihre Gerüste aufrichten und versuchen, die Ausmessungen des Himmels zu erweitern. Daselbst mögen sie ihre Fackeln anzünden und versuchen, den Glanz der Sonne zu vermehren. Und wenn sie diese leichtere Arbeit ins Werk gerichtet haben, dann wollen wir Protestanten ihrem Beyspiele folgen, und ihre Lehrverfassung annehmen. Dann wollen wir auch darauf denken, unsere eigene Gerechtigkeit als einen Zusaz zu unsers Heilandes seiner beyzufügen.

Theron. Wenn wir durch unseres Heilandes Gerechtigkeit gänzlich gerechtfertiget werden; wenn nichts zu ihrer alles begreifenden Fülle brauchet hinzugesetzet zu werden; wenn nichts kann hinzugesetzet werden: was wird alsdann aus der durchgängig angenommenen Meynung, daß Christus für uns nur allein die Möglichkeit erhalten, selig zu werden; oder uns fähig gemacht hat, die Seligkeit zu erwerben?

Aspasio. Sie wird gemisbilliget und besieget werden; als eine Meynung, die dem Erlöser ganz und gar nicht rühmlich, und dem Erlöseten eben so wenig tröstlich ist. Wenn Christus unsere Verzeihung verschaffet, und unser Recht zum Leben wieder erworben hat; so ist es alles sein eigenes Werk gewesen. Niemand unter den Völkern war mit ihm u). In beyden Fällen war sein Werk vollkommen. — Man höre sein eigenes Zeugniß: **Ich habe das Werk vollen-**

u) Jes. LXIII, 3.

Das VII Gespräch.

vollender, das du mir gegeben hast, das ich thun sollte x). Sollten Sie eine Erklärung dieser Worte haben wollen: so verweise ich Sie auf die Auslegung eines Apostels. Er das ist Jesus Christus, hat eine ewige Erlösung für uns erfunden y). Dieses war sein Werk, und es ist völlig ausgeführet. Er hat, er hat eine ewige Erlösung erfunden; und seinem Volke nichts überlassen, als die glorreiche Erkaufung anzunehmen, und so zu leben, wie es den Erlöseten des Herrn ansteht.

Diese Wahrheit ist als mit einem Sonnenstrahle auf jede Seite des Evangelii geschrieben, und klingt, als mit einer Donnerstimme in den Liedern des Himmels. Heil sey dem, der auf dem Stuhle sitzt, unserm Gotte, rufen sie, und dem Lamme z)!

Theron. Haben nicht viele von unsern geschicktesten Gottesgelehrten den Glauben, den Gehorsam, und die Buße als Bedingungen der Annehmung vorgestellet? In dieser Absicht wird die Sache an sich dadurch nicht verschaffet, sondern nur leichtere Bedingungen, unter welchen sie kann erhalten werden.

Aspasio. Die Bedingungen der Annehmung für den gefallenen und aufrührischen Menschen waren eine völlige Genugthuung der göttlichen Gerechtigkeit, und eine völlige Gleichförmigkeit nach dem göttlichen Gesetze. Diese waren für uns nicht thunlich, und wurden daher Christo übertragen. Durch ihn

x) Joh. XVII, 4.
y) Ebr. VIIII, 12.   z) Offenb. VII, 10.

II Theil.   Aa

Das VII Gespräch.

Ihn wurden sie gänzlich vollzogen; und durch seine Vollziehung derselben erkaufete er uns allen Segen. Unter andern erkaufete er uns auch die Gabe des Glaubens, die Gnade der Reue und das Vermögen dankbaren, pflichtmäßigen und evangelischen Gehorsam zu leisten. Diese werden daher sehr uneigentlicher Weise, die Bedingungen genannt, welche wirkliche Theile unserer Seligkeit ausmachen.

Alles in einem Worte zusammen zu fassen, so zeiget der ganze Inhalt der Offenbarung nur zwo Arten, auf welche die Kinder Adams können gerechtfertiget werden. — Entweder durch einen vollkommenen Gehorsam gegen das Gesetz; und alsdann ist die Belohnung eine Schuld a); — oder auch weil der Bürge eines bessern Bundes allen Forderungen an ihrer Statt genug gethan; und alsdann ist sie eine Gnadengabe. — Da ist kein ausschmückendes oder versöhnendes Hülfsmittel. — Sie mögen eine von beyden erwählen: eine dritte aber wird nicht angegeben oder zugestanden.

Theron. Hatte das alte Volk Gottes nicht noch eine andere Art?

Aspasio. Nein, Theron. In dem Stande der ersten Unschuld war ein vollkommener und beharrlicher Gehorsam gegen das göttliche Geboth, die Bedingung des Lebens und der Unsterblichkeit. Als dieser durch den ersten großen Abfall unmöglich wurde: so ward eine freye Verzeihung und gnädige An-

nehmung

---

a) Röm. IIII, 4. Eine vertragsmäßige Schuld, welche auf das Versprechen des Bundes gegründet ist, und nicht von einem Werthe des Gehorsames herrühret.

nehmung durch den theuren Jesum an deſſen Stelle geſetzet. Dieſe Einrichtung wurde gleich einem Brunnen des Lebens eröffnet, als Gott verſprach, der Weibesſaame ſollte der Schlange den Kopf zertreten b). — Sie gieng, wie ein heilſamer Bach, durch die ganze Welt vor der Sündfluth. — Sie ſetzete ihren Lauf durch die Zeiten der Patriarchen fort. — Sie floß in breitern Strömen unter dem moſaiſchen Geſetze — iſt bis auf uns herabgeleitet, und durch Chriſti Ankunft und den Dienſt ſeiner Apoſtel reichlich erweitert worden. — Sie wird auch mit einer zunehmenden Verbreitung bis auf die letztern Nachkommen gebracht werden; noch jemals aufhören, ihren Einfluß zu erweitern und auszubreiten, bis daß, wie der Brunn ein Fluß geworden, der Fluß ſich zu einem Oceane vergrößert hat, und das Land voll Erkenntniß des Herrn unſerer Gerechtigkeit iſt, wie mit Waſſer des Meeres bedecket c).

Es findet ſich ein Unterſchied, ich geſtehe es, in der Verwaltung, aber kein Unterſchied in der Natur des Segens. Obgleich Jeſus Chriſtus auf mancherley Art geoffenbaret worden: ſo war er doch derſelbe geſtern und heute, und wird auch derſelbe ſeyn in Ewigkeit d); ſo wie es ebendieſelbe Sonne iſt, welche in der frühen Dämmerung glänzet, bey dem zunehmenden Tage ſcheint, und bey dem heißen Nachmittage glühet.

Mein Gleichniß erinnert mich an die Zeit, und läßt eine höchſtwichtige Lehre in unſerm Gedächtniſſe.

Aa 2   Wie

b) 1 B. Moſ. III, 15.
c) Jeſ. XI, 9.   d) Ebr. XIII, 8.

Das VII Gespräch.

Wie wäre es, wenn wir die Ermahnung annähmen und anfingen, uns nach Hause zu begeben.

Theron. Wir brauchen nicht eilfertig zu seyn. Meine Uhr saget mir, daß wir noch eine gute halbe Stunde hätten. Außerdem habe ich noch ferner etwas anzuführen, und das nach einem sehr großen Zeugnisse, welches Ihrem Begriffe gerade entgegen zu seyn scheint.

Aspasio. So wie es Ihnen beliebt, Theron. Wenn Sie bleiben wollen, so werde ich mich Ihrer Neigung ganz gefällig erweisen; und ich würde auch mit Ihrer Meynung ganz gleichförmig seyn, wenn es die Wahrheit erlauben wollte.

Theron. Sie wissen, wer es ist, der da fraget: Was fordert der Herr, dein Gott, von dir? Und keiner von uns brauchet unterrichtet zu werden, was es ist, das der Prophet darauf antwortet: Thue Gerechtigkeit, liebe Barmherzigkeit, und wandele demüthig vor deinem Gotte e). Allein, ich möchte gern wissen, was Sie von dieser Stelle dächten?

Aspasio. Ich denke, sie könne mit Ihrem Entwurfe ganz und gar nicht bestehen. Diese Stelle schärfet die Demuth ein. Ihr Entwurf aber ist gerade das Gegentheil von dieser liebenswürdigen Tugend. Ein Selbstgerechter, der demüthig vor Gotte wandelt, ist ein klein wenig besser, als ein Widerspruch in Worten.

Der

e) Micha VI, 8.

Das VII Gespräch.

Der Herr hat gesaget: "Aus Gnaden sollet ihr "selig werden f),". Ihre Lehrverfassung erwiedert: "Nein, sondern aus unsern eigenen Werken,". — In der heiligen Schrift wird erkläret: "das ewige "Leben sey eine Gabe Gottes,". In meines Freundes Lehre ist enthalten: "Diese Glückseligkeit sey der "Sold unserer eigenen Thaten. — " Mein Sohn "soll alle Ehre von der Seligkeit des Sünders ha-"ben,", ist der unveränderliche Ausspruch des Allerhöchsten. "Wir wollen einen Antheil an der Ehre "haben,", ist die Sprache Ihrer Meynung. — Sehen Sie, so weit daher der Osten von Westen ist: so entfernet ist auch eine solche Art der Lehre von der Gewohnheit demüthig vor Gotte zu wandeln.

Theron. Erwägen Sie aber, liebster Aspasio, habe ich nicht des Propheten Zeugniß für meine Meynung? Sind nicht seine Worte ausdrücklich auf meiner Seite? Gedenket er nicht dieser Pflichten der Sittlichkeit und Gottesfurcht, als die angewiesene Art, die göttliche Gewogenheit zu erlangen?

Aspasio. Ich glaube, er gedenket einer bekümmerten Nachfrage, worauf er eine genugthuende Antwort ertheilet. Darauf füget er eine praktische Verbesserung des Ganzen bey. — Die Frage wird in diesen

---

f) Eph. II, 5. Dieser Text leget die Art recht an die Wurzel des geistlichen Hochmuthes, und alles Selbstrühmens, es sey welches es wolle. Daher behauptet denn der von Gott begeisterte Schriftsteller, welcher die Langsamkeit des menschlichen Geschlechtes, diese Lehre anzunehmen voraussah, aber doch die unumgängliche Nothwendigkeit sie anzunehmen kannte, ebendieselbe Wahrheit wieder in dem 8 V. mit ebendenselben Worten.

diesen Worten ausgedrücket: Womit soll ich den Herrn versöhnen? Mit Bücken vor dem hohen Gotte? Soll ich mit Brandopfern oder jährigen Kälbern ihn versöhnen? Wird der Herr an viel tausend Widdern oder am Oele, wenns gleich unzählige Ströme voll wären, ein Gefallen haben? Oder soll ich meinen ersten Sohn für meine Uebertretung geben? Oder meines Leibes Frucht für die Sünde meiner Seele? Darauf wird geantwortet: Es ist dir gesaget, Mensch, was gut ist zu dieser wichtigen Absicht; nämlich der Messias; welcher durch alle deine Opfer bezeichnet, und in dem vorhergehenden Capitel beschrieben worden. Die Versöhnung für die Sünde, und der Friede mit Gott, müssen durch eine bessere Hand und durch ein besseres Mittel geschehen, als du vorschlägest. Derjenige, welches Ausgang vom Anfange und von Ewigkeit her gewesen ist g). Derjenige, welcher ein Sohn des Höchsten, und doch auch der Saame derjenigen ist, die gebähren soll h); Derjenige hat dieses große Amt übernommen, und wird es völlig ausführen.

Und was fordert der Herr, dein Gott i), von dir? Was für eine Gemüthsart, was für eine Aufführung,

was

---

g) Micha V, 2.   h) Ebendaselbst 3 V.

i) Dein Gott ist die Redensart, welche einen Antheil anzeiget, eine Zueignung einschließt, und die besondere Sprache des Bundes ist. — Dein Gott, der es nicht durch deinen demüthigen Wandel, sondern durch eine Handlung seiner eigenen Gnade geworden ist, die allem deinen Gehorsams vorgegangen. — Nach Theo-
rons

Das VII Gespräch.

was für Ausdrukungen der Dankbarkeit von seinem Volke? Wir sind durch das Blut Christi versöhnet, und zu dem Segen des neuen Bundes zugelassen. — Sie sollen ihre Dankbarkeit durch die Hurtigkeit, Einförmigkeit und Beständigkeit ihres Gehorsames, oder durch die gewissenhafte Vollziehung einer jeden sittlichen, gesellschaftlichen und religionsmäßigen Pflicht bezeugen.

Wenn dieses eine richtige Auslegung des Textes ist: so stößt sie Ihre Sache über den Haufen, anstatt daß sie solche festsetzen sollte. — Ich habe aber noch einen andern Einwurf wider Ihre Methode zu machen, der vielleicht wichtiger ist, als der vorhergehende.

Theron. Lassen Sie ihn doch hören. — Ich bin in meine Begriffe nicht so verliebt, daß ich sie nicht könnte tadeln lassen, noch hänge ich meinem Entwurfe so sehr an, daß ich ihn nicht wegen eines bessern verlassen könnte.

Aspasio. Ich wollte meine Meynung durch eine gemeine Erfahrung aus der Sehekunst erläutern. Wenn die Gegenstände in einem Hohlspiegel, oder in der Höhlung eines hellgeschliffenen Löffels gesehen werden, wie erscheinen sie?

Theron. Verkehrt.

Aspasio. So ist auch meines Freundes Lehrverfassung von der Religion. Er verkehret die Ordnung des Evangelii. Er stellet das Oberste des schönen Gebäudes zu unten; und leget dasjenige zum Grunde, was nur ein Theil von demjenigen seyn sollte, was

darauf

rons Grundsätzen sollte der Prophet vielmehr gesaget haben, wandle demüthig, nicht vor deinem Gotte, sondern, damit er dein Gott sey.

darauf gebauet worden. — So machet es der Apostel Paulus nicht. Er leget, als ein weiser Baumeister, Christum als den Grundstein, und führet sein Gebäude der praktischen Gottseligkeit auf diesem alles stützenden Grunde auf. — Untersuchen Sie seinen Brief an die Römer, welcher unstreitig das vollkommenste Muster der Lehre und die edelste Lehrverfassung der Gottesgelahrtheit ist, die man in der Welt hat.

Er entdecket zuerst das Verderben unserer Natur, und das Elend unsers Standes. — Darauf eröffnet er die Art und Weise unserer Genesung durch Christum, und was für Segen uns in seinem Evangelio freywillig gewähret wird. — Nach diesem entwirft er die sittlichen Pflichten, und verstärket sie durch die verbindlichsten Bewegungsgründe dazu; Bewegungsgründe, welche von der freyen unbegränzten Liebe und Gütigkeit Gottes unsers Erlösers, und den reichen unschätzbaren Wohlthaten seiner Gnade hergenommen werden k). — Dieses Vorrecht pflanzet

---

k) Dieses, denke ich, ist der beste Grundriß zu einem evangelischen Catechismus. Das Verderben des Menschen, welches durch die Sünde veranlasset wird. — Seine Genesung, die durch Christum gewirket wird. — Seine Dankbarkeit, die durch Gehorsam ausgedrücket wird. Dieser Grundriß ist von den pfälzischen Gottesgelehrten ausgeführet worden, welche darnach einen kurzen Begriff eines catechetischen Unterrichtes gemachet haben. Ich habe nichts deutlicheres, welches einem mehr Genügen leisten könnte; nichts erbaulicheres und geistreicheres, nichts, welches mit dem gütigen Geiste des Evangelii genauer übereinstimmete, oder besser eingerichtet wäre, die Menschen heilig und selig zu machen, gesehen. — Man kann dieses Stück nebst einer scharfsinnigen und sehr schätzbaren Auslegung

Das VII Gespräch.

er als die Wurzel. Daraus blühet die Pflicht, als die Blüthe; und erwächst Gottseligkeit, als die Frucht.

Ebendieselbe Ordnung wird von dem Apostel Petrus in seinem sehr kurzen aber sehr richtigen Abrisse von dem Wege zum Himmel beobachtet: Erwählet nach der vorhergängigen Erkenntniß Gottes des Vaters, durch die Heiligung des Geistes zum Gehorsame und zur Besprengung des Blutes Jesu Christi 1). — Zuerst die ewige und erwählende Liebe des Vaters; — darauf die erleuchtende und erneurende Wirksamkeit des Geistes, welcher von Christo zeuget, und seinen Tod auf die Seele anwendet, indem er das Herz durch den Glauben reiniget. — Daher fließt als aus einer Quelle lebendigen Wassers wahre Heiligung, und eine jede Gattung wahrhafter Heiligkeit. — Alles dieses, welches zum Theile mangelhaft, zum Theile besudelt ist, muß mit dem Blute Jesu Christi besprengt, und durch sein Todesopfer annehmlich gemacht werden.

Theron. Ist dieses die beständige Methode, worinnen die heiligen Schriftsteller die Seligkeit des Evangelii vorstellen? Beobachten sie allezeit diese besondere Ordnung bey der Stellung ihrer Lehren und Pflichten? Oder ist es nicht ein nichtsbedeutender Umstand, was zuerst kömmt, wenn wir nur beydes bekommen?

Aa 5   Aspa-

___
gung desselben in Heinrich Altings lateinischen Werken in Quart im ersten Bande antreffen, die man, glaube ich, um eine Kleinigkeit kaufen kann, wiewohl sie schätzbarer als Gold, sind.
1) 1 Petr. I, 2.

Aspasio. Ich bin überzeuget, es sey kein nichtsbedeutender Umstand, diese Ordnung zu beobachten. Es ist beydes für unsere Befestigung und für unser Wachsthum in der Gnade von großer Wichtigkeit. Ist es einem Bogenschützen gleichviel, ob er die Spitze oder die Federn von seinem Pfeile voraus schicket? Kann er in beyden Fällen das Ziel mit gleicher Bequemlichkeit und gleicher Gewißheit treffen?

Ich glaube, Sie werden finden, daß die heiligen Schriftsteller in allen ihren evangelischen Reden dieser Ordnung unveränderlich anhangen. Ja, sie nimmt selbst unter der gesetzlichen Verfügung Platz. — Als Gott der Herr sein Gesetz von dem Berge Sinai bekannt machte; als er es mit seinem eigenen Finger auf die steinernen Tafeln schrieb; was für einen Eingang machte er zu den Gebothen? wie bewegete er zu deren Beobachtung? Lassen Sie uns auf diese Einleitung Acht geben, welche die Sprache der Liebe, und der rechte Geist des Evangelii ist. Ich bin der Herr, dein Gott, der ich dich aus Aegyptenlande, aus dem Diensthause geführet habe m). „Ich habe dich schon mit einer mächtigen Hand von „der allerniedrigsten und unerträglichsten Sclaverey „befreyet. Ich habe dir zu deinem Besitze das „liebliche Land Canaan, das schöne Erbe der Hee„re der Heiden n), versprochen. Ja, ich selbst „bin dein Theil, ein Gott, der mit dir im Bunde „steht; ich bin durch einen unverbrüchlichen Vertrag, „und mit Anwendung aller meiner Eigenschaften ge„halten, dir Gutes zu thun. Daher halte denn die
„Satzun-

m) 2 B. Mos. XX, 2.   n) Jerem. III, 19.

Das VII Gespräch.

„Sätzungen; die Verfügungen und Verordnungen, „die ich itzt geben will.„ — Könnte wohl eine mehr gewinnende Anreizung, oder eine angenehmere Verbindung zum Gehorsame gefunden werden?

Ich könnte anzeigen, daß ebendieselbe Art durchgängig in den Ermahnungen Mosis, in Davids Gesängen, in den Predigten der Propheten, und in den Schriften der Apostel vorkäme. Allein, ich unterlasse solches nicht aus Besorgung einiger Schwierigkeiten, sondern aus Furcht vor der Weitläuftigkeit. Gleichwohl werden Sie mich nicht für ekelhaft halten, wenn ich noch einen Beweis von dem großen Lehrer unserer Schule beybringe. Denn wir waren auch weiland Unweise, Ungehorsame, Irrige, Dienende den Lüsten und mancherley Wollüsten, und wandelten in Bosheit und Neid, und haſſeten uns untereinander o). Hier stellet er uns ein garstiges aber genaues Gemälde von unserm verderbten und verlorenen Zustande vor. — Darauf giebt er uns einen angenehmen Anblick von unserer Erlösung so wohl in ihrer gnädigen Ursache, als in ihren kostbaren Wirkungen. Da aber die Freundlichkeit und Leutseligkeit Gottes unsers Heilandes erschien; nicht um der Werke willen der Gerechtigkeit, die wir gethan hatten, sondern nach seiner Barmherzigkeit machte er uns selig, durch das Bad der Wiedergeburt und Erneuerung des heiligen Geistes, welchen er durch Jesum Christum, unsern Heiland reichlich über uns ausgegoſſen hat, auf daß wir durch deſſelben Gnade gerecht und Erben seyn des
ewigen

---

o) Tit. III, 3-8.

ewigen Lebens, nach der Hoffnung. — Nachdem er also für unsere Seligkeit gesorget: so befördert er darauf auch unsere Heiligkeit. Das ist je gewißlich wahr. Solches will ich, daß du fest lehrest, auf daß die, die an Gott gläubig geworden sind, in einem Stande guter Werke gefunden werden. Solches ist den Menschen gut und nütze.

„Ich mache keine Auslegung über diese Stelle p); weil ich hoffe, Sie werden solche als eine edle Beylage,

---

p) Vielleicht wird mir der Leser erlauben, obgleich Aspasio diese Verrichtung abgelehnet hat, eine kurze Erklärung über die vornehmsten Stücke dieses sehr wichtigen Verses zu machen. — I. Haben wir die Ursache unserer Erlösung; nicht Werke der Gerechtigkeit, die wir gethan haben; sondern die Freundlichkeit, die Leutseligkeit, die Barmherzigkeit Gottes unsers Erlösers sind es. — II. Die Wirkungen; diese sind: 1) die Rechtfertigung: auf daß wir gerecht seyn; da unsere Sünden vergeben sind, und Christi Gerechtigkeit uns zugerechnet ist; und dieses ohne die geringste es verdienende Eigenschaft bey uns, einzig und allein durch seine Gnade, und ganz unverdiente Gütigkeit. — 2) Die Heiligung, welche durch das Bad der Wiedergebärt und Erneuerung des heiligen Geistes, ausgedrücket wird. Die Einflüsse desselben reinigen das Herz, wie das Waschen den Leib säubert; und bringt eine eben so vortreffliche und herrliche Verbesserung in alle Kräfte der Seele, als die Zurückkunft des Frühlinges über die ganze Gestalt der wieder auflebenden Natur ausbreitet. — III. Das Ende und die Vollendung alles dessen: daß wir Erben des himmlischen Reichs seyn, und itzt in der versicherten Hoffnung; nach diesem aber in dem völligen Genusse des ewigen Lebens leben sollen.

Das VII Gespräch.

loge, Ihrem Gedächtnisse anvertrauen. Ihr eigenes fleißiges Nachdenken, in Begleitung eines demüthigen Gebethes, wird die beste Erklärung geben. Ich wollte nur bloß anmerken, daß der Apostel, welcher stets mit sich einstimmig, stets einförmig ist, seine Gedanken mit seiner gewöhnlichen Genauigkeit in Schlachtordnung stellet. Gute Werke werden nicht abgedanket; doch müssen sie auch nicht den Vortrab anführen; sondern er läßt sie im Nachzuge ankommen q). — Wenn er dieser Früchte des Geistes erwähnet, so erwähnet er derselben nicht nur so obenhin, als einer Materie von geringer Wichtigkeit; sondern ernstlich als einer Sache von großer Wichtigkeit. Er verlanget und befiehlt, es sollen alle Gläubige

q) Eben dieselbe Ordnung wird von dem heiligen Johannes beobachtet. Selig sind die Todten, die in dem Herrn sterben; denn sie ruhen von ihrer Arbeit, und ihre Werke folgen ihnen nach. Sie gehen nicht voran, die ewigen Thüren zu eröffnen, und sie in die Wohnungen der Freude einzulassen; sondern sie folgen ihnen, wenn sie hinein gelassen worden; wie der Rock, welcher an eines Königes Krönungstage von seinen Schultern fließt; ihn nothwendig begleiten muß, wo er hingeht. Bey Anführung dieser Erläuterung wird es sich auch füglich schicken, anzuzeigen, daß, wie nicht der Staatsrock den König machet, so auch nicht die Ausübung der Heiligkeit den Christen machet. Eine Vereinigung mit Christo, ein Antheil an seinen Verdiensten und die einwohnende Gegenwart seines Geistes; diese und nichts zu wenig von diesen machen den wahren Christen aus. Jedoch, wie der Königliche Rock eine Begleitung der Majestät ist, und den Monarchen unterscheidet: so ist auch die praktische Gottseligkeit unzertrennlich vom Glauben, und schmücket den Gläubigen.

hige sorgfältig seyn r); ihre Herzen bey dem Geschäffte haben, sich ihrer besten Geschicklichkeit bedienen, und ihre äußersten Bemühungen anwenden, — nicht bloß die guten Werke zu thun, sondern sich darinnen zu erhalten s); exemplarisch, ausnehmend und vorzüglich in der Ausübung einer jeden Tugend seyn; — weil diese Tugend und diese Werke, ob sie gleich nicht der Grund einer Versöhnung mit Gott sind, in aller Augen liebenswürdig, und dem christlichen Glaubensbekenntnisse rühmlich sind t). Sie gehören auch nothwendig mit zur persönlichen Glückseligkeit, und sind die scheinbaren Mittel zum gesellschaftlichen Nutzen u).

Theron. Diese Vorstellung von der evangelischen Einrichtung, und besonders Ihre Ordnung des Briefes an die Römer, ist mir neu, ich gestehe es.

Aspasio. Wenn das neu ist: so mag vielleicht das, was ich sagen will, seltsam seyn. — Wir haben von der Annehmung bey Gott geredet; und gestritten, ob unsere eigenen guten Werke die Ursache dieses unschätzbaren Segens sind. Was werden Sie sagen, wenn wir nicht eher gute Werke thun können, als bis wir an Christo Theil haben, und von Gott angenommen sind.

Theron. Sagen! — daß dieses den Grund niederreißen heißt.

Aspas

---

r) Φροντιζωσι. Dieses ist dem nachdrücklichen Ausdrucke etwas gleich, der so oft in dem alten Testamente vorkommt תשמרו לעשות, Ihr sollet das beobachten; Ihr sollet sehr fleißig seyn, das zu erfüllen; Ihr sollet sehr genau seyn, solches zu thun.

s) Προϊσασθαι.   t) Καλα.   u) Ωφιλιμα.

Aspasio. Es heißt den unrechten, den fälschlich so genannten Grund niederreißen; welcher gewiß eben so viele betrügen wird, als ihr Vertrauen darauf setzen. — Und ist es nicht klüglich, wenn wir für die Ewigkeit bauen, daß wir den Grund sorgfältig untersuchen? Ist es nicht freundschaftlich, einen Mann von dem verrätherischen Sande abzuziehen, und ihn zu dem unbeweglichen Felsen zu führen? — Aus dieser Ursache sagete ich vorher; und aus dieser Ursache sage ich es wieder: daß wir keine gute Werke thun können, als bis wir an Christo Theil haben, und von Gotte angenommen sind.

Theron. Bringen Sie Ihre Ursachen vor, Aspasio. Die Ursachen müssen stark seyn, welche kräftig genug sind, eine solche Meynung zu unterstützen.

Aspasio. Die Sache scheint für sich selbst zu reden. Wie kann ein Mensch, der böse ist, Werke thun, die gut sind? Wollten Sie wohl hoffen, Trauben von den Dornen, oder Feigen von den Disteln zu lesen? — Aber lassen Sie uns hören, was unser Lehrer saget, der nicht irren kann: Gleichwie der Rebe von sich selber keine Frucht bringen kann, er bleibe denn am Weinstocke: also auch ihr nicht, ihr bleibet denn in mir x). Nichts kann ausdrücklicher seyn, und schicket sich besser zu unserer Absicht. Das Folgende aber ist fürchterlich, und beunruhiget unsere Gewissen. Wer nicht in mir bleibt, der wird weggeworfen, wie eine Rebe, und verdorret, und man sammelt sie, und wirft sie ins Feuer, und sie muß brennen y). Hieraus erhellet, daß das menschliche Herz niemals

---

x) Joh. XV, 4.   y) Joh. XV, 6.

niemals von guten Trieben beweget wird; daß das menschliche Leben niemals gute Werke hervorbringen kann, bis erst der Mensch in Christum eingepfropfet ist: eben so wenig als ein Zweig schätzbare Früchte tragen kann, so lange er von dem Baume abgesondert bleibt z). — Es erhellet auch, daß die von Christo abgesonderten Personen, und zugleich alle ihre Verrichtungen, gleich zerbrochenen, verwelkten, und verfaulten Zweigen sind, die zu nichts taugen, sondern ins Feuer geworfen, und der Erde anvertrauet werden müssen. Beydes sie und ihre Dienste sind ganz und gar nicht verdienstlich, sondern vielmehr nach der Schätzung des Himmels nichts werth und verächtlich gering.

Theron. Was! Sind alle die edlen Thaten, die von den Sachwaltern der guten Sitten und Liebhabern der Tugend verrichtet werden, an sich selbst nichts werth, und vor dem höchsten Wesen verächtlich? Nichtswerth und verächtlich, (verdrüßliche Worte!) bloß deßwegen, weil sie nicht mit den besondern Eigenschaften Ihres Glaubens begleitet sind? Kann der

Mangel

---

z) Dieses entdecket einen Irrthum, welcher oftmals begangen wird, wir versuchen, kleine Kinder zu unterrichten. Was ist gemeiner, als daß wir zu ihnen sagen: „Gott der Allmächtige werde sie lieben und „segnen, wenn sie fromm seyn werden„? — Sie sollten aber vielmehr dafür unterrichtet werden: „daß sie „Sünder sind; daß Gott der Allmächtige seinen Sohn „gegeben habe, für die Sünder zu sterben; und daß er „ihnen, wenn sie zu ihm bethen, ihre Sünden vergeben „wolle; daß er sie heilig machen, daß er sie selig ma„chen„ und sie mit allem geistlichen Segen in Christo „Jesu segnen wolle„.

Das VII Gespräch.

Mangel dieses kleinen Umstandes ihre Natur verändern, und ihr Gold in Schlacken verkehren?

Aspasio. Mein lieber Theron, nennen Sie die Umstände nicht klein. Es ist genug, wären Ihre Werke noch köstlicher als Gold, sie zu Zinn, zu Bley, zu Schlacken zu erniedrigen. — Als der arme Schäfer gestern Morgen Ihnen ein Geschenk von einigen Walderdbeeren brachte: so wurden sie gütig angenommen, da er sie als eine demüthige Bezeugung seiner Dankbarkeit brachte. Wenn er sie aber als einen Preis für Ihr Haus, oder Ihre Güter dadurch zu erkaufen, gebracht hätte; wie würden Sie solche in einer solchen Verbindung angesehen haben? Es können keine Worte den Widerwillen ausdrücken, den Sie darüber würden empfunden haben. — Als Barnabas den Aposteln eine Summe Geldes zu ihren eigenen Bedürfnissen, und zum Beystande nothleidender Gläubigen brachte a): so war es ihnen willkommen, und gefiel ihrem Gotte. Als aber Simon der Zauberer sein Gold Petern und Johann anboth; und es nicht aus einem Triebe des Glaubens, sondern als ein gleichmachendes Geschenk für den heiligen Geist anboth; nicht um seine Dankbarkeit zu bezeugen, sondern vielmehr den Krämer mit dem Himmel zu spielen: so wurde es mit dem äußersten Unwillen verworfen b).

Ich überlasse es meinem Freunde, die vorhergehenden Beyspiele anzuwenden. Nur muß ich ihn bitten, zu glauben, daß, wenn meine Worte verdrüßlich

---

a) Apostelg. IV, 37. b) Apostelg. VIII, 20.

drüßlich sind, sie durch die Stärke der Wahrheit ausgepresset worden. Wenn ich verbunden bin, Ihre Werke zu tadeln: so geschieht es, wie ein großer Kunstrichter die Beredtsamkeit tadelt, „mit der Zärt„lichkeit eines Liebhabers.„ — Mein Tadel fällt aber nur auf den fehlerhaften Ursprung und das unanständige Ziel. Sie mögen von der Gnade Christi als ihrer Quelle entspringen. Sie mögen sich die Herrlichkeit Christi als ihren Endzweck vorsetzen: alsdann würde ich gar keine Verachtung auf sie werfen, oder ihnen einen Scheidebrief geben, sondern mich vielmehr dafür um sie bewerben, sie liebkosen, und sie annehmen. — Wenn man hingegen diesen Endzweck nicht vor Augen hat, und der Trieb nicht in dem Herzen wirket: so muß ich darauf bestehen, daß ich wegen ihrer Eigenschaften eine Untersuchung anstelle, ja, die Möglichkeit ihres Daseyns selbst läugne. Es kann wohl eine Nachäffung heiliger Handlungen seyn. Allein, es ist nur bloß eine Nachäffung, und so leer, als die Stöcke, welche diese Wespen gemacht haben c); und nicht besser, als das Feuer, das gemalet ist.

Ich habe ein Zeugniß für diese Lehre, welches Sie, wie ich denke, nicht bestreiten werden.

Theron. Was für ein Zeugniß?

Aspasio. Das Zeugniß unserer Kirche, welche in ihrem XIIIten Artikel sich erkläret: „Werke, die „vor der Gnade Christi und Eingebung des heiligen „Geistes gethan worden, gefallen Gotte nicht; die„weil sie nicht aus dem Glauben an Christum ent„sprin-

---

c) Faciunt et vespae favos.

Das VII Gespräch.

„springen." — Der Glaube an Christum reiniget das Herz. Ehe dieses nicht geschehen ist, haben wir weder Neigung, noch Fähigkeit zum heiligen Gehorsame. Ja, ohne Glauben an Christum sind unsere Personen abscheulich d); unser Zustand ist verdammlich; und wie kann einiges von unsern Werken annehmlich seyn?

Sie sagen, ein solcher Mensch ist redlich in seinem Verfahren, mäßig in seinen Vergnügungen, mildthätig gegen die Armen. Ich gebe das alles zu. Allein, wenn nicht diese scheinbaren Tugenden auf die Ehre des höchsten Jehovah gehen; wenn sie nicht aus dem Glauben an den gekreuzigten Jesum fließen: so werden es nur Handlungen einer weltlichen Staatskunst, einer eigennützigen Klugheit, oder eines pharisäischen Stolzes seyn. Sie sind keinesweges ein dem allmächtigen Herrn gefälliges Opfer e). — Ja, anstatt

---

d) **Den Unreinen und Ungläubigen ist nichts rein.** Tit. I, 15. Der Apostel setzet Unreine und Ungläubige zusammen, um dadurch anzuzeigen, daß ohne einen wahren Glauben nichts rein sey. Der Verstand und das Gewissen sind besudelt. Sowohl der Mensch, als das, was er thut, ist unrein.

e) Könnte nicht diese Beobachtung sehr eigentlich in unsern Predigten für die Krankenhäuser und zu andern mildthätigen Werken gemacht werden? Sollten nicht die Zuhörer ermahnet werden, aus einer dankbaren Achtung gegen den barmherzigen und gütigen Jesum, reichliche Wohlthaten zu erzeigen? 2 Cor. VIII, 9. — Sollten sie nicht vor allen Dingen angewiesen werden, ihr Antheil an des Erlösers Verdiensten sicher zu machen? Damit ihre Personen möchten Gnade finden, und ihre Almosen angenommen werden. Eph. I, 6. —

an statt daß sie Handlungen der Pflicht und Gegenstände der Billigung seyn sollten, werden sie in der Schrift verdammet, und sind Uebertretungen des Gebotes. Sie werden in der Schrift verdammet, welche saget: **Ohne Glauben ist es unmöglich Gott zu gefallen** f). Sie sind Uebertretungen des Gebotes, welches erfordert: **Ihr esset nun oder trinket, oder was ihr thut, so thut es alles zu Gottes Ehre** g).

Ueberhaupt, wenn wir uns der Entscheidung unserer eingeführten Kirche unterwerfen, oder bey dem Ausspruche unseres göttlichen Meisters beruhigen wollen: so müssen wir erkennen, daß es keine gute Werke eher giebt, als bis wir mit Gott versöhnet, und unsere Personen zu seinem Anschauen aufgenommen worden. — Unsere eigenen Werke daher als Mittel zur Versöhnung und Annehmung vorstellen wollen, ist beydes ein Hirngespinst und ungereimt. Ein Hirngespinst, weil es auf einen Schatten bauet, und dasjenige für wirklich nimmt, was kein Daseyn hat. Unge-

---

Sollten sie nicht ermahnet werden, daß ohne diese gläubige Beziehung auf Christum alles, was sie auch nur thun mögen, was sie nur geben mögen, in den Augen ihres Schöpfers nichts werth sey, und ihrer eignen Seele nichts helfen werde? Ebr. IX, 6. — In dieser Absicht wurde unser Heiland auf eine vortreffliche Art durch den jüdischen Altar vorgebildet, auf welchem ein jedes Opfer, von wem es auch nur gebracht wurde, mußte geopfert werden. Und außer demselben konnte kein Opfer, wie köstlich es auch war, angenommen werden. 2 B. Mos. XX, 24.

f) Ebr. XI, 6.   g) 1 Cor. X, 31.

Das VII Gespräch.

ungereimt, weil es die natürliche Ordnung der Dinge umkehret, und machen würde, daß die Wirkung vor der Ursache hergienge.

Theron. Ehe wir noch diese angenehme Einsamkeit verlassen, muß ich meinen Aspasio fragen, was er damit vorhat, daß er alle diejenigen Werke niederschlägt, welche von der innern Religion hervorgebracht werden, und der wahren Heiligkeit wesentlich sind: deren Vortrefflichkeit durch die ganze Bibel auf das kläreste gezeiget, und deren Nothwendigkeit in den stärksten Ausdrückungen vorgestellet wird.

Aspasio. Ich schlage diejenigen Werke gar nicht nieder, welche von der innern Religion hervorgebracht, und daher mit Rechte *Werke des Glaubens und Arbeiten der Liebe* h) genannt werden.

---

h) *Werke des Glaubens und Arbeiten der Liebe.* 1 Thess. I, 3. Wie schön werden die guten Werke an diesem Orte charakterisiret! Ob es gleich nur im Vorbeygehen geschieht, und bloß auf einen Augenblick. Und wie scharfsinnig werden die wahren von den verstellten unterschieden! Werke, die im Glauben geschehen, Werke, die von der Liebe herrühren; diese, und diese allein, sind, wie der Apostel andeutet, wirklich gut. — So, wie ein edler Fluß, ob er gleich zu dem Oceane forteilet, unterwegens doch manche schöne Pflanze nähret, und manche schöne Blume säuget: so lassen auch die heiligen Schriftsteller, obgleich ihre vornehmste Absicht, wie hier, auf einen ganz andern Punct gerichtet ist, dennoch beyläufig solche schätzbare Wahrheiten mit einfließen, die das Herz der Gläubigen ermuntern, und die Stadt Gottes erfreuen.

den. —. Allein, ich wollte nur rathen, daß wir beyde dafür Sorge trügen, daß es ihnen nicht an diesen Umständen fehlete, welche allein sie wahrhaftig gut machen können.

Ich wollte auch meinen Theron bereden, und ich wollte mich selbst dazu gewöhnen, unsere Zuversicht auf keine Werke zu setzen, sie mögen seyn, welche sie wollen. Sie möchten ein zerstoßenes Rohr seyn, welches unter unserer Last zerbräche, oder ein spitziges Speer, welches uns ins Herz stäche. — Wir werden niemals der Kirche gleichen, die von der Wüsten herauffährt und sich auf ihren Freund lehnet i); so lange wir uns mit der Einbildung einer persönlichen Gerechtigkeit rühmen. Dieses war der Irrthum, der unglückliche Irrthum der Pharisäer. Dieses war das Häutchen, welches die Augen ihres Gemüthes verblendete, und sie unter der Finsterniß eines endlichen Unglaubens versiegelte.

Außerdem, mein werthester Theron, wenn Sie erwarten, durch ihre eigenen Pflichten selig zu werden: so werden Sie ungern das Aergste von Ihrem Stande sehen wollen. Das Aergste von Ihrem Stande zu sehen, wird ein Dolch für Ihre Hoffnung, und gleichsam ein Tod für Ihre Seele seyn. Sie werden daher geneigt seyn, mit losem Kalche zu tünchen k). Anstatt daß Sie das tiefe Verderben Ihrer Natur und die unzähligen Ungerechtigkeiten Ihres Lebens erkennen werden, werden Sie tausenderley Entschuldigungen erfinden, Ihre Schuld zu bemänteln; und dadurch eine Scheidewand zwischen Ihrer

i) Hohe Lied VIII, 5.   k) Hesek. XIII, 10.

Ihrer Seele und den Verdienſten Ihres Erlöſers aufrichten. Dieſes wird eine größere Unbequemlichkeit und ein weit zerſtöhrendes Uebel ſeyn, als wenn einem Heere alle Zufuhre der Lebensmittel abgeſchnitten, oder auch ſelbſt die Sonnenſtrahlen aufgefangen werden, daß ſie nicht die Erde beſuchen können.

Theron. Nunmehr da Sie von Kriegesheeren reden, muß ich anmerken, daß, ob ich zwar nicht vermögend bin, bey dieſem Gefechte mit Gründen, meinen Stand zu behalten, ich dennoch die Ehre des Sieges Ihnen nicht zugeſtehen kann: ſo, wie ein Rückzug von einer Niederlage ſehr unterſchieden iſt.

Aſpaſio. Ich wollte auch anmerken, daß mein Freund den vorgeſetzten Plan unſerer Kriegsverrichtungen verändert habe. Er hat faſt beſtändig angegriffen; da ich unterdeſſen den Anfall nur bloß aufgehalten habe. Bey unſerm nächſten Treffen können Sie erwarten, daß die Schlachtordnung umgekehret ſey. Ich werde meine Macht das Gefechte anfangen laſſen. Halten Sie ſich daher zu einem hitzigen Angriffe fertig.

Theron. Sie ſtellen den ſchönen Feind vor, Aſpaſio, ich muß es geſtehen, daß Sie erſt Lärm machen, ehe Sie den Sturm thun.

Aſpaſio. Dieſe Feindſeligkeit kann noch ſchöner zu ſeyn ſcheinen, wenn ich Sie verſichere, daß meine Waffen nicht auf die Zerſtörung Ihres Troſtes oder auf die Verheerung irgend einer Sache, die ſchätzbar iſt, abzielen. Sie wollen nur mächtig

Bb 4 durch

Das VII Gespräch.

durch Gott seyn, die Befestigungen des Unglaubens zu zerstören; und alle sich selbst erhebende alle aufrührische Vernunft unter den Gehorsam Christi gefangen nehmen 1); gefangen nehmen, in einer offenbaren Unterthänigkeit gegen seine Gerechtigkeit, wie auch einer schuldigen Unterwerfung gegen seine Gebote. — Und wenn der Feldzug darauf abzielet: so wird es Ihr größter Vortheil seyn, den Sieg zu verlieren. Es wird besser, als ein Triumph seyn, sich für überwunden erkennen.

1) 2 Cor. X, 4. 5. 6.

Das VIII Gespräch.

Zweykampf. — Anmerkungen über diese Gewohnheit. — Geistlichkeit und weiter Umfang des göttlichen Gesetzes. — Unendliche Reinigkeit Gottes.

Theron.

Unsere letzte Unterredung endigte sich mit einer Ausforderung. Die Annehmung derselben abzulehnen oder zu verschieben, würde bey mir das Ansehen einer Zaghaftigkeit haben, und gegen Sie ein Stück der Ungerechtigkeit seyn. Ich bin daher itzo bereitwillig, Ihnen alle Genugthuung zu geben, die ein Edelmann fordern kann. — Nur glaube ich, weil das Wetter nebelicht bleibt, meine Studierstube müsse die Wahlstatt seyn.

Aspasio. Eine Ausforderung, Theron!

Theron. Was, Aspasio! Wanken Sie? Wollen Sie Ihr Wort zurück nehmen, und eine feige Memme vorstellen?

Aspasio. Vielleicht kann ich eine Neigung haben, dem Beyspiele eines Heldenbruders vorzustellen, welcher von der Wahlstatt lief, eben als seine Spießgesellen anrücketen, mit dem Feinde zu schlagen. Und als er wegen seiner Aufführung zur Rechenschaft gefordert wurde: so führete er recht würdiglich an: sein Rückzug rührete von keiner Furchtsamkeit des Gemüthes

thes her, sondern von einer Bekümmerniß für das gemeine Beste. Denn, fragete er, wenn ich heute nun wäre erschlagen worden, wie hätte ich fähig seyn können, morgen für mein Vaterland zu fechten a)?

Sie lächeln, Theron, über meinen mannhaften Krieger und seinen weisen Grundsatz. — Allein, weil Sie auf eine gewisse modische Gewohnheit einen Blick geworfen haben: so erlauben Sie mir, Sie ernstlich zu versichern, daß, wenn die Sache durch den Degen oder Pistolen müßte ausgemacht werden, ich eine solche Aufführung, wenigstens eine herzhafte Weigerung ganz und gar nicht für unmännlich, sondern für eine wahrhafte, weise und tapfere Aufführung halten würde. — Denn gewiß, es kann niemals ein Beweis von Weisheit seyn, auf den bloßen Eigensinn eines unruhigen Buben, welcher nichts von den Grundsätzen der Menschlichkeit und Großmuth weiß, sondern ein Sclave, ein verworfener Sclave seiner eigenen unlenkbaren Leidenschaften ist, mein Leben zu wagen. — Gewiß, es kann niemals eine Handlung der wirklichen Tapferkeit seyn, meine Person der Gefahr bloß zu stellen; weil ein thörichtkühner Mensch von der Fechtschule verzweifelt genug ist, das seinige zu wagen. — Der Edelmann, der wahrhaftige Edelmann sollte eine anständige Würde des Gei-

---

a) Etwas ähnliches führete so gar der ernsthafte Demosthenes zu Vertheidigung seiner eigenen Aufführung an: Ἀνὴρ ὁ φεύγω καὶ πάλιν μαχήσεται. Der Mensch, der wegläuft, hat es in seiner Macht, wiederum zu fechten.

Geistes zeigen und es verachten, seine Wohlfahrt mit eines unbesonnenen und wilden Schlägers seiner in gleichem Paare zu setzen b).

Theron. Aber die Ehre, mein Aspasio, die Ehre steht auf dem Spiele. Besser das Leben verloren, als den guten Namen verwirket. Besser im Grabe zu liegen, als jedem Caffeehause zum Spotte zu dienen, und vielleicht, wenn man durch die Strassen geht, als kleinmüthig, zaghaft, oder wie die Herren vom Degen zierlich sagen, als feigherzige Thiere, gewiesen zu werden.

Aspasio. Unsern guten Namen verlieren, Theron! Unter was für Leuten, ich bitte Sie? — Ein wenig vermessenen und sich übereilenden Geschöpfen; den Mündeln des Ritters von la Mancha; den Söhnen der Hirngespinnste c) und Grausamkeit, deren

---

b) Aspasio nennet die Person, die eine Ausforderung thut, einen Schläger. Und er wird auch, ungeachtet aller Grundsätze der phantastischen und falschen Ehre, als ein solcher gewiß erfunden werden, wenn er vor dem Richterstuhle der Vernunft oder Gerechtigkeit geprüfet wird. Denn, wenn man zugiebt, daß die heftigste, unvernünftigste und viehischste Wildheit einen Schläger ausmachet: so hat er ein unstreitiges Recht zu dem Charakter, welcher wegen einer falschverstandenen Ehre, oder wegen eines leichten Schimpfes, ein Leben aufreiben will, das der Gesellschaft dienlich seyn könnte; — das verschiedenen Personen ein Segen seyn könnte, — und mit einer segensvollen oder elenden Unsterblichkeit genau verbunden ist.

c) Diese Art Leute wird in einem Buche, mit dem sie wenig oder gar keine Bekanntschaft haben, dessen Grund-

ren Lob Schande, und deren Schimpf das höchste Lob ist, das einem kann ertheilet werden. — Ihre Aufführung wird gewiß von einer jeden vernünftigen und würdigen Person Beyfall, und Ihr Charakter Hochachtung erlangen. Als Cäsar eine Ausforderung vom Antonius erhielt, einen Zweykampf mit ihm anzutreten: so antwortete er dem Ueberbringer dieser Bothschaft ganz gelassen: *Wenn Antonius des Lebens überdrüßig ist, so melde ihm, daß es außer der Spitze meines Degens noch andere Wege zum Tode gebe.* — Wer hat dieses jemals für einen Beweis der Zaghaftigkeit ausgegeben! Alle Zeiten haben es als die That eines klugen und tapfern Mannes bewundert, welcher seine eigene Wichtigkeit einsah, und wußte, wie man dem trotzigen und rachgierigen Gemüthe eines misvergnügten Gegners mit der verdienten Verachtung begegnen sollte.

Der bloße Verlust unsers Lebens ist das kleinste von denen Uebeln, welche diese schädliche Gewohnheit begleiten. Sie zieht ein langes und beynahe unendliches Geschleppe von unglücklichen Folgen für die Aeltern, Frauen, Kinder, Freunde, Gehülfen und Gemeine nach sich. — Sie ist ein unfehlbares Mittel, der Gewogenheit des unendlichen Gottes beraubet, und von der Freude seines ewigen Reiches ausgeschlossen zu werden. — Sie ist der sicherste Weg, ein Gegenstand des Abscheues bey den Engeln des Lichts zu werden, und den Teufeln in ihren Kerkern der Finsterniß

zum

Grundsätze aber noch in Ehren seyn werden, wenn ihre Namen schon lange vergessen sind, die *Söhne des Brausens, oder die Kinder des Geräusches* שאון בני genannt. Jer. XLVIII, 45.

Das VIII Gespräch.

zum Gespötte zu dienen d). Schande, ewige Schande soll der Lohn solcher Tapferkeit, die Erhebung solcher Narren seyn e).

Theron. In Ansehung dieses Punctes bin ich gänzlich Ihrer Meynung, Aspasio; wenn ich gleich in andern Stücken von Ihnen abgehen mag.

Aspasio. Sagen Sie das, Theron! Wollten Sie sich denn geduldig den Beschimpfungen, Beleidigungen und der Ungerechtigkeit unterwerfen?

Theron. Was die kleinen Beschimpfungen einer ungehaltenen unbändigen Zunge betrifft: so wollte ich sie mit einer höhern Verachtung ansehen. Und wenn ihnen also begegnet wird, so werden sie gewiß
mit

d) "Ich kann Ihnen zuversichtlich sagen, spricht ein vortrefflicher Mann, der einen von diesen unglücklichen "Hälsebrechern anredet, daß alle Zweykämpfe oder "einzelne Gefechte mörderisch sind; übertünchen Sie "dieselben, wie Sie wollen, mit dem Namen der Eh-"re, und redlichen Anforderungen, so ist ihr Gebrauch "dennoch sündlich, und ihre Natur teufelisch." Man sehe die auserlesenen Werke des Bischof Halls in einem Foliobande a. d. 526 S. Der Leser wird daselbst eine glückliche Vermischung einer wahren Redekunst und gesunden Gottesgelahrtheit eine reiche Einbildungskraft, und einen sanften Geist der Frömmigkeit antreffen. Er wird eben so angenehme und lehrreiche Betrachtungen über die biblischen Historien, die ich für unsers Prälaten Meisterstücke halte, finden, als die erläuterten Materien wichtig und wunderbar sind. — Ungeachtet der etwas steifen oder veralteten Schreibart, kann ich die Werke dieses Schriftstellers unter den schätzbarsten Schriften in unserer Sprache doch nicht genug hochachten.

e) Spr. Sal. III, 35.

mit der schärfsten Schneide und dem stärksten Gewichte auf die ohnmächtige Bosheit zurückprallen, die solche vorbringt. Der armselige Mensch sollte sehen, daß ich sein Elend bedauern, und über seine Thorheit lächeln könnte. — Was aber die Beleidigungen anbetrifft, das ist ein anderer Fall. Sollte jemand meiner Person Gewalt anthun wollen: so geschieht es auf seine Gefahr. Er würde finden, und vielleicht mit seinen Schmerzen:

> Et nos tela manu ferrumque haud debile dextra
> Spargimus et nostro sequitur de vulnere sanguis f).

Hier fordert uns das Grundgesetz und ewige Geboth der Selbsterhaltung auf, den Mann zu spielen. Und ich bin versichert, das Christenthum erfodere es nicht, unsere Kehle dem Messer darzubiethen, oder unsere Brust dem Dolche zu eröffnen.

Allein, sich hinwegbegeben — überlegen — sich niedersetzen —, und eine förmliche Ausforderung abfassen, — scheint mir fast eben so wild und boshaft zu seyn, als auf der Landstraße anfallen. — Derjenige, welcher mir auf der Straße mein Geld abfodert, oder es durch einen Brandbrief erpresset, oder mich durch einen untergeschobenen und nachgemachten Schein in die Falle locket, wird für einen Spitzbuben gehalten, von einem jeden redlichen Menschen verabscheuet, und wenn man ihn entdecket, mit einem Stricke belohnet. Warum sollten wir den halsstarrigen Wagehals nicht für eben so schändlich halten, der mir so gar nach dem Leben stellet,

f) VIRGIL Aen. Lib. XII. 50.

ke, und mit unersättlichem Grimme nach meinem Blute dürstet?

Aspasio. Er vergönnet Ihnen einen schönen Glücksfall; wie man saget.

Theron. Einen Glücksfall! Wodurch? — Daß ich entweder seiner Wuth zum Opfer werde, oder meine Hände mit seinem Blute besprütze? Dieses ist weder mehr noch weniger, als mich in die Nothwendigkeit bringen, mich in die Verdammniß zu stürzen, oder einen Nebenmenschen der ewigen Rache zu übergeben. — Und ist dieses eine Verminderung? ist dieses ein mildernder Umstand? Es beweist wirklich, daß die Gewohnheit so gottlos ohne Entschuldigung ist, daß zu ihrer Vertheidigung nichts kann vorgewandt werden. Eben der Beweisgrund, dessen man sich bedienet, die entsetzliche That zu rechtfertigen, vermehret und vergrößert deren Bösartigkeit.

Es ist zu bedauren, daß sich die gesetzgebende Gewalt zur Unterdrückung eines so offenbaren Nachtheils für die bürgerliche Gesellschaft, und einer so bekannten Verletzung unserer gütigen Religion nicht ins Mittel schlagen will. Warum sollten die Gesetze es nicht für einen Hochverrath erklären, wenn man einen zu einem Zweykampfe herausfordert, weil es stets abscheulicher und öfters weit schädlicher ist. Es ist stets ein Mord in der Absicht, und läuft oftmals auf einen doppelten Untergang hinaus. Der eine wird durch den Stich der Gewaltthätigkeit erleget; der andere durch das Schwerdt der Gerechtigkeit hingerichtet.

Könnte es nicht wenigstens mit einem Merkmaale öffentlicher Schande gebrandmarket, oder einer scharfen

fen Geldstrafe unterworfen werden: so, daß ein herzhafter und gelassener Edelmann es in seiner Gewalt haben könnte, einen Fehdebrief folgendergestalt etwa zu beantworten:

Mein Herr!

"So geringschätzig Sie auch ihr Leben halten mö-
"gen: so setze ich doch einen viel zu hohen Werth
"auf das meinige, als daß ich solches zu einem Merk-
"maale der ungezogenen und wilden Leidenschaften
"darstellen sollte. — Ich habe auch allem demje-
"nigen, was leutselig, wohlwollend oder liebreich ist,
"noch nicht so gänzlich entsaget, daß ich meinen De-
"gen zu Dero Verderben ziehen sollte; weil Sie zu-
"erst von einer übereilten und unvernünftigen Ahn-
"dung überwunden worden. — Sie haben mir
"eine bequeme Gelegenheit gegeben, den Edelmann
"und den Christen vorzustellen. Und ich nehme die-
"sen Fehdebrief als einen Schein unter Ihrer eigenen
"Hand, auf fünfhundert Pfund an g), welche mit
"ehestem nach dem Gesetze werden gefordert werden
"von

Dero ꝛc.

Aspasio.

g) Könnte nicht derjenige, der eine Ausforderung ausschlägt, durch einigen besondern Vorzug beehret werden, dergleichen etwa, wie die Bürgerkrone bey den alten Römern war? Denn durch seine kalte und gelassene Tapferkeit rettet er das eine Leben von dem Schwerdte, und das andere von dem Strange. — Wenn einiges Ehrenzeichen auf der einen Seite, mit einer Geldstrafe auf der andern, verbunden wäre: so denke ich gewiß, sie würden ein kräftiges Mittel seyn,
den

Aspasio. Aber wieder auf die eigentliche Materie, auf die Natur der Sache zu kommen, wesn egen wir uns eingelassen haben, deren ich mich itzt besinne, und welche erkläret wurde, als ich es wagete die Ausforderung zu thun, wie Sie es nennen. — Weil ich itzt nicht wider meinen Theron, sondern wider die Hindernisse seines Glaubens und wider die Feinde seiner Glückseligkeit zu streiten habe: so werde ich vielleicht Muth genug besitzen, das Feld zu behalten. Und anstatt die Verbindlichkeiten der Billigkeit, der Ehre und des Gewissens zu verletzen, werde ich gewiß meine Liebe gegen meinen Freund augenscheinlich zeigen, und kann vermuthlich sein wahrhaftes Beste befördern.

Theron. Ich sehe nicht, wie dieses durch Ihren letzten Angriff könne ins Werk gerichtet werden. Sie unterfiengen sich, alle Werke der Gerechtigkeit niederzuschlagen, als die durchaus unfähig wären, bey Gott Annehmung zu finden, und die auch eben so unzulänglich wären, uns seiner Gewogenheit zu empfehlen. — Das Ansehen derselben zu retten, welches

den Fortgang dieses verderblichen Uebels zu hemmen. Dieß würde die Bosheit mit ihren eigenen Waffen bestreiten, und das Geschütz der Rache wider sie selbst kehren. Diese abscheulichen Leidenschaften würden sich dieser entsetzlichen Art ungern ergeben, wenn solche zu einem sichern Wege gemacht wäre, den Gegenstand ihrer Wuth zu beehren und zu bereichern. — Man merke: die Bürgerkrone war ein Schmuck, welcher denjenigen Soldaten zugetheilet wurde, die in einem Treffen einen Mitbürger von dem über ihm schwebenden Tode gerettet hatten.

II Theil.   Cc

ches Aspasio so geschmälert hat, trete ich auf den Kampfplatz.

Aspasio. Sagen Sie mir doch, welches ist die Richtschnur, nach welcher diese Werke der Gerechtigkeit müssen eingerichtet seyn, und nach welcher ihre Zulänglichkeit mag entschieden werden.

Theron. Das sittliche Gesetz, ohne Zweifel. Ich kenne keine andere Richtschnur der Gerechtigkeit, noch irgend einen andern Weg, gerecht zu werden:

Aspasio. Das nehme ich an, Theron. Wir wollen auf diesen Fußtapfen fortgehen, und die Verdienste unserer Sache vor diesem Richterstuhle untersuchen. Sie selbst sollen der Richter seyn. Ich will Sie bloß um Ihre Meynung befragen, und mich auf Ihre Entscheidung beziehen. — Sie sehen, ich bin der soldatischen Redensarten bald müde geworden. Ich hatte mich in eine Rolle eingedrungen, die ich zu spielen nicht geschickt war; und ich nehme nunmehr wieder einen anständigern Charakter an.

Theron. Wenn Sie mich auf die Richterbank setzen: so werde ich solche Ausschweifungen nicht verstatten, sondern Sie genau bey der Sache halten.

Aspasio. Haben Eure Gnaden denn die Natur des göttlichen Gesetzes und den Umfang der Verbindlichkeiten desselben in Erwägung gezogen?

Theron. Es verbindet alle Menschen und begreift die ganze Pflicht des Menschen. Es verbeut alles unsittliche Wesen, und gebeut eine jede Tugend. — Sind dieses nicht Ihre Gedanken?

Aspasio. Sie sind es, wenn sie etwas erweitert werden. — Die Herrschaft des Gesetzes, welches das Böse verbeut, erstrecket sich beydes auf den äusserlichen

serlichen und innerlichen Menschen. Es zieht von den Handlungen Erkundigungen ein. Es richtet ein jedes Wort. Alle Wirkungen und alle Gesinnungen der Seele kommen unter seine heilige Gerichtsbarkeit. — Es unterscheidet in der That nicht allein die wirkenden Gedanken, sondern auch die erst aufsteigenden Absichten, und bescheidet sie beyde vor sein fürchterliches Gericht. Es durchdringet, bis daß es Seel und Geist scheidet h). Die allerinnersten Schlupfwinkel des Herzens sind für seine Scharfsichtigkeit nicht zu tief; noch alle die Kunstgriffe des betrügerischen Herzens für seine Entdeckung zu schlau. — Andere Gesetze verbiethen die unreine That; dieses verdammet das lüsterne Auge und die unordentliche Begierde. Andere Gesetze bestrafen die beleidigende That, dieses spricht ein Urtheil über die unbewachten Aufwallungen der Leidenschaft und die geheimsten Bewegungen der Empfindlichkeit. So ausnehmend wahr ist die Anmerkung des Psalmisten: Dein Geboth ist überaus breit i)! — Sagen Sie mir nun, Theron, ist Ihr Gehorsam nach diesem weit sich erstreckenden Grundrisse der Pflicht abgemessen worden?

Theron. Wenn sich das Gesetz so sehr weit erstrecket. —

Aspasio. Ja, mein werthester Freund, Sie können nicht argwohnen, daß ich die Verbindlichkeiten des göttlichen Gesetzes zu einer ungebührlichen Weite ausgedehnet habe; weil diese Auslegung durch ein Zeugniß, das viel zu groß ist, als daß es könnte

---

h) Ebr. IV, 12.   i) Psalm CXIX, 96.

in Zweifel gezogen werden, das viel zu deutlich ist, als daß man es unrecht verstehen sollte; ja durch Christi Zeugniß selbst bestätiget ist. Seine Predigt auf dem Berge ist eine offenbare Auslegung der Gebote, und behauptet auf die deutlichste Art alles, was ich vorgebracht habe. — Wenn also unsers Heilandes Auslegung richtig ist: so denke ich, es werde weder zu übereilet noch lieblos seyn, wenn man saget, es finde sich kein Mensch auf Erden, der sie nicht alle gebrochen habe.

Theron. Sind wir denn alle Götzendiener? Alle Ehebrecher? Alle Mörder? Das ist anstößig sich nur einzubilden.

Aspasio. Es ist anstößig, ich gestehe es. — Aber wie weit anstößiger ist es nicht noch, wenn solche Uebertreter Rechtfertigung durch ihre eigenen Thaten erwarten.

Theron. Das ist kein Beweis Ihres Vorgebens, mein werthester Freund.

Aspasio. Das Gold lieben, in die Welt verliebt seyn, ein Geschöpf mehr achten, als den allerheiligsten Schöpfer, sind Beweise einer Abgötterey, die zwar nicht völlig so grob, aber doch fast eben so wirklich ist, als wenn wir Götzen in unsere Tempel stellen, oder sinnlosen Bildern eine Anbethung erweisen. Sind Sie von diesem Abfalle der Zuneigungen stets frey gewesen?

Unser unfehlbarer Lehrer hat uns gelehret, daß unvernünftiger Zorn, verächtliche Reden und übelgesinnte Wünsche, Arten des Mordes sind, und von des Mörders tödtlichem Stiche nicht weit abgehen. Sind Sie stets sanftmüthig, stets wohlwollend gewesen, und haben

Das VIII Gespräch.

haben Sie niemals diesen Todtschlag in Gedanken begangen?

Wir werden ferner versichert, daß die Nachhängung einer unordentlichen Begierde bey der unparteyischen Schätzung des Himmels eben so viel ist, als wenn die unreine That begangen worden. Und böse Begierden von irgend einer Art übertreten das heilige Gebot: Du sollst nicht begehren k). Ist Ihr Wille

---

k) Aspasios Beobachtung erinnert mich an einen merkwürdigen Zufall, den ich mit Erlaubniß des Lesers allhier erzählen will, weil er sich völlig zu unserm Vorhaben mit schicket. Er ereignete sich zwischen einem meiner Freunde, und einem gewissen sinnreichen Fremden, in dessen Gesellschaft er gerieth. — Dieser Herr erhob auf eine ausschweifende Art die Tugend der Ehrlichkeit; was für eine Würde sie unserer Natur gäbe; wie sie uns dem höchsten Wesen empföhle! Er bekräftigte alles dieses mit einer vortrefflichen Zeile aus Popen:

Ein ehrlich Herz ist Gottes schönstes Werk.

Mein Herr, versetzte mein Freund, so vortrefflich die Tugend der Ehrlichkeit auch seyn mag: so befürchte ich doch, es gebe sehr wenig Menschen in der Welt, die solche wirklich besitzen. — Sie setzen mich in Erstaunen, sagte der Fremde. — So unbekannt mir auch Ihr Charakter ist, mein Herr, so bilde ich mir doch ein, es würde nicht schwer werden, zu beweisen, daß Sie selbst ein unehrlicher Mann wären. — Ich fordere Sie heraus. — Wollen Sie mir denn Erlaubniß geben, eine oder ein Paar Fragen zu thun, und versprechen, nicht böse darüber zu werden? — Fragen Sie Ihre Fragen; sie sollen mir lieb seyn. — Haben Sie niemals eine bequeme Gelegenheit gehabt, einen Gewinnst durch einige schlimme Mittel zu erhal-

Wille stets unveränderlich aufrichtig gewesen, und von keinen unordentlichen Neigungen gebeuget worden? Sind Sie von diesem Ehebruche im Herzen ganz unbefleckt?

Ich erwarte darauf keine Antwort. Ich habe oftmals gehöret, daß Sie sich dessen alles — ja, aller und jeder solcher Anklage schuldig erkläret haben.

Theron. Wo und wenn, Aspasio?

Aspasio.

erhalten? — Der Fremde schwieg stille. — Ich frage nicht, ob Sie sich derselben bedienet, sondern nur, ob Sie keine solche Gelegenheit gehabt? Ich für mein Theil habe sie gehabt, und ich glaube es hat sie auch jedermann gehabt. — Vermuthlich mag ich sie wohl gehabt haben. — Wie ist Ihr Gemüth bey solchen Gelegenheiten gerühret gewesen? Hatten Sie keine geheime Begierde, nicht die geringste Neigung, sich des angebothenen Vortheiles zu bemächtigen? Sagen Sie mir es ohne Ausflucht, und so, wie es mit dem Charakter bestehen kann, den Sie bewundern: Hatten Sie keine geheime Neigung, sich einer solchen Gelegenheit zu bedienen? — Ich muß es gestehen, ich bin nicht stets von einer jeden unordentlichen Neigung durchaus frey gewesen: aber — halten Sie, mein Herr, kommen Sie mit keiner Ausrede. Sie haben genug gestanden. Wenn Sie die Begierde gehabt, so zeiget solches, daß Sie im Herzen unehrlich gewesen, ob Sie gleich niemals zur That geschritten. Dieses nennet die Schrift böse Lust. Sie beflecket das Herz. Sie bricht das Gesetz, welches Wahrheit in den innern Theilen erfordert; und wofern Sie nicht durch das Blut Christi Vergebung erlangen, so wird solches ein gerechter Grund zu Ihrer Verdammung seyn, wenn Gott die Geheimnisse der Menschen richten wird.

Das VIII Gespräch.

Aspasio. An dem allerheiligsten Orte und bey der allerfeyerlichsten Gelegenheit. Und nicht Sie allein, sondern eine ganze Menge sich selbst verdammender Missethäter. — Sie wissen, unsere Kirche hat die zehn Gebote ihrem öffentlichen Gottesdienste mit einverleibet; und alle ihre Glieder gelehret, nach der Wiederholung eines jeden Gebotes zu antworten: Herr, erbarme dich unser, und neige unsere Herzen, dieses Gesetz zu halten. Ist dieses nicht ein Bekenntniß des Ungehorsames in einem jeden besondern Stücke? Ist nicht das die Meynung unserer Antwort? — „Wir sind wegen dieser Dinge „sehr strafbar; und wir bitten demüthig um verzei„hende Barmherzigkeit wegen des Vergangenen, und „um stärkende Gnade wegen des Künftigen.„

Erlauben Sie mir, meine Frage ein wenig weiter zu treiben. — Findet sich wohl ein einziger Tag, an welchem Sie nicht auf die eine oder die andere Art diese heilige Regel übertreten haben?

Theron. Wenn das Gesetz Gottes keiner solchen Abweichung auch selbst in dem ersten Aufsteigen der Gedanken oder dem geringsten Herumirren der Begierde nachsehen will. — Allein, man dehnet das Gesetz gewiß über alle vernünftige Gränzen aus, wenn man solches behaupten will. Die Bewegungen der bösen Begierde sind, wenn man ihnen nachhängt, unstreitig strafbar. Sie sind aber auch, wenn man sie so gleich im Zaume hält, Uebertretungen der Pflicht? Ich wollte mir lieber einbilden, daß uns solche Versuchungen in den Weg geworfen würden, unsern Gehorsam zu prüfen, welche aber keine Prüfungen seyn wür-

würden, wenn sie nicht die Macht über unsere Neigungen hätten; und welche keine Fehler seyn können, wenn man ihnen muthig widersteht.

Aspasio. Was urtheileten unsere Lehrverbesserer; und was saget unsere Kirche? Wir können beydes in dem neunten Artikel finden: „Obgleich keine „Verdammung bey denen ist, welche glauben und ge„tauft sind: so bekennet der Apostel dennoch, daß „die Begierde und böse Lust an sich selbst die Natur „der Sünde habe." Es wird nicht gesaget, die Begierde habe alsdenn allein die Natur der Sünde, wenn sie zur That reif geworden; sondern sie hat sie an sich selbst, und ehe sie noch in die Begehung der Missethat ausbricht.

Theron. Dieses kann ich wahrhaftig zu meinem eigenen Behufe anführen: daß es nicht gewöhnlich bey mir gewesen, zu beleidigen, wenigstens nicht vermessentlicher Weise oder aus vorsetzlicher Bosheit.

Aspasio. Mein liebster Theron, nehmen Sie sich nicht vor, Ihre Schuld zu bemänteln. Ein solch einschläferndes Mittel kann zwar betäuben, wird aber nicht heilen; oder vielmehr, es wird, wie übel zubereitete Einschläferungsmittel, die Seele vergiften und einer jeden heilenden Arztney zuwider wirken. — Außerdem ist es nicht allein schädlich, sondern auch falsch und unvernünftig. Sie kennen den Gebrauch des Sonnenmicroscopii, und sind vermögend, mich von dessen Wirkungen zu unterrichten.

Theron. Ich muß mit diesen Versuchen wohl ziemlich bekannt seyn, weil es seit langer Zeit mein liebster Zeitvertreib gewesen, einige wenige ersparete Stun-

Das VIII Gespräch.

Stunden in solchen angenehmen Betrachtungen zuzubringen.

Aspasio. Sie haben den Leib eines Insekts zu dem erstaunlichen Instrumente zurecht gemacht gesehen. Wenn das Thierchen in dieser Stellung von einer sehr dünnen Nadel angespießet war! so nahm Ihr Auge, Ihr bloßes Auge, den Stich nur eben wahr; und entdeckte vielleicht ein kleines Tröpfchen Nässe, welches aus der Mündung sickerte. Allein, auf was für Art wurde es durch das Vergrößerungsglas vorgestellet?

Theron. Der Stich wurde in eine erschreckliche Kluft erweitert. Das Tröpfchen Feuchtigkeit schwoll in einen starken Strom auf, und floß, wie ein Bach aus der offenen Wunde. Ein Ochse unter dem Opfermesser sieht kaum so groß aus, oder blutet mehr.

Aspasio. Merken Sie meine Absicht nicht? — Wenn wir kurzsichtigen und von Selbstliebe beynahe verblendeten Sterblichen; wenn wir unsere Fehler nothwendig empfinden müssen: wie stark müssen sie nicht einem vollkommen reinen und unendlich scharfsichtigen Auge vorkommen; in was für einer ungeheuren Größe und mit was für vergrößerten Umständen müssen sie nicht erscheinen!

Anstatt daß wir versuchen, unsere Beleidigungen zu verkleinern, lassen Sie uns vielmehr solche lehrreiche Anmerkungen machen: — „Wenn dieses heilige „Gesetz, welches den kleinsten Fehltritt verbeut, die „Anklage thut; wenn der alles unterscheidende Gott, „welcher unsere Aufführung bis auf die kleinsten „Mängel untersucht, der Richter ist; wenn unsere „persönliche Güte, welche voller Unvollkommenheiten

„ist,

"ist, alles ist, was wir anzuführen haben; was kön-
"nen wir in der entscheidenden Stunde erwarten, da
"Gott das Recht zur Richtschnur und die Ge-
"rechtigkeit zum Gewichte machen will l)?
"— Gewiß, diese Betrachtung sollte uns bewegen,
"den weisen und brünstigen Wunsch des Apostels an-
"zunehmen: daß wir itzt in diesen unsern Tagen,
"Christum gewinnen, und bey dem letzten er-
"schrecklichen Verhöre in ihm erfunden werden,
"daß wir zum Grunde unserer Hoffnung, nicht
"unsere eigene Gerechtigkeit haben, die aus dem
"Gesetze kömmt, sondern die durch den Glau-
"ben an Christum kömmt, nämlich die Ge-
"rechtigkeit, die von Gott dem Glauben zuge-
"rechnet wird m)..„

Erwägen Sie das Gesetz in seinem edlern Begriffe, wie es alles anbefiehlt, was nur irgend
vortrefflich ist. — Können Sie hoffen, Theron,
dadurch gerechtfertigt zu werden, wenn Sie dessen
Forderungen nicht bloß in einigen wenigen Stücken,
sondern in einer jeden Handlung Ihres Lebens und
in jeder Neigung Ihres Herzens, kein Genügen leisten können?

Theron. Eine solche Hoffnung würde betrüg-
lich und ungereimt seyn, wenn sie unter solchen Umständen gehenet würde. — Ich habe aber das Vertrauen, daß ich nicht so sehr fehlerhaft bin, oder vielmehr, daß ich nicht so gänzlich verlassen bin, als Ihre Frage mich zu seyn vermuthet.

  Aspasio.

1) Jes. XXVIII, 17.   m) Phil. III, 8. 9.

Das VIII Gespräch.

Aspasio. Haben Sie die Vollkommenheit und Geistigkeit des göttlichen Gesetzes gehörig erwogen? — Es ist eine Abschrift von der unbefleckten Reinigkeit und durchgängigen Rechtschaffenheit des göttlichen Wesens. Es erfordert einen unumschränkten Gehorsam gegen alle Gebote Gottes und eine unverstellte Unterwerfung gegen alle seine Verordnungen, ohne sich über das erstere, als ein beschwerliches Joch zu beklagen, oder über das letztere, als eine harte Begegnung zu murren. — Es fordert nicht allein die äußerliche Pflicht, sondern auch die aufrichtigsten Einbildungen und andächtigsten Neigungen. — Es besteht auf der Ausübung einer jeden Tugend, und das in dem höchsten Grade. Es verlanget eine Liebe ohne die geringste Laulichkeit und Glauben ohne einiges Mistrauen; eine Heiligkeit der Begierden, die keinen Makel kennet, und eine Demuth des Geistes, die von aller Erhebung frey ist. — Mit einem Worte, es verlanget, wir sollen so vollkommen seyn, gleich wie unser Vater im Himmel vollkommen ist n).

Kommen einige von Ihren Handlungen dieser erhabenen Richtschnur bey? Sind einige von Ihren Tugenden so geläutert?

Theron. Bin ich denn vor dem großen Herrn des Weltgebäudes durchaus unvermögend zu bezahlen? Habe ich kein Lamm ohne Fehl in meiner Heerde? Nichts in meinem Leben, nichts in meinem Herzen, als was mangelhaft und befleckt ist?

Aspasio.

n) Matth. V, 48.

Das VIII Gespräch.

Aspasio. In der That, werthester Freund; dieß ist nicht Ihr Zustand allein, sondern der Zustand der untadelhaftesten Personen von der Welt. Da ist keiner in irgend einigem Charakter, in irgend einem Werke vollkommen, auch nicht einer; keiner, der dem göttlichen Gesetze einförmiglich, unveränderlich und ganz gehorchet.

Werfen Sie Ihre Augen auf die Namen, welche unter diesen schönen Kupferstichen stehen. Wie zierlich ist der Stich! Wie richtig sind die Buchstaben! Die Striche höchst zärtlich fein! ihre Gestalt höchst genau richtig! — Erlauben Sie mir, daß ich Sie ersuche, solche mit ihrer Feder abzuschreiben, und die Abschrift dem Originale gleich zu machen. Behalten Sie alle die edle Kühnheit der römischen Art und alle die annehmliche Lieblichkeit des italienischen Zuges bey. — Was? Könnten Sie diese Arbeit, selbst bey Ihrer gegenwärtigen ungeschwächten Gesundheit und mit Anwendung aller Ihrer Geschicklichkeit nicht ins Werk richten? Wie beschämt müßten Sie doch alsdann zu kurz kommen, wenn Ihre Augen vom Alter verdunkelt; wenn Ihre Hände von einem Schlage gerühret, und Ihr Verstand von einer schlafsüchtigen Trägheit beschweret wäre? — Dieses ist wirklich der Fall in Ansehung aller Kinder der Menschen. Unsere Natur ist verderbt, unsere sittlichen Fähigkeiten sind entkräftet, und unsere Verstandeskräfte verdunkelt. Und können wir in einem solchen Zustande des Unvermögens die heilige Verfassung abschreiben, welche das wahre Ebenbild Gottes ist; — es in unser Gemüth eindrücken und es in unserm Leben lesbar machen, ohne eine Jota oder

Das VIII Gespräch.

oder Pünctchen von seiner vollkommenen Reinigkeit zu verringern.

Theron. Ob ich gleich zu kurz komme: so giebt es doch Christen von einer höhern Classe; Christen, welche diese Gesetze, wie ich nicht zweifele, in ihre Herzen geschrieben haben; alle deren Neigungen nach dem himmlischen Muster gebildet sind. Und ich selbst bin nicht ohne Hoffnung, noch einen weit ansehnlichern Fortgang in der Heiligkeit zu haben.

Aspasio. Möchte doch Ihre Hoffnung zu einer muntern Bemühung lebendig gemacht, und Ihre Bemühungen mit einem reichlichen guten Erfolge gekrönet werden! — Was Sie von sehr erhabenen Christen voraussetzen, kann ich weder gänzlich annehmen, noch verwerfe ich es gänzlich. Es mögen alle ihre Neigungen nach dem himmlischen Muster gebildet seyn: alsdann aber sind sie nur zum Theile dem heiligen Vorbilde gleichförmig gemacht. Es findet sich eine Gleichheit, jedoch keine solche, als der helle und feststehende Spiegel da, (wobey er mit der Hand auf ein schönes Glas über dem Camine wies,) vorstellet; sondern eine solche, als ein bewegter und getrübter Strom giebt. — Wenn die Herzen dieser erhabenen Christen nach dem Muster des Hauses des Drusus gebauet wären o): so denke ich, sie würden

---

o) Als Drusus ein edler Römer, wegen eines Grundrisses zu seinem neuen Hause mit sich zu Rathe gieng: so erboth sich der Baumeister, es auf eine solche Art zu bauen, daß kein Auge eins von seinen Zimmern übersehen könnte. — Du verstehst meine Absicht nicht recht. Ich bin gerade für das Gegentheil deines Grund-

den eine geringere Meynung von ihren Tugenden haben.

David, welchen Gott selbst mit dem erhabensten Charakter beehret, und einen Mann nach seinem eigenen Herzen nennet p), welcher mit einer brünstigsten Liebe eine höchstrichtige Kenntniß der göttlichen Zeugnisse verband, sah die Wahrheit sehr wohl ein, die ich einprägen will. Nach einer aufmerksamen Betrachtung der Hoheit, des weiten Umfanges und der Heiligkeit dieser himmlischen Satzungen bricht er in diese demüthige Ausrufung aus: wer kann merken, wie oft er fehlet q)? „Würde die wachsamste Auf-
„führung oder die gereinigteste Seele von dieser voll-
„kommenen Regel untersuchet: so würden die Aus-
„glitschungen der erstern unzählig seyn, und die Fehler
„der letztern sehr in die Augen fallen.„

Theron. Ich kann die Ursache nicht einsehen, warum man die menschliche Natur zu einem solchen ausschweifenden Grade erniedriget, und die menschlichen Werke unter die verworfenen Dinge rechnet.

Aspasio.

Grundrisses. Ich wollte, daß mein Haus so gebauet würde, daß ein jeder, der vorbey ginge, sehen könnte, was darinnen vorfiele.

p). Was die Eigenschaft dieses Charakters und dessen Uebereinstimmung mit der Person betrifft: so verweise ich meine Leser auf die Anmerkung n) in dem ersten Gespräche auf der 38 S.

q) Psalm XIX, 12.

Das VIII Gespräch.   415

Aspasio. Fragen Sie um die Ursache dieser Vorstellung? — Es geschieht, um uns vor dem schädlichen Irrthume des Pharisäers zu verwahren, welcher sich selbst nicht nach dem wahren, erhabenen und weiten Verstande des Gesetzes, sondern nach einer falschen, niedrigen und verstümmelten Auslegung des Gesetzes maß, und in seinen eigenen Gedanken hochmüthig und in den Augen Gottes abscheulich wurde. — Hören Sie, wie er sein eigenes Lob ausposaunet: **Ich bin nicht wie andere Leute, Räuber, Ungerechte, Ehebrecher** r). Dieses war, wie sich die arme eitele Creatur einbildete, ein hinlänglicher Gehorsam, welcher der zweyten Tafel erwiesen wurde. Man sehe ihn noch mehr in seinen eingebildeten Federn strotzen s). **Ich faste zwey-**
mal

---

r) Luc. XVIII, 11.

s) Dieses scheint die wahre Bedeutung von το υψηλον εν ανθρωποις Luc. XVI, 15 zu seyn. Nicht das, was hoch geschätzet ist, εντιμον, ενδοξον. In diesem Verstande ist der Satz weder nothwendig noch durchgängig wahr. Mosis Sanftmuth, Josuä Tapferkeit, Salomons Weisheit wurden unter eben den Menschen hochgeschätzet, an welche unser Heiland seine Rede richtete. Doch kann niemand vermuthen, daß die Gaben dieser berühmten Personen in den Augen Gottes, ein Gräuel waren.

Was hingegen stolz und aufgeblasen ist, was hochmüthig und eingebildet ist; ein jeder Gedanke der Selbstverwunderung, und alle Früchte, die aus dieser bittern Wurzel entspringen; die sind gewisse und unveränderliche Gegenstände des göttlichen Abscheues. — Diese Auslegung, denke ich, schicket sich am besten

mal in der Woche, und gebe den Zehnten von allem, was ich habe t). Dieses war, wie ihm fälschlich träumete, eine gehörige Beobachtung der Gebothe der ersten Tafel. — Der junge Oberster schien unter eben dieser Verblendung zu seyn, als er die Zuversicht hatte, zu sagen: Das, was in dem göttlichen Gesetze vorgeschrieben worden, habe ich alles gehalten, von meiner Jugend auf u).

Eine pestilenzialische Meynung zu unterhalten ist dem Gemüthe eines Menschen kaum möglich. Und nichts kann irriger zu seyn scheinen, wenn wir die viel in sich begreifende Absicht der heiligen Gebothe betrachten, und überzeuget sind, daß sie eine genaue Gleichförmigkeit in jedem besondern Umstande und in jeder Kleinigkeit erfordern.

Theron. Ist denn bey der regelmäßigen Aufführung und der Aufrichtigkeit des Herzens nichts schätzbares?

sten nicht allein zu der Sache überhaupt, sondern auch zu dem Begriffe dieses Wortes insbesondere. Man sehe Röm. XI, 20. woselbst es in einer gleichen Bedeutung vorkömmt: μη υψηλοφρονει, sey nicht hoch gesinnet. — Es scheint sich auch am besten zu dem Inhalte des Verweises unsers Heilandes zu schicken. Ihr seyd diejenigen, die ihr euch selbst vor den Menschen rechtfertiget; alle solche stolze Unternehmungen aber, und ein jedes solches hochmüthiges Ansehen sieht der heiligste Gott mit Verabscheuung an.

t) Luc. XVIII, 12.
u) Matth. XIX, 20.

Das VIII Gespräch.

bares? Ist bey unsern Liebeswerken und Tugendübungen nichts vortreffliches?

Aspasio. Von unsern Nebenmenschen sind sie Ehrerbiethung, Nachahmung und Dankbarkeit zu fordern berechtiget. Vor der unendlichen Vollkommenheit aber müssen sie ihren Anspruch fahren lassen, sich in den Staub legen. Sie müssen um Verzeihung anflehen, und nicht eine Belohnung fordern. — Wir erkennen insgesammt eine Schönheit und einen schimmernden Glanz an den Sternen, wenn wir sie unter den Schatten der Nacht sehen. Wenn aber die prächtige Quelle des Tages aufsteht; so verschwindet ihre Schönheit, ihr Glanz ist Finsterniß. So sind auch die menschlichen Vollkommenheiten, wenn sie mit dem vollkommenen Gesetze verglichen werden, oder wenn das alles durchdringende Auge des höchstglorreichen Gottes sie ansieht.

Theron. Mich dünkt, dieser Begriff verwirret den Unterschied unter Gut und Böse? und würde dadurch, daß er alle unsere Handlungen tadelhaft machet, sie insgesammt gleich machen. Das ist mit einem Zeugnisse darzuthun.

Aspasio. Es zeiget nur, daß an allen Flecken sind; dahingegen einige über und über lauter Schmutz und Flecken sind. Ist kein Unterschied unter den Leopardenflecken und des Mohren Ruß? Wenn ich behaupte, daß keines von beyden vollkommen weiß ist, schließt das in sich, daß beyde gleich schwarz sind?

Ich führe bloß an, das alles, was wir thun, so scheinbar es auch seyn mag, nach unserer heiligen Regel noch lange nicht genug ist; und uns daher die göttliche Gewogenheit nicht verschaffen, noch uns zu dem Himmelreiche berechtigen kann: — Ja, daß, wenn Gott mit uns nach unsern eigenen Werken ins Gricht gehen wollte, er auch selbst an den auserlesensten Beweisen unsers Gehorsames solche Mängel entdecken würde, die sie verdammlich x) und keines Beyfalles würdig oder verdienstlich machen würden.

Belieben Sie dieses Federmesser zu betrachten. — Was kann wohl schärfer seyn, als die Schneide, oder sauberer geschliffen, als die Klinge desselben? Wie erscheinen sie aber, wenn sie durch eins von diesen Microscopien angesehen werden?

Theron. Die Schneide scheint nicht so scharf zu seyn, als des Holzhackers Axe, oder vielmehr stumpfer, als sein eiserner Keil. Die glatte Klinge gleicht einer Masse groben Metalles, welches auf dem Amboße rauh gehämmert worden.

Aspasio. Wie zart ist nicht die Leinwand zu Ihren Manschetten, und was für ein zierliches Ansehen giebt sie nicht Ihrer ganzen Kleidung! Nichts kann feiner seyn, als die Fäden, oder genauer, als das Gewebe. Allein, wie sehen sie aus, wenn man sie durch ein Microscopium betrachtet?

Theron.

---

x) Zu diesem Außspruche giebt Cyrillus, nebst einigen andern Kirchenvätern ein ausdrückliches Zeugniß. Αυτο ημων και το ορθως εργαςθαι δοκειν, μομφης και αιτιας αμοιρησειν αν ετι τα περιεργαζομενα τε και βασανιζοντος Θεε. Selbst diese unsere Handlungen, welche auf die rechte Art verrichtet zu seyn scheinen, könnten des Tadels und Vorwurfs nicht entgehen, wenn Gott sie nur obenhin untersuchen, oder auf die Probe stellen wollte.

Das VIII Gespräch.

Theron. Sie würden die feinen Fäden für hänfene Seile halten; und würden beynahe darauf schwören, daß sie eher von den ungeschickten Händen des Hürdenmachers zusammengeflochten, als auf dem Weberstuhle künstlich gewebet worden.

Aspasio. Das schöne Stück Schmelzarbeit, welches ein Theil von dem Anhängeschmuck Ihrer Frau Gemahlinn ausmachet, nimmt einen jeden, der es sieht, durch seine richtige Gestalt und strahlenden Farben ganz ein. Allein —

Theron. Unter der Prüfung dieses forschenden Instruments verliert es alle seine Zierlichkeit, und anstatt unsere Bewunderung zu gewinnen, reizet es uns zur Verachtung. Es sieht aus, wie ein Haufen Mörtel, welcher durch des Mäurers Kelle darauf geschmieret ist.

Aspasio. Sie sehen also Theron, was für grobe Unfeinheiten, was für rauhe Ungleichheiten diese zu unserm Gesichte hinzugesetzte Hülfe, selbst bey den feinsten Werken der menschlichen Kunst entdecket. So und noch weit mehr unterscheidet die unbefleckte Reinigkeit Gottes, Unvollkommenheiten an unsern aufrichtigsten Thaten, und am meisten bewachten Stunden.

Ich sage unbefleckte Reinigkeit. — Denn Gott ist nicht allein unfehlbarlicher Weise, alle Befleckung zu entdecken, sondern auch unendlich rein, sie zu verabscheuen. Haben Sie diese Eigenschaft der Gottheit wohl in Erwägung gezogen, Theron?

Theron. Ja; und nicht ohne Erstaunen über die reizenden, über die ehrfurchtsvollen Beschreibungen, die in den heiligen Schriften vorkommen. — Gott

ist

ist nicht allein heilig, sondern, wie der Gesetzgeber der Juden sich sehr erhaben ausdrücket, herrlich in seiner Heiligkeit y). Die heiligen Schriftsteller scheinen, wenn sie von dieser vortrefflichen Vollkommenheit handeln, diesen wichtigen Punct recht auszuarbeiten. Sie hängen den erhabensten Vorstellungen ihrer Einbildungskraft nach; sie wenden die kühnesten Rednerfiguren an; und setzen die hellesten Farben der Beredtsamkeit hinzu: doch bekennen sie dabey vielmals, daß alle Stärke der Sprache überaus viel zu schwach für diese unaussprechliche Materie ist.

Einer von den Propheten, welcher sich an den ewigen, unsterblichen, unsichtbaren König wendet, bricht in diesem entzückenden Ausrufe aus: Du Herr, mein Gott, mein Heiliger; deine Augen sind reiner, als (daß sie verstatten, wenn ich so sagen darf. Dieß ist eine Beylegung eines Lobes, welches für deine überschwengliche Vortrefflichkeit unaussprechlich viel zu klein ist. Deine Augen sind reiner, als) daß du Uebels sehen magst, und Bosheit kannst du nicht anschauen z). — Ein anderer siehet in einem prophetischen Gesichte die Seraphim, zum Zeichen ihrer tiefen Demuth, ihre Gesichter bedecken, höret diese Söhne der Inbrunst und Liebe einander zurufen: Heilig, heilig, heilig ist der Herr Zebaoth a). —

Ja,

---

y) 2 B. Mos. XV, 11.

z) Habac. I, 13.

a) Jes. VI, 3. Die Dichter und Schriftsteller, die eine kühne Einbildungskraft haben, und besonders in die sogenannten Maschinen in der Dichtkunst verliebt, daß

Das VIII Gespräch.

Ja, so überschwenglich heilig saget ein anderer andächtiger Verehrer, daß alle erschaffene Herrlich-
keit daß sie himmlische Wesen einführen, um ihrer Materie eine besondere Würde oder ihren Gedanken noch mehrere Stärke zu geben. Diese Art von Schönheit in den Schriften ist in der heiligen Schrift mit einer unnachahmlichen Eigenschaft und einem erstaunlichen Nachdrucke gebrauchet worden; vornehmlich in der oben angeführten Stelle.

Man betrachte einmal — die Personen. Diese sind keine andere, als die Herrschaften und Fürstenthümer des Himmels, die recht an der Spitze der Schöpfung stehen; die an Stärke und Weisheit, an jeder hohen und glänzenden Vollkommenheit vortrefflich sind. — Ihre Stellung. Sie stehen vor dem Jehovah, welcher auf seinem erhabenen Throne sitzt. Sie bedecken ihre Antlitze mit ihren Flügeln, als wenn sie von der unerträglichen Herrlichkeit überwältiget wären, welche von der unerschaffenen Majestät ausstrahlet — Ihre Handlung. Sie preisen, nicht in kalter Unterredung, sondern in entzückten Gesängen, die liebenswürdige, jedoch erschreckliche Heiligkeit des allmächtigen Herrn. — Ihre Art des Ausdruckes. Ob sie gleich von der wundervollen Materie angefüllet und durchdrungen sind: so versuchen sie doch nicht, solche zu beschreiben. Dieses läßt sich, auch selbst von Engelszungen nicht thun. Sie drücken sich daher in der Sprache der tiefsten Bewunderung aus, in wiederholten, in oft wiederholten Zurufungen bey der wunderbaren Eigenschaft: Heilig, heilig, heilig! — Die Wirkungen dieser herrlichen Erscheinung. Die Thürpfosten erbeben bey der Stimme; die starken und prächtigen ehern Pfeiler. (Man sehe 2 Chron. III, 17.) erzittern, wie ein Laub. Das geräumige und schöne Haus wird mit Zeichen des göttli-

keit in seiner Gegenwart gänzlich verdunkelt wird. Er sieht den Mond an, und er scheint nicht, ja,

göttlichen Unwillens angefüllet, wird in Wolken von Dampfe verhüllet, und vereiniget sich mit den zitternden Säulen und anbethenden Seraphim, der gedankenlosen Welt zu melden: wie schrecklich es sey, in die Hände des lebendigen Gottes zu fallen! Der Prophet selbst wird vom Erstaunen gerühret; wird von Schrecken überwältiget, und schreyet, wie ein Weib in Kindesnöthen. — Kann wohl etwas lebhafter, nachdrücklicher und beunruhigender seyn?

Wenn ich die Geduld meiner Leser nicht misbrauche, so wollte ich wohl um Erlaubniß bitten, noch eine Anmerkung wegen des Wortes Zebaoth hinzuzusetzen; welches zwar ein ebräischer Ausdruck ist, aber doch in einigen Stellen der Uebersetzung, und in einigen Liedern der Kirche beybehalten ist, und welches einige Leute, wie ich glaube, aus Unachtsamkeit mit dem Worte Sabbath vermengen. — Das letztere bedeutet die Ruhe des siebenten Tages; und in dieser Verbindung giebt es einen nicht recht bequemen und unvergleichlich geringern Verstand. Das erstere hingegen bedeutet Kriegesheere oder Heerschaaren; und giebt uns ein wahrhaftig großes und majestätisches Bild, welches würdig ist, in den Gesängen der Seraphim zu stehen. — Es preist Gott, als den größten allgemeinen, unstreitigen Oberherrn, welcher die höchste Herrschaft über alle Ordnungen von Wesen von dem erhabensten Erzengel an, der im Himmel leuchtet, bis zu dem niedrigsten Wurme, der im Staube kriecht, ausübet; welcher zu einer Legion von Cherubim saget: geh; und sie geht; zu einem Schwärme Insecten, komm; und er kömmt; zu einem jeden Geschöpfe, thue dieß; und es thut es. Siehe Matth. VIII, 9.

Das VIII Gespräch.

ja, die Sterne sind noch nicht rein vor seinen Augen b); und selbst in den Engeln, in seinen Bothen, diesen geläuterten und erhabenen Geistern, findet er Thorheit c).

Aspasio. Sehr majestätische Beschreibungen! — Ich bitte, lassen Sie uns die Eindrücke ansehen, welche solche Strahlen der göttlichen Ausstrahlung bey den Heiligen des alten Bundes gemacht haben. — Moses, welcher nahe zu dem Wolkenzelte dem Vorgemache des Heiligen in Israel gezogen wurde, saget mit einer Bewegung von ungemeiner Furcht: Ich bin erschrocken und zittere d). — Wenn Hiob mit einer besondern Offenbarung des allmächtigen Gottes begnadiget wird: sehen Sie da seine Stellung an! hören Sie seine Worte: Ich verabscheue mich, und thue im Staube und Asche Buße e): Wie stark ist die Sprache! Wie tief die Erniedrigung! — Wenn Jesaias den unbegreiflichen Jehovah auf seinem Stuhle sitzen, und die Fürsten des Himmels ihn vor seinem Fußschemel anbethen sieht; so wird er von der Angst einer ehrerbietigen Furcht ergriffen, und rufet aus: Wehe mir, ich vergehe; denn ich bin unreiner Lippen f)! — Wenn Hesekiel eine emblematische Vorstellung von demjenigen sieht, der in einem Lichte wohnet, wozu niemand kommen kann; wenn der Alte der Tage unter einer mensch-

b) Hiob XXV, 5.   c) Hiob IV, 18.
d) Ebr. XII, 21.   e) Hiob XLII, 6.
f) Jes. VI, 5.

Das VIII Gespräch.

menschlichen Gestalt verhüllet, dem Daniel erscheint: so fallen sie beyde als todt nieder zu seinen Füßen g); obgleich der eine ein andächtiger Priester, und ein jeder ein großer Prophet war, dennoch wurden sie von vermengter Verehrung und Schrecken überwältiget. Und dieses geschah nicht vor einer völligen Darstellung, sondern allein vor einem Blicke von der Gottheit, welcher, ob er gleich nur zum Theile und überhin gehend war, dennoch viel zu verblendend hell glänzete, als daß ihn ein Auge im Fleische ertragen konnte.

O mein werthester Freund, mein Theron, was für eine Figur müssen unsere geringen Werke, unsere niedrigen Thaten vor diesem unermeßlich glorreichen Gotte machen? — Lassen Sie uns die Aufführung und den Geist Hiobs ein wenig mehr besonders betrachten. Er ist einer von Ihren liebsten Beyspielen, und verdienet es auch in der That sehr. Denn er hatte an Gottesfurcht keinen Höhern, und keinen seines Gleichen. Es war seines Gleichen nicht im Lande. Jedoch, als er mit dem Schöpfer aller Dinge und dem Richter aller Menschen zu thun hatte: so schüttete er seine beschämte Seele in diesen merkwürdigen Geständnissen aus. Sage ich, daß ich gerecht bin: so wird mich mein eigener Mund verdammen: sage ich, daß ich fromm bin, so wird er mich doch zu unrecht machen h). Er erkläret sich noch weiter: Wenn ich mich gleich mit Schneewasser wüsche, und reinigte meine

---

g) Hesek. I, 28. Dan. X, 8. 9.
h) Hiob IX, 20. 21 — 30. 31. 32.

Das VIII Gespräch.

Hände mit dem Brunnen: so wirst du, o gerechter und ewiger Gott, mich doch in den Koth tunken; mich, ungeachtet aller dieser Sorgfalt und Vorsicht, doch sehen lassen, daß Ich ein strafbares und unflätiges Geschöpf bin, daß mich meine eigenen Kleider, wenn sie die Befleckung empfinden könnten, verabscheuen müßten.

Dieses bekannte er, nicht weil er ein gewohnter Sünder oder mit einigen ärgerlichen Lastern beladen war, sondern weil sein Gemüth, mit der rührendsten Empfindung von Gottes unbegreiflicher Heiligkeit und unendlichen Herrlichkeit angefüllet war. Denn, setzet der ehrwürdige Kreuzträger hinzu, er ist nicht meines Gleichen, sondern ein Wesen von einer so weitläuftigen Erkenntniß, daß nichts seiner Entscheidung entgehen kann; von einer solchen erhabenen Reinigkeit, daß ihm jede kleinste Befleckung, in seinen Augen zuwider ist. Aus dieser Ursache ist es unmöglich, daß ich ihm antworten möchte, in Absicht auf meine eigene persönliche Gerechtigkeit; oder daß wir vor Gericht mit einander kämen, in solchen Umständen, ohne Beschämung meiner selbst und ohne meine Sache zu verlieren.

Allein diesem füget er bey, was noch merkwürdiger und exemplarischer ist: Bin ich denn fromm; so darf sichs meine Seele nicht annehmen. Ich begehre keines Lebens mehr. Er setzet, daß er in einem höhern Stande wäre, als Ihre am weitesten gekommenen Christen. Bin ich denn fromm; wenn ich auch gleich vollkommen wäre: so würde sichs doch in einem solchen Stande, wenn er auch zu erreichen

chen, stünde, meine Seele nicht annehmen; sie würde sich nicht bey meinen eigenen Vollkommenheiten und dem Guten, was ich habe, aufhalten, sie würde es nicht anführen, oder nur einen Gedanken davon hegen. Bey dem wichtigen Geschäffte der Rechtfertigung sollten sie wie Nullen seyn; sie sollten in den Schatten gestellet werden; sie sollten gänzlich verschwinden. Ich begehre keines Lebens mehr; ich würde mein Leben verachten; es sollte mit allen seinen scheinbarsten Handlungen und ausnehmendsten Tugenden für nichtsbedeutend und verächtlich gehalten werden; eben so nichtsbedeutend und verächtlich in Absicht auf diese große Handlung, als ein fliegender Funke seyn würde, wenn er bestimmet wäre, mitten unter der Finsterniß der Nacht den Tag zu verbreiten, oder mitten im tiefsten Winter den Frühling hervorzubringen.

Theron. Dieses sind wirklich beunruhigende Anzeigungen, Aspasio. — Ein Gesetz, welches einen genauen und allgemeinen Gehorsam beydes im Herzen und Leben erfordert! — Ein Gott von solcher Majestät, Reinigkeit und Herrlichkeit, daß Männer von der bewährtesten Aufrichtigkeit in seiner Gegenwart von Scham überwältiget werden! — Ich will sie in meiner Muße, mit derjenigen Aufmerksamkeit erwägen, die sie verdienen. — Gegenwärtig glaube ich, haben wir Gelegenheit, davon abzugehen. Jene Kutsche da scheint mir hieher zu fahren, und es scheint Philanders Lieveren zu seyn.

Aspasio, welcher begierig war, diese Ueberzeugungen fest zu setzen, — welche von der größten Wichtigkeit

tigkeit zu unserm Glauben und zu unserer Seligkeit sind, — welcher begierig war, sie in seines Freundes Gemüthe zu befestigen, erwiederte:

Aspasio. Weil Ihr Besuch noch weit ist: so erlauben Sie mir, anzumerken, daß die weisesten Männer, wenn sie auf das erste von diesen Umständen Acht gehabt, eine Verachtung gegen alle menschliche Vortrefflichkeit bezeuget haben. Es ist kein Mensch auf Erden, der Gutes thue und nicht sündige i). Der Apostel Christi schämet sich deswegen selbst, und lehret alle Menschen, die Flügel der hohen Einbildung von sich sinken zu lassen. Wir fehlen alle mannichfältiglich k). — David, welcher den letztern Punct erwog, bethet mit dem äußersten Ernste: Herr, gehe nicht ins Gericht mit deinem Knechte! Und führet diese demüthige Ursache von seiner Bitte an: Denn vor dir ist kein Lebendiger gerecht l). Dieses bewog den Nehemiah, welcher auf eine so edle Art für die Ehre seines Gottes geeifert hatte, nicht auf seine eigenen schätzbaren Dienste zu trauen, sondern sich zu der verzeihenden Güte zu wenden: Mein Gott, schone mein nach deiner großen Barmherzigkeit m).

Hätte ich Ihnen das Beyspiel des armen Zöllners vorgestellet, welcher an seine Brust schlug, seine Augen nicht aufheben durfte, sondern aus dem Grunde eines besudelten Herzens rief: Gott sey mir Sün-

i) Pred. Sal. VII, 20. k) Jac. III, 2.
l) Pf. CXLIII, 2. m) Nehem. XIII, 22.

Das VIII Gespräch.

Sünder gnädig n)! so würde die Selbstliebe vermuthlich gesaget haben: „Gewiß, ich bin nicht „mit dem gottlosen Bösewichte in eine Reihe zu „stellen. Ich stehe auf einem bessern Fuße, als „ein solcher schändlicher Missethäter." — Was die Hoffnung zum ewigen Leben betrifft, so stehen wir auf keinem bessern, auf keinem andern Fuße. Und wenn wir auch so niedrig wären, als der strafbare verachtete Mensch: so stehen wir doch mit den erhabensten Heiligen auf einerley Grunde. Sie alle erscheinen vor der Majestät des Himmels in einerley Stellung unverstellter Demuth, und mit einerley Erkenntniß der äußersten Unwürdigkeit. — Denn es ist eine gewisse Wahrheit, und leidet keine Ausnahme, daß die Rechtfertigung des Sünders nicht das Privilegium des menschlichen Gehorsames, sondern das alleinige Vorrecht des Herrn ist, der unsere Gerechtigkeit ist.

Theron. Ist nicht das, was Hiskia that, eine Ausnahme wider Ihre Regel? Wo ich mich recht erinnere, so waren dieses die Worte des frommen Königes: Ach Herr, gedenke doch, daß ich vor dir treulich und mit rechtschaffenem Herzen gewandelt habe, und habe gethan, was dir wohlgefällt o). Sie sehen, er setzet den Ausgang seiner Prüfung vor dem ewigen Gotte auf seine eigene Aufrichtigkeit und auf seinen Gehorsam.

Aspasio.

n) Luc. XVIII, 13.
o) 2 Kön. XX, 3.

Das VIII Gespräch.

Aspasio. Das waren seine Worte, aber sie wurden nicht in dieser Absicht gebrauchet. Er stellete dem großen Herrscher der Welt demüthig vor, wie gutthätig sein voriges Leben gewesen wäre, und wie dienlich sein verlängertes Leben zu dem besten Vortheile des israelitischen Volkes seyn könnte. Er führete seinen Gehorsam an, nicht um einen Anspruch auf die ewige Seligkeit im Himmel zu machen, sondern bloß einen Aufschub des Todes, und eine Verlängerung seiner Ruhe auf Erden zu erhalten. — Es wird auch solches nicht an ihm gerühmet, als ein Verdienst, sondern bloß als eine Geschichte angeführet, als wenn er gesaget hätte: „Gedenke doch, gnä„diger Gott, wie ich mein königliches Ansehen ange„wandt habe, die Abgötterey zu unterdrücken, das „Laster auszurotten, und deine wahre Religion zu „befördern. Erwäge, wie sehr dein Volk eines so „wachsamen und so eifrigen Regenten bedarf; und „in was für einen elenden Zustand beydes die Kir„che und der Staat kann gesetzet werden, wenn „du deinen Knecht durch diesen drohenden, aber „unzeitigen Streich hinnimmst. Und um die „Wohlfahrt Israels, zur Ehre deines Namens, „zur Erhaltung deines Gottesdienstes, friste mein „Leben noch ein wenig„!

Aspasio hielt ein, und erwartete eine Antwort. — Weil Theron stillschwieg und in Gedanken stund; so fuhr Aspasio mit einem wohlwollenden Lächeln fort. — Kommen Sie, mein Theron, warum so tief in Gedanken? Haben Sie einige Einwendung wider die offenbaren Zeugnisse, die ich vorgebracht

bracht habe? — Sie sind einige von den vornehmsten Würden und ansehnlichsten Personen, die man aus allen Zeiten zusammenbringen könnte. Könige, Fürsten und Staatsleute, Priester, Heilige und Märtyrer. Sollten diese für unzulänglich gehalten werden? so kann ich noch eine stärkere und edlere Wolke von Zeugen darstellen, — stärker, denn ihrer ist eine große Menge, die niemand zählen kann, von allen Nationen und Geschlechtern und Völkern und Zungen, — edler, denn sie stehen vor dem Throne und vor dem Lamme, mit weißen Röcken bekleidet, und mit Palmen in ihren Händen. — Fragen Sie diese leuchtenden Schaaren, wer sie sind, und wo sie herkommen? Ihre Antwort ist in einem von meinen liebsten Stücken aus der heiligen Schrift, in einer von denen annehmlichen Stellen begriffen, von welchen ich in meinen letzten Augenblicken Trost zu nehmen hoffe. Aus dieser Ursache werden Sie mir erlauben, solche zu wiederholen, ob ich Ihrer gleich schon in einer vorhergehenden Unterredung mag erwähnet haben. *Wir sinds, die aus großem Trübsal gekommen sind; und unsere Kleider gewaschen haben, und unsere Kleider im Blute des Lammes helle gemacht haben; darum sind wir vor dem Stuhle Gottes* p).

Einige von ihnen ließen ihr Leben für die Sache Christi; manche von ihnen waren wegen ihrer Werke der Gerechtigkeit vortrefflich; alle aber waren mit wirklicher Heiligkeit begabet. Jedoch keine von diesen

---

p) Offenb. Joh. VII, 14. 15.

Das VIII Gespräch.

sen Eigenschaften gaben ihnen einen Paß in die Landschaften der ewigen Glückseligkeit. Sie hatten ihre Kleider gewaschen; sie waren zu der Versöhnung Christi geflohen, und hatten die Verdienste ihres Heilandes angeführet. Dadurch hatten sie dieselben helle gemacht. Dieses war die Ursache ihrer Lossprechung von der Schuld und ihrer vollkommenen Rechtfertigung. — Und daher wurden ihre Personen angenommen; sie wurden ohne Makel vor den Thron gestellet, und zu der Fülle der Freuden zugelassen, die zur Rechten Gottes immer und ewiglich ist.

Theron. Ich habe wider Ihre Zeugen nichts einzuwenden. Mich dünkt aber, Ihre Lehre erniedrige die menschliche Natur auf eine seltsame Art.

Aspasio. Dieß ist ein Zeichen, Theron, daß sie dem Geiste des Evangelii angenehm ist; dessen Absicht ist, die Sünder zu demüthigen, und den Heiland zu erhöhen q), wie der beredte Jesaias vorherge-

---

q) Dieses stimmet mit einem sehr schätzbaren Grundsatze überein, welchen ein vornehmer Gottesgelehrter einsmals seiner Gemeine als einen Probierstein anpries, die evangelische Wahrheit zu erkennen. Diejenige Lehre, sagete er, welche abzielet

Den Sünder zu demüthigen;
Den Heiland zu erhöhen;
Die Heiligkeit zu befördern;

Diejenige Lehre, welche abzielet, alle diese Absichten zu erfüllen, möget ihr als gesund annehmen. Diejenige,

hergesaget hat: Alle hohe Augen werden ge niedriger werden, und was hohe Leute sind, wird sich bücken müssen; der Herr aber wird allein hoch seyn zu der Zeit r): "Der "Mensch, ob er gleich von Natur eitel ist, soll sei-"ne unzähligen Vergehungen empfinden; er soll die "Mängel einsehen, die seine höchsten Vollkommen-"heiten begleiten; er soll die Unmöglichkeit beken-"nen, durch Werke des Gesetzes gerecht zu werden; "und alle seine Hoffnung auf den versöhnenden Tod "und den verdienstlichen Gehorsam des Herrn Jesu "Christi setzen."

jenige, welche es an ihrem Einflusse bey einem von diesen Stücken ermangeln läßt, solltet ihr als verderbt verwerfen.

r) Jes. II, 11.

Das IX Gespräch.

Artiges Sommerhaus. — Keine Nachlassung bey dem göttlichen Gesetze, was das Geboth oder die Strafe betrifft. — Dessen nicht zu beugende Strenge und Hauptendzwecke.

Theron, der von der letzten Unterredung noch ganz voll war, hatte ein großes Verlangen, dieselbe Materie wieder vorzunehmen, und den wichtigen Streit zu erneuern. In dieser Absicht führete er seinen Freund in einen einsamen Aufenthalt, der zu seinem Endzwecke sehr bequem war.

Sie traten in eine geraume Ebene eines Thiergartens, die dem Hause gegenüber lag, und die sich in der Gestalt eines geöffneten Fächers verbreitete. Die Zäune an beyden Seiten waren in Grün gekleidet, die aber keine gleichlaufende, sondern immer weiter aus einander gehende Linien ausmachten. In einer gewissen Entfernung zeigete das Ganze einen prächtigen Prospect, dessen Weite sich allmählig immer enger einschränkete, und sich endlich bis auf einen Punct verkleinerte, welchen die regelmäßige und angenehme Landwohnung auf die alleransehnlichste Weise ausmachte.

Die Natur hatte diese Ehre auf einen sich allmählig senkenden Hügel geleget, an dessen geraumen Seiten Ochsen graseten, und Lämmer hüpfeten. Die muntern Triften und gesegneten Heerden verursacheten, im Vorbeygehen, mit ihrem Brüllen und Blöken, dem Ohre ihres Herrn eine angenehme Musik. Mitten durch diese grüne abhängige Ebene lief ein breiter und langer Weg, der mit Kiessande beleget, und mit Pallisaden verwahret, und einem schlechten braunen Streife ähnlich war, der mitten durch einen Teppich von dem hellesten Grün hindurch geht. An dem Ende desselben befanden sich zween schöne Canäle, die häufig mit Fischen angefüllet waren, und durch die kühlende Winde in eine angenehme Bewegung gesetzet wurden. Das Wasser derselben, so aus jedem Vörderzimmer des Hauses zu sehen war, hatte eine schöne Wirkung auf das Gesicht, so mit einem erfrischenden Einflusse in die Einbildungskraft begleitet ward. An dem Ende des einen stund ein prächtiges Säulengebäude. Das Dach ruhete auf Pfeilern von der jonischen Ordnung, und der Platz darunter war mit Steinen beleget, die höchst zierlich nach Diamanten Art geordnet waren. Verschiedene Waldstühle gaben denen, die sich mit Angeln erlustigen wollten, bequeme Sitze, und das herüberragende prächtige Dach verschaffete ihnen Schatten.

Gerade gegenüber, an dem Rande des andern Canals, war ein Sommerhaus von einer ganz besondern Art errichtet. Der unterste Theil desselben hatte eine Oeffnung gegen Norden. Er war kühl, dunkel, und hatte niemals die Sonne gesehen. Er hatte das romanenhafte Ansehen einer Grotte, oder vielmehr den tiefsinnigen Anschein der Zelle eines Einsiedlers. Die auswendige Seite war rauh, und von hervorragenden Steinen höckerigt. Sie war zum Theile mit Ephey bezogen, zum Theile mit Moose bedecket,

Das IX Gespräch.

decket, und schien ein Werk alter Jahre zu seyn; vermittelst einer Treppe von grünem Rasen stieg man hinab, und gieng durch eine niedrige und enge Thüre hinein. Ein kleines eisernes Gitter ließ, anstatt eines großen und prächtigen Fensters, nur eben so viel Licht hinein, daß man den inwendigen Bau sehen konnte. Es schien derselbe aus einem einzigen Felsen zu bestehen, und eine Höhle zu seyn, die in einem sie umgebenden Steinbruche ausgehauen war. Oben hieng ein unregelmäßiger Bogen, der dem Ansehen nach mehr drohendes, als reizendes hatte. Unten lag ein Pflaster von groben Steinen. Es hatte dasselbe an einigen Orten furchenähnliche Risse, als wenn es durch das häufige Betreten eines einsamen Fußes abgenutzet wäre. Rund herum war lauter bäurisches Wesen und Feyerlichkeit; eine Feyerlichkeit, die niemals stärker, als durch die Dunkelheit eines Ortes verspüret wird. Das Geräth war von einer eben so seltsamen Art, als das Behältniß. Es war eine Bank darinnen, wovon man hätte glauben sollen, daß sie durch den Meißel der Natur aus dem dichten Steine wäre gehauen worden, nebst einer Art eines Ruhebettes, so aus aufgeschwollenem Moose und kleinen fäßerigten Wurzeln bestund. Aus einer Ecke tröpfelte eine reine Quelle, die mit einem sprudelnden Geseufze längst dem mit Furchen bezogenen Pflaster kroch, bis sich ihr gesunder Strom in ein Baßin sammelte, das nur so schlecht weg in der Erde ausgegraben war. An dem Rande dieses kleinen Wasserbehältnisses lag ein rostiges Schöpfgefäß an einer Kette befestiget, und gegenüber stund ein alter wurmstichigter Tisch. An dem Theile der Wand,

Ee 2   der

der am wenigsten dunkel ist, sieht man, doch nur mit genauer Noth, ein Stück Pergament, auf welchem die weise, jedoch kränkende Erinnerung geschrieben ist: Eitelkeit der Eitelkeiten! Es ist alles eitel!

Ueber diesem auf eine so angenehme Art fürchterlichen Aufenthalte, der recht zu einem feyerlichen Nachdenken eingerichtet ist, erhob sich eine offene und der freyen Luft bloß gestellte schöne Aussicht. Man steigt vermittelst einer Wendeltreppe hinan, und wird, indem man von dem unten befindlichen rauhen Aufenthalte hinauf kömmt, durch ein zierliches Sechseck in eine angenehme Verwunderung gesetzet. Die Bodendecke ist hoch, und mit einem angenehmen, prächtigen und fast lebenden Schnitzwerke gezieret. Die Wände sind mit Eichenholze getäfelt, dem man sein natürliches Braun gelassen hat. Es haben dieselben eine so ungekünstelte Schönheit, daß sie auch, durch das köstlichste Malen, gleich einem liebenswürdigen Gesichte, vielmehr würden verstellet, als verschönert worden seyn. Es hiengen an denselben in goldenen Ramen, und in ausgesuchter Ordnung verschiedene angenehme Landschaften; allein, die edlen und schönen Gegenden, so man allhier durch die Fenster sehen konnte, wurden von keiner derselben übertroffen, keine that es ihnen einmal gleich, ja alle dieneten denselben gleichsam zu einer Folie. Der Kaminzierrath bestund aus einem weißen, glänzenden Marmor, der mit lebhaft rothen Adern durchstreifet ward. Ueber demselben zeigete sich ein schönes Schnitzwerk von künstlichen, auf dem Gesimse aber stund eine auserlesene Reihe natürlicher Blumen. Auf einem glänzenden nußbaumenen Tische lag ein

Fern-

Das IX Gespräch.

Fernglas, nebst Thomsons Jahreszeiten und Va-
nierii Praedium rusticum a).

Alles war hieselbst mit dem erhabensten Geschmacke eingerichtet, und mit jedem Zierrathe, der nur
ein Vergnügen erwecken konnte, versehen. Es schien
dieses recht mit Fleiß so eingerichtet zu seyn, um mit
der verschwenderischen Munterkeit, die der ganzen
Natur allhier aus den Augen lächelte, und dem Früh-
lingsvergnügen, so einem auf den Flügeln einer jeden
süßduftenden Luft zugehauchet ward, übereinzustimmen; ja ich mag noch wohl hinzusetzen, um den, der
es sieht, an jene unsterbliche Wohnungen zu erinnern,
die mit unendlich glänzendern Bildern, und mit unaussprechlich herrlichern Dingen ausgeschmücket seyn,
und wo heilige Wesen nicht ewa einige wenige müs-
sige Stunden mit ausgesuchten Ergötzlichkeiten, sondern eine gränzenlose Ewigkeit in der vollkommensten
Freude zubringen werden. Denn einem wohlgearte-
ten Gemüthe ist die Natur eine Lehrmeisterinn, und
dieses sind ihre unterrichtenden Lectionen. Denen,
die

---

a) Ein sehr schönes lateinisches Gedicht, welches von
jedem merkwürdigen Stücke, so zur Beschäfftigung
des Landlebens, oder von allem Zubehöre zu einem
Landgute, handelt. Es unterhält den Leser mit einer
Beschreibung der angenehmsten Dinge in der fließen-
desten und reinesten Sprache und fast musicalischen
Versen. Es ist dieses Werk, meinem Bedünken nach
durch und durch voll Schönheit. Es übertrifft alles
von der Art, was ich noch unter den Neuern angetroffen habe, und es ist des Geistes des augustischen
Alters beynahe, ja fast gar nicht unwürdig. Vni
Virgilio secundus, et paene par.

die reines Herzens sind, sind auch die Sinne erbauend, und dieses sind ihre auserlesene Sittenlehren.

Das überflüßige Wasser des Canales rollete in einer sich in die Runde verbreitenden Cascade hinab, und da es solchergestalt von manchem kleinen Abgrunde herunterstürzete, so erfüllete es die Luft mit einer Symphonie von sanften und gurgelnden Tönen. Auch unterließ es diesen verbindlichen Dienst weder vom Morgen bis zum Mittage, noch vom Mittage bis zum Abend; sondern wenn die fächernde Weste ihre Flügel senketen; wenn das gefiederte Chor im Schlafe begraben lag; und wenn kaum so viel als das Girren einer Heuschrecke in den Wiesen gehöret ward, spielete dieses flüßige Instrument sein Solo; blieb unaufhörlich bey seiner Beschäfftigung, und wirbelte, so, wie es floß, ein wohlklingendes Gemurmel hervor.

Aspasio. So, Theron, so einförmig, so ununterbrochen, so unveränderlich sollte unsere Gleichförmigkeit mit dem göttlichen Gesetze seyn. Aber ach! diese geheiligten Gebothe sind von einer so überschwenglichen Weite, daß auch der allererweiterteste menschliche Gehorsam dem Umfange derselben bey weitem nicht gleich kommen kann; sie sind so vollkommen heilig, daß auch der allerhöchste Grad, den wir nur immer erreichen können, von ihrer erhabenen Vollkommenheit himmelweit entfernet bleibt. Wie können wir denn von einer so vollkommenen Regel Rechtfertigung erwarten? Wie dürfen wir unser Vertrauen auf so unvollkommene Pflichten setzen? zumal vor einem Gotte, dessen Einsicht niemals irret, und dessen Reinigkeit unbefleckt ist.

Theron.

Das IX Gespräch.

Theron. Wenn das menschliche Geschlecht nicht fähig ist, seinem Schöpfer durch einen vollkommenen und unveränderlichen Gehorsam gegen das Sittengesetz zu gefallen; folget denn schon daraus, daß sie sich demselben nicht durch eine allgemeine Fortsetzung eines aufrichtigen Gehorsams angenehm machen können?

Aspasio. Mir deucht, es folge aus dem, was bereits angemerket worden. Verlangen Sie neue Gründe, hier sind sie.

Das Gesetz, saget der Lehrer der Heiden, ist das Amt, daß die Verdammniß prediget. b). Wie kann dieses wahr seyn, wenn es nichts mehr, als einen aufrichtigen Gehorsam, der nach unserm schwachen Zustande eingerichtet ist, fordert? Ist dieses zureichend, uns zu rechtfertigen, und uns auf die Gnade unsers Schöpfers einen Anspruch zu geben: so höret das Gesetz auf, das Amt zu seyn, das die Verdammniß prediget. Es wird (welches der Lehre des Apostels gerades Weges widerspricht,) das Amt, das die Gerechtigkeit prediget.

Das Gesetz wird von demselben begeisterten Lehrer ein Zuchtmeister auf Christum c) genannt.

---

b) 2 Cor. III, 9. In dieser Stelle verstehet, meiner Einsicht nach, der Apostel das Sittengesetz, und zwar dasselbe hauptsächlich, indem dieses allein in die Steine gebildet war. Anderswo, glaube ich, gebrauchet er das Wort in einem weitläuftigern Verstande, und spricht dadurch einer jeden Art des Gesetzes allen Antheil an unserer Rechtfertigung ab.

c) Gal. III, 24. Παιδαγωγος, ein Schulmeister, der die Erziehung der Jugend nicht vollendet, sondern sie

Das IX Gespräch.

Wie kann es denn nun, nach Ihrer Meynung, zu einem solchen Amte geschickt seyn? Wenn ein aufrichtiger Gehorsam alles ist, was es fordert, so kann es uns nicht länger auf Christum weisen, so wird es uns nicht langer dem Verdienste eines Erlösers überliefern; sondern es muß uns an sich selbst ziehen und heften, und uns lehren, seine Gebote und unsere gewissenhafte Beobachtung derselben als den Besitz des ewigen Lebens anzusehen.

Verlangen Sie den dritten Beweis? Hier ist er gleichfalls. Er beruhet zwar nicht auf Gründe, ist aber von Exempeln hergeleitet. Wie ward Abraham, der Freund Gottes, und Vater der Gläubigen gerechtfertiget? Durch eine Folge eines aufrichtigen Gehorsams? Nein; sondern durch den Glauben an den verheißenen Meßias. Abraham gieng

zu höhern Wissenschaften, oder edlern Beschäfftigungen führet und vorbereitet. Auf gleiche Weise zielet das Gesetz nicht dahin ab, uns einen Anspruch zur Glückseligkeit zu geben, sondern es bereitet uns, machet uns geschickt und züchtiget uns für den allgenugsamen Erlöser.

Es haben einige in den Gedanken gestanden, εἰς Χριστον hieße so viel, als bis auf die Zukunft Christi. Allein, dieses kann schwerlich mit der Eigenschaft der Grundsprache, noch mit dem Folgenden bestehen: daß wir durch den Glauben gerecht würden. Ueberdieses würde die Kraft des Gesetzes dadurch nur in denjenigen Zeitpunct eingeschränket, der vor der Menschwerdung unsers Heilandes hergegangen ist; da es doch, so lange bis dieses Verwesliche die Unverweslichkeit anziehet, allezeit unter seinem Verdienste wirket und wirken wird.

gieng nicht mit Werken um, in der Abſicht die Rechtfertigung zu erlangen, ſondern gläubete an den, der die Gottloſen gerecht machet. Wie ward David b), der Mann nach Gottes eigenem Herzen, gerechtfertiget? Durch ſeinen Eifer für den Herrn und durch ſeine ausnehmende Dienſte? Nein; ſondern durch eine zugerechnete Gerechtigkeit, ſelbſt durch die Gerechtigkeit des gebenedeyten Erlöſers, durch welche die Uebertretung vergeben und die Sünde bedecket wird. Kann denn wohl von uns geſaget werden, daß wir demüthig wandeln, kann man wohl glauben, daß wir ſicher wandeln wenn wir uns wegern in die Fußſtapfen dieſer exemplariſchen Heiligen zu treten, und uns auf einen ſelbſt erfundenen Weg begeben?

Ee 5 Theron.

b) Dieſe beyden Exempel ſind mit der vollkommenſten Einſicht gewählet, und auf das richtigſte angewendet. Röm. IV, 4. ff. Abraham war das berühmteſte Muſter der Gottſeligkeit unter den jüdiſchen Patriarchen. Er hatte ſeines Gleichen nicht in der Ehre. Sirach XLIV, 20. David war der eifrigſte und ſeraphiſchſte unter ihren Königen; ein Mann nach dem Herzen Gottes. 1 Sam. XIII, 14. Iſt nun keiner von dieſen beyden durch ſeinen eigenen Gehorſam, ſondern ein jeder durch eine zugerechnete Gerechtigkeit, gerechtfertiget worden: Haben beyde die Aufnahme bey Gott nicht als aufrichtige Perſonen, die ſolche verlangen konnten, ſondern als ſündliche Creaturen, die darum flehen mußten, erhalten: ſo iſt die Folge augenſcheinlich. Sie iſt ſo beſchaffen, daß ſie einen jeden aufmerkſamen Verſtand rühren, und eine jede einzelne Perſon bewegen muß.

Das IX Gespräch.

Theron. Einen selbst erfundenen Weg. Nein, mein Freund; durch das Evangelium ist ein gelinderes Gesetz eingeführet worden, welches sich zu unsern Schwachheiten herab und denselben Gnade wiederfahren läßt, welches Aufrichtigkeit, anstatt eines vollkommenen Gehorsames, annimmt.

Aspasio. Wenn ist dieses gelindere Gesetz eingeführet und das strengere abgeschaffet worden? Ich glaube doch wohl nicht, bey dem Eintritte der Sünde in die Welt. Auf diese Weise müßte das ursprüngliche Gesetz ein Ding von wenig Tagen und vielleicht nur von wenig Stunden seyn. Können wir uns aber wohl einbilden, daß der allweise und unveränderliche Gott eine Reihe von Gebothen würde verordnet haben, die so bald, als sie gegeben worden, auch sogleich wieder sollten aufgehoben werden? Zur Zeit unsers Heilandes ist solches gewißlich auch nicht geschehen. Er versichert uns, daß das heilige Geboth, welches die höchste Liebe gegen Gott und unsern Nächsten erfordert, damals noch in seiner Kraft gewesen sey e). Ja es erhellet aus der Natur der Gottheit, und aus dem Verhältnisse der Menschen gegen einander, daß es allezeit in Kraft bleiben, und daß es niemals aufhören wirde, sondern daß es nothwendig und ewig sey.

Ein gelinderes Gesetz, das sich zu unsern Schwachheiten herabläßt! Wie müßte wohl der Inhalt einer solchen Einsetzung lauten? Sie müßte, allem Vermuthen nach, folgende Sprache reden: „Es sey „euch, o ihr Kinder Adams, kund gethan, daß „euch

---

e) Matth. XXII, 37. 38. 39.

„euch nicht länger befohlen werde, Gott aus allen „Kräften, und euren Nächsten als euch selbst zu lie„ben. Ich habe zwar ehemals auf eine vollkomme„ne Reinigkeit des Herzens gedrungen; nunmehr „aber kann ich schon einigem Grade einer übeln Be„gierde nachsehen. Seitdem Christus gekommen ist, „und sein Evangelium geprediget wird, dürfet ihr „nicht eben allezeit in Demuth gekleidet seyn; son„dern ihr könnet schon einige kleine Bewegungen des „Stolzes fühlen. Kurz, weil ihr schwach seyd, will „ich euch nachsehen, oder auch selbst meine Forderun„gen nach eurem geschwächten und verderbten Zu„stande bequemen.„

Ich will nicht einmal dasjenige in seiner ganzen Stärke vorstellen, was einem jeden Ohre erstaunlich zu hören seyn muß, daß eine solche Lehre den Heiligen Gottes zum Sündendiener, und das Evangelium unserer Seligkeit zu einem Freybriefe einer unerlaubten Freyheit machen würde. Ich will nur bloß fragen: Kömmt dieses mit der Erklärung unsers Herrn überein: **Es wird nicht zergehen der kleinste Buchstabe, noch ein Titel vom Gesetze, bis das es alles geschehe** f)? Schicket sich dieses zu den Vollkommenheiten des göttlichen Gesetzgebers: **Bey welchem ist keine Veränderung noch Wechsel des Lichtes und Finsterniß** g). Wird dieses mit dem offenbaren Entschlusse des allmächtigen Jehovah bestehen können, wenn es heißt: **Noch will ihnen der Herr wohl, um seiner Gerech-**

---

f) Matth. IV, 18. g) Jac. I, 17.

Das IX Gespräch.

Gerechtigkeit willen, daß er das Gesetz herrlich und groß mache h).

Theron. Sie mögen an dem, was ich das gelindere Gesetz nenne, auch noch so viel auszusetzen haben, so behauptet doch St. Paulus, daß es die christliche Verfassung sey. Er streitet dafür sehr tapfer, als für die einzige Verfassung, wodurch ein jeder Mensch in dem Angesichte Gottes könne gerechtfertiget werden.

Aspasio. Thut er das, Theron? In welchem Briefe? In welchem Capitel? In welchem Verse? Er saget, indem er die Bekehrten aus den Galatern anredet: Ich werfe nicht weg die Gnade Gottes; denn so durch das Gesetz die Gerechtigkeit kömmt, so ist Christus vergeblich gestorben i). Aus welcher Stelle wir zwo sehr wichtige Wahrheiten lernen. Nämlich, daß eine rechtfertigende Gerechtigkeit aus dem Gesetze herleiten wollen, nicht nur der Ehre der Gnade nachtheilig sey, sondern auch selbst das Wesen derselben zu Grunde richte; und daß, wenn wir durch unsere eigene gewissenhafte Aufführung gerechtfertiget zu werden suchen, wir dadurch den Tod Christi, so viel an uns ist, zu einer vergeblichen Sache machen; als welcher nicht nöthig gewesen wäre, und keinen Nutzen hätte.

Zu demselbigen Ende steht in dem unschätzbaren Briefe an die Römer geschrieben k): Wo die vom Gesetze Erben sind; wenn diejenigen, so sich auf

---

h) Jes. XLII, 21.   i) Gal. II, 21.
k) Röm. IV, 14.

Das IX Gespräch. 445

auf ihre eigene Erfüllung des Gesetzes verlassen, dadurch ein Recht zur himmlischen Erbschaft bekommen; so ist der Glaube nichts, und die Verheißung ist abe. Sehen Sie nun, mein Freund, wo Ihre Meynung hinausgeht. Es ist nicht ein bloßer speculativer Irrthum, ein Irrthum, der von keinen beträchtlichen Folgen wäre; sondern ein solcher Irrthum, der den Grund des Evangelii angreift. Anstatt daß dieses die einzige christliche Verfassung seyn sollte, so stürzet es das Christenthum selbst gänzlich um 1). Denn es würde die Verheißung unkräftig und

---

1) Paulus saget von denen Predigern, die die Rechtfertigung durch des Gesetzes Werk lehreten, sie wollten das Evangelium Christi verkehren, oder vielmehr, wie das griechische μεταστρέψαι könnte übersetzet werden, umkehren und über einen Haufen werfen. Verkehren, eine unrechte Wendung, oder einen falschen Schein geben, scheint den Begriff des Apostels nicht völlig auszudrücken, noch die natürliche Kraft seines Grundes beyzubehalten. Das griechische Wort kömmt mit dem hebräischen הפך überein, welches gemeiniglich evertere gegeben wird. Gal. I, 7.

Es wird nicht undienlich allhier anzuführen seyn, wie sich Beza über diese Stelle herausläßt. Er redet davon so eigentlich, als nachdrücklich. Quid enim magis contrarium est fidei, sive gratuitae iustificationi, quam iustificatio ex Lege, sive meritis, non Christi, sed nostris? Itaque, qui volunt ista duo conciliare, magis etiam sunt inepti, quam si quis conetur lucem cum tenebris, mortem cum vita coniungere. d. i. Was ist dem Glauben, oder der Rechtfertigung, die aus Gnaden geschieht, mehr zuwider, als die Rechtfertigung aus dem Gesetze, und aus unserm, nicht aus Christi Verdienst? Diejenigen,

und den Glauben unnöthig; es würde selbst das Weisen der Gnade zunichte, und so gar den Tod Christi zu einer überflüßigen Handlung machen.

Theron. So viel sehe ich, Aspasio: daß das Mittel, in Ansehung unserer Aufrichtigkeit Gnade zu erlangen, ein gütiges Mittel sey, und zwar ein solches Mittel, welches mit der mitleidigen Natur der Gottheit übereinkömmt, und dasjenige ist, was der Apostel nennet: durch den Glauben ohne des Gesetzes Werk gerechtfertiget werden.

Aspasio. Wie! durch den Glauben gerechtfertiget werden, und durch die Aufrichtigkeit gerechtfertiget werden, wäre einerley! Ist es möglich, daß dieses gleichgültige Ausbrücke seyn können? Lassen Sie mich meine Meynung durch ein Gleichniß erläutern, welches uns der Ort, wo wir uns itzo befinden, an die Hand giebt. Ein ungezwungenes Gleichniß ist öfters überzeugender, als ein ausgearbeiteter Beweisgrund.

Von dieser angenehmen Höhe können wir sehr weit in das Land hinein sehen. Unser Auge verbindet die kunstlose Größe der Natur mit den netten Zierrathen des Sommerhauses. Die öffentliche Landstraße ist unter andern nicht der geringste unterhaltende Theil dieses Schauplatzes. Sie stellet uns ein lebendiges Bild nebst einer beständigen Folge neuer Dinge vor. Wie viele Reisende sind schon durch

gen,' die diese beyden Dinge mit einander vergleichen wollen, sind also ungereimter, als wenn sichs einer unternähme, das Licht mit der Finsterniß, das Leben mit dem Tode zu verknüpfen.

Das IX Gespräch.

durch unsere Musterung gegangen, seit dem' wir unsern Sitz auf dieser schonen Höhe genommen haben! Eben diesen Augenblick kömmt eine Reisekutsche aus dem engen Wege heraus gefahren, die, wie ich glaube, voller Reisenden ist, die in der Nachbarschaft wohnen, oder sich in der nächsten Stadt aufhalten wollen. Wir wollen setzen, daß sie das Ende ihrer Reise erreichet haben. Ein Bekannter besuchet sie, wünschet ihnen Glück zu ihrer Ankunft, und läßt die gewöhnliche Frage an sie ergehen: Auf was für Art sie hergekommen? Sie antworten, wir sind hergekommen, ohne selbsten einen Schritt zu gehen; doch sind wir so gut und so weit gegangen, als wir gekonnt haben. Ist diese Antwort verständlich? Können diese beyden Arten zu reisen mit einander bestehen? So verständlich ist auch die Lehre meines Freundes. Eben so kann auch eine Rechtfertigung, die ohne Werke des Gesetzes ertheilet wird, mit einer Rechtfertigung bestehen, die durch eine Erfüllung der Werke des Gesetzes, so gut als man dazu fähig ist, kann erlanget werden.

Theron. Ohne das Gesetz, heißt, ohne die Nothwendigkeit einer genauen und nicht irrenden Gleichförmigkeit mit demselben.

Aspasio. Dieß ist nicht ohne, sondern durch das Gesetz, wie es in der Strenge seiner Forderungen beschaffen ist, und da man etwas von der Vollkommenheit seiner Gebote abgeht. Können Sie im eigentlichen Verstande behaupten, daß dieser Theil der halben Erdkugel ohne Sonne sey, weil eine dazwischen gekommene Wolke ihre Hitze gemäßiget und ihren Glanz verringert hat?

Was

Das IX Gespräch.

Was saget der Apostel? Seine Worte an einer andern Stelle werden seine Meynung in dieser erklären. Wenn der Stand der Aufnahme bey Gott aus dem Verdienste der Werke herrührete, und unserm eigenen Gehorsame, er möchte aufrichtig oder vollkommen seyn, zuzuschreiben wäre; so würde Gnade nicht Gnade seyn m). Werke und Gnade im Puncte der Rechtfertigung, sind nie zu vergleichende Widersprüche n). Sie heben einander auf beyden Seiten auf.

Allein, warum rede ich von der Gnade? Wenn meines Freundes Meynung die Oberhand behält, so hat die Gnade ein Ende. Was wir für Evangelium gehalten haben, wird zu einem Bunde der Werke. Die Seligkeit höret auf, ein freyes Geschenk zu seyn, und wird eine nothwendige Bezahlung. Denn demjenigen, der mit Werken umgeht, der das erfüllet, was das Gesetz erfordert, wird der Lohn nicht

---

m) Röm. XI, 6. Die Stelle, so vom Aspasio angeführet wird, bezieht sich unmittelbar auf die Lehre von der Gnadenwahl, und nur entfernter Weise auf das Vorrecht der Rechtfertigung. Wiewohl da die erstere die letzte einschließt, so kann, wenn jene vollkommen frey ist, diese keine Folge der Werke seyn. Der Grund ist also, meiner Einsicht nach, schließend, wiewohl der Beweis nicht so gerade zugeht.

n) E diametro inter se opponuntur, Moses et Iesus Christus: Lex et promissio; facere et credere; opera et fides; merces et donum. BENGEL. d. i. Moses und Jesus Christus; Gesetz und Verheißung; thun und glauben; Werke und Glaube; Lohn und Geschenk sind einander schnurstracks entgegen.

nicht aus Gnaden zugerechnet; sondern er kann denselben fordern als eine Schuld, aus Pflicht o).

Theron. Sie ziehen dasjenige nicht in Erwägung, was ich in Ansehung der Gütigkeit dieser Verfassung vorgestellet habe, und wie sehr es die Gnade des großen Gesetzgebers vergrößert.

Aspasio. Allein, warum sollte die Gnade auf den Untergang fast aller andern Eigenschaften ihren Thron aufrichten? Dieses Mittel würde der Wahrhaftigkeit Gottes nachtheilig seyn, als welcher einer jeden Abweichung von seinem geoffenbarten Willen den Fluch angekündiget hat. Es würde der Verwaltung seiner Gerechtigkeit den Werth benehmen, die nicht anders, als dasjenige bestrafen kann, wodurch seine heiligen Gebote verletzet werden. Auch würde es der Hoheit seines Gesetzes sehr vieles benehmen, indem sich solches wie ein Wachs müßte beugen und drücken lassen, und seine Gestalt nach der Sünde und Schwachheit der menschlichen Natur einrichten.

Theron. Wird denn aber das göttliche Gesetz den menschlichen Schwachheiten, den Naturfehlern und der Stärke der Leidenschaften nicht das geringste nachlassen?

Aspasio. Es sey ferne von mir, das Gesetz des Allerhöchsten, entweder strenger, oder auch gelinder, als es wirklich ist, vorzustellen. Um alle Möglichkeit eines solchen Fehlers zu vermeiden, lassen Sie uns die Erklärung des Gesetzes selbst hören: Verflucht sey jedermann, der nicht bleibt in alle dem,

---

o) Röm. IV, 4.

dem, das geschrieben steht in dem Buche des Gesetzes, daß ers thue p).

Jedermann, ohne einige Ausnahme der Personen, ohne einzige Absicht auf die Vorwendungen, entweder der menschlichen Schwachheit, oder der heftigen Versuchung. Der nicht bleibt; es ist nicht genug, diese heilige Gebothe in dem allgemeinen Zusammenhange unsers Umganges beobachten. Die Folge unsers Gehorsams muß ohne einige Unterbrechung seyn, von der ersten Dämmerung der Vernunft an, bis zum letzten Zeitpuncte unsers Lebens. In alle dem; wir müssen uns von allen Sünden, die verboten sind, und von jeder Näherung zu denselben enthalten. Wir müssen alle Tugenden, die geboten sind, und zwar in dem völligen Umfange der Vollkommenheit ausüben.

Mit einem Worte, das Gesetz bringt auf einen Gehorsam, der vollkommen in seinem Grunde; vollkommen in allen seinen Theilen; vollkommen in jedem Grade, und zwar nach allen diesen Absichten beständig vollkommen ist q). Der geringste Mangel an einem dieser besondern Stücke, stellet uns der göttlichen Rache bloß, und unterwirft uns, ungeachtet aller Buße für die Uebertretungen, ungeachtet alles Vorwandes der Aufrichtigkeit des Herzens, einem fürchterlichen Fluche.

Theron

p) Gal. III, 10.
q) Daß das Gesetz auf einen schlechterdings vollkommenen Gehorsam bringe, wird dem aufmerksamen Leser ferner erhellen, wenn er den Inhalt der Gründe Pauli in seinen Briefen an die Römer und an die Galater betrachtet. Zumal Röm. III, 23. c. IV. 18. Gal. III, 21.

Das IX Gespräch.

Theron schwieg stille. Er schien von Verwunderung gerühret zu seyn. Er sammlete jedoch seine Gedanken, und antwortete: Wenn das der Verstand dieser Stelle ist, wer kann denn von allem Fleische selig werden?

Aspasio. Sagen Sie vielmehr: Wenn der Umfang des göttlichen Gesetzes von so großer Weite ist, wenn seine Forderungen so hoch sind, und seine Satzung so fürchterlich strenge ist: so muß ja aller Mund gestopfet werden, so ist ja alle Welt Gott schuldig worden, und wird durch des Gesetzes Werk kein lebendiger Mensch gerecht.

Theron. Allein, wird eine solche ausnehmend strenge Lehre die Menschen nicht zu einem Mistrauen treiben, oder gar in Verzweifelung stürzen?

Aspasio. Nein, Theron, es möchte denn eine solche Verzweifelung seyn, die eine Mutter der himmlischen Hoffnung ist, und die beyden liebenswürdigen Zwillinge, Friede und Freude hervorbringt. Ich meyne eine Verzweifelung, durch einige eigene Genugthuung, oder eigene Pflichten, mit unserm beleidigten Gott versöhnet zu werden, und die ewige Seligkeit zu erhalten.

Theron. Gewiß, sie vergessen das gnädige Manifest, das von dem nachgebenden Könige des Himmels bekannt gemachet worden: So einer willig ist, so ist er angenehm, nachdem er hat, nicht nachdem er nicht hat r). Erhellet nicht deutlich aus diesem Texte, daß die unendliche Gottheit unsere reblichen wiewol unvollkommenen Bemühungen

r) 2 Cor. VIII, 12.

Das IX Gespräch.

hungen annehmen, und da wir keinen unsündlichen Gehorsam leisten können, gnädiglich unsern besten Gehorsam annehmen wolle.

Aspasio. Ich vergesse das gnädige Manifest nicht, allein vielleicht wendet mein Freund dasselbe unrecht an. Wem ward dieses Wort des Trostes gesendet? Wahrhaftig Gläubigen, die sich selbst dem Herrn ergeben hatten s); die in Christum befestiget t); und im Glauben reich waren u). Wenn Sie, mein werther Theron, sich gleicher Weise für einen armen Sünder in ihrem schlechtesten, und für einen unnützen Knecht in ihrem besten Zustande erkennen; wenn Sie, dieser Erkenntniß zu Folge, ihre Zuflucht zu den Wunden eines gekreuzigten Heilandes nehmen, und sich zu ihrer Seligkeit bloß auf seinen Gehorsam zum Tode verlassen: so ahmen Sie diesen Bekehrten aus Corinth nach; alsdenn können Sie diese gnädige Erklärung auf sich deuten, und dann wollte ich es wagen, Sie in der schönen und ermunternden Sprache des königlichen Predigers anzureden: *Gehe hin, und iß dein Brodt mit Freuden, trink deinen Wein mit gutem Muth, denn beydes deine Person und dein Werk gefällt nunmehr Gott* x).

Allein,

---

s) 2 Cor. VIII, 12. t) 2 Cor. I, 21. u) 2 Cor. VIII, 7.
x) Pred. Sal. IX, 7. Aspastos Anmerkung entdecket eine Zweydeutigkeit in dem Worte gefällt. Meynet man, ein aufrichtiger Gehorsam werde als ihre rechtfertigende Gerechtigkeit, und als eine solche gefallen, wodurch man einen Anspruch zur ewigen Seligkeit bekömmt; so ist der Satz schlechterdings falsch. Meynet man aber, der aufrichtige Gehorsam der Gläubigen,

Das IX Gespräch.

Allein, wenn Sie nicht auf die Gerechtigkeit des gebenedeyeten Jesu sehen, wenn Sie sich auf sich selbst und auf ihre eigene Erwerbungen verlassen; so werden Sie, wie soll ich es aussprechen! nicht angenommen, sondern verflucht werden. In diesem Falle ist Ihnen Ihr Urtheil von Mose schon angekündiget, und Sie können es noch von dem Apostel der Heiden bestätigen hören: Die mit des Gesetzes Werk umgehen, die die Rechtfertigung durch ihre eigene Erfüllung der Gebothe suchen, die sind unter dem Fluche y).

Theron. Unter dem Fluche! Weil unsere Bemühungen zu gehorchen, ob sie gleich getreulich angewendet werden, dennoch mangelhaft sind! Ist das nicht unbillig und erstaunlich? Unbillig, daß der Gott der Gerechtigkeit ein Gesetz von einer solchen Vollkommenheit giebt, das keiner von den Nachkommen Adams mit dem äußersten Fleiße und der größten Sorgfalt erfüllen kann? Erstaunlich, daß der Gott der Barmherzigkeit ein so strenges Urtheil über das geringste unvorsichtige Vergehen, über jeden unvermeidlichen Fehltritt herausdonnert? Dieß übertrifft die unerbittliche Strenge des Draco, oder die ty-

ranni-

gen, ob er gleich an und für sich selbst unvollkommen ist, werde in Christo gnädig angesehen werden, und durch sein alles anpreisendes Verdienst Gnade finden, so ist es unstreitig wahr. Als eine Wirkung des Glaubens können wir uns mit dem glücklichen Apostel darüber freuen. 2 Cor. I, 12. Als eine Bedingung unserer Rechtfertigung aber müssen wir mit dem heiligen Hiob davon abstehen. Cap. IX, 18.
y) Gal. III, 10.

rannischen Auflagen der ägyptischen Frohnvögte. Draco soll seine Gesetze mit Blute geschrieben haben. Doch hat er niemals solche Satzungen gegeben, die schlechterdings zu strenge, und zu schwer zu halten waren. Und obgleich die ägyptischen Frohnvögte auf die völlige Anzahl der Ziegel drungen, ohne den nothwendigen Antheil Stroh zu geben: so war doch die Strafe, die sie auflegten, ungleich geringer, als ein ewiges Verderben.

Aspasio. Wäre die Absicht des Allmächtigen, bey Gebung seines Gesetzes, an das gefallene menschliche Geschlecht gewesen, solches zu einem Mittel ihrer Rechtfertigung zu machen; so würde Ihr Grund gültig, und Ihre Folgerung unläugbar gewesen seyn. Allein, der oberste Gesetzgeber hatte einen ganz andern, einen weit geheimnißvollern Endzweck. Wiewol, ehe ich zur Berührung dieses Punctes schreite, so lassen Sie mich Ihre Gedanken wissen. Aus was Ursachen meynen Sie, ist das Gesetz gegeben worden?

Theron. Aus was für Ursachen? Die Menschen von Begehung der Laster abzuschrecken, und sie zur Ausübung der Tugend aufzumuntern, und ihnen eine Regel ihrer Aufführung vorzulegen, da sie denn, wenn sie dieselbe fleißig ausüben, mit ewiger Glückseligkeit sollen belohnet, und wenn sie solche muthwillig übertreten, mit ewigem Elende sollen bestrafet werden.

Aspasio. Das Gesetz ist ungezweifelt eine Regel der Aufführung für alle, für keinen aber eine Bedingung der ewigen Glückseligkeit. Wenn der Mensch niemals gefallen wäre; so würde diese Lehre eine gesunde Theologie, und dieses Mittel ganz möglich

Das IX Gespräch.

lich gewesen seyn. Allein, seit dem Falle ist ein solcher Weg zur Seligkeit der nordöstlichen Durchfahrt einigermaßen ähnlich. Gleichwie Berge von Eise, und die strengste Kälte des Winters diese sperren; so hemmet auch das äußerste Unvermögen an dem Menschen, und die höchste Vollkommenheit des Gesetzes jenen Weg. Das Gesetz, saget der Apostel, ist schwach, es ist unfähig uns einen Anspruch zur ewigen Glückseligkeit zu geben, nicht durch einen Mangel an seinen Geboten, sondern durch das Fleisch, durch die Unfähigkeit unserer aus der Art geschlagenen Natur z).

Doch ich muß gestehen, Sie sind nicht allein dieser Meynung. Eine Menge Menschen hat, unvorsichtiger Weise, denselben Begriff geheget, ohne dabey zu befürchten, daß sie dadurch die Gnade Gottes vergeblich, und an sich selbst unkräftig machten. Wenn Sie die Ursache, so die Schrift von der Gebung des Gesetzes angibt, untersuchen; so werden Sie finden, daß dieselbe ganz anders klingt.

Theron. Ich bitte Sie, lassen Sie mich die Ursache, die die Schrift davon giebt, hören; denn wenn diese göttlichen Aussprüche reden: so bin ich voller Aufmerksamkeit; wenn diese ihr Ansehen gebrauchen: so bin ich voller Demuth.

Ff 4 *Aspasio.*

---

z) Daher saget er an einem andern Orte: Wenn ein Gesetz gegeben wäre, das da könnte lebendig machen. Gal. III, 21. Es ist dieselbe Art zu reden, und soll dieselbe Unmöglichkeit andeuten, die in der Rede des Herrn an Abraham enthalten ist: Kann ein Mensch den Staub auf Erden zählen? 1 B. Mos. XIII, 16.

Aspasio. Durch das Gesetz kömmt Erkenntniß der Sünden a). Anstatt, daß es unser Rechtfertiger seyn sollte, ist es unser Ankläger. Es beschuldiget uns nicht nur, sondern es beweist auch, daß wir schuldig sind. Es beweist, ohne alle Möglichkeit eines Widerspruchs, daß die besten unter uns gefehlet, und ihre Pflicht hindangesetzet, ja daß die besten unter uns Unrecht gethan und gottlos gehandelt haben.

Ich lebete etwa ohne Gesetze, saget der Apostel b). Ich hielt mich für aufrichtig und heilig, und kraft dieser Eigenschaften zum ewigen Leben berechtiget. Da aber das Gebot kam, das in seiner Reinigkeit schien, und mit Macht wirkete, ward die Sünde wieder lebendig; eine reine und lebhafte Empfindung der Verschuldung schoß gleich einen durchdringenden Strahl durch meine ganze Seele. Ich sah mich mit vielen vergangenen Vergehungen beladen, ich fühlete mich gar zu vieler überbleibenden Verderbniß unterworfen. Diesem zu Folge starb ich; meine eiteln Vorstellungen wurden vernichtiget; meine stolze Hoffnung verschwand; ich mußte mich nothwendig der Verdammniß und dem Tode unterworfen erkennen.

Theron. Es hatte diese Wirkung am Saulus, als er ein boshafter und grausamer Verfolger war. Allein, wenn die Menschen tugendhaft und gut sind, zu welchem Ende dienet es denn?

Aspasio. Zu einem sehr wichtigen, wiewol zu einem solchen, der sie vielleicht in der ersten Hitze mit einem kleinen Erstaunen einnehmen kann. Das
Gesetz

---

a) Röm. III, 20.   b) Röm. VII, 9.

Das IX Gespräch.

Gesetz ist neben einkommen, saget der Apostel, auf daß die Sünde —

Theron. Eingeschränket würde, ohne Zweifel.

Aspasio. Auf daß die Sünde mächtiger würde c), heißt es.

Theron. Das ist in der That erstaunlich! Ist es möglich, daß Gottes Gnade die Sünde unterstützen, ja den Sünder anspornen könne?

Aspasio. Wir müssen uns hüten, daß wir unsern heiligen Casuisten nicht unrecht verstehen. Das Gesetz ist neben einkommen, nicht daß die Begehung der Sünde bevollmächtiget, sondern daß die Menge der Sünde offenbaret würde; daß alle Menschen, und selbst die tugendhaften Personen, die große Unreinigkeit ihres Herzens einsehen, und die große Menge ihres begangenen Unrechts, nebst der äußersten Unvollkommenheit ihrer höchsten Bemühungen und besten Dienste, entdecken möchten d).

Dieser Endzweck konnte durch kein Gesetz erlanget werden, das in seinen Forderungen nachgelassen, oder unserer Schwachheit nachgegeben hätte; sondern bloß durch ein solches, das in allen Stücken genau und in allen Graden vollkommen war. Wer seinem Nächsten die Flecken, die sein Gesicht verunreinigen, oder die Narben, die es verstellen, zeigen will, muß seinen Endzweck nicht durch einen beschmutzten, sondern durch einen reinen Spiegel zu erhalten suchen.

Ff 5 Theron.

---

c) Röm. V, 20.
d) Und darum ward ihnen das Gesetz gegeben, um ihre natürliche Bosheit an den Tag zu legen. Milton XII B. 287 V.

Das IX Gespräch.

Theron. Die Erkenntniß der Sünde, und eine Ueberzeugung, daß wir überaus sündig sind! Dieß sind Absichten, die ich nicht hätte vermuthen sollen.

Aspasio. Dieß sind sie noch nicht alle. Es ist noch eine Absicht des Gesetzes, die eben so nothwendig und eben so fürchterlich ist. Es offenbaret den Zorn Gottes über alles gottlose Wesen, und Ungerechtigkeit der Menschen e) Nachdem es dem Sünder seine unzähligen Vergehen, und seine überaus große Verschuldung angezeiget hat, so kündiget es ihm das Urtheil an, das er verdienet. Es entblößet das Schwerdt der Gerechtigkeit, und drohet dem Sünder mit ewigem Verderben von dem Angesichte des Herrn.

Theron. Ein neuer Schriftsteller hält dafür, Gott könne das Gesetz zum Vortheile der gebrechlichen Menschen bey Seite setzen. Ich möchte aber billiger dafür halten, daß er das Gesetz aus derselben Absicht mildern könne: allein dasjenige, was Sie behaupten, machet, daß ich mich fürchte, mich auf eine so schwache Stütze zu verlassen.

Aspasio. Auf solche Art Trost und Rettung suchen, würde eben so viel seyn, als sich, wie das arabische Sprüchwort saget, auf eine Welle des Meeres lehnen, als welche es nicht nur an der Unterstützung mangeln lassen, sondern auch den, der sich so unbedachtsam und kühn auf sie verließe, gewiß verschlingen würde.

Nein,

e) Röm. I, 18.

Das IX Gespräch.

Nein, Theron; ehe denn das göttliche Gesetz seine Ehre verlieren sollte, ward Sodom und Gomorrha in die Asche geleget; die alte Welt ward desfalls mit einer Sündfluth verderbet, die gegenwärtige Einrichtung der Natur ist den Flammen bestimmet, und alle unheilige Einwohner derselben müssen zur Hölle verdammet werden. Ja ehe denn der geringste Titel des Gesetzes unerfüllet bleiben sollte, hat der Fluch desselben an Gottes eigenem Sohne müssen erfüllet werden, und alle seine Gebothe sind in der Person Jesu Christi erfüllet worden.

Theron. Gleichwie ich mich auf die neuere zur Vorsichtigkeit ausgedachte Rettung nicht verlassen darf: so kann ich auch Ihren strengen und schreckenden Begriffen nicht beytreten. Die Gesetze eines weisen Regenten haben das Beste seiner Unterthanen zur Absicht. Was für Gutes kann uns dadurch zuwachsen, wenn wir ein solches Urtheil empfangen, und solche Ueberzeugungen besitzen?

Aspasio. Vieles und mancherley Gutes, und ob ich gleich manche Vortheile anführen könnte: so will ich mich doch mit der Aussuchung eines einzigen vergnügen, der nicht nur an und für sich selbst schätzbar, sondern auch eine Thüre zu einem jeden geistlichen Segen ist. Wir werden dadurch gelehret, unsere Gefahr zu sehen; es machet, daß wir unser Elend fühlen, daß wir nicht länger in Sicherheit dahin schlafen, sondern uns sorgfältig nach Rettung umsehen; und mit frohem Gemüthe das allgemeine Hülfsmittel ergreifen.

Theron. Das Gesetz hat, nach Ihrer Vorstellung, die Absicht, mich anzuklagen, mich zu überzeugen,

zeugen, mich zu verdammen. Es wird also anstatt einer heilsamen eine tödtliche Verfassung.

Aspasio. Der Buchstabe tödtet, aber der Geist macht lebendig f). Bleiben wir an dem buchstäblichen Verstande hängen, ohne auf die geistliche Absicht zu merken; sehen wir nur bloß auf das Gebot und die Satzung, wie sie an und für sich selbst da stehen, und betrachten sie und bedienen uns ihrer nicht auf eine solche Art, daß sie unter der Gerechtigkeit des Mittlers wirken: so sind sie ohne Zweifel eine tödtende Verordnung, und binden uns unter dem Urtheile des Todes. Bedienen wir uns ihrer aber recht; doch, lassen sie mich weiter mit dem Beweise fortfahren.

Sie sind ein Jäger, *Theron*, und finden ein Vergnügen an den männlichen Ergötzlichkeiten auf dem Felde. Sie müssen daher das schöne Gedicht gelesen haben, welche Ihre angenehmste Ergötzung so nett beschreibt.

Theron. Ich glaube, Sie meynen die Jagd.

Aspasio. Eben dasselbe. Erinnern Sie sich der umständlichen Beschreibung der königlichen Hirschjagd?

Theron. Ganz vollkommen. Es sind noch keine acht Tage, daß ich die ganze Stelle gelesen habe, und zwar mit solchem Vergnügen, als wenn ich sie zum erstenmale gelesen hätte.

Aspasio. Sie können mir also den kurzen Inhalt der angenehmen Erzählung sagen.

Theron.

---

f) 2 Cor. III, 6.

Das IX Gespräch.

Theron. Das kann ich: allein wird uns diese Jagd nicht sehr weit von unserer Hauptsache ableiten?

Aspasio. Vielleicht nicht so weit, als Sie glauben. Ich habe eine Ursache zu meiner Bitte.

Theron. Was für eine? ich bitte Sie.

Aspasio. Sie sollen sie bald erfahren. Beehren Sie mich nur mit der Erzählung.

Theron. Ich versichere Sie, ich kann nicht den geringsten Zusammenhang zwischen diesen Landergötzlichkeiten und der wichtigen Materie unserer Unterredung finden. Jedoch weil Sie befehlen, will ich blindlings gehorchen. Wenn der Hirsch aus seinem Lager aufgebracht ist, schüttelt er seine gefleckte Seiten, schwingt sein zweigigtes Haupt, und von seiner vorzüglichen Lebhaftigkeit überzeuget, scheint er dem sich zusammenziehenden Sturme Trotz zu biethen. Sie sehen, da ich nur von der Dichtkunst rede, daß ich schon einen ganzen poetischen Ansatz davon bekommen habe.

Aspasio. Diese lebhafte Materie reizet meinen Eifer, und machet mich um so viel begieriger, die Folge zu hören.

Theron. Zuerst nimmt er seine Zuflucht zur List und zu allerley Ausflüchten. Er eilet in den Wald, schießt wie ein Pfeil durch die freyen Plätze, und rennet in sich verdoppelnden Irrgängen herum, recht als wenn er den Feind, den er vermeidet, verfolgen wollte. Das aus vollem Halse schreyende Koppel Hunde spühret allen seinen Krümmen nach, und treibt ihn aus seinen listigen Vortheilen.

Nunmehr begiebt er sich auf die Flucht, und verläßt sich auf seine Geschwindigkeit. Er streicht durch

durch die Wälder, hüpfet über die Ebenen, und läßt die ihm zu langsamen Hunde weit hinter sich. Diese spühren ihm langsam, doch sicher, durch dickes Gebüsche, durch Ebenen, durch den halben Wald nach. Unermüdet, noch immer unermüdet, bemühen sie sich, ihren Weg fortzusetzen, und gewinnen endlich dem beunruhigten Gegenstande ihrer Verfolgung einen Vortheil ab.

Er flieht abermal. Er flieht mit verdoppelter Geschwindigkeit. Er schießt die Tiefen hinab, streifet die Hügel hinan, und suchet in dem Innersten eines abgesonderten Waldes Zuflucht. Die schlauen Hunde hangen mit eifrigen Nasenlöchern über seiner Spur. Sie erlangen durch unermüdeten Fleiß den Grund wieder, den sie verloren hatten. Sie kommen zum drittenmale zu ihm hinan, erheben ein allgemeines Rachgeschrey, und treiben das erschreckte Thier aus seiner kurzen Verbergung.

Verwirret und in der äußersten Noth sieht er die zahlreiche Heerde. Mitten unter seinen Cameraden will er sich verlieren, und seine Verfolger betrügen. Diese aber, die durch das Leiden eines Bruders nicht gerühret werden, vermeiden die elende Creatur, oder treiben ihn aus ihrem nur für sich selbst besorgten Kreise. Von seinen Gefährten verlassen, und von Furcht des herannahenden Verderbens getrieben, zittert er bey jedem sich regenden Blatte. Er fährt auf, er springt, und wild und so geschwind wie der Wind, flieht er, er weiß nicht wohin, erschöpfet aber in der Flucht seine ganze Seele. Umsonst, umsonst sind seine Bemühungen. Das fürchterliche Geschrey, so sich vor kurzem erst verringert hatte,

verstär=

verstärket sich nunmehr mit dem Winde, und donnert ihm die Ohren voll. Nunmehr ist das athemlose Schlachtopfer völlig zu sehen. Seine Munterkeit verläßt ihn. Seine Hurtigkeit ist erschöpfet. Man sehe nur, wie er sich in jenem Thale mit wankenden Gliedern und hinkend zerarbeitet. Der Anblick des Wildes belebet den Schritt, und schärfet den Eifer der Hunde. Mit stürmender Gewalt bringen sie ein, und mit schreyender Freude fordern sie ihre Beute.

Was kann er thun, da er mit trotzenden Zungen, und gefräßigen Rachen umgeben ist? Verzweifelung ist fähig, auch das furchtsamste Herz zu begeistern. Da er nichts zu hoffen hat, vergißt er der Furcht. Er sieht sich herum, und machet eine herzhafte Halte. Der Stamm eines starken Baumes schützet ihn von hinten, und seine eigene astigte Hörner vertheidigen ihn von vorne. Er bringt auf seine Feinde ein, verwundet einige mit seinem Geweihe, leget andere kriechend in das Gras, und machet, daß das ganze Kuppel weichen muß.

Durch diesen unerwarteten glücklichen Erfolg aufgemuntert fängt seine Hoffnung wieder an zu leben. Noch einmal richtet er seine sinkende Geister auf, wendet den Ueberrest seiner Kräfte an, und springt mitten durch die sich zurück ziehende Rotte. Dieß ist sein letzter, sein allerletzter Versuch. Er strecket jede Nerve an, verliert seine Feinde noch einmal aus den Augen, und da er auf dem Lande keine Sicherheit findet, begiebt er sich ins Wasser. Er segelt den Strom hinunter, und schleicht sich fort bis an den Rand einer kleinen abhängigen Insel. Hier findet

Das IX Gespräch.

det er einen Ruheplatz für seine Füße, und wandert daher mit Behutsamkeit an diesem schattigten Rande herum. Es ist dabey noch immer bis an die Nasenlöcher mit Wasser bedecket; und so hintergeht er auf eine Zeit lang das forschende Auge der Menschen, und den noch schärfern Geruch der Thiere.

Endlich wird er doch entdecket und genöthiget, diese ihm nichts helfende Zuflucht zu verlassen. Er klettert das schlüpfrige Ufer hinan. Er ist unfähig länger zu fliehen, und stellet sich an einen bejahrten Weidenbaum. Hier steht er von Arbeit abgemattet und von Angst seufzend. Die Haufen, die sich mit einer unbarmherzigen und gewaltthätigen Freude um ihn versammlen, triumphiren in seinem Elende. Eine Menge blutdürstiger Kehlen läuten ihn, bey dem Schalle der Hörner, gleichsam schon zum Grabe. Die Thränen, die ihm bis diesen unglücklichen Augenblick unbekannt gewesen sind, dringen aus seinen matten Augen, und rollen seine rauchenden Wangen hinab. Er wirft noch einen Blick auf die Wälder und Ebenen, die angenehmen Austritte seines ehemaligen Vergnügens, und da er zu sterben entschlossen ist, bereitet er sich, sein Leben so theuer, als möglich ist, zu verkaufen.

In diesem entscheidenden Augenblicke kömmt der königliche Jäger heran. Er sieht die nothleidende Creatur, und so bald er sie sieht, jammert ihn derselben. Die Gnade, welche den Thron begleitet, folget Sr. Majestät auch selbst in seinen Ergötzlichkeiten. Er giebt seinen hohen Befehl aus. Das verbiethende Zeichen wird gegeben, und die Hunde werden, ungeachtet sie nach dem Blute rasend sind,

in

In einem Augenblicke zurückgehalten. Sie werden aber nicht nur zurückgehalten, sondern auch gänzlich von der Jagd abgerufen. Sie verlassen also dieses ihrer Wuth bereits bestimmte Schlachtopfer, und der arme Hirsch kann nunmehr seiner Freyheit, seiner Sicherheit und seiner Ruhe wieder genießen.

Nunmehr bin ich dem Hirsche so lange gefolget, bis ich Ihre Geduld ermüdet habe. Warum haben Sie mich auf eine so ausschweifende Art fortfahren lassen? Sie wissen, ich bin, wenn ich auf diese mir höchst angenehme Materie komme, ein ewiger Schwäßer.

Aspasio. Wozu dienet diese Entschuldigung, Theron? Sie haben mich in der That noch nicht gähnen, oder mit dem Kopfe nicken gesehen, so lange Sie von dieser Sache geredet haben. Ueber dieses bin ich auch Willens mich an Ihnen zu rächen, und Ihre Aufmerksamkeit auf eine gleiche Probe zu stellen.

Eben so verfolget die Strenge des Gesetzes die Seele; vertreibt sie aus jeder Zuflucht der Lügen, und unterläßt seine schreckende Drohungen nicht eher, als bis der arme Verbrecher seinen eigenen Kräften zu vertrauen aufhöret, und sich bloß allein auf Christum zu seiner Seligkeit verläßt g).

---

g) Lex hominem vrget, donec is ad Christum confugit. Tum ipsa dicit: Asylum es nactus; desino te persequi; sapis, salvus es. BENGEL. D. i. Das Gesetz dringet den Menschen, bis er zu Christo flieht. Alsdann saget es: Du hast eine Freystadt erlanget; ich höre auf, dich zu verfolgen; du bist klug und sicher.

Das IX Gespräch.

Der Mensch wird etwa zu einer ernsthaften Unruhe über seinen ewigen Zustand erwecket. Dem zu Folge verläßt er seine eiteln und gottlosen Gewohnheiten. Er bricht den Sabbath nicht ferner, und betrügt seinen Nächsten nicht mehr. Das Gesetz aber stellet ihm gar bald und sonnenklar vor Augen, daß ein bloß unterlassender Gehorsam keinesweges zureichend sey, ihn von dem künftigen Zorne zu befreyen.

Hierauf fängt er wirkliche heilige Uebungen an. Er machet Bekanntschaft mit gottesfürchtigen Leuten, und übet gottselige Pflichten aus. Er bethet für sich insbesondere, und wohnet den öffentlichen verordneten Andachtsübungen bey. Den Tag des Herrn hält er auf das gewissenhafteste, und richtet seine Aufführung nach der Regel der Gebothe Gottes ein. Nunmehr ist er schon im Begriffe, sich zu seiner merklichen und hoffnungsvollen Besserung Glück zu wünschen.

Gar bald merket er, daß es mit seiner Besserung noch lange nicht weit genug gekommen, und daß dieselbe nur ein bloßer auswendiger Firniß sey, so den innerlichen Menschen noch nicht durchdrungen hat. Er fängt gar bald an, über die Bewegungen seines Herzens zu wachen, und das in demselben eingewurzelte Böse zu beweinen. Er bemühet sich, den Stolz zu unterdrücken, und die Leidenschaften zu bändigen; sich von den schändlichen Lüsten zu reinigen, und die geistliche Gottlosigkeit zu verbannen. Allein, ungeachtet aller seiner Wachsamkeit, machet ihm sein Gewissen dennoch Vorwürfe, daß er entweder eine Tugend unterlassen, oder eine Sünde begangen habe. Das Gesetz läßt ihm den fürchterlichen Ausspruch

in

Das IX Gespräch.

in die Ohren schallen: Verflucht ist der, der nicht alles hält.

Da er von dieser Ueberzeugung gerühret wird, fangen seine Wunden vom neuen an zu bluten. Er sieht sich genöthiget, neuen Balsam für dieselben zu suchen. Um einen beleidigten Gott zu versöhnen, und für seine sündlichen Rückfälle zu büßen, thut er manches schmerzliches Bekenntniß. Er unterwirft sich einem freywilligen Leiden. Er verläugnet sich selbst und theilet reichlich unter die Armen aus. Er holet tiefe Seufzer und klaget jämmerlich. Allein, kann auch schlammichtes Wasser ein beflecktes Kleid reinigen? Willst du, o eitler Mensch, eine Sünde, durch die Begehung einer andern, wieder gut machen? Waren denn in diesen deinen Bußübungen deine Gedanken beständig andächtig? War denn dein Herz bey deinen gutthätigen Handlungen, auch tief genug gerühret? Ist dieses nicht, so dienen diese eingebildete Ersetzungen begangener Fehler zu weiter nichts, als die schwere Rechnung nur noch zu vergrößern.

Was soll er thun? Er kann nicht bezahlen. Zu bitten schämet er sich. Gern wollte er ins Leben eingehen, und doch der Gnade nicht zu viel schuldig seyn. Er versuchts daher, sich mit dem Himmel zu vergleichen. Er verbindet sich durch feyerliche, und vielleicht durch sacramentliche Versprechungen, ins künftige größere Vorsicht anzuwenden. Alsdann wendet er seine Augen zu dem göttlichen Mittler; nicht in der Absicht sich gänzlich auf dessen Gerechtigkeit zu verlassen, sondern bloß eine solche Hülfe zu erlangen, wodurch sein eigener Mangel könne ersetzet werden.

Etwas

Etwas diesem ähnliches war der Irrthum der bekehrten Galater, wowider Paulus in dem an sie geschriebenen Briefe so gründlich redet, und so scharf eifert h).

Eine Zeitlang hält er an seiner vorgesetzten Aufrichtigkeit fest. Endlich aber, da er augenscheinlich sieht, wie höchst unvollkommen er seine Pflicht ausübet, läßt ihm eine plötzliche Stimme die fürchterlichen Worte in die Ohren schallen: Verflucht ist, der nicht bleibt in alle dem ec. Sein Herz sinkt vor Zaghaftigkeit, und alle seine Entschließungen hängen ihre schwachen Häupter. Er hat ein jedes Mittel versuchet, das er nur hat erdenken können, und jedes derselben unkräftig befunden. Sie sind alle mit einander, wie ein Spinnewebe, und seine Hoffnung gleicht der Aufgebung des Geistes.

Seine Seele, die vom Gesetze verfolget, und vom Schrecken gejaget wird, wird an die Thore des Todes, und selbst an den Abgrund der Verzweiflung gebracht. Nunmehr erscheint der König aller Könige, nunmehro erscheint der Herr, der unsere Gerechtigkeit ist, zu seiner Rettung. Nunmehr wird die gnädige Erklärung erfüllet: Israel, du bringst dich

---

h) In der That recht scharf! Denn anstatt sie mit der rühmlichen Benennung der Heiligen und Gläubigen in Christo Jesu zu begrüßen, redet er sie mit dem scharfen Ausdrucke an: O ihr unverständigen Galater! und ihr Vergeben, wodurch sie sich von der Rechtfertigung durch Christum allein entfernet hatten, nennt er nicht bloß einen Irrthum, sondern einen Irrthum von der schädlichsten und schrecklichsten Art, eine Bethörung, eine Bezauberung. Τις εβασκανεν. Gal. III, 1.

Das IX Gespräch.

dich in Unglück, denn dein Heil steht allein bey mir i). Da er nunmehr aus jeder falschen Zuflucht vertrieben ist, und durch den heiligen Geist gezogen wird, so kömmt er mühselig und beladen zu Christo. Da er von der Sündlichkeit seiner Natur, seines Lebens, und seiner besten Pflichten überzeuget ist, so verläugnet er sich selbst in allen Stücken. Dieß ist alle seine Seligkeit, und alles sein Verlangen, daß er Christum gewinnen, und in ihm erfunden werden möge. Sagte dorten das arme kranke Weib: Möchte ich nur sein Kleid anrühren, so würde ich gesund; so rufet auch nunmehr dieser erleuchtete Sünder mit gleichem Eifer aus: Kann ich nur Gemeinschaft mit dem herrlichen Immanuel haben, und seiner Verdienste und seiner Wohlthaten theilhaftig werden, so bin ich aus den Todten wieder lebendig, so bin ich ewig glücklich.

Nachdem er einen Blick von der überschwenglichen Vortrefflichkeit der Person des Erlösers gesehen, nachdem er einen Vorschmack von der unerschöpflichen Fülle seiner Gnade bekommen hat; o wie verlanget ihn nunmehr nach hellern Offenbarungen, wie dürstet ihn nach stärkern Zügen! Keiner, der zu Christo kömmt, wird hinaus gestoßen. Er, der dieses brennende Verlangen erwecket, ertheilet zu seiner Zeit den verlangten Segen. Nach manchem Streite wird ein tröstlicher und standhafter Glaube in der Seele des Bußfertigen gewirket. Er glaubet, daß der Sohn des Allerhöchsten für ihn gestorben, und zu seiner Rechtfertigung gehorsam gewesen sey. Er glaubet,

i) Hof. XIII, 9.

glaubet, daß alle unerforschlichen Reichthümer des Lebens und des Todes des anbethenswürdigen Mittlers sein Erbtheil seyn k).

Durch diesen Glauben wird sein Herz gereiniget und belebet, er wird zu allem guten Werk geschickt. Fallen ihn gleich Versuchungen an, so nimmt er Kraft von seinem Heilande, er widersteht dem Teufel, und ist getreu bis an den Tod. Beflecket ihn gleich das angebohrne Verderben; so nimmt er seine Zuflucht zu dem freyen und offenen Born wider die Sünde und Unreinigkeit l); er bedienet sich täglich und stündlich des Blutes der Versöhnung, setzet seinen Gang fort, und freuet sich Gottes seines Heilandes.

Theron. Ihre Rede erinnert mich an das Verfahren Absaloms, als Joab sich wegerte, zu ihm

---

k) Man kann dieses Werk der Gnade, und das Verfahren der Bekehrung umständlicher beschrieben finden, in einer schätzbaren kleinen Schrift, die den Titel hat: *Die menschliche Natur in ihrem vierfachen Zustande*, von dem Herrn Thomas Boston S. 21. Es ist dieses, meiner Meynung nach, für gemeine Leser eines unserer besten Bücher. Die Sätze sind kurz und die Vergleichungen rührend. Die Sprache ist fließend, und die Lehre evangelisch. Die Methode ist richtig, der Plan des Verfassers fasset alles in sich, er bringt auf die genaueste Prüfung und ist doch dabey tröstlich. Da ein anderes berühmtes Werk den Titel führet: *Die ganze Pflicht des Menschen*, so möchte ich dieses wohl *das Ganze des Menschen* nennen: denn es enthält, was er ursprünglich gewesen; was er durch die Uebertretung geworden ist; was er durch die Gnade werden soll; und was er in der Herrlichkeit werden wird.

l) Zach. XIII, 1.

ihni zu kommen. Der Prinz ließ durch seine Bediente das Korn, so der General auf dem Felde stehen hatte, anzünden. Diese List hatte die gewünschte Wirkung; die Furcht der Gefahr trieb ihn, da die freundliche Einladung ihn nicht lenken wollte, zu einer persönlichen Unterredung. Sie scheinen zu behaupten, das Gesetz sey in der Absicht gegeben, uns die Nothwendigkeit aufzulegen, zu der Versöhnung Christi zu fliehen.

Aspasio. Das thue ich auch, Theron. Und zu dieser Meynung habe ich einen bessern Grund, als meine eigene Vermuthung. Wir werden durch die niemals irrende Weisheit versichert: Christus sey des Gesetzes Ende. Es weist unverrückt auf ihn; es endiget sich gänzlich in ihm. Und alsdann erhält es seinen edlen Endzweck, wenn die Sünder zur Gerechtigkeit und Stärke zu ihrem göttlichen Erlöser geführet werden; zu der Gerechtigkeit, die uns einen Anspruch auf den Himmel giebt; zu der Stärke, die uns zum Gehorsame fähig macht.

Das Gesetz hat alle Menschen unter die Sünde beschlossen m), doch nicht in der Absicht, daß jemand den Muth verlieren, oder ewig verderben sollte; sondern damit ein jeder die unaussprechliche Noth-

---

m) Gal. III, 22. Die Grundsprache begreift etwas mehr in sich, als des Aspasio Auslegung. Es heißt nicht παντας, sondern παντα, welches Dinge sowohl, als Personen bedeutet, und hat die Meynung, daß nichts, was wir haben, und nichts, was wir thun, frey von Sünde sey, bis das Verdienst Christi darzwischen kömmt, und wir mit seinem Blute besprenget werden.

Nothwendigkeit des Todes und des Gehorsams eines
Heilandes einsehen möchte n); damit, nach einer
solchen

n) Wenn Witsius von dem Gesetze redet, so auf Sinai
gegeben worden; so saget er: Facta est ista foederis
operum commemoratio, ad Israëlitas peccatorum et
miseriae suae convincendos, ex seipsis expellendos,
de necessitate satisfactionis edocendos, et ad Christum compellendos: et sic iniervit foederi gratiae.
Animadv. Iren. p. 99. D. i. Diese Erwähnung des
Bundes der Werke ist deswegen geschehen, um die
Israeliten von ihren Sünden und ihrem Elende zu
überzeugen, sie von sich selbst auszuführen, sie von der
Nothwendigkeit der Genugthuung zu unterrichten, und
sie zu Christo zu treiben; und so dienet sie dem Bunde der Gnade.

Die eigentliche Art und Absicht des Gesetzes ward,
meinem Bedünken nach, durch die Umstände, so die
Gebung desselben begleiteten, gleichsam als in Sinn-
bildern vorgestellet. Der Berg, der, bey Strafe des
Todes, von keinem Israeliten durfte betreten, oder
nur von einem Thiere berühret werden; die Stimme
des Donners, und der Strahl des Blitzes; der
Schall der Posaune, und die Wolke von Rauch; die
bis auf den Grund erschütterten Hügel und Felsen;
sechsmal hundert tausend Mann, die von einer unbe-
schreiblichen Bestürzung gerühret waren; und Moses, Moses, der Günstling des Himmels selbst, voll
äußerstes Schreckens? Alles dieses zeugte von dem
gerechten, von dem strengen, von dem fürchterlichen
Inhalte des geredeten Wortes. Auch war die Wirkung dieser erstaunlichen Zufälle nicht ohne geistliche
Bedeutung. Das Volk durfte keine persönliche Hin-
zunahung wagen, sondern nahm seine Zuflucht zu einem Mittler. Sie bathen, Moses möchte sich darzwischen legen, und die Sachen zwischen dem schrecklichen Jehovah und der schuldigen Versammlung ver-
handeln.

solchen Vorbereitung einen so kostbaren Segen beydes zu schätzen und zu empfangen, die Verheißung der Rechtfertigung durch den Glauben an Jesum Christum gegeben würde, denen die da gläuben.

Lasset uns auf diesen großen Endzweck des Gesetzes Acht geben. Wir werden eine Güte, eine ungezweifelte und allgemeine Güte darinn entdecken, daß die Einrichtung desselben so höchst vollkommen gemacht ist, und daß seine Drohungen so unerbittlich strenge sind. Ohne diese heilsame Strenge würden wir die Gnade des Evangelii nachläßiger Weise hindansetzen, und sie vielleicht muthwillig verwerfen. Der verlorne Sohn würde niemals wieder zu seinem Vater, in solcher demüthigen, unterwürfigen und fußfälligen Stellung, zurückgekehret seyn, wenn er seine Umstände nicht gänzlich verderbt gefunden, und gefühlet hätte, daß er vor Hunger würde sterben müssen. Eben so wenig würden die betrogenen Kinder Adams allen Anspruch auf ihr eigenes Verdienst fahren lassen, und sich bloß mit dem Stricke ihrer eigenen Verdammung um den Hals o), zu

handeln. Einen solchen Eindruck sollte die Reinigkeit und Schärfe des Gesetzes auf unsere Herzen haben, uns von uns selbst ab, und zu einem Heilande treiben, uns abschrecken, auf unsere gesetzliche Gerechtigkeit uns zu verlassen, und uns antreiben eine evangelische Gerechtigkeit zu suchen.

o) Dieses bezieht sich auf die merkwürdigen Worte der Knechte Benhadads: Lasset uns Säcke um unsere Lenden thun, und Stricke um unsere Häupter, und zum Könige Israel hinaus gehen, vielleicht läßt er deine Seele leben. 1 B. d. Kön. XX, 31.

den Füßen eines barmherzigen Erlösers niederwerfen, wenn sie nicht durch den scharfen Stachel gereizet, oder vielmehr durch das flammende Schwerdt des Gesetzes getrieben würden.

Unser berühmter Milton stimmet hiermit überein. Dessen Theologie so untadelich, als seine Poesie unvergleichlich ist. Sie werden mir erlauben, einige wenige von seinen Zeilen voller Schönheit anzuführen, welche gleichsam unsere ganze vorhergehende Unterredung wiederholen, und indem sie solches thun, die Lehre bestätigen wird. Dadurch werde ich Ihnen die Anhörung meiner letzten beschwerlichen Rede wieder ersetzen. Dieß wird das Bley mit Golde überziehen.

So scheint nun das Gesetz unvollkommen und nur in der Absicht gegeben zu seyn, sie in der Fülle der Zeit einem bessern Bunde zu überlassen, und sie von schattichten Vorbildern zur Wahrheit; vom Fleische zum Geiste; von der Auflegung strenger Gesetze, zu einer freyen Annehmung einer sich weit erstreckenden Gnade; von einer knechtischen Furcht, zu einer kindlichen; von den Werken des Gesetzes zu den Werken des Glaubens, durch scharfe Zucht, geschickt zu machen p).

p) B. XII, 300 V.

Das X Gespräch.

Therons letzte Bemühung, den evangelischen Entwurf von der Rechtfertigung niederzureißen. —— Unter andern mehr wahrscheinlichern und spitzfündigern Einwürfen besteht er nachdrücklich darauf, daß unser Glaube unsere Gerechtigkeit ist. —— Alles zusammen wird wieder durchgesehen.

Aspasio.

Schon wieder, Theron! Müssen wir denn die Waffen des Streites niemals bey Seite legen? Sie erinnern mich an jenen herzhaften Athenienser. Dieser hatte mit vorzüglicher Tapferkeit auf dem marathonischen Felde gefochten, und verfolgte die überwundenen Perser bis zu ihrer Flotte. Denselben Augenblick stieß eine Galeere voll feindlicher Truppen vom Lande ab. Er entschloß sich, wenn es möglich wäre, ihnen die Flucht zu benehmen, und fassete daher das Schiff mit seiner rechten Hand. Kaum aber hatte er sie hingeleget, als die Schiffleute sie abhieben. Der Kriegsmann verlor im geringsten den Muth nicht, sondern ergriff das Schiff mit der linken Hand. Als diese auch abgehauen war, setzete er die Zähne in dasselbe hinein, und ließ nicht eher los, als bis er sein Leben verloren hatte a).

Theron.

a) Der Name des Atheniensers war Cynägyrus. Der Autor, so diese außerordentliche Historie erzählet, ist
Justinus.

Das X Gespräch.

Theron. Ich habe der Sache von der zugerechneten Gerechtigkeit nachgedacht, und bin noch keinesweges weder in Ansehung der Richtigkeit des Ausdruckes, noch der Wahrheit der Lehre, zumal in dem Verstande, wie Sie sie annehmen, überzeuget. Es erheben sich wesentlichere und wichtigere Einwürfe, als diejenigen, die bisher vorgebracht sind. Und, wo ich mich nicht irre, so wird es Ihnen viel schwerer werden, darauf zu antworten.

Aspasio. Ich muß mein Bestes thun. Und, wenn meine besten Bemühungen fehlschlagen, so werde ich mit dem bescheidenen Iphikrates, als er durch die Beredtsamkeit seines Gegners überwunden ward, sagen: Mein Widersacher kann sich zwar besser wehren, aber meine Sache ist dennoch besser.

Ich sage besser; denn Ihnen, Theron, will ich dasjenige frey gestehen, was ich einer andern Person nicht so bereitwillig entdecken würde; daß ich nämlich keinen andern Trost, als aus dem wirklichen Glauben und aus der täglichen Zueignung dieser kostbaren Lehre schöpfen kann. So oft ich die besten und schönsten Schriften, die das Gegentheil behaupten, lese, so fühle ich, daß meine Geister schwer werden; ich finde, daß sich meine Hoffnung verdunkelt, und kein einziger

Justinus. Sollte der Leser sie für eine Großprablerey halten, so glaube ich, er würde eben kein unrichtiges Urtheil fällen. Auch verspreche ich mir, dieselbe gute Vernunft werde ihn in den Stand setzen, zwischen demjenigen, was im Scherze angebracht wird, und zwischen demjenigen, was man durch Gründe erhärtet, einen Unterschied zu machen.

Das X Gespräch.

einziger Strahl des Trostes bricht durch mein Gemüth. Da hingegen viel schlechtere Schriften, die den Geruch dieser evangelischen Salbung von sich hauchen, selten ermangeln, meine Hoffnung zu beleben, mein Gesicht zu erheitern, und mir das so gottselig muntere Bekenntniß Davids in den Mund zu legen: Wenn du mein Herz tröstest, so laufe ich den Weg deiner Gebothe b). Ob ich gleich weit davon entfernet bin, auf diese Bemerkung schlechterdings zu bauen, und mich derselben an der Stelle eines Beweisgrundes zu bedienen, so wird mir doch erlaubet seyn, dieselbe, aus Zuversicht auf unsere vertraute Freundschaft, zu erwähnen.

Theron. Eine Mennung, die mit so vieler Bescheidenheit vorgetragen wird, und so genau mit meines Aspasio Troste verknüpfet ist, hat ein ungezweifeltes Recht auf meine ernstliche Aufmerksamkeit. Sonst könnte sie vielleicht meinen Spott rege machen. Denn Sie müssen wissen, ich bin eben kein großer Bewunderer des innerlichen Fühlens. Ich kann selbiges für kein gründliches Mittel ansehen, ihre Sache zu beweisen. Sie muß durch bessere Gründe gestärket werden, wenn Sie einen Eingang in mein Herz gewinnen wollen.

Sie sagen, wir müssen uns auf den Herrn Jesum Christum in allem, was er gethan und gelitten hat, verlassen. Dieses, setzen Sie hinzu, ist unsere einzige rechtfertigende Gerechtigkeit, das einzige Mittel, die Vergebung unserer Sünden und das ewige Leben zu erlangen.

Aspasio.

b) Psalm CXIX, 32.

Aspasio. Das thue ich, Theron. Da dieses die Gerechtigkeit Gottes ist: so ist —

Theron. Erlauben Sie mir, ehe Sie weiter fortfahren, eine Frage vorzutragen. Bedeutet die Gerechtigkeit Gottes den thätigen und leidenden Gehorsam Christi?

Aspasio. Gerechtigkeit ist eine Gleichförmigkeit mit dem Gesetze im Herzen und im Leben. So, wie sich der Sohn Gottes freywillig dem Gesetze unterworfen; die Gebothe desselben vollkommen erfüllet, und die äußerste Strafe desselben erduldet hat; dieß, deucht mir, sollte uns die wahrhaftigste und edelste Bedeutung der Redensart geben.

Theron. Wie aber, wenn ich, oder andere, uns ganz das Gegentheil vorstelleten?

Aspasio. Ich danke meinem Freunde für seine Erinnerung. Es wäre auch in der That unbillig, wenn meine bloße Einbildungskraft für Orthodoxie und Wahrheit sollte angesehen werden: lassen Sie uns also nach einem bessern Beweise suchen.

Wenn der göttliche Name in der heiligen Art zu reden zu einem Substantivo gesetzet wird: so drücket derselbe eine sehr außerordentliche Eigenschaft aus. Die Bäume des Herrn c) bedeuten die stattlichen und prächtigen Wälder, die die Hand des Allerhöchsten gepflanzet hat. Die Berge Gottes d) sind die erstaunlich großen Erhebungen der Erde, die niemand anders, als ein allmächtiger Arm hat errichten können. Die Gerechtigkeit Gottes bedeutet gleich-

---

c) Ps. CIV, 16.
d) Dieß ist die Meynung der Grundsprache הרי אלהים Ps. XXXVI, 7.

gleichfalls eine Gerechtigkeit von der allererhabensten Würde, eine solche Gerechtigkeit, die es werth ist, bey seinem Namen genennet, und die es mit Recht fordern kann von ihm angenommen zu werden. Und wo sollen wir dieselbe finden, als in dem Bezeugen, und in der Person seines gebenedeyeten Sohnes? Diese hat einen unwidersprechlichen Anspruch zu diesem erhabenen Titel, indem sie, wie ein Meister unter den Schriftforschern, die Redensart erkläret, eine Gerechtigkeit ist, die Gott der Vater von aller Ewigkeit her ausgedacht hat; die von Gott dem Sohne in der Person Jesu Christi ist ausgeübet worden, und die Gott der heilige Geist der Seele des Sünders zueignet.

Theron. Diese Ihre Lehre würde, wo ich sie recht verstehe, die Vergebung der Sünde nur zu der einen Hälfte unserer Rechtfertigung machen, und es würde noch etwas anders nothwendig seyn, um das ewige Leben zu erhalten, welches eben so vernünftig ist, als zu glauben, daß, wann gleich eine Ursache die Finsterniß vertreiben könne, noch eine andere dazu kommen müsse, um das Licht herzubringen.

Aspasio. Die Beschaffenheit der Rechtfertigung, und die Beschaffenheit der Verdammung, sind zwey entgegengesetzte Dinge, die eines das andere erläutern können? Was hält die Verdammung eines Sünders in sich? Er wird des ewigen Lebens verlustig, und zum ewigen Tode verurtheilet. Was wird aber in der Rechtfertigung eines Sünders eingeschlossen? Sie überhebt ihn der Verbindung zur Strafe, und giebt ihm das Recht zur Glückseligkeit. Zu dem ersten wird die Vergebung der Sünde und

zu

zu dem andern eine Zurechnung der Gerechtigkeit erfordert. Beydes wird von der Vermittelung des Herrn Christi zu unserm Besten hergeleitet, und beydes findet Platz, wenn wir mit diesem göttlichen Haupte vereiniget werden. Wir leiten diese beyden Dinge also nicht von zwo unterschiedlichen Quellen her, sondern wir schreiben sie einer und derselben großen allgenugsamen Ursache zu.

Ihre Vergleichung sollte zwar die Absicht haben, diesen Satz über einen Haufen zu stoßen, er wird aber, meinem Bedünken nach, nur desto fester dadurch bestätiget. Wenn jene glänzende Kugel zuerst in Osten erscheint, was werden alsdann dadurch für Wirkungen hervorgebracht? Die Schatten der Nacht werden vertrieben, und das Licht des Tages wird verbreitet. Wem sind diese Wirkungen zuzuschreiben? Eine jede einer besondern, oder beyde derselben Ursache. Eines jeden eigene Erfahrung wird die Frage beantworten. Eben so verursachet auch die Sonne der Gerechtigkeit, wenn sie in der Seele aufgeht, auf einmal Verzeihung und Wiederaufnehmung. Vergebung und Seligkeit sind unter ihren Flügeln. Beydes machet das Heil der Völker aus, und beydes hat sein Wesen dem Gehorsam Christi zu danken, der als ein Thätiger ergriffen, und als ein Leidender nicht verworfen wird.

Theron. Ich weiß es, dieses ist die fein gesponnene Theorie der systematischen Gottesgelehrten. Allein, wo ist ihr Beweis aus der Schrift? Auf was für ein Ansehen gründen sie solche subtile Unterscheidungen?

Aspasio.

Das X Gespräch.

Aspasio. Ich kann die Unterscheidung nicht so subtil, oder die Theorie so fein gesponnen finden. Von einem verdammenden Urtheile befreyet werden, ist eine Sache, und als eine gerechte Person angesehen werden, ist augenscheinlich eine andere. Absalom hatte Verzeihung erhalten, als er die Erlaubniß bekam, sich von Gesur wegzubegeben, und zu Jerusalem zu wohnen. Dieß war aber von der Erneuerung des kindlichen Gehorsams, und von der Wiedererlangung der väterlichen Liebe weit unterschieden e). Ein Rebelle kann wohl von der Lebensstrafe freygesprochen werden, die sein verrätherisches Verbrechen verdienet hat, ohne jedoch wieder in die Würde seines vorigen Standes, und in die Rechte eines gehorsamen Unterthans eingesetzet zu werden. Im Christenthume ist gleichfalls von der Last der Verschuldung befreyet, und als eine gerechte Person angesehen werden, jedes ein besonderer Segen. Beyde Stücke haben nicht nur einen wesentlichen Unterschied, sondern werden auch öfters in der Schrift von einander unterschieden.

Theron. Wo werden sie unterschieden? In was für Schriftstellen? Das ist es eben, was ich verlangete, der Beweis aus der Schrift.

Aspasio. Was sagen Sie von Hiobs Antwort, die er seinen tadelsüchtigen Freunden gab? Das sey ferne von mir, daß ich euch Recht gebe f). Daß er ihnen vergeben habe, daran ist kein

e) 2 B. Sam. XIIII, 24.
f) Hiob XXVII, 5. Vos justos in causa vestra adversus me pronuneiem. SCHVLT.

kein Zweifel. Dennoch konnte er sie nicht rechtfertigen; er konnte nicht zugeben, daß ihre Anmerkungen billig, oder ihr Verfahren liebreich wäre.

Was halten Sie von Salomons Gebethe? So wolltest du hören im Himmel, und Recht schaffen deinen Knechten, den Gottlosen zu verdammen, und seinen Weg auf seinen Kopf zu bringen, und dem Gerechten Recht sprechen, ihm zu geben nach seiner Gerechtigkeit g). Verdammen bedeutet in dieser Stelle augenscheinlich schuldig sprechen, und der Strafe unterwürfig erklären. Aus einer gleichen Ursache muß rechtfertigen so viel bedeuten, als, einen gerecht erklären, und ihm den Anspruch zur Glückseligkeit ertheilen.

Was saget Salomons Vater? Herr, gehe nicht ins Gericht mit deinem Knecht; denn vor dir ist kein Lebendiger gerecht. Es kann ein Mensch Verzeihung erhalten, wenn er nach dem Verhalten seines eigenen Gehorsams gerichtet und schuldig befunden wird. Gerechtfertiget oder für gerecht erkläret werden kann er aber nicht, ohne die Zurechnung einer Gerechtigkeit, die besser ist, als seine eigene.

Aus allen diesen Stellen schließe ich, daß gerechtfertiget, oder für gerecht erkläret werden, von der bloßen Vergebung unterschieden, und etwas größeres sey.

Theron. Alle diese Umstände sind aus dem Alten Testamente hergenommen; das Neue redet, wo
ich

---

g) 1 B. der Kön. VIII, 32.

ich nicht irre, eine ganz andere Sprache. Betrachten Sie einmal den bußfertigen Zöllner. Was bittet er? Gott sey mir Sünder gnädig. Was erlanget er? Er gieng hinab gerechtfertiget in sein Haus h). Soll nun die Bitte und die Gewährung als mit einander übereinstimmend angesehen werden; so muß man Verzeihung und Rechtfertigung für einerley halten.

Aspasio. Das alte und neue Testament stimmen in ihren Redensarten und in ihrem Inhalte genau mit einander überein. Das Echo in jenem Kloster kann die Stimme eines Rufenden nicht richtiger wiederholen, als diese göttlichen Bücher mit einander übereinstimmen. Allein, aus der Bitte des Zöllners, und aus seinem darauf erhaltenen Segen folget noch nicht, daß Verzeihung und Rechtfertigung einerley sind. Dieses aber folget daraus, daß Gottes Güte unser Gebeth öfters weit übertrifft, und größer ist, als wir es erwarten; oder daß der Segen, um welchen gebethen ward, mit dem Segen, welcher ertheilet wurde, unzertrennlich verknüpfet sey, und daß sie einander allezeit begleiten.

St. Paulus gedenket einer Rechtfertigung des Lebens, nicht bloß einer Befreyung vom Todesurtheile, sondern einer solchen Rechtfertigung, die einen Anspruch auf die Belohnung des Lebens giebt i).

---

h) Luc. XVIII, 13. 14.
i) Röm. V, 18. Δικαιωσις ζωης est declaratio divina illa qua peccator, mortis reus, vitæ adjudicatur, idque jure. BENGEL. d. i. Δικαιωσις ζωης ist diejenige göttliche Erklärung, wodurch dem Sünder, der des Todes

Die Worte sind sehr deutlich. Wir würden der Meynung derselben ihre Würde rauben, wenn wir sie in einem eingeschränkten Verstande annähmen. Gegen das Ende desselben Capitels findet sich noch eine Stelle, die reich von Trost ist, und sich vollkommen zu unserm Endzwecke schicket. Die Gnade herrschet durch die Gerechtigkeit zum ewigen Leben k). Hier wird die erste Quelle alles unsers Segens, die unendlich freye und reiche Gnade, angezeiget; ferner die verdienstliche Ursache, nicht einige Werke des Menschen, nicht einige von unsern Eigenschaften, sondern die vollkommene Gerechtigkeit unsers Herrn Jesu Christi; imgleichen die Wirkung oder der Endzweck von allem, welcher nicht etwa eine bloße Freysprechung von der Verschuldung, sondern auch eine Einsetzung in das Leben ist, und zwar in ein Leben einer heiligen Gemeinschaft mit Gott in dieser Welt, und mit dem ewigen Genusse seiner in der andern Welt gekrönet zu werden.

Lassen Sie mich noch eine Schriftstelle anführen, die mir eben itzo einfällt. Sie werden sie da finden, wo sich der Apostel vor dem Festus und Agrippa vertheidiget. Er eröffnet gleichsam dasjenige, was ihm, als einem Apostel, aufgetragen worden, und wiederholet die Worte seines königlichen Herrn. Ich sende dich zu unwissenden, in die Sclaverey gerathenen, schuldigen und verderbten Creaturen, aufzuthun ihre Augen, daß sie sich bekehren,

von

Todes schuldig ist, das Leben zugesprochen wird, und das mit Recht.

k) Röm. V, 21.

Das X Gespräch.

von der Finsterniß zum Licht, und von der Gewalt des Satans zu Gott, zu empfahen Vergebung der Sünde, und das Erbe, sammt denen, die geheiliget werden durch den Glauben an mich 1). Der große Prediger der Heiden, oder vielmehr der oberste Herr aller Prediger, hat zwischen Vergebung der Sünden, und dem Erbe der Heiligen, zwischen der Vergebung, die von der Hölle befreyet, und zwischen der Rechtfertigung, die den Anspruch zum Himmel giebt, einen Unterschied gemacht; so daß die erstere die letztere keinesweges ausmachet, sondern mit ihr als ein Glied in derselben heiligen Kette verknüpfet m), oder als ein Theil eines einzigen herrlichen Ganzen in derselben eingeschlossen ist.

Theron. Wenn ich zulasse, daß Ihre Unterscheidung richtig sey, ist denn nicht die Genugthuung, so durch den Tod Christi geschehen ist, für sich selbst schon zureichend, beydes unsere völlige Verzeihung und unsere endliche Glückseligkeit zu erlangen?

Aspasio. Da mein Freund die Frage auf die Bahn gebracht hat, so kann ich es wagen, mit aller Ehrerbietung gegen die göttlichen Rathschläge, mit Nein zu antworten; indem es nothwendig war, daß der Erlöser der Menschen an ihrer Stelle sowol gehorchen, als leiden mußte. Hiervon haben wir das Zeugniß unsers Herrn selbst. Solches Geboth, saget er, habe ich empfangen von meinem Vater,

---

1) Apost. Gesch. XXVI, 18.
m) S. WITS. Oecon. Libr. III. Cap. VIII. Sect. 46.

ter, daß ich mein Leben lasse n). Also gebühret es uns, saget er an einem andern Orte, alle Gerechtigkeit zu erfüllen o); wozu sein Apostel noch hinzufüget: daß, wenn wir herrschen im Leben, solches nicht durch das Leiden, welches versöhnet, sondern auch durch die Gerechtigkeit p), welche verdienet, geschehen müßte.

Theron. Das Zeugniß unsers Heilandes betrifft nur eine positive Einsetzung, und gehöret ganz und gar nicht zu ihrem Zwecke. Ich habe oft über solche gezwungene Anwendungen der Schrift einen Widerwillen empfunden. Die Anhänger der verschiedenen Lehrgebäude verdrehen das heilige Buch. Sie gehen mit der heiligen Wahrheit eben so um, als der Tyrann Procrustes mit den unglücklichen Creaturen verfuhr, die in seine unbarmherzigen Hände fielen. Ist eine Schriftstelle zu ihrem Endzwecke zu kurz; sogleich spannen unsere procrustischen Ausleger dieselbe auf die Folter, und verlängern den Sinn derselben. Ist sie für ihren Entwurf zu vollständig, so wissen sie schon ein Glied abzuschneiden, einen Satz abzusondern, oder die Meynung zusammen zu ziehen. Heißt dieß den großen Gott verehren? Heißt dieß ehrerbiethig mit seinem heiligen Worte umgehen?

Aspasio. Ich versichere Sie, ich bin über ein solch Verfahren eben so oft bekümmert und unwillig gewesen, als Sie selbst. Ein Verfahren, das nicht nur sehr unehrerbiethig, sondern auch sehr unvernünftig ist. Es ist auch in der That der Sache, die man

n) Joh. X, 18.   o) Matth. III, 15.
  p) Röm. V, 17.

Das X Gespräch.

man auf eine so unartige Weise anpreisen will, selbst nachtheilig. Eine solche Stütze ist wie ein fauler Zahn und gleitender Fuß q); sie ist nicht nur unnütze, sondern auch schädlich, und vielmehr eine Hinderniß, als eine Beförderung. Ich bin mir indessen nicht bewußt, daß ich dieser Stelle einige Gewalt anthun, oder sie zu meinem Dienste zwingen sollte. Der Umstand, dessen Sie sich zum Einwurfe bedienen, stärket den Schluß vielmehr, als daß er ihn schwächen sollte. Wenn es für unsern gebenedeyeten Mittler so nothwendig war, eine positive Einsetzung zu halten; wie viel nöthiger war es denn nicht, die sittlichen Gebothe zu erfüllen, deren Verbindung unveränderlich und ewig ist.

Ueber dieses muß betrachtet werden, ob das Leiden Christi eine vollkommene Erfüllung des Gesetzes gewesen? Es war eine vollkommene Erfüllung in Absicht auf die Strafen, nicht aber in Absicht auf die Gebothe. Ein Unterschied, der ganz augenscheinlich und wichtig ist. Es entsteht aus derselben folgender Schluß, welchen Sie mir für dieß einzigemal erlauben werden, in der logischen Gestalt vorzutragen.

Durch dasjenige, durch welches allein das Gesetz nicht ist erfüllet worden, durch das allein konnten die Sünder auch nicht gerechtfertiget werden:

Nun ist durch Christi Leiden allein das Gesetz nicht erfüllet worden:

Daher können durch Christi Leiden allein die Sünder auch nicht gerechtfertiget werden.

Wenn

q) Sprüchw. Salom. XXV, 19.

Das X Gespräch.

Wenn wir hingegen den thätigen und leidenden Gehorsam unsers Heilandes, und die Kraft des einen mit der Vollkommenheit des andern zusammen verbinden: wie fest steht alsdann nicht unsere Rechtfertigung in dem vollkommensten Wortverstande! Wir haben alles, was das Gesetz verlanget, beydes zu unserer Befreyung vom Fluche und zu unserer Ansprache auf die Seligkeit.

Theron. Schreibt nicht die Schrift das ganze Werk unserer Seligmachung dem Tode Christi zu? Sie trägt solches als eine Grundregel im Christenthume vor, die niemals muß vergessen werden. Wir haben, heißt es, die Erlösung durch sein Blut r). Wir sind nahe worden durch das Blut Christi s); ja wir werden gerechtfertiget durch sein Blut t); welches eben eigentlich unser streitige Punct ist. Würden die von Gott getriebene Schriftsteller den so mannichfaltigen Segen dieser einzigen Ursache zuschreiben, wenn sie ein Preis gewesen wäre, wofür derselbe nicht hätte können erkaufet werden, oder wenn sie ein Mittel gewesen wäre, wodurch der Endzweck nicht hätte können erreichet werden?

Aspasio. Dieser Theil der verdienstlichen Erniedrigung unsers Heilandes wird durch eine sehr gewöhnliche Figur für das Ganze genommen. Der Tod Christi schließt nicht nur sein Leiden, sondern auch seinen Gehorsam in sich. Die Vergießung seines kostbaren Blutes war zugleich das Hauptstück seines Leidens, und die letzte Handlung seines Gehorsames.

r) Ephes. I, 7. s) Ephes. II, 13. t) Röm. V, 9.

Das X Gespräch.

mes. In dieser Absicht wird es von seinem eigenen Abgesandten betrachtet, und auch also erkläret; der, wenn er von seinem göttlichen Herrn redet, also saget: *Er ward seinem Vater gehorsam bis zum Tode, ja zum Tode am Kreuz* u).

Durch dieselbe Figur heißt es bisweilen vom Glauben, er sey eine lebhafte einfließende Ueberzeugung, daß Christus für unsere Sünde gestorben sey x). Zu andern Zeiten wird er als eine feste praktische Ueberzeugung vorgestellet, daß Gott Christum von den Todten auferwecket habe y). Keines von beyden kann, ohne der Uebereinstimmung der Schrift auf das äußerste zuwider zu seyn, in einem ausschließenden Verstande genommen werden. Eine jede Handlung muß nicht abgesondert, sondern im Zusammenhange genommen werden, eine jede so, daß sie beyde in sich fasset, oder daß eine aus der andern hergeleitet wird.

Auf gleiche Weise, wenn die Schrift unsere Rechtfertigung dem Tode Christi zuschreibt, müssen wir nicht gedenken, daß sie seinen Gehorsam bey Seite setzet, sondern ihn mit einschließet. Nicht als wenn sein thätiger Gehorsam zu der Erwerbung des Segens nichts beytrüge, sondern weil sein bitteres Leiden der alleroffenbareste und vollkommenste Schauplatz seiner allezeit herrlichen Unternehmung gewesen ist. Damals und eher nicht, als damals, konnte er in der That sagen: *Ich habe vollendet das Werk, das du mir gegeben hast, das ich thun sollt* z).

Theron.

u) Philipp. II, 8.   x) 1 Cor. XV, 3.
y) Röm. X, 9.   z) Joh. XVII, 4.

Theron. Ihrer Meynung nach wäre es also möglich, daß alle Sünden eines Menschen weggethan würden, und daß er dennoch nicht zu einer vollkommenen Rechtfertigung gelangen könnte; welches der gesunden Vernunft und der wahren Theologie eben so zuwider ist, als zu glauben, eine Krümme könne weggenommen, und dasjenige, so krumm gewesen, doch nicht gerade werden.

Aspasio. Nein Theron. Nach meiner Ursache, die ich angebe, ist es unmöglich, daß der thätige und leidende Gehorsam unsers Erlösers könne von einander gesondert werden. Welchem der eine zugerechnet wird, dem wird auch der andere nicht vorenthalten. Sie waren an Christo dem herrlichen Haupte nicht getrennet, und sie werden auch in ihrer Zueignung an seinem geheimnißvollen Leibe nicht getrennet. Gleichwie Christus im leiden gehorchete, und im Gehorchen litte: so empfängt auch ein jeder, der Christum, als eine Versöhnung annimmt, ihn als eine Gerechtigkeit.

Dieß ist vorhin bemerket worden; und wenn sich dieses wirklich also verhält, was ist die Gabe Christi denn nicht für eine unschätzbare köstliche Gabe! Niemals kann eine allgemeine Arztney allen Krankheiten so bewundernswürdig zu statten kommen, als diese Gabe allem, was uns fehlet, zu statten kömmt. Wir mögen leben oder sterben, so können wir in ihm erfunden werden; wie sicher, wie glücklich sind wir denn! Lassen Sie ihre Geduld doch nicht ermüden, wenn ich Ihnen eine Stelle aus unserm vortrefflichen Doctor Lightfoot wiederhole. Ungeachtet sie ungekünstelt ist, so hat sie doch mein Gemüth gar sehr gerüh-

Das X Gespräch.

gerühret, und ich hoffe, sie wird auch einigen beträchtlichen Eindruck in dem Gemüthe meines Freundes hinterlassen. „Durch die Rechtfertigung, saget dieser gründliche Gottesgelehrte, „nimmt ein Mensch „an aller Gerechtigkeit Christi Theil. Und wenn „eine Sache verlangenswürdig ist, so ist es gewiß „diese, an aller Gerechtigkeit Christi Theil zu „nehmen.„

Theron. Sie ermüden meine Geduld nicht; Sie lösen aber auch meine Zweifel nicht auf; denn Sie lassen sich auf die Ungereimtheit, die ich Ihnen eingewandt habe, und auf die Vergleichung, die dieselbe so nachdrücklich vorstellet, gar nicht ein.

Aspasio. Ihre Vergleichung, mein werther Freund, gründet sich auf keinen gleichen Fall. Allein, die Vernunft findet einen augenscheinlichen, und die Offenbarung behauptet einen wichtigen Unterschied zwischen der Verzeihung der Schuld und einem Anspruche zum Leben. Dieses ist bereits aus der Schrift bewiesen worden, und ist mir wenigstens selbst aus der Natur der Dinge deutlich. Denn wenn ein König zum Besten eines verurtheilten Missethäters das Todesurtheil widerruft; so ist dieses eine ganz beträchtliche Handlung der Gnade. Wenn es ihm aber gefällt, mit dem Verbrecher, dem er Verzeihung hat wiederfahren lassen, sein Reich zu theilen, oder ihn zum Erben seiner Krone zu machen; so ist dieses gewiß ein neuer und ein weit höherer Beweis seiner königlichen Güte.

Dringen Sie auf ein Gleichniß, so wird uns das heilige Wort Gottes, welches allezeit mit der vollkommensten Richtigkeit redet, eines an die Hand geben.

geben. Zacharias erläutert die Lehre der Rechtfertigung. Er stellet den Sünder unter einer Person vor, die mit unreinen Kleidern angethan ist. Die Verzeihung desselben wird durch die Wegnehmung der besudelten Kleider angedeutet. Durch diese Wohlthat höret er auf unrein zu seyn, dadurch aber ist er noch nicht bekleidet, dadurch ist er noch nicht gerechtfertiget. Dieß ist ein noch hinzukommendes Glück, welches durch die Anziehung der Feyerkleider angedeutet wird a). Hier treffen die Umstände zu. Die beyden wesentlichen Theile der Rechtfertigung werden besonders entwickelt, und nachdrücklich von einander unterschieden. Hier haben wir die Abschaffung der Unreinigkeit, und den Rock der Gerechtigkeit, dasjenige, was uns von der Scheußlichkeit befreyet, und dasjenige, was uns angenehm machet, welche Dinge, ob sie gleich an und für sich selbst wohl zu unterscheiden sind, und auch durch den heiligen Schriftsteller unterschieden werden, dennoch in der göttlichen Schenkung allezeit mit einander vereiniget sind.

Theron. Dieser Begriff gründet sich auf einen eingebildeten Bund, daß Christus den Gehorsam, den die Menschen schuldig waren, über sich nehmen wollen, wovon doch in der heiligen Schrift nicht das geringste zu finden ist.

Aspasio. Daß Christus über sich genommen hat, alles dasjenige zu thun, was nothwendig war, die verlornen Sünder von der Schuld und Verdammung zu erlösen, und den beschuldigten Rebellen ein neues

a) Zach. III, 3. 4. 5.

neues Recht zum Leben und zur Herrlichkeit zu erwerben, kann, meinem Bedünken nach, nicht eingebildet genennet werden; und dieß ist es, was wir durch den Bund der Gnaden verstehen. Ohne dieses über sich zu nehmen, sehe ich nicht, wie unser Heiland den Charakter eines Bürgen hätte behaupten, oder wie er, ohne es zu erfüllen, das Amt eines Erlösers hätte verrichten können.

Auf diese große Handlung wird sehr häufig in der Schrift gezielet. Woher kömmt es, daß von den Gläubigen gesaget wird, sie seyn Christo von dem Vater gegeben worden? Sie waren dein, und du hast sie mir gegeben b). Leget eine solche Sprache nicht einen vorhergegangenen Contract zum Grunde, und beziehet sie sich nicht auf einen der angenehmsten Artikel desselben? Mit was für einer Art von Gerechtigkeit konnte der Vater unsere Sünde auf den heiligen Jesum legen c), wenn er nicht darein gewilliget hätte, unsere Schuld über sich zu nehmen?

In der Weißagung Zachariä wird dieser Bund nebst den Parteyen desselben ganz besonders erwähnet. Er wird Friede (der Rath des Friedens) seyn zwischen beyden d). Das geheimnißvolle und uner-

---

b) Joh. XVII, 6.   c) Jes. LIII, 6.

d) Zachar. V, 12. 13. Diese beyden Verse enthalten eine kurze, aber sehr schöne Beschreibung des Erlösers, seiner Person, seines Amtes, und seiner Herrlichkeit, nebst der edlen Ursache und der gesegneten Frucht unserer Erlösung.

Seine

unerforschliche Werk der Wiederherstellung des verlornen Menschen soll so, wie es bestimmet ist, vollzogen werden. Von wem? Von dem allmächtigen
Herrn

Seine Person. Er ist der Mann, oder wie das
Hebräische eigentlich saget, der wirkliche, aber auch
zu gleicher Zeit der herrliche Mann; dessen Name
der Zweig ist, indem er der neue Ursprung eines
neuen Geschlechts, der Vater eines geistlichen Saamens ist, welches nicht Kinder des Fleisches, sondern
der Verheißung sind. Ein Zweig, der nicht von einer
gemeinen Wurzel, nicht aus einem menschlichen Pflanzen, sondern מתחתיו von sich selbst entspringen soll;
er soll von einer reinen Jungfrau, und durch die
Kraft seines eigenen Geistes gebohren werden, und also sein eigener Stamm und Ursprung seyn.

Sein Amt. Dieses ist den Tempel, die Kirche
der Auserwählten zu bauen, welche ist das Haus des
lebendigen Gottes, worinn er wohnet, und von welchen er angebethet wird. Den Grund dieses geistlichen Gebäudes hat er am Kreuze geleget, und dasselbe
mit seinem Blute verbunden. Diese Kirche wird er
regieren, als ein König, nachdem er sie, als ein Priester, erlöset hat, der das priesterliche Rauchfaß mit
der königlichen Krone vereiniget, und ein Priester auf
seinem Throne ist. Daher kömmt auch seine Herrlichkeit; denn er steht nicht, wie andere Priester, und
opfert täglich einerley Opfer; sondern, da er durch
ein einziges Opfer eine ewige Erlösung für uns erhalten hat, hat er sich zur rechten Hand der Majestät in
der Höhe gesetzet.

Welches ist die Ursache dieser großen Begebenheiten? Welche anders, als der heiligste und erhabenste Vergleich, der Rath des Friedens, der zwischen
beyden war, zwischen dem Herrn Jehovah an der
einen Seite, und dem Manne, dessen Name der Zweig
ist,

Das X Gespräch. 495

Herrn oder Gott dem Vater, und der herrlichen Person, die den Tempel bauen, und den Schmuck tragen soll. Ein Charakter, den sich niemand anmaßen kann, ein Werk, dem niemand gewachsen ist, als allein der gebenedeyete Jesus.

Im vierzigsten Psalme sind die Bedingungen des Bundes umständlich verzeichnet. Diese waren die Menschwerdung, und der Gehorsam des ewigen Sohnes. Den Leib hast du mir zubereitet. Siehe, ich komme, daß ich thun soll deinen Willen e). Die Erfüllung dieser Bedingungen wird von unserm großen Mittler in dem Eingange zu seinem letzten feyerlichen Gebethe f) angeführet und vorgestellet. Dasjenige, warum er in der Fortsetzung seines Gebethes bittet, kann als die Vergeltung g) angesehen werden, die ihm von dem Vater beschlossen, und in diesem herrlichen Tractate bestimmet worden. Er bittet, sage ich? Es ist sehr merkwürdig, daß unser Heiland vielmehr eine Forderung machet,

ist, an der andern. Ein Rath, heißt es, wegen der völligen Einwilligung, die beyde Parteyen in Wirkung gesetzet, und wegen der überschwenglichen Weißheit, die sich in der ganzen Einrichtung geoffenbaret. Ein Rath des Friedens wegen der höchstkräftigen Wirkung, Friede mit einem beleidigten Gotte, Friede mit dem anklagenden Gewissen, und Friede unter Leuten von zänkischen Gemüthern und widrigen Grundsätzen zu machen.

e) Hebr. X, 5. 7.
f) Joh. XVII.
g) Diese Vergeltung wird in einer andern beglaubigten Abschrift desselben großen Tractats umständlich angezeiget und versprochen. Jes. XLIX, 1=6.

machet, als eine Bitte thut. Der Ausbruck ist nicht ερωτω, sondern θελω h); ein Wort des Ansehens und nicht des Bittens. Er fordert dasjenige, was durch des Vaters Verbindung und seinen eigenen Gehorsam, sein unstreitiges Recht geworden war.

Theron. Dieses nennen Sie den Bund der Gnade. Wenn wir aber durch Christi Erfüllung des Gesetzes gerechtfertiget werden, so werden wir ja durch Werke gerechtfertiget. Ehe Sie also einen solchen Weg der Seligkeit verwerfen können, müssen Sie sich selbst widersprechen; und was noch kühner ist, Sie müssen den Grundsatz des Evangelii abschaffen: Durch des Gesetzes Werk wird kein Fleisch gerecht.

Aspasio. Ich gebe es zu, Theron; wir werden durch Werke gerecht, aber durch wessen? Durch Christi, und nicht durch unsere eigene Werke, und dadurch widersprechen wir uns im geringsten nicht, eben so wenig, als wir das, was Sie den evangelischen Grundsatz nennen, abschaffen, welches, ob es gleich eine unläugbare Wahrheit, dennoch keine evangelische Lehre ist; indem uns dadurch bloß unser verderbter Zustand, und die äußerste Unmöglichkeit uns zu helfen, gezeiget wird; dahingegen nichts ein wahres Evangelium ist, als was von Hülfe und Trost redet. Zwischen dem Bunde der Werke und dem Bunde der Gnade ist, meiner Meynung nach, dieses der Unterschied: Durch den ersten war der Mensch unumgänglich verbunden, in eigener Person

zu

---

h) Nicht ich bitte, sondern ich will. Sic volo, sic jubeo.

zu gehorchen. Durch den letztern wird der Gehorsam seines Bürgen, anstatt seines eigenen angenommen. Die Gerechtigkeit, die von beyden erfordert wird, ist nicht bloß aufrichtig, sondern vollkommen; er muß nicht nach der Fähigkeit des gefallenen Menschen, sondern nach der Reinigkeit des Gesetzes und der Majestät des Gesetzgebers eingerichtet seyn. Durch dieses Mittel wird die Ehre Gottes, als eines zu fürchtenden Oberherrn, und die Ehre seines Gesetzes, als einer unverletzlichen Ordnung, vollkommen erhalten und herrlich verbreitet. Die Seligmachung der Sünder streitet weder mit der Wahrheit, noch mit der Gerechtigkeit des obersten Gesetzgebers. Sie wird vielmehr ein treues und gerechtes i) Verfahren des höchsten Gottes, denjenigen zu rechtfertigen, der an Jesum gläubet.

Theron. Wenn sie diesen Unterschied zwischen dem zwiefachen Bunde machen, wie können Sie solches aus der Schrift beweisen? Welcher von den heiligen Schriftstellern hat uns gelehret, daß, da der eine einen persönlichen Gehorsam verlanget hat, der andere mit einem fremden Gehorsame zufrieden sey?

Aspasio. Welcher, Theron? Die drey vornehmsten. Der berühmteste Geschichtschreiber; der begeistertste Dichter; und der eifrigste Prediger. Ich habe nicht nöthig, Ihnen zu sagen, daß ich Mosen, David und Paulum meyne.

Das Zeugniß Davids ist bereits angeführet worden. Moses giebt uns einen kurzen, aber sehr lehr-

---

i) 1 Joh. I, 9.

lehrreichen Begriff von dem andern Bunde. Mit wem ist derselbe, nach seiner Vorstellung, gemachet worden? Nicht mit Adam, oder mit jemanden von seiner Nachkommenschaft; sondern mit dem Herrn Jesu Christo anstatt beyder. Keiner von den Artikeln desselben ist einer armen, ohnmächtigen, verderbten Creatur vorgeleget, sondern er ist gänzlich dem in die Mitte getretenen Heilande übertragen, der durch den Weibessaamen deutlich beschrieben wird. Es heißt nicht: Deine beste Bemühung, o Adam, deine Buße und dein aufrichtiger Gehorsam soll diese unglückliche Vergehung ersetzen; sondern des Weibessaame soll der Schlange den Kopf zertreten k). Der Sohn des Allerhöchsten soll durch die Annehmung deiner Natur, durch die Herunterlassung zu deinen Verbindlichkeiten, und durch die Erduldung des Todes für deine Sünde, deinen Verlust völlig ersetzen.

Wir sehen, Christus hat es über sich genommen, diese Bedingungen zu erfüllen. Christus hat in dieser großen Handlung unsere Person vorgestellet. Aus dieser Ursache wird er auch von Paulo der andere Mensch l), und der Ausrichter eines bessern Testamentes m) genennet. Da unsere Hülfe einem aufgeleget worden, der so mächtig, und der so getreu ist; so heißt es von diesem Bunde, daß darinn alles wohl geordnet und gehalten wird n). Und in der That ist auch alles zum Troste des Christen und zur Sicherheit seiner Seligkeit wohl geordnet.

k) 1 B. Mos. III, 15.
m) Hebr. VII, 22.
l) 1 Cor. XV, 48.
n) 2 Sam. XXIII, 5.

net. Es ist wahr, kann er sagen, ich kann die Bedingungen nicht erfüllen, und eben so wahr ist es auch, daß solches von meinen Händen nicht gefordert wird. Der Herr Jesus Christus hat aus seiner anbethungswürdigen und reichen Gütigkeit alle Bedingungen erfüllet o), und hat mir und seinem Volke einen

---

o) Witsius beschreibt, anstatt den Bund der Gnade für eine eingebildete Sache zu halten, die Vortrefflichkeit desselben höchstrührend und reizend: Si quicquam ergo attentissima consideratione dignum censeri debeat, sane id foedus gratiæ est. Hic via ostenditur ad meliorem terrestri Paradisum, et ad certiorem stabilioremque felicitatem, ea qua Adamus excidit. Hic nova spes perditis mortalibus allucet, quæ eo gratior esse debet, quo inexspectatior obvenit. Hic conditiones offeruntur, quibus æterna salus annexa est; conditiones non a nobis rursus præstandæ, quod animum despondere faceret; sed ab eo, qui vita non excedet, antequam vere dixerit, consummatum est. De Oecon. Lib. II. Cap. I. b. i. Wenn etwas der aufmerksamsten Betrachtung würdig zu achten ist, so ist es der Bund der Gnaden. Hier wird der Weg zu einem bessern Paradiese, als das irdische, und zu einer größern und beständigern Glückseligkeit, als diejenige, woraus Adam gefallen ist, gezeiget. Hier erscheint den verlornen Sterblichen eine neue Hoffnung, die um so viel angenehmer seyn muß, je unerwarteter sie kömmt. Hier werden Bedingungen angebothen, mit welchen die ewige Seligkeit verknüpfet ist; nicht Bedingungen, die wir wiederum erfüllen müßten, darüber uns der Muth vergehen sollte; sondern die derjenige erfüllen soll, der nicht eher aus dem Leben gehen wird, als bis er mit Wahrheit gesaget hat: es ist vollbracht.

einen kräftigen Anspruch an die Verheißungen und Freyheiten gegeben, und —

Theron. Mich dadurch von aller Verbindung zur Pflicht losgemacht. Habe also gute Nacht eigener Gehorsam! Nun brauchet es ferner keines heiligen Lebens. Wahrhaftig eine schöne Theologie! Sollte ich nicht vielmehr sagen, ein offenbarer Antinomianismus?

Aspasio. Nein, mein Freund, Christus ist nicht gekommen, das Gesetz aufzulösen, sondern zu erfüllen p). Er hat es auf das äußerste in seiner eigenen Person erfüllet, er hat auch die Stärkung des Geistes für uns verdienet, und verschaffet uns dieselbe, die uns allein zu einem getreuen und bey Gott annehmlichen Gehorsame fähig machen kann. Aus seiner Fülle nehmen wir alle Gnade um Gnade q). Für eine jede Gnade an ihm selber präget er seinem Volke eine damit übereinstimmende Gnade ein, und bildet es also nach dem Exempel seiner Heiligkeit.

Was ist der Inhalt dieses Bundes? Ich will geben mein Gesetz in ihren Sinn, und in ihr Herz will ich es schreiben r). Sie sollen eine solche Schönheit und Herrlichkeit an meinen Gebothen finden, die ihre Begierden an sich ziehen, und ihre Neigungen gewinnen wird, so daß es ihnen nicht länger eine Last, sondern ein Vergnügen, ja selbst ihr Essen und Trinken seyn wird, den Willen des himmlischen Vaters zu thun. Dieses, dieses ist eine

von

---

p) Matth. V, 17.   q) Joh. I, 16.
r) Hebr. VIII, 10. 11.

von den Freyheiten, die unser großer Mittler uns verschaffet hat; und mir scheint es sehr wunderlich zu seyn, daß der Kauf eines Gutes für eine Person, als das sicherste Mittel solle angesehen werden, ihn des Besitzes desselben zu berauben, oder ihn von dessen Genusse abzuhalten.

Wie oft wird dieser schwache Gedanke als ein Grund getrieben? Die ganze Wahrscheinlichkeit desselben ist einem handgreiflichen Irrthume, oder einem ausnehmenden Betruge, einer vermeynten Absonderung von Dingen, die doch schlechterdings nicht von einander können getrennet werden, zuzuschreiben, ich meyne unsere Rechtfertigung und unsere Heiligung s). Sie sind ein Philosoph, Theron. Versuchen Sie es, ob Sie die Schwere vom Steine, oder die Hitze vom Feuer absondern können. Sind diese Ursachen, und die damit übereinstimmenden Wirkungen, diese Körper und ihre wesentlichen Eigenschaften unauflöslich mit einander verknüpfet; so hat es auch mit einem rechtschaffenen Glauben, und einem gewissenhaften Gehorsame eine gleiche Bewandtniß. Gläuben, daß sie von einander getrennet sind, ist der gesunden Theologie eben so sehr zuwider, als es der wahren Philosophie zuwider seyn würde, wenn man von einem brennenden Wesen, das keine Wärme, oder von einem dichten Körper, der keine Schwere hätte, reden wollte. Wiederholen Sie

---

s) Man sehe Jes. XIV, 24. 1 Cor. I, 30. 1 Cor. VI, 11. wo diese herrlichen Dinge einander beständig begleiten, als welche niemals getrennet gewesen sind, noch getrennet werden können.

Sie also, mein Freund, bieſen verlegenen Einwurf niemals wieder, pflanzen Sie dieſes ungegründete Geſchrey niemals weiter fort, und hängen Sie keiner Spötterey nach, die eben ſo unphiloſophiſch t), als dem Evangelio zuwider iſt.

Theron.

t) Dieß erinnert mich der Antwort, die Theodorus dem Philokles gab, welcher letztere ſich oft vernehmen ließ, daß der erſte eine gar zu freye Lehre predigte, weil er mit beſonderem Fleiße von dem Glauben an Jeſum Chriſtum allezeit ſehr weitläuftig redete, und gemeiniglich ſolche Texte wählete, als: Gläube an den Herrn Jeſum, ſo wirſt du ſelig. Es iſt wahr, ſagete er, ich predige die Seligkeit durch Jeſum Chriſtum. Allein, weißt du auch, was die Seligkeit durch Chriſtum ſey? Philokles ſchwieg ſtille und ward roth. Er ſuchte die Frage zu verdrehen, und die Antwort darauf zu vermeiden. Nein, ſagete Theodorus, du mußt mir erlauben, daß ich auf eine Antwort bringe. Denn antworteſt du mir recht, ſo wirſt du dadurch mich und mein Verfahren rechtfertigen; antworteſt du aber unrecht, ſo wirſt du dadurch beweiſen, daß du etwas tadelſt, was du nicht verſteheſt, und daß du mehr Urſache habeſt, dich eines beſſern belehren zu laſſen, als andere zu tadeln. Dieß machte ihn noch verwirrter. Theodorus fuhr darauf fort: Die Seligkeit durch Chriſtum bedeutet nicht nur die Befreyung von der Schuld, ſondern auch von der Macht der Sünde. Er hat ſich ſelbſt für uns dahin gegeben, daß er uns ſowohl von aller Unreinigkeit, und von allem eitelen Wandel, als von dem zukünftigen Zorne erlöſen möchte. Gehe nunmehr hin, Philokles, und ſage der Welt, daß ich durch dieſe Lehre die Ruchloſigkeit befördere. Du wirſt eben ſo vernünftig, eben ſo aufrichtig, und eben ſo wahrhaftig dabey handeln, als wenn du ſagen würdeſt, die Feuer-

Theron. Wir entfernen uns von der Sache. Mein Haupteinwurf ist noch nicht gehoben. Ich bemerkete, daß nach ihrer Art, wie Sie die Sache bestimmen, die Seligkeit nicht länger frey, sondern auf Werke gegründet wäre. Es sind dieses Werke des Gesetzes, ob sie gleich Christus verrichtet. Wer nun behauptet, daß wir durch diese Werke gerecht werden, der vermenget ja den Unterschied zwischen dem Gesetze und Evangelio.

Aspasio. Wenn wir gleich Ihre Vordersätze zugeben; so können wir doch mit Ihrem Schlusse nicht zufrieden seyn. Dieselbe Gerechtigkeit, wodurch wir gerechtfertiget werden, ist beydes gesetzlich und evangelisch. Gesetzlich, in Ansehung Christi, der unter das Gesetz gethan worden, damit er allen seinen Gebothen gehorchen sollte. Evangelisch, in Ansehung unserer, die wir nicht selbst wirken, sondern an den großen Erfüller aller Gerechtigkeit glauben. Dieß ist fast von eben der Art, als der andere wichtige Unterschied, der in der Gottesgelahrtheit gemachet wird: Die Seligkeit wird frey gegeben, und ist doch theuer erkaufet; sie wird frey gegeben in Ansehung unser; und ist theuer erkaufet in Ansehung Christi. So werden wir auch durch die Werke gerechtfertiget, wenn wir auf unsern Bürgen sehen; und werden ohne Werke gerecht, wenn wir auf uns selbst zurück schauen.

leute hätten durch die Regierung der Sprützen und Herbeyschaffung des Wassers dein Haus in die Asche geleget.

Das X Gespräch.

Theron schwieg hierbey stille. Aspasio aber fing, nach einer kurzen Frist, wieder an zu reden. Ich weiß nicht, sagte er, ob mein Freund meinen Gründen nachgeben will, oder ob er auf andere Einwürfe bedacht ist; ob er capituliren, oder frische Kräfte zu einem neuen Ausfalle sammeln will. Dem sey nun wie ihm wolle: so lassen Sie mich Ihnen bey dieser Gelegenheit eine Erinnerung und Warnung geben.

Die große Ursache, welche einige Leute geneigt machet, diese tröstliche Lehre zu verwerfen, liegt, wo nicht in einem völligen Unglauben, in Ansehung der ewigen Herrlichkeit und Gottheit unsers Heilandes, doch wenigstens in unbestimmten Begriffen derselben, oder in einer gewohnten Unachtsamkeit darauf verborgen. Wäre unser Heiland nicht wahrhaftiger Gott, wie einige Schriftsteller, die unglücklicher Weise selbst irren, sich bemühen, die Welt zu bereden: so würde die Läugnung der Zurechnung seiner Gerechtigkeit vernünftig seyn, und mit ihrer Lehre vollkommen übereinstimmen. Denn wenn solches zum Grunde geleget würde, so würde sein Gehorsam nichts mehr, denn eine gebundene Pflicht seyn, worinnen nichts verdienstliches wäre, und die niemanden anders, als ihm selbst, zu Nutze kommen könnte. Da hingegen, wenn wir wahrhaftig glauben, daß er der Mensch gewordene Gott sey, seine Unterwerfung unter das Gesetz eine Handlung einer freywilligen Erniedrigung wird. Welcher Umstand, nebst der überschwenglichen Würde seiner Person, seinen Gehorsam nicht nur verdienstlich, sondern auch unaussprechlich und unendlich verdienstlich machet.

Gleich=

Gleichwie das Blut Christi Gottes eigenes Blut genannt wird u): so ward auch sein Gehorsam in der Person des anbethenswürdigen Mittlers vollzogen, der da ist Gott über alles x). Er handelte sein ganzes Leben hindurch, und litte zuletzt den Tod, nicht bloß als Mensch, sondern als Gott-Mensch, als Jehovah-Jesus, Immanuel. Lassen Sie sich erbitten, an diesen höchstwichtigen Artikel unsers Glaubens allezeit zu gedenken, und denselben niemals zu vergessen. Der heilige Geist der Weisheit wolle uns Verstand geben, den wichtigen und den so weit sich erstreckenden Einfluß dieser herrlichen Wahrheit einzusehen.

Theron. Es sey ferne von mir, der Würde der Person unsers Heilandes etwas zu entziehen, oder die Verdienste seines Mittleramtes zu verringern. Treiben Sie dieses so weit, als die Worte nur immer reichen können; erheben Sie es so hoch, als die Gedanken sich zu schwingen fähig sind: so glaube ich doch fest, daß Sie den wirklichen Werth davon bey weitem noch nicht werden erreichen können. Allein, diese Betrachtung scheint die Ungereimtheit ihres Begriffes noch zu vergrößern; denn wenn Christi Gerechtigkeit, Christi wirkliche Gerechtigkeit zugerechnet wird, so sind die wahrhaftig Gläubigen vollkommen so gerecht, als Christus selbst. Da hingegen, wenn Sie sagen, seine Gerechtigkeit werde nur in Ansehung ihrer Wirkungen zugerechnet, Sie diese Klippe vermeiden werden.

u) Apost. Gesch. XX, 28.   x) Röm. IX, 6.

Das X Gespräch.

Aspasio. Ich fürchte, dieß würde nichts anders seyn, als sich vor der Scylla hüten, um bey der Charybdis zu verunglücken. Welches sind die Wirkungen der Gerechtigkeit des Mittlers? Vergebung der Sünden, die Rechtfertigung unserer Personen, und die Heiligung unserer Natur. Sollen wir sagen, diese Wirkungen, diese Wohlthaten werden zugerechnet? Wenn von der Zurechnung derselben geredet wird, so wird, meiner Meynung nach, die gesunde Vernunft dadurch verletzet, so wie unsere Hoffnung gewiß gar sehr würde betrogen werden, wenn uns dieselben nur bloß zugerechnet werden sollten. Alle diese Wohlthaten werden nicht zugerechnet, sondern mitgetheilet, und wirklich von uns genossen; sie sind die unsrigen nicht bloß in der göttlichen Vorstellung, sondern durch einen eigenen und persönlichen Besitz.

Doch folget es keinesweges, daß Gläubige vollkommen so gerecht seyn, als Christus selbst; Sie müßten denn beweisen können, daß der, so etwas empfängt, dem Urheber und Vollzieher in allen Absichten gleich sey. Die Gerechtigkeit Christi entsteht gänzlich aus ihm selbst; die Quelle der unsrigen aber findet sich in einem andern. Christi Gerechtigkeit ist ursprünglich, und schlechterdings seine eigene, sie wird hingegen aus Begünstigung und durch einige gnädige Zurechnung die unsrige gemacht. Dieß sind Umstände, die einen wesentlichen Unterschied verursachen, und einem sehr großen Vorzuge Statt geben.

Theron. Allein, wenn Christi vollkommener Gehorsam für den unsrigen gerechnet wird, so deucht mir,

Das X Gespräch.

mir, bedürfen wir der verzeihenden Gnade eben so wenig, als Christus selbst.

Aspasio. O ja; denn vor dieser Zurechnung waren wir ja in Verschuldung versunken, und todt in Sünden, und nach derselben sind wir mangelhaft in unserer Pflicht, und vergehen uns in manchen Dingen.

Theron. Machet aber nicht diese Lehre die Vertretung unseres Heilandes überflüßig? Was brauchen diejenigen eines Fürsprechers bey dem Vater, deren Gerechtigkeit weder Flecken noch Unvollkommenheit hat?

Aspasio. Sie brauchen eines Fürsprechers; erstlich, daß sie zu demjenigen mögen geführet werden, der ihre Wege bessert y), und daß sie seiner Gerechtigkeit durch einen lebendigen Glauben theilhaftig werden; hiernächst, damit ihr Glaube, ungeachtet aller Widersetzung, standhaft und unbeweglich erhalten; oder vielmehr, daß er siegreich und triumphirend bis ans Ende möge hinausgeführet werden.

Theron. Sie sagen, Christus habe alle Bedingungen erfüllet; er muß also auch für uns Buße gethan, und für uns gegläubet haben. Dieß muß, Ihren Grundsätzen zu Folge zugelassen werden. Es ist solches aber ein so wilder Begriff, der so sehr mit der Vernunft und Schrift streitet, daß er durch die bloße Erwähnung schon widerleget wird.

Aspasio. Christus hat alles erfüllet, was von dem Bunde der Werke geforbert worden, beydes ehe

———
y) Jes. LVIII, 12.

derselbe verletzet, und nachdem er übertreten war. Es war in demselben aber weder Buße noch Glauben begriffen. Er wußte nichts von der einen, und wollte den andern nicht zulassen. Es war daher für unsern unbefleckten und göttlichen Herrn nicht nöthig, auch war es in der That nicht möglich, Buße zu thun, oder an einen Heiland zu gläuben. Allein, er that unaussprechlich mehr. Er hob durch sein eigen Opfer die Sünde auf z). Er ist selbst der Heiland aller Ende der Erden, und hat die Macht den heiligen Geist zu geben, der den Glauben wirket und Buße hervorbringt.

Theron. Allein aus allem, was Sie gesaget haben, wird dennoch dieses unvermeidlich folgen, daß der Mensch unter dem Charakter eines offenbaren Uebertreters des Gesetzes, und unter dem Charakter eines unsündlichen Erfüllers des Gesetzes gerechtfertiget werde. Und was ist dieses anders, als ein augenscheinlicher Widerspruch?

Aspasio. Das ist im geringsten nicht widersprechend, sondern schlechterdings nothwendig, wenn wir die verschiedenen Theile des Gesetzes, den gebiethenden und den strafenden betrachten. Beyden muß, im Falle einer schon zugezogenen Verschuldung, ein Genüge geleistet werden. Es ist im geringsten nicht widersprechend; sondern stimmet vollkommen mit einander überein, wenn wir nur auf die beyden wesentlichen Theile der Rechtfertigung, nämlich die Befreyung von der Verschuldung, und die Berechtigung zum Leben sehen wollen. Die erste leget zum Grunde,

daß

---

z) Hebr. IX, 26.

daß wir Uebertreter des Gesetzes sind, und das sind die größten Heiligen in der Welt. Die letztere fordert von uns, daß wir Erfüller des Gesetzes seyn sollen, und das müssen auch alle Erben des Himmels seyn. Es ist dieses noch viel weniger widersprechend, wenn wir die Gläubigen nach ihren persönlichen, und nach ihren beziehenden Umständen, was sie an und für sich selbst, und was sie in Ansehung ihres Bürgen sind, betrachten. An und für sich selbst sind sie offenbare Uebertreter, in Christo aber haben sie einen unsträflichen Gehorsam. Die Ueberzeugung des ersten wird ein immerwährender Bewegungsgrund zur Erniedrigung, der Glaube des letztern aber eine unerschöpfliche Quelle der Freude seyn.

Alles dieses ist so wenig widersprechend, als die Vereinigung eines dunkeln Gewebes und eines hellen Glanzes in den abgesonderten Wolken, die mitten am Firmamente schweben. An und für sich selbst sind sie trübe und finstere Sammlungen von Dünsten; durch den Eindruck der Sonnenstrahlen aber werden sie so schön und helle, als ein polirtes Silber.

Theron. Sie mögen sagen, was Sie wollen, so ist doch die Zurechnung, die in der Schrift gelehret wird, nicht die Zurechnung der Gerechtigkeit Christi, sondern die Zurechnung unsers eigenen Glaubens. Dieß stimmet mit des Apostels ausdrücklicher Erklärung überein: Abraham hat Gott geglaubet, und das ist ihm zur Gerechtigkeit gerechnet a)

Aspasio.

a) Röm. IV, 3.

Aspasio. Dieser Einwurf giebt die Sache, worüber gestritten wird, zu; nur machet er die Art und Weise sie zu erlangen, streitig. Er läßt die Nothwendigkeit einiger wirkenden positiven Gerechtigkeit zu unserer Rechtfertigung zu. In diesem besondern Stücke ist mirs lieb, mit meinem Theron übereinzustimmen, und darinnen, glaube ich, stimmet auch der größte Theil ernsthafter Leute mit uns beyden überein. Wenn ihre Gewissen erwecket werden, und wenn sie die Hoffnung des ewigen Lebens fest zu machen suchen: so wenden sie ihre Augen beständig nach einiger Gerechtigkeit, welche, nach ihren Vorstellungen, den Forderungen des Gesetzes entweder ganz, oder zum Theile, ein Genügen leisten könne. Einige sehen auf ihren eigenen aufrichtigen Gehorsam, andere nehmen zu den überflüßigen guten Werken (operibus supererogationis) ihre Zuflucht. Mein Freund will dieses Amt dem Glauben zueignen.

Theron. Ist dieß eine gehörige Antwort auf meinen Einwurf, Aspasio? Die angeführte Schriftstelle ist ganz augenscheinlich wider Ihre Lehre. Sie thun daher klüglich, daß Sie den Einwurf nicht untersuchen, sondern um denselben herumgehen.

Aspasio. Es sollte auch keine eigentliche Antwort, sondern nur eine gelegentliche Anmerkung seyn, die jedoch mit der Sache selbst eine sehr genaue Verbindung hat. Ich habe mich aber keinesweges einer so niederträchtigen Ausflucht bedienen wollen, um einen Einwurf herumzugehen, den ich nicht widerlegen konnte. Wenn mein Freund mir nur Zeit gelassen hätte, mich zu erklären, so würde dieses meine Antwort gewesen seyn:

Daß

Das X Gespräch.

Daß ein Mensch nicht durch Werk gerechtfertiget werde, ist ein Satz, der klärlich erwiesen ist, und eine Lehre, die höchst eifrig vom Apostel Paulo eingeschärfet wird. Daß der Glaube ein Werk b) sey, so von dem menschlichen Gemüthe ausgeübet wird, ist eben so gewiß. Wollen wir nun nicht machen, daß der Apostel sich selbst widersprechen soll, so müssen wir die Stelle in einem gehörigen Verstande nehmen. Warum wollen wir nicht zugeben, daß er sein eigener Ausleger sey? Warum sollten wir nicht die Erzählung seiner eigenen Erfahrung als eine Auslegung seiner Lehre annehmen? Er erkläret, der Grund seines eigenen Trostes, die Ursach seiner eigenen Rechtfertigung sey, nicht die Gnade des Glaubens, sondern die Gerechtigkeit die von Gott kömmt durch den Glauben; nicht die Handlung des Glaubens, sondern der große und herrliche Gegenstand des Glaubens eines Sünders, der Herr, der unsere Gerechtigkeit ist.

Ueberdieses, was war der Glaube Abrahams, auf welchen der Apostel sich beziehet, und welchen er als das unveränderliche Muster unserer Rechtfertigung vorschlägt? Es war der Glaube an den verheißenen Saamen, an Jesum, der gerecht ist c). Es war eine feste Ueberzeugung, daß diese herrliche Per-

---

b) So wird er genannt von dem, der wohl wußte, was in dem Menschen ist, und dem der Unterschied der Dinge wohl bekannt war: Das ist Gottes Werk, daß ihr an den gläubet, den er gesandt hat. Joh. VI, 29.

c) Man vergleiche 1 B. Mos. XV, 5. 6. mit Gal. III, 16.

Person aus seinen Lenden entspringen, und der Urheber der Vergebung, der Annehmung und der Seligkeit sowohl seiner selbst, als auch einer Menge Gläubigen, die so unzählig wäre, als die Sterne am Himmel, seyn würde. Lassen Sie uns in die Fußstapfen dieses heiligen Patriarchen treten, so werden wir unserm Glauben wenig oder nichts, alles aber dem unendlich vortrefflichen Gehorsame unsers Erlösers zuschreiben.

Theron. Gewiß Aspasio, Sie werden sichs doch nicht unternehmen, die heilige Schrift zu verbessern! Der heilige Schriftsteller erwähnet ja keines Gehorsams eines Erlösers. Er saget schlechterdings und ausdrücklich: Das, nämlich Abrahams Glaube, und nichts anders, ist ihm zur Gerechtigkeit gerechnet.

Aspasio. Gut, Theron, werden nicht diese Fenster die Lichter Ihres Hauses genennet? Und warum? Weil sie erleuchten? Nein; weil sie den erleuchtenden Strahlen einen Weg verschaffen. Durch dieselben wird das erste und beste Element in ihrer ganzen Wohnung verbreitet. So werden wir aus der Gnade durch den Glauben selig, indem die Gnade uns die Gerechtigkeit Jesu Christi zurechnet, und der Glaube dieselbe ergreift. Die Gnade ist die prächtige Quelle dieses edlern Lichtes; der Glaube ist das Mittel, dasselbe in alle Kräfte der Seele hinein zu lassen.

Wenn unser Heiland dem kranken Weibe erkläret: Dein Glaube hat dir geholfen (d); wie müssen wir

d) Matth. IX, 22.

Das X Gespräch.

wir denn diese Worte verstehen? Hat der Glaube der Kranken, und nicht die Wirkung Christi, die Cur verursachet? Wenn wir dieses behaupten wollten, so würden wir dadurch die Kraft unsers großen Arztes gar sehr verringern. Und wenn wir die Rechtfertigung der Handlung des Glaubens zuschreiben, so wird solches dem Gehorsame unsers großen Mittlers eben so nachtheilig seyn. In dem ersten Falle war Christus und seine allmächtige Wirkung alles in allen, und in dem letzten Falle ist Christus und sein unendliches Verdienst gleichfalls alles in allen. In beyden Fällen ist der Glaube nur bloß das Auge, das höchste Gut zu sehen, oder die Hand, dasselbe anzunehmen.

Ich bemerke noch ferner, daß der Glaube ganz besonders von der Gerechtigkeit, welche rechtfertiget, unterschieden wird. Wir lesen von der Gerechtigkeit aus dem Glauben, und durch den Glauben e).

Eine

---

e) Röm. IX, 30. Phil. III, 9. Die Apostel bedienen sich niemals einer solchen Redensart, als δικαιωθεντες υπερ πιστεως, oder δια την πιστιν; sondern εκ πιστεως, oder δια της πιστεως; nicht wegen, oder um unsers Glaubens willen, sondern aus oder durch den Glauben. Es wird also diese Gnade nicht zu der verschaffenden Ursache, sondern nur zum Werkzeuge der Annehmung gemacht. Eine solche Sprache als die vorige scheint den gesunden Worten unsers Herrn Jesu Christi zuwider zu seyn. Jedoch, wenn Therons Verstand des Textes, worüber allhier gestritten wird, zugelassen würde: so würde die Lehre, so diese unschriftmäßige und beleidigende Schreibart enthält, eine unvermeidliche Folge seyn.

II Theil. Kk

Das X Gespräch.

Eine Redensart, die deutlich anzeiget, daß der Glaube selbst unsere rechtfertigende Gerechtigkeit nicht sey. Wenn der Glaube die Ursache wäre, daß wir von Gott aufgenommen werden, so würden wir durch eine Gerechtigkeit gerechtfertiget, die offenbar unvollkommen ist. Denn, wer hat wohl jemals den höchsten Grad dieser Tugend erreichet? Oder wessen Glaube ist wohl nicht mit einem Zusatze von Unglauben vermischet? Wenn der Glaube selbst unsere Rechtfertigung ausmachete, so sehe ich nicht, wie das Rühmen könnte ausgeschlossen, wie das Gesetz könnte vergrössert werden, oder was für Ursache der Apostel haben könnte, alle Dinge, außer die Gerechtigkeit Christi, geringer als Dreck f) zu halten.

Sagen sie nicht, daß wir uns unterstehen, die heilige Schrift zu verbessern, wir legen die von Gott eingegebenen Worte nur in einem übereinstimmenden Zusammenhange mit sich selbst aus? Dieser Verstand ist der in der Schrift herrschenden Lehre und der gewöhnlichen Sprache derselben gemäß; der in der Schrift herrschenden Lehre, welche ist: An demjenigen glauben, der die Gottlosen gerecht machet, imgleichen der gewöhnlichen Sprache, als wenn Gott unsere Furcht g); unsere Hoffnung h); unsere

---

f) Phil. III. Das Grundwort ist σκυβαλα. Ein Wort von der verächtlichsten Bedeutung, es zeiget die nichtswerthen Brocken und unreinen Bissen an, die den Hunden vorgeworfen werden. Der Leser kann diese Stelle in dem folgenden 5ten Briefe völliger erkläret finden.
g) 1 Buch Mos. XXXI, 42. 43.
h) Psalm LXXI, 5. Jer. XIV, 8.

unsere Freude i) genannt wird. An diesen Stellen wird außer allen Zweifel der Actus für das Objectum genommen. So scheint auch in der Stelle, die wir vor uns haben, der Actus des Glaubens das Objectum desselben zu bedeuten. Es muß nicht absolute, sondern, wie einige Gottesgelehrten reden, objective, instrumentaliter, relative verstanden werden.

Theron. Um des Himmels willen, was wollen Sie mit diesem Haufen harter und dunkler Ausdrückungen haben? Ich bitte Sie, Aspasio, reden Sie in Ihrer eigenen und nicht in des Aquinas Sprache. Ich habe einen unüberwindlichen Abscheu vor diesen scholastischen Wörtern. Sie sind Barbarismi der Gottesgelahrtheit. Ich weis nur einen Gebrauch, wozu sie geschickt sind, und dieser ist, eine Sache zu verwirren und zu verdunkeln, die man nicht behaupten kann. Sie gleichen einigermaßen der Feuchtigkeit, die ein gewisser Fisch von sich geben soll, wenn er stark verfolget wird, wodurch das Wasser verdunkelt und der Feind betrogen wird.

Aspasio. Dieses, Theron, ist die Meynung unserer rauhen Redensarten. Es ist nicht der Glaube selbst, welcher rechtfertiget, sondern die Gerechtigkeit die der Glaube beständig vor Augen hat, die der Glaube mit Vergnügen ergreift, und worinn er sich endlich endiget.

Um noch deutlicher zu seyn, wir werden durch den Glauben auf dieselbe Art gerechtfertiget, als wir durch die Hand genähret werden, oder wie man saget, daß man von einem Becher trinkt. Weder die Hand,

i) Psalm XLIII, 4.

Das X Gespräch.

Hand, noch der Becher, sind die Ursache unsers Unterhaltes, sondern die Werkzeuge, wovon das eine uns solche zubringt, das andere aber sie empfängt k). Wenn ein Apostel behauptet, wir werden gerechtfertiget durch den Glauben; so erkläret der Glaube selbst: In dem Herrn habe ich Gerechtigkeit. Halten Sie diese Stellen gegen einander, so werden Sie den wahren Verstand unserer Lehre, und die wahre Lehre des Evangelii haben.

Sie erinnern sich noch wohl, was der Themistokles dem Schutze des Königs Admetus empfohl, als er vor der Bosheit seiner eigenen Landesleute floh. Nicht sein Name, der war ihm schädlich; nicht seine Thaten, die waren feindlich gewesen;

k) Ob ich gleich vollkommen Therons Meynung bin, und unsere scholastischen Gottesgelehrten, oder ihre logischen Wörter, keinesweges bewundern kann: so schicket sich doch eine Anmerkung des Paræus, die in dieser Schreibart eingekleidet ist, so gut hieher, und erkläret diesen Punct so deutlich, daß ich der Sache selbst zu nahe thun würde, wenn ich die gedachte Stelle nicht zu einem Theile meiner Anmerkungen machte. Ich glaube auch, einigen Lesern, die diese altfränkische Sprache noch eben nicht kennen, werde es nicht unangenehm seyn, eine Probe davon zu sehen, und sie werde ihnen eben so, wie der Rost an einer Medaille, wegen ihrer Rauhigkeit und ihres Alterthums, gefallen.

Der Glaube rechtfertiget, saget mein Autor, nicht effective, als wenn er eine habituelle Gerechtigkeit in uns wirkete; nicht materialiter, als wenn er die causa constituens unsere Rechtfertigung wäre; sondern objective, indem er Christum ergreift, und instrumentaliter, indem er seine Gerechtigkeit appliciret.

Das X Gespräch.

sen; sondern die Person des jungen Prinzen, welchen der verlassene Flüchtling auf seine Arme nahm, und sich mit diesem Creditive dem königlichen Vater darstellete l). So empfiehlt uns der Glaube auch Gott, und rechtfertiget die Seele, nicht um sein selbst, oder seines eigenen Werthes, sondern um deswillen, was er darhält, und worauf er sich beruft.

Theron. Ist dieses nicht ein phantastischer Unterschied, und eine ausschweifende Spitzfündigkeit? Hat es wohl einigen Grund in der Schrift?

Aspasio. Es wird fast in allen Vorstellungen Christi, und in allen Beschreibungen des Glaubens enthalten, die in der heiligen Schrift vorkommen.

Christus wird einem Kleide verglichen, und es heißt von den Gläubigen, sie haben Christum angezogen m). Nun kann es die Handlung des Anziehens nicht seyn, die unsern Leib bedecket, und ihn warm hält, sondern das bequeme Kleid, welches getragen wird. Er wird mit einem Brodte verglichen: Ich bin das Brodt des Lebens n). Ist es die Handlung des Essens, die die Natur stärket, und die Geister erquicket? Nein gewiß nicht, son-

dern

l) Plutarch saget, dieß sey eine besondere Gewohnheit dieses Landes gewesen, für die feyerlichste Art um Gnade zu bitten, gehalten, und selten abgeschlagen worden. Ich mag wohl hinzusetzen, daß Christen diese Gewohnheit in allem ihrem Gebethe zu Gott und dem Vater unsers Herrn Jesu Christi nachzuahmen haben. Wenn sie sich derselben solcher Gestalt zu Nutze machen, so wird es ihnen niemals an Erhörung fehlen.

m) Gal. III, 27   n) Joh. VI, 35.

Das X Gespräch.

dern die Speise, die gegessen und verdauet wird. Christus ist in der Schrift durch die Freystadt o) abgebildet, und der Sünder durch den verschuldeten Todtschläger. Wenn dieser zu einem von diesen freyen Oertern floh, und da blieb, so war er sicher. Keine Verfolgung wider ihn war gültig; er hatte von dem Bluträcher nichts zu fürchten. War es in diesem Falle die bloße Handlung des Fliehens, die den Verbrecher beschützte? Keinesweges, diese brachte ihn bloß zu einem Orte der Sicherheit. Der Ort selbst aber war sein Heiligthum, seine Freystadt, sein Schutz p).

Der Glaube wird eine Aufnehmung Christi q) genennet. Wie viel ihn aufnahmen, denen
gab

o) 4 B. Mos. XXXV, 13.

p) Dieß scheint ein sehr deutliches Vorbild des Erlösers zu seyn. Wenn wir Sünder zu Christo fliehen und in Christo bleiben, so ist nichts verdammliches an uns. Die Anklage des Satans kann uns nicht schaden, und der Fluch des Gesetzes kann uns nicht treffen.

q) Joh. I, 12. Man sehe auch Röm. V, 17. Ueber welchen Ort ein sehr gründlicher Criticus, wiewohl er nicht sonderlich in England bekannt ist, diese Anmerkung über das Wort λαμβανοντες machet: Non justificat actus sumendi, quatenus est actus; sed illud quod sumitur aut apprehenditur. BENGEL. Das ist: Die Handlung des Nehmens, in so fern es eine Handlung ist, rechtfertiget nicht, sondern dasjenige, was genommen wird. Seine Anmerkungen über das neue Testament machen einen kleinen Quartband aus. Der Leser findet darinnen viel feine Gedanken über die Zierlichkeiten der Schreibart, und über die Erhabenheit der Lehren. Es sind diese Anmerkungen ein Muster
einer

Das X Gespräch.

gab er Macht, oder gab ihnen die Freyheit, Gottes Kinder zu werden. Das Werk des Glaubens ist, nach dieser Beschreibung, nicht, seinen Theil mit beyzutragen, noch viel weniger die ganze Summe darzulegen, sondern die unschätzbare Gabe anzunehmen und zu gebrauchen. Der Glaube wird ferner ein Aufsehen auf Jesum r) genennet, welches, wie ich dafür halte, auf das berühmte Mittel zielet, so für die verwundeten Israeliten verordnet ward s). Unser gekreuzigter Jesus ward durch die eherne Schlange, unsere Verschuldung durch das Beißen der feurigen Schlangen, und unser Glaube durch das Ansehen dieses wunderbaren Hülfsmittels vorgestellet. Nun frage ich, bestund die heilende Kraft in der blossen Handlung des Anschauens? Nein, sondern in dem Vorbilde des sterbenden Heilandes, so auf der Stange aufgerichtet, und zur Genesung des Volkes verordnet war. Hierinnen war alle Kraft. Von hier ward alles hergeleitet. Die Handlung des Auges diente bloß, wie die Verrichtung des Glaubens, die heilende Kraft zu empfangen und zu gebrauchen.

Noch eins. Der Glaube wird als ein Festhalten an Gott, unsern Heiland t); als ein Lehnen auf unsern Freund u); als ein Bleiben an dem

einer kurzgefaßten Schreibart, und was vielleicht ihre Hauptvortrefflichkeit ist, so zeugen sie durch und durch von einem Herzen, das von der Liebe dessen, von dem darinnen gehandelt wird, eifrig brennet.

r) Hebr. XII, 2. s) 4 B. Mos. XXI, 8.
t) Jes. XXVII, 5. u) Hohe Lied Sal. VIII, 5.

Das X Gespräch.

Herrn x) vorgestellet. Betrachten Sie doch jenen Weinstock. Seine Sprößlinge sind schwach, und seine Zweige weich. Da sie schlechterdings unfähig sind, sich selbst zu unterstützen, so sind sie mit einer merklichen Reihe von ausschießenden Sprossen versehen. Diese fassen, gleich so viele Finger, die zu dem Ende eingeschlagene Nägel in der Mauer, oder befestigen sich an den Stangen, die sie erreichen können. Ohne eine solche Vorsorge müßten die Zweige auf der Erde liegen bleiben, und den Beleidigungen eines jeden Fußes unterworfen seyn; da hingegen durch eine so gütige Veranstaltung der Natur diese sonst kriechende, diese so schwache Pflanze in die Luft steigen, des Hauches derselben genießen, den Winter ausstehen, und den Stürmen Trotz biethen kann. Eine lehrreiche Erinnerung für Sünder, und eine nicht zu verachtende Erläuterung des Glaubens, zumal in seiner vornehmsten und eigentlichsten Beschäfftigung! So lasset uns auch den gebenedeyeten Jesum ergreifen; uns an unsern anbethungswürdigen Erlöser halten; an seiner unaussprechlichen Würde, wie diese zarten Sprößlinge, durch wiederholte Umschlingungen um ihre Unterstützer, fest hängen bleiben: so werden wir durch Verdienste, die nicht unser eigen sind, aus dem verworfensten und elendesten Zustande zu dem Stande einer ewigen Ehre und Freude hinansteigen.

Theron. Gewisse Leute, glaube ich, würden sich über Ihre besondere Art zu reden kaum des Lächelns enthalten können, und könnten leicht Lust bekom-

---

x) Apostelgesch. XI, 23.

kommen, Ihre Reden eher ein Geschwätz, als ein gründliches Gespräch, zu nennen. Was mich indessen anbetrifft, so muß ich gestehen, da alle Ihre besondere Redensarten aus der Schrift hergeleitet sind, daß ich dieselben vielmehr mit einer Ehrerbiethung, als mit einer Neigung zum Spotten, höre. Sollte mein Freund eine lateinische Rede halten, so würde dieses eine zureichende Gewißheit seyn, zu beweisen, daß ein jeder seiner Ausdrücke aus der Münze des Cicero gekommen. Und würde es nicht wenigstens für alle Arten zu reden, die in einem theologischen Versuche gebrauchet werden, ein eben so stark geltendes Ansehen seyn, wenn man sagen könnte, daß sie den Stempel der Bibel zeigeten?

Ob ich nun gleich an Ihrer Sprache nichts auszusetzen habe: so hege ich doch noch einen Zweifel in Ansehung Ihrer Lehre. Erkennen und treiben denn auch die alten Väter diese zugerechnete Gerechtigkeit? Ist dieses ein so wichtiger Artikel unsers Glaubens, so kann er gewiß in denen so frühen Zeiten nicht unbekannt gewesen seyn, die der apostolischen Quelle so nahe waren. Diejenigen eifrigen Prediger werden ihn gewiß nicht ausgelassen haben, die eher alle Härtigkeiten der Verfolgungen ausstunden, als daß sie ihrem heiligen Bekenntnisse hätten entsagen sollen.

Aspasio. Ich halte dafür, es würde beynahe zureichend seyn, diese Frage mit einer andern zu beantworten. Wird diese Lehre von den Aposteln, wird sie von dem heiligen Geiste Gottes, der in der Schrift redet, eingeschärfet, und wird daselbst dieses große Vorrecht eröffnet? Wenn das ist, so dürfen wir uns um kein weiteres Zeugniß bekümmern. Nach dem

Das X Gespräch.

Gesetze und Zeugnisse y) muß unsere größte und letzte Appellation hingerichtet werden. Mitten unter aller Finsterniß und Ungewißheit, die sich in den besten Schriften der Menschen so augenscheinlich findet, ist dieses unsere unaussprechliche Glückseligkeit, daß wir ein festeres prophetisches Wort haben, da wir denn sehr wohl thun, wenn wir darauf achten z).

Wiewohl, um ein wenig umständlicher zu seyn, so ist eben nicht zu erwarten, daß wir in diesen gottseligen Schriftstellern viel starkes und sehr nachdrückliches von diesem Puncte finden werden, indem derselbe in ihren Zeiten nicht so vielen öffentlichen Widerspruch gefunden, und daher nicht so genau hat können ausgeführet werden, als in den letztern Zeiten. Nichts destoweniger haben sie genug nachgelassen, das Wesentliche von demjenigen, was wir behaupten, zu bestärken; daß nämlich ein Mensch nicht durch eigene Werke, Pflichten oder Gerechtigkeit, sondern bloß durch den Glauben an Jesum Christum gerechtfertiget werde. Ich kann es eben nicht sagen, daß ich ihre eigentliche Worte behalten hätte, und kann mirs daher itzo nicht unternehmen, etwas daraus anzuführen. Wenn es aber einmal Gelegenheit giebt, und ich ihre Werke vor mir habe, so kann ich vielleicht einige wenige von ihren Zeugnissen vorzeigen

Ich kann indessen eine Reihe von Schriftstellern anführen, deren Zeugniß, meiner Meynung nach, bey meinem Freunde ein eben so großes Gewichte, als

y) Jes. VIII, 20. z) 2 Petr. I, 19.

Das X Gespräch.

als die vereinigte Stimme aller griechischen und lateinischen Väter haben wird.

Theron. Wer sind die?

Aspasio. Unsere ehrwürdigen Reformatores. Die Homilien, so von diesen vortrefflichen Gottesgelehrten verfertiget sind, dienen hauptsächlich zu meinem Endzwecke, zumal da wider ihr Zeugniß nichts einzuwenden ist. Dieß ist ihre Sprache: "Der wah„re Verstand dieser Lehre, wir werden frey durch „den Glauben ohne Werke gerechtfertiget, „ist, nicht daß diese unsere Handlung des Glaubens, „oder dieser unser Glaube an Christum uns rechtfer„tiget; denn das wäre so viel, als wenn wir uns „durch eine Handlung oder Tugend, die in uns selber „ist, gerechtfertiget hielten. Sondern die wahre „Meynung davon ist, daß, wenn wir gleich Gottes „Wort hören und glauben; wenn wir gleich Hof„nung und Glauben, Liebe und Buße haben, und „noch so gute Werke thun; wir dennoch dem Ver„dienste aller unserer Tugenden und guten Werke, „als solchen Dingen entsagen müssen, die viel zu „schwach und unzureichend sind, Vergebung der Sün„den und unsere Rechtfertigung zu verdienen. Wir „müssen uns bloß auf Gottes Barmherzigkeit und auf „das Opfer verlassen, welches unser Hoherpriester und „Heiland, Jesus Christus, der Sohn Gottes am „Kreuze für uns geopfert hat.„

Diese Homilie füget eine hierzu sehr geschickte Erläuterung bey, womit wir unsere Unterredung füglich, und, wie ich hoffe, mit einer guten Wirkung schließen können. "Ungeachtet Johannes der Täu„fer ein so tugendhafter und göttlicher Mann war, so „wies

„wies er doch, da es auf den Punct der Vergebung
„der Sünde ankam, die Leute von sich und auf Chri-
„stum. Siehe, sagte er, das ist Gottes Lamm,
„welches der Welt Sünde trägt. Eben also
„machet es auch der lebendige Glaube: ungeachtet er
„eine so große und göttliche Tugend ist, so weist er
„uns doch von sich selbst, und auf Christum, um
„durch ihn allein Vergebung der Sünden, oder die
„Rechtfertigung zu haben. Unser Glaube an Chri-
„stum saget also gleichsam so zu uns: Ich bin es
„nicht, der eure Sünden wegnimmt, sondern Christus
„ist es allein, und zu ihm allein sende ich euch zu dem
„Ende, daß ihr alle eure gute Worte, Gedanken und
„Werke verlassen, und auf Christum allein euer Ver-
„trauen setzen sollet.

Theron. Wo einiger erträglicher Verstand in
der Meynung ist, worüber wir streiten, so glaube ich,
muß sie folgender Gestalt verstanden werden. Christi
Erfüllung des Gesetzes seiner Vermittelung, oder mit
andern Worten, sein unsträflicher Gehorsam gegen
das Sittengesetz, und das unbefleckte Opfer seiner
selbst, so er der rächenden Gerechtigkeit Gottes gebracht hat, sind die einzige gültige Ursache, um derent-
willen der gnädige Gott verschuldete Creaturen wiederum in den Stand setzet, von seiner göttlichen Majestät wieder aufgenommen werden zu können.

Aspasio. Ich bin weit davon entfernet, ihren
Satz zu läugnen. Ich freue mich über die Richtigkeit der Gedanken meines Therons. Die Gnade
müsse seinen Glauben, welcher schon so weit gekommen ist, immer weiter bringen, bis er in der Herrlichkeit ganz vollkommen werde! Der unsträfliche Gehorsam,

Das X Gespräch.

horsam, und das unbefleckte Opfer Christi sind in der That die einzige gültige, ja die einzige wahrhaftig, oder vielmehr unendlich gültige Ursache, die die Vergebung der Sünden und den Genuß des Lebens völlig für uns, und zwar nicht nur von dem gnädigen, sondern selbst von dem getreuen und gerechten Gott verdienet hat.

Dann müssen sie aber zugerechnet werden, um uns einen Anspruch und ein Recht zu den erworbenen Vorrechten zu verschaffen. Werden sie nicht zugerechnet, was haben wir denn für einen Antheil daran? Sie sind gleich einer Arztney, die zwar zubereitet ist, aber nicht gebrauchet wird. Werden sie aber zugerechnet; so legen sie einen festen, einen augenscheinlichen und einen vernünftigen Grund zu einer jeden angenehmen Hoffnung, und zu einem jeden himmlischen Segen.

Theron. Ich fürchte, ich habe zu viel gestanden. Meine Gedanken wanken hin und her. Mein Gemüth ist noch nicht gesetzt. Ich wollte der Wahrheit nicht gern widerstehen. Ich wollte nicht gern in Ansehung einer einzigen Lehre des Evangelii ungläubig seyn. Doch, was soll ich sagen? So lange ich Ihren Reden zuhöre, bin ich ein halber Bekehrter. Besinne ich mich aber wieder auf die Einwürfe, so kehre ich zu meiner ersten Meynung zurück.

Davon bin ich jedoch überzeuget, daß eine menschliche Gerechtigkeit zu unserer Rechtfertigung nicht zureichend ist. Hier haben Ihre Gründe Ihren Endzweck erreichet. Von nun an werde ich meine Hoffnung der ewigen Glückseligkeit nicht auf meine eigene Werke, sondern auf die freye und uneingeschränkte Güte

Gnade des höchsten Wesens setzen, und zwar der Regel der Schrift zu Folge, die Gabe Gottes ist das ewige Leben.

Aspasio. Sie thun recht daran, Theron, daß Sie das ewige Leben, als die Gabe Gottes, und nicht als den Lohn Ihrer eigenen gehorsamen Dienste erwarten. Erinnern Sie aber, daß alle Gaben der Gnade, ob sie gleich den Sündern vollkommen frey ertheilet werden, sich auf einen großen und unschätzbaren Preis gründen, den Christus dafür bezahlet hat. Werden sie von der Verschuldung gänzlich frey gesprochen; so geschieht es deswegen, weil Christus sein Leben für ihre Erlösung gegeben hat. Werden sie mit Gnade gehöret, wenn sie bethen; so geschieht es deswegen, weil ihr erhabener Hoherpriester sie vertritt. Werden sie vollkommen gerechtfertiget, und in eine unendliche Seligkeit versetzet; so geschieht es deswegen, weil ihres Erlösers vollkommener Gehorsam das herrliche Aequivalent für diesen und jeden andern Segen ist. Wenn Sie also des ewigen Lebens als einer Gabe Gottes erwähnen; so müssen Sie nicht vergessen, mit dem heiligen Apostel hinzuzusetzen, durch Jesum Christum, unsern Herrn. Gut, Theron, was sagen Sie weiter? Ist Ihr Köcher geleeret? Sind Ihre Zweifel gehoben? Kann ich dieses Stillschweigen als einen Beyfall auslegen?

Theron. Sehen Sie, wie die Ranunkeln auf jenem bunten Blumenbette ihre ausgebreiteten Büsche zusammengezogen, wie die Tulpen ihre geöffneten Kelche geschlossen, und wie alle benachbarten Blumen

Das X Gespräch.

men ihre elfenbeinerne Thüren zugemacht, oder ihre sammtne Vorhänge vorgezogen haben? Eben so ist auch der Zustand meiner Gedanken. Sie sind alle nach inwendig gebeuget, sie sind in sich selbst gesammelt und erwägen Ihre Rede. Diese hat mich, ehe ich es bin gewahr geworden, geneigter gemacht nachzudenken, als zu reden. Sie werden meine Tiefsinnigkeit entschuldigen, Aspasio; oder sie müssen sich auch selbst die Schuld beymessen. Denn wenn Ihre Ursachen nicht so dringend gewesen wären, so würde meine Aufmerksamkeit auch nicht so beschäfftiget gewesen seyn.

Aspasio. Mein werther Theron, ich will bloß, in Beziehung auf Ihr eigenes Gleichniß, und in der Sprache des besten Buches wünschen, daß diese Wahrheiten wie der Thau auf ihr Gemüth triefen, und die ganze Nacht auf ihren Zweigen liegen bleiben mögen a). Ich bin überzeuget, daß dieß der Weg sey, wodurch alle Ihre Tröstungen vor der Sonne grünen, und alle Ihre Tugenden wie das Gras blühen werden, so wie ich im Gegentheile fürchte, sie werden unter einem jeden andern Glauben seyn, wie ein Garten, der mit der Dürre heimgesuchet ist, und wie die versengten Blätter.

Theron. Ich werde beydes Ihre Lehren und Ihre Gründe aufmerksam betrachten; und damit ich dieses mit mehrerer Bequemlichkeit und besserem Nutzen thun könne, so haben Sie die Güte,

das

a) 5 B. Mos. XXXII, 2. Hiob XXIX, 19.

das Wesentliche von demjenigen, was zwischen uns vorgefallen ist, in wenig Worten zusammen zu fassen. Wenn dieses geschehen ist, wird es Zeit seyn, uns wegzubegeben. Die Blumen, sehen Sie wohl, erinnern uns daran. Sie haben ihre Röcke zusammengefaltet, und ihre Schönheiten in einen Schleyer verhüllet; eine Gewohnheit, welche sie selten eher ausüben, als bis die aufsteigende Dünste es für ihren Herrn unsicher machen, unter ihnen herum zu gehen, und die alles umgebende Finsterniß es seinen Augen schwer machet, sie zu unterscheiden.

Aspasio. Sie könnten mir keinen größern Gefallen erweisen, als dadurch, daß Sie mir einen solchen Befehl auflegen. Wir verlassen uns also in Ansehung unserer Seligkeit:

Nicht auf unsere eigene äußerliche Pflichten. Dieß hieße unser Haus auf einen Sand bauen, als welches, wenn der Regen herabfiele, wenn Bäche sich ergössen, wenn die Winde mit ungestümer Gewalt bliesen, gewißlich einfallen, und den Erbauer nebst aller seiner eiteln Hoffnung in einem unwiedererseßlichen Untergange begraben würde.

Nicht auf die Aufrichtigkeit unserer Herzen. Wenn diese Christo entgegen gesetzet wird, und die Stelle seiner Verdienste vertreten soll; so ist sie nichts, als ein verachtetes zerbrochenes Götzenbild. Verachtet von dem unendlich erhabenen

und

und majestätischen Beherrscher der Welt. Zerbrochen in Ansehung des Vertrauens, das wir auf eine so betrügliche Stütze setzen, die eben so wenig an dem Gerichte des großen Tages zu stehen fähig ist, als Dagon seinen Stand vor der Lade des Gottes der Heerschaaren behaupten konnte b).

Nicht auf unsern Glauben. Dieser ist öfters schwach, wie ein Kind, das seine Glieder nicht gebrauchen kann; bisweilen ganz ohne Leben, wie eine Person in einer tiefen Ohnmacht, und allezeit unvollkommen, wie alle unsere andere Werke sind. Ach! was für einer quälenden Furcht, was für einer bekümmernden Zaghaftigkeit würde ich meines Theils beständig unterworfen seyn, wenn mein eigener Glaube der Grund meiner Rechtfertigung seyn sollte. Gelobet sey der Vater der Barmherzigkeit! Wir haben eine sicherere Unterstützung. Nicht auf den Glauben, sondern auf den gnädigen Urheber, und den herrlichen Gegenstand desselben, ist die Hoffnung Israels gegründet. Doch

Auch nicht auf unsers Herrn Gerechtigkeit bloß als eine leidende betrachtet; sondern auf seinen vereinigten, thätigen und leidenden Gehorsam, auf alles, was er in seiner Erfüllung des Gesetzes gethan, und auf alles, was er in seiner Unterwerfung unter die Strafe desselben

b) 1 B. Sam. V, 3. 4.

ben gelitten hat. Alles beydes, welches durch seine göttliche Natur eine unendliche Würde bekommen hat, ist ein Grund unsers Glaubens, den nichts erschüttern kann, ein Grund unsers Vertrauens, der niemals kann weggenommen werden. Anders nichts in einiger Creatur, oder in allen Welten könnte die geringste Sünde aussöhnen. Dieß versöhnet aber nicht nur alle Sünden, sondern giebt auch einen Anspruch auf jeden Segen, auf den Segen der Gnade und der Herrlichkeit, der evangelischen Heiligkeit und der ewigen Seligkeit.

Das XI Geſpräch.

Ruinen von Babylon. — Schöne Stelle aus dem Herrn Howe. — Verderben und Verfall der menſchlichen Natur, wie ſolches in der heiligen Schrift vorgeſtellet wird. — Solches wird angewandt, in Abſicht die noch zweifelhafte Unterſuchung zu endigen.

Aſpaſio.

Ich habe mirs oft vorgenommen, und es auch eben ſo oft wieder vergeſſen, zu fragen, was für ein Gemälde Sie ſo aufmerkſam betrachteten, als ich mich ſo unvermerkt bey Ihnen in dieſe angenehme Laube einſchlich a).

Theron. Ich hieng einem nachdenkenden Vergnügen nach, beſchauete die Ruinen, und betrachtete das Schickſal von Babylon, der berühmten und reichen Stadt, die ehemals die Reſidenz der aſſyriſchen Monarchen, und die Hauptſtadt eines der größten Reiche der Welt geweſen. Die Zeichnung, die ich in meiner Hand hielt, ſtellete einige von ihren Ueberbleibſeln vor. Und dieſes war in der That die letzte Materie, die meine Gedanken beſchäfftigte. Des Morgens brachte mir mein Sohn ſeine Anmerkungen über den Auftritt, den ich eben itzt wieder beſehen habe.

Denn

a) Siehe das V. Geſpräch.

Das XI Gespräch.

Denn ich halte ihn häufig an, über merkwürdige Vorfälle, die in der Geschichte vorkommen, sein Urtheil zu üben, oder die Stärke seiner Einbildungskraft zu zeigen. Neulich hatte ich ihm aufgetragen, einen Streit zwischen dem berühmten Leonidas, und dem nicht so berühmten Pädaretus zu entscheiden. Der Streit kam darauf an, welcher von ihnen die wahrhafteste Großmuth des Geistes, und die heldenmüthigste Liebe seines Vaterlandes bezeuget hätte? Der erstere, welcher zur Vertheidigung desselben sein Leben williglich aufopferte? Oder der letztere, der, als er um einen Sitz unter den dreyhundert Männern anhielt, und die Wahl ihm vorbey gieng, anstatt verdrüßlich oder misvergnügt zu werden, sich mit der unverstellten Freude nach Hause verfügte, daß in Sparta dreyhundert Männer gefunden worden, die würdiger wären, als er selbst. Sein heutiges Tagewerk ist gewesen, mir ein beschreibendes Gemälde dieser wunderbaren Ruinen zu geben.

Aspasio. Ich bitte Sie, lassen Sie mich das Vergnügen haben, die Arbeit des jungen Herrn anzuhören.

Theron. Sie würde zu lang und zu kindisch seyn, Ihre Geduld ermüden, und Ihren Geschmack beleidigen.

Aspasio. Ich lasse niemals einige von diesen Klagen hören, wenn ich mit Therons Arbeiten unterhalten werde. Und da der Sohn so vieles von dem Geiste seines Vaters hat, so fürchte ich dergleichen Widriges im geringsten nicht. Wir sind hier an einem sehr angenehmen Orte, und haben länger,

als

als eine Stunde Zeit. Ich muß daher meine Bitte wiederholen.

Theron. Es ist wahr, ich habe den Abriß ausgebessert, und das mag ihn noch etwas erträglicher machen. Und weil Sie auf Ihrem Verlangen beharren, will ich Ihnen denselben vorlesen. Ich werde Sie bloß bitten, einer kleinen Ausschweifung der Einbildungskraft etwas zu Gute zu halten. Es ist auch rathsamer bey jungen Schriftstellern, derselben etwas nachzusehen, als sie zu unterdrücken, indem das Alter und die Beurtheilungskraft schon von selbst mit dem Gartenmesser darüber kommen, und die gehörigen Abschnitte machen wird. Ich muß ferner bemerken, daß ich wider die Gewohnheit, so in unsern Schulen herrschet, ihn gemeiniglich lieber seine Gedanken in seiner Muttersprache habe ausdrücken lassen. Denn in dieser Sprache muß er seine Begriffe mittheilen, und sich die Begriffe anderer bekannt machen, und wenn er einen guten Grad der Richtigkeit und des Fließenden in derselben erlanget, so wird es ihm ungleich nützlicher seyn, als wenn er so zierlich, wie Terenz, Latein redete, und es so voll, als Cicero, schriebe.

Ist dieses Babylon? das schönste unter den Königreichen! die herrliche Pracht der Chaldäer b)!

b) Benjamin, ein Jude von Tudela, saget uns, in seiner Reisebeschreibung, die im Jahre Christi 1170 geschrieben ist: Er wäre an dem Orte gewesen, wo diese Stadt ehemals gestanden hätte, und hätte sie ganz verwüstet und verstöret gefunden. Bloß von dem Pallaste Nebucadnezars wären noch einige verfallene

wo ehemals der prächtige Orient mit der reichesten Hand barbarische Perlen und Gold über ihre Könige herab regnen ließ. Wie ist sie gefallen! Gefallen von der Höhe der Pracht in den Abgrund der Verwirrung! Was ehemals ein Gegenstand der allgemeinen Verwunderung gewesen, ist nunmehr ein Schauspiel des Erstaunens und Schreckens geworden!

Der Pallast, wo die Majestät, gleich einer irdischen Gottheit, auf ihrem Throne saß, ist ein Schutthaufen. Er ist nicht mehr durch das Ansehen einer vorzüglichen Zierde, sondern durch stärkere und betrübtere Merkmaale der entwichenen Würde unterschieden, da wo die Edlen dieses kostbaren Hofes ihre purpurne und gestickte Röcke längst dem marmornen Fußboden schleppen ließen, da hauset nunmehr die zischende Schlange, da schleicht die grausame giftige Natter.

Wie ist der gastfreye Saal so verändert, und das Staatszimmer so unglücklich verstellet! Der erste gab willkommenen Gästen eine beständige und treuherzige Aufnahme; in dem letzten gab der König seinen gehäuften, seinen anbethenden Vasallen Audienz. Dornen haben den Umfang desselben überlaufen, und Verwüstung sitzt auf der Schwelle beyder. Wo sind die elfenbeinernen Bodendecken, die mit dem schönsten Roth bemalet, und mit Schnitzwerk gezieret waren? Diese strahlenden Bodendecken, deren Lampen von polirtem Silber, die in vielen

fallene Theile übrig; die Menschen fürchteten sich aber, sich denselben zu nähern, weil sich so viele Schlangen und Scorpionen daselbst aufhielten.

Das XI Gespräch.

diesen flammenden Reihen hingen, wie ein anderes Firmament leuchteten? Sie sind von ihrem Grunde weggefeget, liegen mit schändlichem Kothe besudelt, und sind von verworrenen Dornen und Disteln umschlungen. Die Musik ergießt ihre Harmonie nicht mehr durch die geraumen Zimmer, sondern die Nachteule, die in den Ritzen der Ruinen ihr Nest hat, heulet ihre rauhen und unglücksschwangern Dissonanzen heraus. Die Freude führet nicht mehr mitten unter dem Glanze eines künstlichen Tages den muntern Tanz auf, sondern die einsame Fledermaus flattert in stillen Kreisen herum, oder läßt ihre wie Ruß gefärbten Flügel hängen. Alle diese frohen Ergötzlichkeiten, ach möchten doch die Kinder der Sinnlichkeit die Erzählung hören, und sich diese Veränderung zur Warnung dienen lassen! alle diese frohen Ergötzlichkeiten sind verloschen, wie eine ihrer geringsten Wachskerzen, die, nachdem sie die feyerliche Versammlung eine Zeit lang mit erleuchten geholfen, an dem Rande der erschöpften Leuchterpfeiler den letzten Schein von sich gegeben haben, und einen Augenblick darauf in Gestank und Finsterniß zerflattert sind.

Die Mauern sind, ungeachtet sie mit der stärksten Verbindung (Bitumen) c) befestiget gewesen, und so hart wie ein Kiesel geworden, nunmehr einer

---

c) Die Mauern waren von Ziegelsteinen, und mit einem klebrichten Schleime verbunden, der weit fester bindet als einiger Mörtel, und gar bald härter wird, als die Steine selbst. Sie waren nach dem Berichte, den Herodotus uns davon giebt, 87 Fuß breit, und

ner zersprungenen Blase gleich. Es war ehedem eine Zeit, da die Einwohner, indem sie sich auf die Stärke ihrer Bollwerke und ihrer unüberwindlichen Thürme verließen, mit furchtloser Verachtung auf die Armee der Belagerer herab sahen. Nunmehr aber ist die Drohung des Propheten auf das schrecklichste erfüllet worden. Die hohe Festung ihrer Mauern ist gebeuget, geniedriget, und in den Staub zu Boden geworfen d). Wo sind die Thore, die großen und glänzenden Thore e), wodurch die triumphirende Heere einzogen, oder welche die zahlreiche Legionen am Tage des Streits heraus ließen? Es ist nicht die geringste Spur mehr übrig, die dem forschenden Fremden sagen könnte: Hier eröffneten sich die weiten Eingänge; hier erhoben sich die starken Portale. Die bequemen Spatziergänge, in welchen die Haufen der Kaufleute ein geschäfftiges Gemurmel erregeten, und ihre Handlungs-Entwürfe machten. Die weiten Straßen, in welchen

und 350 Fuß hoch, und wurden schlechterdings für unüberwindlich gehalten. Daher auch die Einwohner, als sie vom Cyrus belagert wurden, von den Mauern seiner spotteten, und über seine Unternehmung, als ein eitles und unmögliches Verfahren, lacheten. Herodot. I. B.

d) Jes. XXV, 12.

e) Es waren daselbst nicht weniger als hundert Thore, alle von dichtem Erzte. Daher kömmt es auch, daß, wenn Jehovah dem Cyrus verspricht, ihn zum Meister von Babylon zu machen, er auf diese merkwürdige und umständliche Art redet: Ich will die eherne Thüren zerschlagen, und die eiserne Riegel zerbrechen. Jes. XLV, 2.

chen der Fleiß den arbeitenden Wagen trieb, oder den schallenden Ambos schlug, sind unter einem verworrenen Grase bedecket, oder unter dem dicksten Unkraute begraben. Stillschweigen, ein betrübtes Stillschweigen herrschet an beyden Orten, und Unwirksamkeit, eine dem Tode ähnliche Unwirksamkeit schlummert daselbst.

Wo sind die schwebenden Gärten hingekommen, die an seltener Erfindung und erstaunlicher Arbeit bey keinem Volke unter dem Himmel ihres Gleichen gehabt haben? Die Terrassen, die über die höchsten Häuser hervorrageten? Die Parterren, die in den Wolken erhaben waren, und die Schönheiten ihrer Blumen in dieser fremden Gegend eröffneten? Die Wälder, deren Wurzeln höher waren, als die Gipfel der höchsten Bäume? Sie sind nunmehr durch eine fürchterliche Zerschmetterung zerschlagen. Ihre Schönheit ist vergangen, und gleicht einem verdorreten Blatte. Anstatt daß sie der angenehmste Aufenthalt einer Königinn und ein Wunder der ganzen Welt gewesen, sind sie nunmehr ein Nest für giftiges Ungeziefer, und eine Höhle für räuberische Thiere geworden. Der Reisende wird, anstatt in der Gegend, wo dieses hängende Paradies ehmals geblühet hat, mit Ergötzung zu gehen, von Schrecken eingenommen, hält sich zitternd entfernet, und muß, wenn er die verwüstete Stelle ansieht, ausrufen: Gerecht bist du, o Herr, und deine Gerichte sind wahrhaftig!

Hier steht ein Obelisk, der durch die Streiche so vieler Jahre, wie eine hohe Elche auf einem Berge durch den flammenden Strahl, verstüm-

melt

melt ist. Ein anderer, der bereits ganz aus seinen Fugen gesetzet worden, scheint vor jedem Sturme, der da wehet, zu zittern. Dort ist die Pyramide f), die so fest als ein Fels war, und die man für so dauerhaft als die ewigen Hügel hätte halten sollen, von ihrem starken Grunde verrücket, plötzlich in einen erstaunlichen Schutt zerfallen, und hat in ihrem Falle manches Gebäude zerschmettert. Man sehe jene Ehrenpforte, die in ihrem weiten und vortrefflichen Bogen eine schöne Abbildung des Firmaments zeigete. Sie war ehemals das angenehme Denkmaal eines berühmten Sieges, nunmehr ist sie in ein Siegeszeichen von einer ganz andern Art verwandelt. Es sind bloß noch zwey ungestalte, zerrissene und verstümmelte Stücke davon übrig geblieben, welche dienen, die verderbende Verheerung der Zeit daran zu erkennen. Spitzen, die die Wolken durchbohreten, und in das Firmament hineindrungen, sind dem Boden, der mit Füßen betreten wird, gleich geworden. Auf Zinnen, zu welchen sich der am stärksten beflügelte Vogel kaum hinan schwingen konnte, wandert nunmehr ein kriechender Wurm herum, und die garstige Schnecke läßt ihre schleimichte Spur darauf zurück. Bäder, welche

ein

---

f) Strabo nennet den Tempel des Belus eine Pyramide XV B. Sollten indessen die Kunstrichter in der Historie daran zweifeln, oder es läugnen, daß Pyramiden bey den Babyloniern gewesen, so mag Horaz diese und andere Freyheiten unsers jungen Redners entschuldigen:

— Pictoribus atque poetis
Quidlibet audendi semper fuit aequa potestas.

Das XI Gespräch.

ein crystallengleiches Wasser enthielten, und die so oft mit den wohlriechendesten Salben angefüllet gewesen, sind nunmehr mit Unflathe angehäufet. Die prächtigen Säulen, wovon sie umgeben waren, sind zu Graus geworden, und das erhabene Dach, welches sie bedecket, ist zu Boden geworfen. Die öffentlichen Wasserleitungen, deren helle Fluthen Reinlichkeit und Gesundheit mit sich führeten, sind in stehende Pfützen verwandelt; summendes Ungeziefer schwärmet um das darinn wachsende Unkraut herum, und giftige Ausdünstungen steigen aus ihrem Schlamme empor.

Herrliche und prächtige Tempel, die bis an den Himmel zu reichen schienen g), sind in den Staub versenket. Wer kann nunmehr die Stelle zeigen, wo ehemals das geweihete Schlachtopfer geblutet, oder wo das heilige Feuer geglühet hat? Wer kann sagen, wo das große Bild mit seinem Zepter in der Hand sein majestätisches Haupt erhoben, und die verehrende

---

g) Ein Thurm in dem Tempel des Belus, und der dem Dienste desselben gewidmet war, war erstaunlich hoch. Er bestund aus acht Thürmen, die einer über den andern errichtet waren, und war 600 Fuß hoch. Der gelehrte Bochart hält dafür, es sey ein Stück von dem stolzen Werke gewesen, welches angefangen ward, als die ganze Welt noch einerley Sprache hatte, welches aber durch die Verwirrung der Sprachen verunglückete, oder vielmehr durch die Vorsehung unterbrochen ward. In diesem Baue haben sich sehr starke Spuren der hochmüthigen Prahlerey gezeiget: Lasset uns eine Stadt und Thurm bauen, des Spitze bis an den Himmel reiche. 1 Buch Mos. XI, 4.

thrende Menge das demüthige Knie davor gebeuget
habe h)? Diese prächtigen Eitelkeiten sind erniedriget, und nach der Verkündigung der geheiligten
Aussprüche, in die Löcher der Maulwürfe und
Fledermäuse geworfen i). Alles ist nunmehr
niedrig, eben so niedrig, als die falsche Würde
der Götzen, die dadurch verehret wurden; so niedrig, wie Stroh zerdroschen wird, und wie
Koth k).

Die Gräber, diese ehemals ehrwürdigen Behältnisse der Verstorbenen, die fürchterlichen Wohnungen, die zu einer immerwährenden Verbergung
errichtet waren, sind zerspalten und von einander ge-
rissen. Sie entdecken nunmehr die schrecklichen Geheimnisse der Grube, und sperren ihren entsetzlichen
Rachen gegen den heitern Tag auf. Vielleicht liegt
ein räuberisches Thier darinnen verborgen, so bereit
das Grab eines Helden geplündert, den verfaulten
Knochen ein neues Grab gegeben hat, und nur die
Annäherung der Nacht erwartet, sein Klagelied in
einem Geheule zu wiederholen. Aufschriften, die
zur Verewigung eines berühmten Charakters, oder
einer Heldenthat bestimmet waren, liegen nunmehr
in

h) Dieß zielet auf das erstaunliche Beyspiel der Ver-
schwendung, Prahlerey, und abergläubischen Unsinnigkeit, auf das gölone Bild, so in der Ebne Dura
errichtet ward, dessen Höhe, nämlich das Bild
und das Piedestal zusammengenommen, 60 Ellen
war. Dan. III, 1. S. Prideaux Uebereinstimm. I Th.
a. d. 95. 567 S.
i) Jes. II, 20.
k) Jes. XXV, 10.

in dem allgemeinen Haufen vermischet. Umsonst würde ein forschender Alterthumsliebhaber nach einem einzigen leserlichen und zusammenhängenden Satze gesucht haben, umsonst würde die Bemühung gewesen seyn, die denkwürdigen Namen eines Nebucadnezars und eines Nimrods ausfündig zu machen. Ob diese gleich auf eherne Platten eingegraben, und auf marmorne Säulen mögen ausgehauen gewesen seyn: so haben sie sich doch in dem erstaunlichen Wust alle verloren; so wie die Spuren auf einem unbeständigen Sande ausgelöschet werden, wenn die zurückkehrenden Fluthen das furchenähnliche Ufer glatt machen.

Hie und da erhebt sich ein gleichsam verirrter Cypressenbaum als zu einem feyerlichen Leichengepränge mitten in dieser Verwüstung 1). Sie hängen gleichsam wie der schwarze Boy und Flor über eine Todtenbahre, vermehren dadurch das betrübte Ansehen des Schauplatzes, und verbreiten ein tiefes Schrecken über alles, das unter ihnen ist. Unter diesen verwüsteten Haufen wird keine menschliche Stimme gehö-

---

1) Rauwolf, ein deutscher Reisender, der im Jahre Christi 1574 des Weges gekommen, saget: Dieses Land ist so trocken und unfruchtbar, daß es nicht kann gebauet werden. Es ist so unfruchtbar, daß ich daran hätte zweifeln sollen, ob das mächtige Babylon jemals daselbst gestanden, wenn ich nicht durch die verschiedenen alten und schätzbaren Ueberbleibsel davon wäre überzeuget worden, die noch hier herum, wiewohl in großer Verwüstung, stehen.

gehöret, kein menschliches Angesicht gesehen. Sie sind selbst zu dem Aufenthalte eines rauhen Einsiedlers, oder zu der Zelle eines finstern Mönchs gar zu fürchterlich. Sie sind der Herrschaft der Einsamkeit ganz und gar überlassen, und dienen bloß den zottigten Bestien und gefiederten Ungeheuren zum Aufenthalte, von deren ungestümen Schreyen und abscheulichem Heulen die Stunden der Mitternacht erschallen.

Man sehe, in was für einen verächtlichen, in was für einen abscheulichen Zustand, die stolzesten Denkmaale der irdischen Hoheit, und die köstlichsten Zubereitungen zur irdischen Glückseligkeit können versetzet werden! Ein starker und beunruhigender Beweis, daß zu einer dauerhaften Ehre oder zu einer wahren Glückseligkeit diejenigen viel zu niedrig bauen, die ihre Gebäude unter dem Firmamente aufrichten!

Aspasio. Ich lobe die Wahl Ihrer Materie gar sehr. Die Ruinen von Persopolis würden uns einen Anblick der Pracht in der Erniedrigung, die Ruinen von Palmyra aber eine Zierlichkeit im Staube gezeiget haben; allein die Ruinen von Babylon entdecken auf einmal Pracht und Zierlichkeit in ihrer Verdunkelung, und Schrift und Offenbarung in ihrer Herrlichkeit. Die äußerste Zerstörung dieser Stadt, die in allen Stücken der Würde schlechterdings ihres Gleichen nicht hatte m), und allem

Anse-

---

m) Sie wird daher durch den göldnen Kopf in Nebucadnezars prophetischem Traume vorgestellet. Dan. II, 38.

Das XI Gespräch.

Ansehen nach von keinem Feinde zu überwinden war, muß gewiß als die allerunwahrscheinlichste Begebenheit angesehen worden seyn. Dem ungeachtet war doch die gänzliche Verwüstung derselben von dem erhabenen Jehovah beschlossen, und verschiedene Jahrhunderte vorher, ehe sie erfolget, durch seine Propheten angekündiget worden. Dieß fürchterliche Urtheil ist nicht nur aufgezeichnet worden, sondern es liegt auch noch beständig in den öffentlichen Archiven unserer Religion.

Theron. Wo findet sich das Urtheil aufgezeichnet?

Aspasio. In der Weißagung Jesaiä. Es ist nicht nur schlechtweg, sondern auf die umständlichste Weise und mit der genauesten Beschreibung der entsetzlichen Verwüstung aufgezeichnet. Dieß sind die Worte des heiligen Schriftstellers: Also soll Babel, das schönste unter den Königreichen, die herrliche Pracht der Chaldäer, umgekehret werden von Gott, wie Sodom und Gomorrha; daß man fort nicht mehr da wohne, noch jemand da bleibe für und für. Daß auch die Araber keine Hütten daselbst machen, und die Hirten keine Hürden daselbst aufschlagen, sondern Zihim werden sich da lagern, und ihre Häuser voll Ohim seyn, und Straußen werden da wohnen, und Feldgeister werden da hüpfen, und Eulen in ihren Palläſten singen, und Drachen in den lustigen Schlössern n).

n) Jes. XIII, 19. 20. 21. 22.

Das XI Gespräch.

In den beyden ersten Sätzen ist ein vollkommenes Bild der Glückseligkeit und Hoheit enthalten. **Das schönste unter den Königreichen.** Babylon übertraf alle andere Hauptstädte. Sie war groß, prächtig und reich; sie ward von vielen eroberten und zinsbar gemachten Herrschaften als ihre Gebietherinn und Oberherrscherinn verehret. **Die herrlichste Pracht der Chaldäer.** Die Chaldäer, welche alle andere Völker auf der Erde an Reichthümern, an Pracht und Macht übertrafen, rühmeten sich selbst mit dieser wunderbaren Stadt. Sie war die höchste Ehre des berühmtesten, und die vornehmste Stärke des siegreichsten Volkes. Sie war die schönste, weil alles ausnehmend schön war, sie war die edelste, weil alles höchst vorzüglich edel war. Und dennoch heißt es, soll diese vorzügliche, diese gekrönte Stadt, durch das Blasen des Odems des großen Jehovåh, so durchaus zerstöret werden, gleichwie Gott Sodom und Gomorrha umgekehret hat.

In der Beschreibung der Zerstörung dieser grossen Stadt ist der Prophet eben so bewundernswürdig; er erhebt sich durch eine höchst richtige Steigerung zu der größten Höhe des Schreckens. Er will gleichsam sagen: itzt ist sie zwar mit Bürgern gehäufet, allein die Stunde kömmt heran, da sie gänzlich soll entvölkert werden, und nicht ein einziger Einwohner darinnen bleiben. Damit ihr nicht gedenken möget, sie werde mit der Zeit wieder erbauet werden, und wiederum einen Ueberfluß einer frohen Menge erlangen: so wisset, daß sie nimmermehr von einem Geschlechte bis zum andern wieder bewohnet werden, sondern

alle

Das XI Gespräch.

alle folgende Zeiten hindurch eine fürchterliche Wüste bleiben soll. Sie soll so wenig wieder erbauet werden, daß sie gänzlich unnütze bleiben wird. Nicht einmal ein wilder und räuberischer Araber soll sein Gezelt darinnen aufschlagen, auch nicht einmal ein schlechtes Nachtlager darinnen zu halten suchen, ungeachtet ehemals Millionen gesitteter Leute sich daselbst in dem Sonnenscheine eines überflüßigen Glückes ergötzet haben. Auch sollen Hirten keine Hürden daselbst aufschlagen, noch die geringste gelegentliche Bedeckung für ihre Heerden an demjenigen Orte finden, wo Könige, große Herren und eine Menge von Bürgern in der tiefsten Ruhe gelegen haben. Ja, es soll diese Stadt so wenig bewohnbar seyn, daß sie auch sogar unzulänglich, und ein Aufenthalt eines jeden fürchterlichen, scheußlichen und verderbenden Ungeheuers werden, und zu keinem andern beträchtlichen Endzwecke, als zu einem Denkmaale der göttlichen Rache, und dem menschlichen Stolze zu einer Warnung dienen soll.

Alles dieses ist in der Schrift vorher verkündiget, und, ungeachtet es aller menschlichen Einsicht nach unmöglich und unglaublich schien, zu der bestimmten Zeit auf das genaueste erfüllet worden. Die Denkmaale und Zeugnisse der Erfüllung sind noch bis auf den heutigen Tag gegenwärtig. Sie sind so glaubwürdig, daß auch die forschendeste Neubegier nicht daran zweifeln kann, und so unwidersprechlich, daß auch der größte Unglaube sie nicht läugnen wird. Sollte uns dieses nun nicht lehren, das Ansehen dieses himmlischen Buches hochzuschätzen, die Weisheit

II. Theil. Mm dessel-

desselben zu bewundern, und seinen Verheißungen zu vertrauen?

Ich weis, Sie sind kein Freund von Complimenten, Theron. Anstatt Ihnen also meine Gedanken von des Eugenio Arbeit zu sagen, will ich mich vielmehr bemühen, Ihre Gefälligkeit wieder zu ersetzen. Sie haben mich mit einer Nachricht von den merkwürdigsten Ruinen unterhalten, die in der Körperwelt zu finden sind. Erlauben Sie mir daher, daß ich Ihnen wiederum eine Abbildung von Ruinen zeige, die nicht weniger merkwürdig, aber noch weit kläglicher sind, und woran wir alle einen überaus großen Antheil haben. Ich werde Ihnen diese Abbildung in den Farben eines großen Meisters darlegen, in dessen Werken ich noch erst heute gelesen habe.

Ich habe eine Stelle darinnen gefunden, die eine von den wichtigsten Lehren des Christenthums, in der schönsten Abbildung vorstellet, die in einer zierlichen Schreibart nur kann gefunden werden. Mir deucht, sie kann als eine erbauliche Anwendung der Arbeit des Eugenio angesehen werden. Sie hat mir dermaßen gefallen, daß ich sie abgeschrieben habe, und ich bitte Sie um so viel weniger um Entschuldigung, daß ich sie Ihnen vorlese, weil ich Ihren Dank dafür erwarte. Lassen Sie mich nur dieses vorher bemerken, daß der Verfasser darinnen die menschliche Seele so betrachtet, wie sie ursprünglich eine Wohnung Gottes durch den Geist gewesen, da er denn, indem er von ihrem gefallenen Zustande redet, also fortfährt:

„Daß

Das XI Gespräch.

„Daß sich Gott entzogen, und seinen Tempel
„wüste gelassen habe, davon haben wir manche be-
„trübte und deutliche Beweise vor uns. Einem je-
„den Auge sind die prächtigen Ruinen sichtbar, die
„an dieses ehemals so herrlichen Gebäudes Vörder-
„theile, welches noch vorhanden ist, die klägliche
„Aufschrift zeigen„: Hier hat Gott ehemals gewohnet. Die bewundernswürdige Beschaffenheit
und Einrichtung der Seele des Menschen zeiget genugsam an, daß die göttliche Gegenwart vordem ihren Sitz darinnen gehabt, die lasterhafte Häßlichkeit
derselben aber erkläret gleichfalls mehr als zur Genüge, daß Gott nunmehr aus derselben gewichen sey,
und sich von ihr entfernet habe. Die Lampen sind
ausgelöscht; der Altar ist herumgeworfen; das Licht
und die Liebe sind nunmehr verschwunden, wovon
das eine mit so himmlischer Heiterkeit glänzete, und
die andere mit einem so andächtigen Eifer brannte.
Der goldene Leuchter ist von seiner Stelle gestoßen,
und als ein unnützes Ding weggeworfen, um dem
Throne des Fürsten der Finsterniß Platz zu machen.
Der heilige Weihrauch, der von dem angenehmsten
Rauche eine Wolke nach der andern in die Höhe
schickte, ist in einen giftigen höllischen Dampf verwandelt, und findet sich nunmehr allhier anstatt eines süßen Geruchs, ein häßlicher Gestank. Die schöne Ordnung dieses Hauses ist in lauter Verwirrung
verkehret. Der schöne heilige Schmuck ist in garstige Unreinigkeiten verwandelt. Aus dem Bethhause
ist eine Mördergrube, ja die allerabscheulichste Mördergrube geworden. Es wird durch tausend sündliche Lüste und schändliche Wege ein beständiger Raub

an heiligen Dingen verübet. Die edlen Kräfte, die zu göttlichen Betrachtungen und Ergötzlichkeiten bestimmet waren, sind nunmehr in den Dienst der verächtlichsten Götzen übergetreten, und werden zu der schändlichsten Augenlust, zu den abscheulichsten Umarmungen, zur Anschauung und Bewunderung lügenhafter Eitelkeiten, und zur Nachhängung und Reizung aller Lüste und Gottlosigkeiten angewendet.

Es ist anitzo kein System, keine völlige Verbindung zusammenhängender Wahrheiten, keine ganze heilige Gestalt mehr zu finden, es zeigen sich nur bloß einige abgesönderte Stücke. Und wenn sich auch einige mit größer Mühe und Arbeit befleißigen, hier ein Stück, und dort ein anderes herauszuziehen, und sie zusammenzusetzen, so zeuget solches zwar von der Vortrefflichkeit der göttlichen Ausarbeitung in der ersten Zusammensetzung, kann aber anitzo nicht mehr zu denen edlen Endzwecken dienen, wozu das Ganze anfänglich bestimmet war. Einige Stücke kommen mit einander überein, und bezeugen, daß sie zusammen gehören; allein wie bald werden unsere Untersuchungen eingeschränket und vergeblich gemacht! Wie viele Versuche sind nicht seit dem fürchterlichen Falle und Verderben dieses Gebäudes angestellet worden, die Wahrheiten von so manchen verschiedenen Arten, nach ihren unterschiedenen Ordnungen, wiederum zusammenzusetzen, und einen ordentlichen Zusammenhang der Wissenschaft, oder nützlichen Erkenntniß zu machen, und doch ist, nach so vielen Jahrhunderten, in keiner Art etwas zur Vollkommenheit gebracht. Bisweilen werden Wahrheiten an ihre unrechte Stelle gesetzet, und was zu der einen Art gehöret,

wird

wird unter die andere gebracht, da es sich doch gar nicht hinschicket, bisweilen wird auch etwas Falsches mit eingestreuet, welches den ganzen Zusammenhang unterbricht, oder in Unordnung setzet. Was mit vieler fruchtloser Mühe von einer Hand aufgerichtet wird, wird von einer andern wiederum in Stücken zerbrochen, und ein ganzes folgendes Jahrhundert hat genug damit zu thun, die feingesponnenen Spinneweben des vorhergehenden wieder wegzukehren. Die allernützlichsten Wahrheiten werden, ob sie gleich dem Gesichte nicht sonderlich verborgen sind, am allerwenigsten geachtet, ihre eigentliche Absicht wird dermaßen übersehen, oder sie werden auch dergestalt verabsäumet, daß sie nicht recht in die Seele hineindringen können, sondern als schwache unkräftige Begriffe, die nichts bedeuten, um dieselbe herumschweben. Ihre Grundkräfte werden erschüttert und von einander getrennet, und ihre Ordnung unter einander wird verwirret und unterbrochen, so, daß man dasjenige, was für beträchtlich gehalten wird, nicht betrachtet, und dasjenige, was als erwählens- und liebenswürdig angepriesen wird, weder liebet noch wählet. Ja, die Wahrheit zur Gottseligkeit findet nicht so vielen Unglauben, als sie gehasset, und in Ungerechtigkeit aufgehalten wird, und sie scheint als ein gar zu schwaches Licht in der bösartigen Finsterniß, die sie nicht begreift. Bey aller dieser Verwirrung kömmt es einem nicht anders vor, als wenn man in den verfallenen Pallast eines grossen Fürsten tritt, wo man hier abgebrochene Stücke einer prächtigen Säule, dort zerstreute Ueberbleibsel von schönen Bildern und alles verwahrloset und unnütze unter Haufen von Koth liegen sieht. Derjenige, der uns

bewe-

beweget, einen Blick in die menschliche Seele zu thun, kann uns keine andere, als eine solche Vorstellung zeigen, und darf nur bloß hinzusetzen: Siehe, welch eine Verstörung, alles ist wüste und leer. Sollte sich daselbst noch einiger Anspruch an die göttliche Gegenwart finden; so möchte es gar wohl heißen: Wenn Gott hier ist, warum ist es denn allhier so beschaffen? Der verwelkte Ruhm, die Finsterniß, die Unordnung, die Unreinigkeit, der in allen Stücken verfallene Zustand dieses Tempels zeiget gar zu deutlich, daß der große Einwohner denselben verlassen habe o).

Theron. Ich muß es gestehen, Ihr Maler ist ein Meister in seiner Kunst, und scheint in Nachtstücken eine besondere Geschicklichkeit zu besitzen. Aber ich bitte Sie, warum bringt er denn so viel Schatten und Fürchterliches an? Hat er keine andere Farbe, als die schwarze? Hätte er uns nicht einen einzigen heitern Glanz, einen einzigen lächelnden Zug gönnen können, da er uns das edelste Wesen dieser Unterwelt abbilden wollte? Gereicht das zur Ehre des großen Schöpfers, einen solchen häßlichen Abriß von seiner vollkommensten Arbeit zu machen?

Aspasio. Es machet dem Erbauer Babylons nicht die geringste Schande, daß ihre Palläste eingefallen, ihre Gebäude heruntergerissen, und ihre Mauern der Erde gleich gemacht sind. Sie können ehemals mit der größten Richtigkeit gebauet, und mit aller Anmuth gezieret gewesen seyn, ungeachtet sie itzo durch die Schläge der Gewalt, oder durch die
Unter-

o) S. des Herrn Howes Schrift: Der lebendige Tempel.

Das XI Gespräch.

Untergrabung der Jahre in Schutthaufen verwandelt sind. Als die menschliche Seele erst frisch von dem Allmächtigen eingeblasen war, so war sie von Erkenntniß heiter, von Tugend liebenswürdig, und in jeder Absicht vortrefflich. Allein, um in der Sprache des klagenden Propheten, in derjenigen Sprache zu reden, die sich nirgends besser, als zu der gegenwärtigen Gelegenheit schicket, wie ist nunmehr das Gold so gar verdunkelt, und das feine Gold so häßlich worden!

Theron. Die Seele des Menschen ist vernünftig und ewig, sie stammet von der Gottheit ab, und ist des Ebenbildes ihres Schöpfers fähig.

Aspasio. Was Milton dem gefallenen Erzengel zuläßt, daß kann ich gleichfalls dem gefallenen Menschen bereitwillig zulassen, daß er nämlich nicht alle seine ursprüngliche Klarheit verloren habe. Die großen und vorzüglichen Kräfte der Seele bleiben ihm noch übrig. Es ist eben so damit beschaffen, als mit einem Brunnen. Wenn derselbe gleich vergiftet ist, so fährt dessen Wasser dennoch fort zu fließen, es führet alsdann aber in seinem Fließen nicht mehr Gesundheit, sondern den Tod mit sich. Eben diese Seelenkräfte müssen, wenn sie nicht durch den Einfluß der Religion erneuert und gehörig eingerichtet werden, uns zu unserm gegenwärtigen Elende und zum ewigen Fluche gereichen. Die Seele, sagen Sie, ist vernünftig und ewig. Besitzen aber nicht auch selbst die Teufel die Kraft der Vernunft? Ist ihr Wesen nicht gleichfalls von einer unendlichen Dauer? Und dennoch sind sie unter allen Creaturen die abscheulichsten und elendesten.

Das XI Gespräch.

Sie sagen von der menschlichen Seele, sie stamme von der Gottheit ab, und Sie sagen solches mit aller Richtigkeit. Müssen wir denn aber nicht mit dem Propheten ausrufen: Wie bist du vom Himmel gefallen, du schöner Morgenstern! Wie bist du, o Mensch, o Sohn des Allerhöchsten, aus der Art geschlagen! Dein herrlicher Ursprung dienet bloß deinen beklagenswürdigen Abfall desto deutlicher vor Augen zu stellen.

Sie setzen hinzu, sie sey des Ebenbildes des Schöpfers fähig. Ich gestehe, dieses ist ein schätzenswürdiger Vorzug. Hieran haben die höllischen Geister keinen Antheil. Diese Fähigkeit aber wird allezeit schlafend liegen bleiben, niemals zur Wirklichkeit erwecket, niemals in eine Gewohnheit verwandelt werden, wenn die allmächtige Gnade nicht dazu kömmt.

Theron. Die berühmtesten Weltweisen des Alterthums ermahnen ihre Leser häufig, der Natur, als einer gewissen Leiterinn zur wahren Vortrefflichkeit, zu folgen. Viele beredte Schriftsteller unsers Vaterlandes halten sich weitläuftig bey der Würde der menschlichen Natur auf, und leiten daraus sehr starke Gründe zu einer übereinstimmenden Würde der Gesinnungen und der Aufführung her. Worauf können sich diese Sätze der alten Weisen und unsrer neuen Sittenlehrer wohl gründen?

Aspasio. In der That, Theron, das wird mir schwer zu sagen. Haben sie einigen Grund, so ist derselbe bloß eingebildet, er liegt nicht in der Wahrheit, und wird auch nicht durch die Erfahrung bestätiget. Sie nehmen dasjenige als ein Postulatum an,

was

was doch unter die Desiderata sollte gerechnet werden, und machen ein Axioma aus einem bloßen Gedichte.

Wäre der Mensch so geblieben, als er erschaffen geworden, so würde, der Natur gemäß, und nach dem Gesetze Gottes handeln, einerley geblieben seyn. Aus dieser Ursache finden wir, daß Adam im Paradiese keine Gebothe der Religion und kein Entwurf der Sittenlehre gegeben worden. Denn Religion und Sittenlehre waren ihm ins Herz geschrieben, oder es waren dieselben vielmehr eine Wirkung der Neigung seiner vollkommenen Natur. Nach dem Falle aber ist es ganz anders.

Theron. Sind nicht viele von den alten würdigen Männern lebendige Widerlegungen ihrer Meynung gewesen? Waren sie nicht kluge Weltweise, vernünftige Gesetzgeber, und standhafte Diener der Gerechtigkeit? Ihre Begierden waren gereiniget, ihre Neigungen guthätig, und ihre ganze Aufführung war aufrichtig.

Aspasio. Ich kann mich nicht genugsam wundern, daß sie Gesetzgeber und Diener der Gerechtigkeit zum Beweise anführen, da doch selbst die Einsetzung ihres Amtes die Verderbniß des menschlichen Geschlechtes zum Grunde leget. Würde die menschliche Natur von keinen unregelmäßigen oder lasterhaften Neigungen getrieben, so würde die Einschränkung der Gesetze in bürgerlichen Gesellschaften eben so unnöthig, als die großen holländischen Dämme in unsern hohen Ländern seyn.

Sie werden aber sagen, dieses sey eine ausschweifende Anmerkung. Ihre Frage erfordert eine be=

stimmende Antwort. Und es ist leicht zu antworten, daß das Gemälde etwas übertrieben ist. Ist aber mein Autor mit dem Schwarzen zu freygebig gewesen; so ist mein Freund mit seinen glänzenden Farben zu verschwenderisch. Diese berühmten Leute haben wohl, nach der Vortrefflichkeit, die sie beschreiben, streben können; aber nicht einer von ihnen hat das Ziel erreichet, oder gesetzt, daß sie es auch erreichet hätten, so würde dieses meinen Satz doch nicht schwächen.

Theron. Dieß würde Ihren Satz nicht schwächen! So muß ein Beweis keine Ueberzeugung mit sich führen.

Aspasio. Ich bitte Sie, wer ist unter allen berühmten Personen des Alterthums derjenige, den Sie am meisten bewundern?

Theron. Sokrates. Er steht oben an in dieser Classe. Er war unstreitig der weiseste und beste in der heidnischen Welt.

Aspasio. Ich bin derselben Meynung. Allein belieben Sie sich jedoch dabey der Geschichte des Physiognomi zu erinnern, der die Gemüthsbeschaffenheit aus den Gesichtszügen entdecken zu können behauptete. Der Lehrer dieser verborgenen Wissenschaft unternahm es, wie Sie wissen, seine Geschicklichkeit an dem Sokrates zu zeigen, und fällete, nach der Untersuchung seines Gesichtes, das Urtheil von ihm, daß er geil, hitzig und mürrisch wäre. Dieses von der Wahrheit so sehr entfernte Urtheil zog über den armen Wahrsager schon einen Sturm von Spott und Rache zusammen; allein der aufrichtige Weltweise legte sich

dazwi-

Das XI Gespräch.

dazwischen, und gestund, daß die Beschreibung ganz richtig wäre. Sein Gemüth wäre von Natur so geartet, wenn aber sein Umgang anders beschaffen wäre, so wäre solches der Hülfe der Weltweisheit zuzuschreiben. Sie sehen also, daß sich selbst bey ihrem allervollkommensten Charakter p) keine angebohrene

p) Ob ich gleich den Charakter des Sokrates liebe und bewundere, so kann ich doch seine ganze Aufführung nicht billigen. Was mir hauptsächlich anstößig ist, ist seine eingewurzelte Gewohnheit des Schwörens, die in allen seinen Unterredungen mit seinen Schülern vorkömmt. Μα τὸν Δία, Νὴ Δί', und andere dergleichen Berufungen auf die Gottheit finden sich nicht nur in jedem Gespräche, sondern auch fast auf jedem Blatte, und zwar bey solchen Gelegenheiten, wo sie am wenigsten nöthig sind. Ich habe mich oft gewundert, daß ein so feiner Schriftsteller, als Xenophon, dergleichen Ungereimtheiten in seinen Schriften könne Platz finden lassen, welche, wenn man auch nicht einmal auf den Schein einer Gottlosigkeit, den sie veranlassen, sehen will, einem öfters aufgewärmten Gerichte gleichen, und so häufig vorkommen, bis sie einen wirklichen Ueberdruß verursachen. Noch mehr aber wundere ich mich, daß sein vortrefflicher Lehrmeister die Heiligkeit eines Eides so gemein, und die Ehre seines Jupiters so wohlfeil hat werden lassen können.
Dieß ist ein Beweis von der beklagenswürdigen Blindheit der menschlichen Vernunft, die eine so offenbare Entheiligung des göttlichen Namens für eine schöne Zierde der Rede hat halten können. Es zeiget uns gleichfalls, wie höchst nothwendig uns das geoffenbarte Gesetz sey, das unter andern herrlichen Gebothen, die der natürlichen Religion unbekannt sind, auch dieses befiehlt: Ihr sollt allerdings nicht schwören, imgleichen: Du sollst den Namen des Herrn deines Gottes nicht misbrauchen.

ne Würde gefunden. Alles war von außen dazu gekommen.

Theron. Wenn das Verderben auf alle Menschen von ihrem Stammvater Adam hergeleitet wäre: so deucht mir, müßten auch alle gleich verderbt seyn. Dieß ist aber der offenbaren Erfahrung zuwider. Wir sehen, daß einige von Natur liebreich und liebenswürdig, von edlen Sitten, und keinen unordentlichen Begierden unterworfen sind.

Aspasio. Einige Personen mögen wohl von gesetztern, oder wenn sie wollen, von weniger lüderlichen Sitten, als der gemeine Hause anderer Leute seyn. Dieß ist aber einer bessern Mischung ihrer Natur, oder einer wachsamern Sorgfalt bey ihrer Erziehung zuzuschreiben. Zeigen Sie mir aber einen einzigen unwiedergebohrnen Menschen, der keinen unordentlichen Begierden unterworfen wäre. Eine schändliche Begierde kann wohl die andere zurück, oder die Beobachtung der Wohlanständigkeit selbige alle mit einander im Zaume halten. Allein, ein anders ist es, das wilde Thier im Herzen an der Kette liegen haben, und wiederum ein anders, es heraustreiben, oder den Löwen in ein Lamm verwandeln.

Theron. Haben wir nicht öfters Heldenmuth, und einen großmüthigen Geist an solchen Personen bemerket, die eben nicht die beste Erziehung gehabt haben? Können wir diese lobenswürdigen Eigenschaften wohl etwas anders, als dem angebohrnen Adel des Gemüths zuschreiben, der ohne einige von außen dazu gekommene Hülfe gewirket hat?

Aspasio. Die Tugend, Theron, ist eine vollständige Versammlung lobenswürdiger Eigenschaften,

und

Das XI Gespräch.

und einige von einander gesonderte Stücke machen solche keinesweges aus. Wenn die Tugenden, deren Sie erwähnen, nicht von dem ganzen Haufen liebenswürdiger Vollkommenheiten begleitet sind, so sind sie eben so wenig Tugenden zu nennen, als zwey oder drey abgebrochene Stücke eines Hauses mit dem Nahmen eines Gebäudes zu beehren sind. Wie oft sind nicht eben diese Personen, bey aller ihrer Tapferkeit, Sclaven unedler Wollüste, und fröhnen den niederträchtigsten Begierden! Ein untrügliches Kennzeichen, daß sie keine beständige Großmuth, keine wahre Tapferkeit besitzen. Die Ruhmbegierde kann zu vielen solchen Handlungen reitzen, die ein Auge, das sie nur obenhin betrachtet, blenden, die aber von einer ächten Tugend weit, weit entfernet sind.

Theron. Schreiben Sie denn die feinen griechischen Sitten, und den hohen römischen Geist, nebst allen vortrefflichen Handlungen ihrer Helden und Heerführer einer Ruhmbegierde zu?

Aspasio. Man hat Ursache zu vermuthen, daß sie ihren Ursprung von einem unrichtigen Bewegungsgrunde herleiten. Kein Bewegungsgrund aber ward künstlicher eingeflößet, oder fleißiger unterhalten, als der Geist des Ehrgeizes. Man sehe nur ihre Kronen, ihre Bildsäulen, ihre feyerlichen Triumphe. Man lese ihre Redner, ihre Geschichtschreiber, ihre Dichter. Die ersten waren die Schule, und die letztern die Lehrmeister, so diese große Lehre einschärfeten.

Lassen Sie uns die Römer ein wenig aufmerksamer, und zwar in ihren besten Zeiten, als ihre Republik im blühenden Zustande war, und ihre Scipionen

nen sich hervorthaten, betrachten. Es wurden unstreitig viele große und scheinbare Thaten ausgeübet. Allein, entsprungen dieselben aus einer ehrerbiethigen Hochachtung gegen das höchste Wesen, aus einem Gehorsame gegen seinen Willen, oder aus einem Eifer für seine Ehre?

Sollte aber dieser Bewegungsgrund für gar zu weit gesucht gehalten werden; entstunden denn diese ihre Handlungen aus einer Liebe gegen ihre Nebengeschöpfe? Hat aber keiner von diesen Bewegungsgründen q) ihre Aufführung belebet, so kann solche nimmer auf die Rechnung der Tugend gesetzet werden. Wäre Gütigkeit ihr leitender Trieb gewesen, warum hätten sie denn solche Unmenschlichkeit an Carthago ausgeübet? Warum mußte die reiche Stadt in die Asche geleget, und warum mußten ihre zahlreichen Bürger durch das Schwerdt erwürget werden? Waren sie etwa Feinde des menschlichen Geschlechts, oder eine schädliche Last der Welt? Sie wissen es wohl, Theron, daß sie nur gar zu fleißig und zu mächtig

---

q) Der Eifer für die Ehre Gottes, und die Sorgfalt für das Beste unserer Nebengeschöpfe sind die wahren Quellen der Tugend. 1 Cor. X, 24. 31. Wenn unsre Handlungen daraus nicht herfließen, so wird die Vernunft ihre Güter streitig machen, und die Offenbarung wird sie aus dem Register der Tugenden wegstreichen. Sie können zwar an und für sich selbst scheinbar, in den Augen dessen, der sie ausübet, schätzbar, und auch selbst andern nützlich seyn: sie verdienen aber eben so wenig den Namen der Tugend, als es ein Liebeswerk genennet zu werden verdienet, wenn ein Wucherer einem Nothleidenden um schwere Zinsen Geld vorstrecket.

ts waren, wodurch sie in den Zustand konnten gesetzet werden, die Pracht des römischen Namens zu verdunkeln, und dem römischen Staate die Oberherrschaft streitig zu machen. Um dieses Verbrechens willen, eines Verbrechens, welches in dem Auge des Ehrgeizes schlechterdings nicht zu verzeihen ist, kann selbst eines Cato aufrichtige Seele sie zu dem äußersten Verderben verurtheilen, und eines Scipio sanfte Hand, dieses entsetzliche Urtheil vollziehen.

Ist dieß Tugend? Verwüstet Tugend Länder aus bloßem Uebermuthe des Stolzes, oder aus Verlangen sich über andere zu erheben? Raubet Tugend Millionen Menschen das Leben, bloß um ein besonderes Volk groß zu machen, oder das Gebieth eines besondern Reiches zu erweitern? Wenn dieß Tugend wäre, so hätte Brutus noch gar zu rühmliche Gedanken von derselben gehabt, als er sie einen leeren Namen nannte. Ich bin versichert, mein Theron. hat richtigere Begriffe von Dingen. Ihm brauchet es nicht erst gesaget zu werden, daß die wahre Tugend keinesweges eine räuberische Harpye vorstelle, sondern vielmehr als ein Vater gegen andere, als ein Vater gegen alle handele, und gleich demjenigen, der beydes Ihr Muster und ihr Urheber ist, mit lauter Gutesthun umgehe.

Theron. Das schönste Rohr wird, wenn man es in jenes Wasser hält, und wenn das Wasser von der Luft beweget wird, beydes krumm und rauh scheinen. Ich kann mir keine andere Vorstellung machen, als daß die Ankläger der menschlichen Natur, den Zustand derselben mit einem von Vorurtheilen erfülleten Verstande untersuchen, welchen denn auf ihre

Beur-

Beurtheilungskraft eben eine solche Wirkung hat, als jenes in Bewegung gesetztes Wasser auf das Gesicht. Oder sie betrachten auch ihren Zustand mit einem melancholischen Gemüthe, welches, gleich dem Auge eines Gelbsüchtigen, einem jeden Dinge ein falsches Ansehen giebt, das Muntere verdunkelt, das Schöne verstellet, und die Sonne selbst mit einem Trauerflore überzieht.

Aspasio. Lassen Sie uns vielmehr dieses Gleichniß wählen, unsern Satz zu erläutern. Man betrachte das schlechteste Stück Erde durch ein prismatisches Glas, so wird solches nicht nur schön, sondern ganz glänzend scheinen. Man nehme aber das betrügerische Glas weg, so verschwindet alle erborgte Pracht, das schöne Blau, Gelb und Violett ist nicht mehr vorhanden, und es bleibt weiter nichts übrig zu sehen, als ein grober ungestalter Klumpen Leimen. Wenn wir also die menschliche Natur nach den parteyischen Vorstellungen der Eigenliebe ansehen, oder sie in dem schmeichelnden Spiegel einiger menschlicher Schriften betrachten, so kann sie freylich ordentlich, heilig und vortrefflich scheinen. Betrachten wir sie aber in dem Lichte, in dem niemals irrenden Lichte der Offenbarung, so verschwindet ihr eingebildeter Reiz, sie ist in lauter Häßlichkeit gekleidet, und ihr Anblick erreget Mitleiden, wo nicht gar Schrecken.

Theron. Was haben Sie für Ursache, der heiligen Schrift eine solche Vorstellung beyzumessen? Die lehret uns ja, daß der Mensch nach dem Ebenbilde Gottes geschaffen sey. Dieß kann doch gewiß kein so schändliches, kein so verderbtes Muster seyn,

als

als das, was Sie sagen, zu verstehen zu geben scheint.

Aspasio. Das sey ferne! Das Ebenbild Gottes ist das richtigste Muster aller Vollkommenheit. Nach diesem bewundernswürdigen Muster wurden unsre ersten Aeltern geschaffen, und in diesem edlen Zustande blieben sie, bis sie durch die Uebertretung fielen. Der heilige Geschichtschreiber verändert daher, sobald als diese unglückliche Veränderung Platz gefunden hatte, seine Schreibart, und saget auf eine besondere Weise und mit sehr wohl und richtig gewählten Worten! Adam zeugete einen Sohn, der seinem, nicht dem Bilde Gottes, ähnlich war r). Damit ein jeder Leser auf diese betrübte, jedennoch wichtige Wahrheit merken möge, so wird sie auf eine sehr starke und nachdrückliche Art eingeschärfet. Moses saget: Adam zeugete einen Sohn, der seinem s), seinem eigenen Bilde ähnlich war, und dadurch zwischen diesem Bilde, und dem Ebenbilde Gottes, dessen kurz vorher war gedacht worden, einen deutlichen Unterschied zu machen. Welche Ausdrückungen die augenscheinliche Absicht haben, den Unterschied zwischen dem Zustande, in welchem Adam geschaffen, und Seth gezeuget war, anzudeuten.

Theron. Ich bitte Sie, geben Sie mir doch eine kurze, aber vollständige Nachricht von dieser traurigen

---

r) Dieß wird nicht von Cain, sondern von Seth, dem vortrefflichsten der Kinder Adams, und dem Vater des heiligen Saamens gesaget.

s) כדמותו בצלמו 1 B. Mos. V, 3. Corruptus corruptum.

rigen Geschichte, weil doch alle orthodoxe Gottesgelehrten sich so sehr auf die Lehre vom Falle berufen.

Aspasio. Als Gott den Leib des Menschen aus der Erde gebildet, den Bau desselben mit einer lebendigen Seele begeistert, und dieser Seele sein eigenes seliges Ebenbild eingepräget hatte: so war im Verstande lauter Licht, im Willen lauter Richtigkeit, und in den Begierden eine völlige Uebereinstimmung. Der so herrlich begabte Mensch ward in den angenehmen Garten Eden gesetzet, und mit jeder Bequemlichkeit versehen, die zur Erhaltung seines Wesens nothwendig, und zum Vergnügen seiner Sinne nur zu erwünschen war. Er ward zum Herrn über die geringern Geschöpfe ernennet, und bekam, mitten unter unzähligen Freyheiten, nur ein einziges leichtes Verboth, von dem Baume des Erkenntnisses Gutes und Böses nicht zu essen. Von diesem sollte er sich enthalten, zum Zeichen seiner Unterthänigkeit, und zur Uebung seines Gehorsams. Seligkeit und Unsterblichkeit sollte der Lohn des Gehorsams, Elend und Tod aber die Strafe des Ungehorsams seyn. *Welches Tages du davon essen wirst, sollst du des Todes sterben,* hieß es bey der Gebung dieses göttlichen Gesetzes.

Wie billig, wie gnädig war diese Bedingung! Und doch konnte ihn, weder das göttliche Ansehen von der Verletzung derselben abschrecken, noch die göttliche Güte sie zu halten antreiben. Er war unvernünftiger Weise mit so vortheilhaften Umständen unzufrieden, strebete höchst vermessen darnach, dem Allerhöchsten gleich zu seyn, und gab den Einraunungen des bösen Geistes Gehör. Mit einem Worte, er übertrat

trat das Geboth und ward straffällig. Gott war gerecht, und der Mensch ward unglücklich. Er verlor seine Aufrichtigkeit t), ward der Sterblichkeit unterworfen, und, wie die nachdrückliche Grundsprache es ausdrücket, starb des Todes.

Theron. Es ist wahr; er ward vielen Leibesschwachheiten, und der Nothwendigkeit der endlichen Auflösung unterworfen. Allein, was hat dieses Urtheil, oder was hat dieses Leiden, mit Ihrem Begriffe von der gänzlichen Verderbniß des Gemüthes gemein? Der Tod, welchen der allmächtige Gesetzgeber drohete, kann bloß dem Leben, welches der allmächtige Schöpfer gegeben hatte, entgegen gesetzet werden.

Aspasio. Das lasse ich gelten. Der Schöpfer gab, und der Mensch besaß ein Leben, das ungleich vortrefflicher war, als das, welches der Puls mittheilt, oder dessen die Thiere genießen. Er besaß ein göttliches Leben, welches, nach der Beschreibung des Apostels, in Erkenntniß, in Gerechtigkeit, in wahrer Heiligkeit bestund. Dieses, welches die vorzügliche Herrlichkeit, und das höchste Glück seiner Natur war, gieng leider! alles verloren.

Sein Verstand, der ursprünglich mit Weisheit erleuchtet war, ward mit Unwissenheit bewölket und überzogen. Sein Herz, das vormals mit gottesfürchtiger Ehrerbiethung erfüllet gewesen war, und von himmlischer Liebe gebrannt hatte, ward von Gott,

Nn 2 seinem

---

t) Die Unschuld, die sie als ein Schleyer für die Kenntniß des Bösen überschattete, war nebst dem gerechten Vertrauen und der angeschaffenen Gerechtigkeit dahin. Milton IX B. 1054 V.

seinem Schöpfer, entfrembet. Anstatt, daß seine Leidenschaften und Begierden sich in gebührender Ordnung nach den schönen Vorschriften der Wahrheit und Pflicht zu richten hätten fortfahren sollen, wurden sie aufrührisch, schüttelten die Regierung der Vernunft ab, und liefen ganz wild in die unerlaubtesten Ausschweifungen. Mit einem Worte, der ganze moralische Zusammenhang ward zerrüttet, zertrennet und unterbrochen.

Theron. Was haben Sie denn für Ursache zu vermuthen, daß alles dieses Elend entweder in der Drohung eingeschlossen gewesen, oder durch den Fall verursachet worden?

Aspasio. Die Unwissenheit des gefallenen Adams war handgreiflich. Zum Zeugnisse davon kann die ungereimte Bemühung dienen, sich vor dem Auge des Allmächtigen unter den Bäumen des Gartens zu verbergen. Seine Abneigung von dem allgnädigen Gott war eben so augenscheinlich. Sonst würde er niemals vor seinem Schöpfer geflohen seyn, sondern vielmehr auf den Flügeln des Verlangens zu dem Orte der göttlichen Offenbarung geeilet haben.

Eine außerordentliche Mannichfaltigkeit unordentlicher Leidenschaften u) herrschete offenbar in seinem Herzen.

---

u) Wenn Milton von dem unglücklichen Paare redet, und die Folgen ihres Falles beschreibt, so saget er: Es regneten nicht nur Thränen aus ihren Augen; sondern es erhuben sich auch inwendig heftige Winde; starke Leidenschaften, Zorn, Haß, Mistrauen, Argwohn und Uneinigkeit erschütterten den inwendigen Zustand ihres Gemüthes auf das heftigste, der ehemals so geruhig und voller Frieden war, nunmehr aber

Herzen. Besonders Stolz; denn er weigerte sich, sich schuldig zu bekennen, ungeachtet er die That selbst nicht läugnen konnte: Undankbarkeit; denn er warf dem Schöpfer verdeckter Weise sein Geschenk vor, als welches ihm vielmehr zu einer Schlinge, als zu einem Glücke gereichet hätte, das Weib, sprach er, das du mir zugesellet hast, gab mir von dem Baume, und ich aß: Mangel der natürlichen Liebe; denn er bemühete sich, alle Schuld auf das schwächere Werkzeug zu schieben, und sich selbst durch die Anklage seiner geliebten Gehülfinn zu entschuldigen. Eva demüthigte sich eben so wenig, sie nahm die Schande nicht auf sich selbst, sie gab Gott nicht die Ehre, und bath nicht ein einzigesmal um Verzeihung.

Da alles dieses Unglück auf die Uebertretung des Gebothes folgete, so giebt uns solches, meinem Bedünken nach, den besten Schlüssel zu dem Verstande der demselben angehängten Drohung. Es beweiset ohne allen Widerspruch, daß der geistliche Tod nebst allen seinen Folgen in dem Umfange derselben begriffen gewesen.

Theron. Wie konnte eine einzige Handlung des Ungehorsams solche verderbliche Wirkungen hervorbringen, das schöne Ebenbild Gottes auslöschen, und an dessen Stelle dem Menschen ein Ungeheuer, ja

den

aber zerrüttet und unruhig ward; denn der Verstand herrschete nicht mehr, und der Wille folgete seiner Lenkung nicht weiter; sondern ward nunmehr der sinnlichen Begierde unterworfen, die sich von unten auf empöret, und sich der Oberherrschaft über die ehemals alles beherrschende Vernunft angemaßet hatte.

den Teufel selbst einprägen? Zumal, da es noch dazu eine so geringe Handlung des Ungehorsams war.

Aspasio. Verzeihen Sie mir, das Verboth war geringe, keinesweges aber die Uebertretung. Sie ward wider die deutlichste Erkenntniß der Pflicht, und wider die stärksten Verbindungen zum Gehorsame begangen. Sie zeugete von einer Undankbarkeit gegen die überflüßigste Gütigkeit, und von einem Unglauben der feyerlichsten Erklärungen. Es war eine Handlung der abscheulichsten Vermessenheit eines Geschöpfes, und der gottlosesten Empörung wider den Schöpfer.

Das geringe, oder vielmehr das gelinde und gütige Verboth vergrößert das Verbrechen des Ungehorsams über alle Maaße. Wir können uns hierbey fast eben der Worte bedienen, die ehemals an den syrischen Feldhauptmann gerichtet wurden, und sagen: O Adam, wenn dich der Herr etwas großes hätte geheißen, solltest du es nicht, aus Demuth gegen einen so hohen Befehl, und aus Dankbarkeit gegen seine unaussprechliche Güte thun? Wie viel mehr, so er zu dir saget: Iß frey von allem, ausgenommen von diesem einzigen Baume. Tausend, und aber tausend Ehren, Vorrechte und Gaben sollen dein, nur diese einzige Bezeugung deiner Unterwürfigkeit soll mein seyn, die noch dazu so leicht ist, als es sich dein Herz nur wünschen, oder dein Verstand vorstellen kann.

Sie fragen, wie konnte eine einzige Handlung des Ungehorsams solche verderbliche Wirkungen hervorbringen? Ich antworte: Wir haben in der Körperwelt unzählige Exempel von Vorfällen, von deren Wirk-

Das XI Gespräch.

Wirklichkeit ein jeder überzeuget ist, da hingegen die Art und Weise, wie sie zur Wirklichkeit gebracht werden, ein undurchdringliches Geheimniß bleibt. Ein jedes Kind wird die erstere gewahr, die letztere aber kann auch ein großer Newton nicht begreifen. Aus dieser Ursache habe ich allezeit für besser gehalten, dasjenige zu glauben, was Gott gelehret, als sich zu bemühen, dasjenige zu erklären, was er verborgen hat. Lassen Sie uns diese gar zu neugierige und vielleicht vergebliche Untersuchung fahren lassen, und an deren Stelle eine Anmerkung machen, die uns diese Materie natürlicher Weise von sich selbst an die Hand giebt, und die nicht wenig beytragen wird, uns daraus zu erbauen.

Theron. Zu erbauen! Ist es möglich, einen so unanständigen und so betrübenden Begriff erbaulich zu machen! Kann aus einem so armseligen Boden wohl die geringste edle Frucht entspringen?

Aspasio. Simson, glaube ich, hätte wohl niemals gedacht, in den Ueberbleibseln seines erschlagenen Löwen etwas schätzbares zu finden. Allein, zu seiner angenehmen Verwunderung war Honig in dem Aaße x). Scheint unsre Lehre gleich so fürchterlich, wie das eine, so kann sie uns dennoch einen Vortheil zuwege bringen, der eben so süß und angenehm ist, wie das andere.

Wir können daraus etwas lernen, welches, wenn es recht gelernet wird, uns größere Dienste leistet, als alle Wissenschaften, nämlich die äußerste Schädlichkeit der Sünde. Wenn feuerspeyende Berge ih-

x) Richt. XIIII, 8.

ren entsetzlichen Rachen öffnen, und eine feurige Ueberschwemmung von sich geben, so schränken sie ihre Wuth doch noch in einem einzelnen Striche Landes ein. Wenn Theurung ihre mit Mehlthau gefüllete Hand aufthut, und den Unterhalt des thierischen Lebens vernichtet, so ist sie mit der Verderbung eines Königreichs, oder einer Nation zufrieden. Wenn der Krieg sein Schwerdt in Blut tunket, oder die Pest die Luft mit Gifte schwängert, so beobachten auch selbst diese Plagen gewisse Gränzen, und machen niemals den ganzen Umfang der Natur zum Schauplatze ihrer Wuth. Die Sünde aber richtet ihren Streich wider das ganze menschliche Geschlecht. Die Sünde ergießt ihre Ansteckung, und verbreitet ihr Verderben durch alle Länder und durch alle Zeiten. Eine einzige Handlung der Sünde hat Verwirrung und Fluch über die körperliche, und Elend, unendliches und tausendfaches Elend über die vernünftige Welt gebracht y). Wie haben wir denn nun nicht dieß verderblichste von allen Uebeln zu fürchten! Mit was für Sorgfalt haben wir nicht Ursache, uns vor ihren hinterlistigen Reizungen zu hüten, und mit was für einem geschwinden Entschlusse müssen wir ihre tödtenden Liebkosungen nicht fliehen!

Theron. Ich muß bemerken, daß Sie dasjenige für ausgemacht annehmen, was noch zu beweisen

---

y) Der heilige Chrysostomus nennet die erste Uebertretung ἡ παντα λυμαινομενη αμαρτια. Welches einigermaßen vom Milton übersetzt ist, der, da er von derselben traurigen Handlung redet, saget: Sie hat den Tod und alles unser Wehe in die Welt gebracht.

Das XI Gespräch.

sen übrig bleibt. Denn gesetzt auch, daß dasjenige, was Sie sagen, in Ansehung Adams wahr ist, wie kann es denn seine Kinder treffen? Warum muß seine ganze Nachkommenschaft angestecket seyn, weil ihr Stammvater gesündiget hat? Eine so heftige Beschuldigung wider das gesammte menschliche Geschlecht kann ohne die dringendsten Beweise nicht zugelassen werden.

Aspasio. Die Beweise sind dringend genug, und vielleicht unwidersprechlich. Die Vernunft biethet sich in der Sache zum Zeugen an. Die Vernunft fraget in Gemeinschaft mit der Offenbarung: Wer will einen Reinen finden, bey denen, da keiner rein ist z)? Ist der Brunn unrein, wie können denn die daraus fließende Ströme rein seyn? Und ist die Wurzel verderbt, so ist es ja unmöglich zu begreifen, wie die Zweige gesund, oder die Früchte gut seyn können a)?

Die Schrift behauptet diese Wahrheit sehr häufig, und stellet davon nicht etwa zween oder drey, sondern eine ganze Menge von Zeugen dar. Der könig-

---

z) Hiob XIV, 4.
a) Milton ist Therons Einwurfe zuvorgekommen, und hat ihn in Adams Rede mit sich selbst, sehr gründlich gehoben: Ach! warum soll denn das ganze menschliche Geschlecht um eines Menschen Versehens willen so unschuldig verdammet werden, wo es anders unschuldig ist? Wie kann aber von mir etwas anders, als das verderbt ist, herkommen, da beydes Leib und Geist verderbt ist, daher sie nicht allein einerley mit mir thun, sondern auch einerley Willen mit mir haben? Wie können sie vor dem Angesichte Gottes befreyet stehen? Milton X B, 822 V.

liche Prediger saget: Gott hat den Menschen aufrichtig gemacht, die menschliche Natur hatte in ihrem ursprünglichen Zustande nicht die geringste verkehrte Neigung; aber bey und seit der ersten Uebertretung suchen sie viel verkehrte Künste, und folgen denselben b).

Theron. Ich läugne nicht, daß nicht viele Leute, so durch böse Exempel verführet, oder durch ihre eigene Unachtsamkeit betrogen worden, von der Regel der Pflicht abgewichen sind, und wie der weise Mann versichert, manche thörichte Versuche die Glückseligkeit zu erlangen angestellet, und eben so viele vergebliche Entschuldigungen ihrer Thorheit erfunden haben. Dieß ist aber noch kein so unwidersprechlicher Beweis, daß sie ursprünglich böse gewesen. Es erhellet daraus bloß so viel, daß sie, weil sie auf ihre Wege nicht gehörige Achtung gegeben, von der ihnen natürlichen Aufrichtigkeit abgewichen sind. Eben so wie jene Tulpen, ungeachtet sie itzo vollkommen schön sind, wenn ihrer nicht mit der nothwendigen Pflege gewartet wird, in sehr schlechte Blumen ausarten, und zuletzt nicht viel besser, als verächtliches Unkraut seyn werden.

Aspasio. Nein, mein Freund. Die Sündhaftigkeit ist keine Sache, die erst zu unserer Natur hinzukömmt, die von anderer Exempel angenommen wird, oder die wir uns durch Sorglosigkeit zuziehen. Die moralische Krankheit kann dadurch wohl vergrössert werden; allein sie wird nicht davon veranlasset. Die sündliche Neigung nimmt zugleich mit unserm Daseyn ihren Ursprung. David giebt von dieser
demü-

b) Pred. Sal. VII, 29.

Das XI Gespräch.

bemüthigenden Wahrheit ein ausdrückliches Zeugniß. Siehe! spricht er. Er bemerket die Stelle recht mit einem NB. Es ist eine betrübte aber gewisse Wahrheit, die niemals aus meinem Gedächtnisse kommen, die niemals in meinen Bekenntnissen ausgelassen werden, und worauf ein jeder Leser aufmerksam achten muß. Ich bin aus sündlichem Saamen gezeuget, und meine Mutter hat mich in Sünden empfangen c). Als wenn er sagen wollte, ach Herr! dieses Verbrechen ist zwar äußerst abscheulich, es ist aber nur der geringste Theil meiner Verschuldung. Ich habe nicht nur wirklich gesündiget, sondern es ist auch selbst meine Natur ganz und gar verdorben.

Dieß gesteht er, nicht sein Verbrechen zu verringern, sondern seine äußerste Schändlichkeit zu offenbaren. Es ist auch in der That nicht möglich, daß wir ein richtiges Urtheil von uns selbst fällen, oder uns gebührender maßen vor Gott demüthigen können, wenn wir nicht die Verderbniß unserer Natur, zu den wirklichen Uebertretungen unsers Lebens hinzusetzen. Eben so unmöglich als es ist, die ungeheuren und fressenden Thiere, die in dem Meere verborgen liegen, gewahr zu werden, wenn wir bloß einen flüchtigen Blick auf die Oberfläche desselben werfen.

Theron. Sie wissen, daß dieses von dem bußfertigen Könige unter dem Schmerze heftiger Gewissensbisse geschrieben worden. Sollte nicht etwa die Empfindung seiner ausschweifenden Gottlosigkeit, und die Furcht vor dem göttlichen Zorne seine Hand zittern

---

c) Psalm LI, 5.

Das XI Gespräch.

zittern gemacht, und ihn veranlasset haben, die entworfenen Züge zu übertreiben? Oder gesetzt auch, daß dieses an dem ehebrecherischen Könige wahr gewesen, läßt es sich denn auch eben so eigentlich auf andere deuten, die dergleichen groben Unreinigkeiten entgangen sind?

Aspasio. Es ist keinesweges eine übertriebene Vorstellung, sondern eine getreue Abschilderung, die ein jedes Adamskind ganz richtig vorstellet. Sie ist mit der größten Ueberlegung geschrieben, und daher mit der Aufforderung zu einer besondern Aufmerksamkeit, Siehe, angefangen worden. Und ob sich gleich David durch die sträfliche Gemeinschaft mit dem Weibe des Uriah eines abscheulichen Lasters schuldig gemachet hatte: so war doch sonst sein ganzes Leben nicht nur untadelhaft, sondern auch exemplarisch. Wer war wohl so eifrig für das Haus seines Gottes, oder ein so andächtiger Bewunderer des göttlichen Worts? Sein Herz war ein Altar, der beständig von himmlischer Liebe flammete, und seine Zunge eine Posaune, die das Lob des Allerhöchsten durch alle Geschlechter erschallen ließ. Und hatte er Ursache, ein solches erniedrigendes Bekenntniß zu thun, wo ist denn wohl derjenige, der glauben kann, daß ihm zu nahe geschehe, wenn ihm eine gleiche Beschuldigung beygemessen wird?

Einer von unsern ersten Märtyrern pflegte, wenn er hörte, daß ein Missethäter zu einem schmählichen Tode verdammet worden, die Hand auf seine Brust zu legen, und zu sagen: Der Saame aller der Bosheiten, die diesem Unglückseligen den Tod zugezogen haben, ist hier gesäet. Daß derselbe aber nicht in

eben

eben solche abscheuliche Thaten ausgebrochen ist, davon ist der göttlichen Gnade, der göttlichen Gnade allein, aller Ruhm beyzulegen.

Theron. Die Märtyrer hatten redliche Herzen, aber nicht allemal die aufgeklärtesten Köpfe. Ich bewundere ihren Eifer, und verehre ihr Angedenken; ich kann ihre Meynungen aber eben so wenig für göttliche Aussprüche annehmen, als ich mich bewegen lassen kann, ihre Reliquien anzubethen.

Aspasio. Ich habe gar nicht die Absicht, meinen Freund zu den Lehren des Pabstthums zu verführen, auch nicht das geringste Verlangen das menschliche Geschlecht zu verleumden. Ist es unredlich und sündlich, nur einer einzelnen Person einen Schandfleck anzuhängen, wie viel unverantwortlicher würde es denn nicht seyn, unsere ganze Natur überhaupt zu verleumden!

So dunkel und unangenehm dasjenige, was ich vorbringe, auch immer seyn mag, so wird es doch durch ein weit höheres Ansehen, als einige besondere Meynung seyn mag, bestätiget. Es wird durch die allgemeine Ueberschauung des menschlichen Geschlechts bestätiget, die von dem Auge des Schöpfers selbst geschehen, und die uns in den Büchern der Offenbarung aufgezeichnet hinterlassen ist. Der Herr schauet vom Himmel auf der Menschen Kinder, daß er sehe, ob jemand klug sey, und nach Gott frage d). Was ist der Erfolg dieser großen Untersuchung? Es muß derselbe untrüglich wahr seyn. Denn Gottes Auge ist zu scharf, betrogen zu werden, und sein Urtheil ist zu unparteyisch, verleitet

---

d) Psalm XIV, 2.

tet zu werden. Dieß ist der Bericht, den der unendliche weise Bemerker von dieser Ueberschauung selbst ertheilet: Sie sind alle abgewichen, und alles sammt untüchtig e), da ist keiner, der Gutes thue, auch nicht einer.

Theron. Dieß ist, meiner Einsicht nach, der Charakter derer bethörten Creaturen, derer größten unter allen Thoren, die da sprechen, es ist kein Gott. Von diesen redet der Psalm, und diesen wird der abscheuliche Charakter beygeleget. Sie haben denselben, wenn ich so reden darf, cum privilegio.

Aspasio. Dieser Psalm geht vielmehr auf die praktischen, als auf die theoretischen Atheisten, die nicht ausdrücklich mit ihrem Munde, sondern innerlich in ihrem Herzen sprechen, es ist kein Gott; die so leben, als wenn kein allsehendes Auge wäre, so ihr gegenwärtiges Bezeigen bemerkete, und kein oberster Richter, der sie zu einer künftigen Rechenschaft forderte. Und ich kann mich sicher auf die Erfahrung berufen, ob dieß nicht ein Stück der Thorheit sey, die unsern Kindern im Herzen stecket f); ja ob es nicht

---

e) Pf. XIV, 2. 3. Die beyden Worte der Grundsprache ונאלחו כל sind verblümte Ausdrückungen. Sie sind vom Weine hergenommen, der sauer geworden ist, und von Speisen, die im Stande der Fäulung sind. Ich glaube, es sey unmöglich, Bilder zu finden, dadurch ein gänzliches Verderben, und das äußerste aus der Art schlagen, stärker könnte ausgedrücket werden.

f) Spr. Sal. XXII, 15. Niemand gedenke, daß der heilige Schriftsteller durch Thorheit allhier die kindlichen

nicht uns allen beydes in unserer Jugend und in unserm männlichen Alter natürlich sey, unsers Schöpfers zu vergessen?

In diesem Falle, Theron, ist kein Monopolium. Ihr Recht und das meinige ist durch die Erfahrung gar zu stark bestätiget, und in der angeführten Schriftstelle gar zu deutlich ausgedrücket, als daß es dem geringsten Widerspruche sollte unterworfen seyn. Wenn sich noch jemand fände, der klug wäre; aber sie sind allesammt abgewichen, da ist keiner der Gutes thue, auch nicht einer. Hätten wohl Worte können erfunden werden, wodurch unser unglücklicher Titel vollkommener hätte bestätiget werden können?

Theron. Es können sich wohl einige Stellen in der Schrift finden, die Ihren Satz zu unterstützen scheinen. Diese geht aber auf die schlimmsten Menschen, in den schlimmsten Zeiten. Können Sie denn, mit einiger Gerechtigkeit, die Eigenschaften einiger

chen Streiche verstehe, welche die Schwachheit des Verstandes an Kindern entdecken. Salomons Thor ist nicht der Unwissende, sondern der Sünder, und die Thorheit, wowider er durch und durch in seinen Sprüchwörtern redet, bedeutet nicht einen Fehler im Verstande, sondern in der Religion und in den Sitten. Die Worte in dieser Stelle sind ganz besonders nachdrücklich. Thorheit stecket im Herzen, ist der Natur selbst eingepflanzet, und tief in die innersten Kräfte versenket. Nicht nur tief darinn versenket, sondern sie hänget denselben fast unzertrennlich an. קשורה ist damit verwickelt, verknüpfet, verbunden, schlingt sich herum wie Epheu, und ist wie eine Eiche tief eingewurzelt.

niger weniger Ruchlosen dem ganzen Geschlechte beymessen?

Aspasio. Eben diese Stelle wird nebst andern gleiches Inhalts von dem heiligen Paulus angeführet, und beydes auf Juden und Heiden in dieser ausdrücklichen Absicht gedeutet, auf daß aller Mund verstopfet werde, und alle Welt Gott schuldig sey g). Welches meiner Meynung nach, die Allgemeinheit dieser Stellen, außer allen Zweifel, erweiset.

Wenn wir zu der Allgemeinheit noch das Alterthum der Sache selbst hinzusetzen, so werden wir daran zwey große Kennzeichen der Wahrheit haben. Es ist so wenig eine neue Meynung, daß es schon in den frühen Zeiten Hiobs als eine Grundregel ist angenommen gewesen. Was ist der Mensch, daß er sollte rein seyn, und daß der sollte gerecht seyn, der vom Weibe gebohren ist, und zwar gerecht vor dem unendlich Gerechten und Heiligen? Siehe! unter seinen Heiligen ist keiner ohne Tadel, ob sie gleich die erhabensten unter allen vernünftigen Wesen sind. Ja die Himmel,
die

---

g) Röm. III, 19. Υπόδικος γενηται, schuldig sey, stimmet nicht so genau mit dem Endzwecke des Zusammenhanges überein, und bestätiget den Beweis des Apostels nicht so stark, als schuldig erfunden werde, d. i. völlig überzeugt, und augenscheinlich der gerechtesten Verdammniß unterworfen werde. Diese Dinge waren vor Alters aufgezeichnet worden, und werden von dem Apostel angeführet, nicht den Menschen schuldig zu machen, sondern zu beweisen, daß er wirklich schuldig sey.

die doch die heiterſten Theile der Körperwelt ſind, ſind nicht rein vor ihm. Wie viel mehr ein Menſch, der ein Gräuel und ſchnöde iſt h), der Unrecht, ob es gleich vor Gott höchſt abſcheulich, und ſeiner eigenen Seele ärger als Gift iſt, ſäuft wie Waſſer, ohne einiges Bedenken, oder die geringſte Furcht mit einem eifrigen und ausgelaſſenen Vergnügen.

Sie werden bemerken, daß dieſes in einer Streitigkeit vorgebracht ward, die mit nicht geringer Heftigkeit geführet wurde. Und dennoch ward es von allen Seiten als ungezweifelt wahr zugelaſſen. Bemerken Sie hiernächſt, daß die Beſchuldigung nicht auf einige offenbare Sünder eingeſchränket, ſondern dem ganzen menſchlichen Geſchlechte zur Laſt geleget werde. Was auch ein jeder in ſeinen eigenen Gedanken für eine Figur machen mag, ſo werden ſie doch alle in dem Worte Gottes als Weſen beſchrieben, die unerſättlich nach Uebel dürſten, und die Beſchreibung wird von Dingen hergenommen, deren Anblick wir nicht ausſtehen, oder die wir nicht ohne Abſcheu anſehen können i). So iſt der Menſch von Natur, derje-

---

h) Hiob XV, 14. 15. 16. Die unbefleckte Reinigkeit des ſeligen Gottes, und das äußerſte Verderben des gefallenen Menſchen, ſind in dem ſchriftlichen Zuſammenhange der Gottesgelahrtheit Puncte von ſo großer Wichtigkeit, daß ſie in dem einzigen Buche Hiobs nicht weniger als dreymal, und zwar durch denſelben edlen Contraſt rührender Bilder eingeſchärfet werden. Cap. IV, 17. 18. XV, 14. 15. 16. XXV, 4. 5. 6.

i) Die Worte der Grundſprache ſind נתעב ונאלח. Das erſte Wort wird 2 B. Moſ. VIII, 26. gebrau-

derjenige muß ganz andere Augen haben, als ich, der in diesem Abrisse das geringste Würdige finden kann.

Theton. Was die angebohrne Würde anbetrifft, davon will ich nichts sagen. Allein, das kann ich doch nicht anders als für gewiß halten, wie denn auch verschiedene Schriftsteller vom ersten Range auf meiner Seite sind, daß wir den Schauplatz des Lebens in einem Zustande betreten, der in Ansehung des Guten und des Bösen ganz gleichgültig ist, und daß die Neigungen einer richtig verfertigten Waage gleichen, die weder nach der einen, noch nach der andern Seite einen Ausschlag giebt. Gleichwie ein Bogen reines Papiers sich mit krummen sowohl als mit geraden Zeilen kann beschreiben lassen; so nimmt auch die Seele eben so leicht die häßliche Gestalt eines Teufels, als das liebenswürdige Bild eines Engels an sich.

Aspasio. Was Ihre erste Erläuterung anbetrifft, so deucht mir, widerleget das Gleichniß ihre Meynung. Denn unentschlossen seyn, ob wir den Herrn unsern Gott, den Geber alles Guten, und die Quelle aller Vollkommenheit lieben sollen, muß gewiß als eine gottlose Gesinnung verdammet werden. Dieß ist ein lasterhaftes Hinken auf beyden Seiten zwischen Gott und Baal. Eine Neutralität, die nichts besser, als eine Feindseligkeit ist.

Ich

chet, da von demjenigen geredet wird, was den Aegyptern ein Gräuel war. Das andere bedeutet eine so garstige Sache, die man ohne Ekel nicht sehen kann.

Ich fürchte, die Schriftsteller, deren Sie erwähnten, haben sehr wenig Achtung für die heilige Schrift. Unser Wappenschild sieht in derselben ganz anders aus. Uebertreter von Mutterleibe k) ist, da selbst unser Erbtitel. Wir sind schon Uebertreter durch die starke innerliche Neigung, ehe wir noch einmal durch äußerliche Handlungen selbst übertreten.

Betrachten Sie doch die jungen Hagedornpflanzen, die in jener Baumschule ihre grünen Blätter schon entwickelt, aber noch nicht gelernet haben ihre muntere Blüthe zu verbreiten. Ist in denselben eine gleiche Fähigkeit, so wohl angenehme saftige Trauben, als ihre eigene herbe und hülsigte Beeren hervorzubringen? Keinesweges. Sie werden gewiß, wo nicht etwa ein edler Zweig in ihnen gepfropfet wird, alle mit einander allezeit dieselbe herbe Frucht tragen, als die alten Bäume, von welchen sie entsprossen sind. So wird auch gewiß das menschliche Gemüth, wenn es nicht durch Christi Geist erneuert wird, in ungöttliche Gesinnungen ausbrechen, und lauter böse Früchte gottloser Werke bringen.

Theron. Der Edelmann, dessen Xenophon l) erwähnet, schützte zu seiner Entschuldigung vor, wenn er von einer reizenden Versuchung überwunden ward,

k) Jes. XLVIII, 8. Eine Wahrheit, die so augenscheinlich und unläugbar ist, daß auch Seneca, ob er gleich ein unerleuchteter Heide war, sie einsehen, und ob er gleich zu der stolzen stoischen Secte gehörte, sie gestehen mußte. Hac conditione *nati sumus*. Animalia obnoxia non paucioribus animi, quam corporis morbis. De Ira. Lib. II. c. 9.

l) Cyropæd. Lib. VI.

ward, er müßte zwo Seelen haben, eine, die ihn zum
Laster reizete, und eine andere, die ihn zur Tugend
lenkte. Dieß war noch eine mäßige Caricatura m),
wenn sie gegen die Vorstellung meines Freundes gehalten wird. Sie haben das Meisterstück der
Schöpfung in eine so häßliche Gestalt verwandelt,
die bey dem Menschen mit Recht einen Abscheu vor sich
selbst erwecken muß. Kann der Schöpfer wohl größer
geschmähet, können unsere Nebenmenschen wohl heftiger niedergeschlagen werden?

Aspasio. Ist dieses ein verstelltes Bild, wie
werden Sie denn die folgende Beschreibung nennen?
Der Herr sah, daß der Menschen Bosheit
groß war auf Erden, und alles Tichten und
Trachten ihres Herzens nur böse war immerdar n). Dieß wird ohne Zweifel für ein noch weit
häßlicheres Bild gehalten, und doch kömmt es von
der Hand dessen, der das schöne Firmament gemalet,
und alle Bilder der Natur in einer unnachahmlichen
Vollkommenheit dargestellet hat.

Ich bitte Sie, lassen Sie uns die Hauptzüge
dieses Abrisses untersuchen. Nicht bloß die Werke
seiner Hände, oder die Worte seiner Zunge, sondern sein Tichten und Trachten, alle Gedanken
seines Herzens sind böse. Die Seuche hat sich durch
den inwendigen Menschen verbreitet. Sie hat den
Sitz seiner Triebfedern, und die Quelle seiner Handlungen angestecket. Findet sich denn nicht, werden
Sie

---

m) Ein Wort, dessen sich die italienischen Maler bedienen, ein verstelltes, häßliches oder lächerliches Bild
anzudeuten.

n) 1 B. Mos. VI, 5.

Das XI Gespräch.

Sie sagen, die geringste Mischung von Guten? Nein, alles ist böse. Da ist nicht die geringste Hoffnung verursachende Neigung. Nicht der geringste Sauerteig des Guten, der sich noch etwa verbreiten, und den ganzen Teig verbessern möchte. Hat er denn gar keine lucida intervalla, keine glücklichen Augenblicke, in welchen die Tugend die Oberhand gewinnt? Nein, gar keine, er ist immerdar böse. Die Ueberwältigung der Sünde ist allgemein, und ihre Tyranney beständig.

Was ich gesaget habe, ist also keine Schmähung der Güte des Schöpfers. Es ist bloß das Echo seines eigenen Ausspruches. Und es schlägt unsere Nebenmenschen nicht so wohl nieder, als es sie demüthiget, und unruhig machet. Es demüthiget uns, um uns von unserm Verderben zu überzeugen, es machet uns unruhig, um nach Hülfe zu verlangen.

Theron. Gehet aber diese Beschreibung nicht besonders auf die Menschen der damaligen gottlosen Zeit, deren Verschuldung so wohl, als ihre Strafe, ihres Gleichen nicht hatte?

Aspasio. Sie läßt sich so wohl auf die damaligen Menschen, als auf ihre Nachfolger deuten. Die göttliche Weisheit wiederholet die Beschuldigung und leget sie auch auf das Geschlecht, so die Sündfluth überlebte. Das Verderben der menschlichen Natur blieb beständig, und das Wasser der allgemeinen Sündfluth hatte es nicht abwaschen können. So tief ist leider! die Seuche des ursprünglichen Verderbens eingewurzelt, und so unheilbar ist ihr Gift, daß sie vor nichts weicht. Sie weicht vor nichts anderem, als vor dem Bade der Wiedergeburt und

Erneurung des heiligen Geistes o). So lange dieses noch nicht Statt findet, muß das Herz des Menschen die schimpfliche Ueberschrift des Propheten führen: Es ist durchaus betrügerisch und verzweifelt böse.

Theron. Man hat mir gesaget, diese Stelle sey nicht recht übersetzet, zumal was den letzten Ausdruck anbetrifft, und die Grundsprache rede nicht so hart von dem menschlichen Charakter.

Aspasio. Sie lassen also zu, daß das Herz betrügerisch ist. Hiervon haben wir einen augenscheinlichen Beweis, an der Aufführung Hasaels. Er hielt es für unmöglich, daß er so entsetzliche Grausamkeiten sollte begehen können, als der Prophet vorhersah. Was ist dein Knecht, der Hund, sagte er, daß er solch groß Ding thun sollte p)? Ja, Hasael, ob du dich gleich für so sanftmüthig als ein Lamm hältst, so bist du doch grausamer, als ein Hund, und wilder als ein Tiger. Wie denn solches auch der Ausgang auf eine schreckliche Weise gezeiget hat.

Gesetzt, wir übersetzen das andere Wort genauer, so wird die kleine Veränderung ihrer Sache doch nur wenig helfen können. Anstatt verzweifelt böse, mögen sie beklagenswürdig krank lesen. Dieß ist der genaue Verstand der Redensart. Es ist eine Metapher, die von einem sehr kranken Leibe hergenommen worden, an welchem das ganze Haupt krank und das ganze Herz matt, und an welchem von der Fußsohle bis ans Haupt nichts gesundes,

sondern

o) Tit. III, 5.   p) 2 B. d. Kön. VIII, 13.

Das XI Gespräch.

sondern lauter auszehrende Krankheit und Mattigkeit ist q). Die Regeln des Wohlstandes mögen den menschlichen Umgang zwar wohl mit einem starken Firnisse überziehen: allein, ehe die Gnade, die heiligende Gnade zu Hülfe kömmt, gleicht auch das Herz, so die strengsten Regeln des Wohlstandes beobachtet, den blassen magern Wangen, die man mit einer armseligen Schminke zu beleben suchet.

Theron. Was sagen die heiligen Schreiber des neuen Testaments? Ist ihre Art zu denken nicht anständiger und gelinder? Hat gleich die menschliche Natur unter dem Gesetze ein so scheußliches Ansehen gehabt: so läßt sich doch wohl, nachdem unser Heiland gekommen ist, und sein Evangelium hat verkündigen lassen, ein verbessertes und angenehmeres Ansehen der Dinge hoffen.

Aspasio. Die menschliche Natur bleibt in einem jeden Zeitpuncte und bey jeder Verfassung der Religion allezeit dieselbe. Der weise Geist Christi war es, der das alte Testament eingegeben hatte, und dieser kann in den Erklärungen des neuen Testaments sich selbst nicht widersprechen.

Ich bin sehr geneigt zu glauben, daß alle leibliche Krankheiten, die unser göttlicher Arzt, während seines Aufenthalts auf der Erde, geheilet hat, figürliche Vorstellungen der geistlichen Krankheiten gewesen sind, von welchen, gleichwie von gewissen Familienkrankheiten, gesagt werden kann, daß sie in dem Blute aller Menschen herumlaufen. Wollen Sie mir erlauben, Theron, mich zu erklären? Ob ich gleich kein Freund von weitläuftigen Reden bin, so

möchte

---

q) Jes. I, 6.

möchte ich mich über diese Materie doch gern mit mehrerm herauslassen.

Theron. Von Herzen gern. Die Gesetze des Disputirens, die an keine Nachsichten der Freundschaft gebunden sind, geben Ihnen das Recht, alles vorzubringen, was Ihre Sache nur unterstützen kann, und es wird mir über dieses höchst angenehm seyn, Ihre Gedanken über einen so merkwürdigen Punct zu vernehmen.

Aspasio. Der arme Aussätzige, der mit lauter ekelhaften Geschwüren bedecket ist, ist ein wahres Bild eines befleckten Sünders. Ward der eine wegen seiner ansteckenden Unreinigkeiten von der Gesellschaft seiner Nebenbürger ausgeschlossen; so muß auch der andere wegen seiner abscheulichen Befleckung von der seligen Gegenwart Gottes verbannet seyn, wenn er nicht durch das Blut Jesu gereiniget und gerechtfertiget wird.

Sie bedauren den Zustand des unglücklichen Menschen, der blind gebohren war. Er warf seine Augen umsonst herum, den Strahl des Lichtes zu finden. So ist auch der finstere Zustand des menschlichen Gemüths beschaffen, bis die allmächtige Güte den Schuppen der Unwissenheit gebiethet, abzufallen, und das himmlische Licht durch alle Kräfte des Verstandes sich ergießt. Alsdann und eher nicht fangen wir an, die Heiligkeit, die Gerechtigkeit, die anbethenswürdigen Vortrefflichkeiten Gottes zu erkennen. Wir sehen die erhabene Reinigkeit seines Gesetzes, und die äußerste-Verderbniß unserer eigenen Seelen. Die überschwenglichen Herrlichkeiten unsers Erlösers werden uns bekannt, und wir vernehmen das höchsttröstliche

tröstliche Geheimniß, daß er sich in unsere Stelle gesetzet. Wir lernen die unaussprechliche Vollkommenheit seines Verdienstes, und den göttlichen Reichthum seiner freyen Gnade kennen r). Wahrheiten, die der Seele ungleich angenehmer sind, als die ergötzlichsten Auftritte der Schöpfung den Augen seyn können.

Des Gichtbrüchigen entkräftete Glieder stellen die Ohnmacht unserer Natur nur gar zu ähnlich vor. War dieser unfähig in der Mühle zu mahlen, einen Wettlauf zu thun, oder auch nur sich im Bette umzukehren: so sind wir gleichfalls unfähig, den guten Kampf des Glaubens zu kämpfen, die Pflichten des Christenthums auszuüben, oder auch nur uns zu Gott zu kehren. Erfahren Sie, mein werther Freund, nicht selbst etwas von dieser Unfähigkeit? Was mich anbetrifft, so muß ich meine Hand auf meine Brust legen, und täglich ja stündlich bekennen: Hier, hier ist die Lähmung. Bin ich gleich, Christus Jesus und sein lebendigmachender Geist sey dafür gelobet, nicht gänzlich todt in Sünden, wie matt ist dennoch mein Eifer, wie schwach ist mein Fleiß in der großen Angelegenheit der ewigen Seligkeit! Ich wollte den Verheißungen des getreuen Jehovah gern glauben: allein, wie oft wanke ich durch Unglauben!

---

r) Dieß und die vorhergehenden besondern Stücke, sind Lehren von der größten Wichtigkeit in der christlichen Schule. Die Erkenntniß derselben verdienet es, durch aufmerksame Betrachtung und eifriges Gebeth fleißig gesuchet zu werden. Denn sie wissen, heißt wahrhaftig weise, und von ihnen geleitet werden, heißt wesentlich glücklich seyn.

glauben! Gern wollte ich den Herrn meinen Gott von ganzem Herzen lieben; aber ach! was für eine Kälte betäubet meine Neigungen! Ich wünsche in allen meinen Gedanken demüthig, in allen meinen Begierden himmlisch, und dem göttlichen Willen ganz ergeben zu seyn. Aber ach! mein Vermögen zu allen diesen Dingen, ist wie eine schlaffe Sehne, oder wie ein verdorreter Arm.

Ich würde kein Ende finden, wenn ich mich umständlich bey allen Krankheiten aufhalten wollte, die Sinnbilder unsers Elendes, und des Triumphs der Kraft Gottes sind. Lassen Sie mich nur noch bloß dieses bemerken, daß die Leiber dieser Kranken nur mit einem einzigen Leiden beleget waren, unsere Seelen aber sich unter einem ganzen Zusammenflusse von Uebeln quälen. Sie fühlten ihr Leiden, und hatten ein sehnliches, ein unermüdetes Verlangen nach Hülfe. Wir hingegen sind so lange, bis wir von oben erwecket werden, in unserm elenden Zustande ganz unempfindlich. Zu allen unsern Krankheiten kömmt noch eine betäubende Schlafsucht, oder eine ausschweifende Raserey hinzu.

Theron. Dergleichen allegorische Erklärungen der Schrift sind artig genug. Allein ich glaube, Sie selbst halten sie nicht für beweisend. Ich für meinen Theil muß mich von den muthmaßlichen Gedanken der Einbildungskraft zu dem Ausspruche der Vernunft wenden.

Aspasio. Ich kann nicht finden, daß der allegorische Verstand, wenn eine vernünftige Maaße dabey gebrauchet wird, unserer Achtung unwürdig, oder ganz ohne Gewicht sey. Ich habe indessen gar nicht

Das XI Gespräch.

nicht die Absicht, Sie von Ihrer Berufung auf den Ausspruch der Vernunft abzuhalten. Wird der offenbare, der wiederholte Ausspruch eines Apostels meinem Freunde denn wohl ein Genüge leisten, und als ein Ausspruch der Vernunft angenommen werden? Der heilige Paulus hat sich also erkläret: Ich weiß, daß in mir, das ist, in meinem Fleische, oder in meiner unerneuerten Natur, wohnet nichts Gutes s), keine gute Gesinnung, nicht einmal eine gute Begierde. Anderswo versichert er: der fleischliche Sinn, oder die unwiedergebohrne Seele, sey dem Gesetze Gottes nicht unterthan, ja es sey derselbe ein Feind, oder vielmehr eine Feindschaft t) selbst, wider wen? Wider die Sünde? das wäre eine edle Antipathie. Wider die Welt? das wäre eine lobenswürdige Abneigung; nein, wider Gott und sein Gesetz. Erstaunliche Verkehrtheit! Feindschaft wider Gott zu seyn, der die unumschränkteste und vollkommenste Gütigkeit selbst ist, und wider sein Gesetz, welches wir doch als eine Abschrift seiner liebenswürdigen Vollkommenheiten, und als ein untadelhaftes Muster aller Tugend anzusehen haben.

Theron. Ich halte dafür, dieses sey der Charakter Sauls des Pharisäers, und nicht Pauli des Apostels, und eine Beschreibung seines Zustandes, da er noch ein Lästerer, ein Schmäher, ein Verfolger war.

Aspasio. Es geht dieses nicht auf ihn selbst allein, sondern läßt sich auch auf diejenigen deuten, die im Stande der Natur bleiben. Wenn der selige Urheber unsers Wesens von dem menschlichen Geschlechte
über-

s) Röm. VII, 18. t) Röm. VIII, 7.

überhaupt redet, so saget er: die Menschen sind Fleisch u); sie sind unfähig, himmlische Dinge zu schmecken, und sind gänzlich unter der Sclaverey fleischlicher Begierden. Der gutthätige Wiederhersteller unserer Glückseligkeit fället dasselbe Urtheil in denselben Worten: Was vom Fleisch gebohren wird, das ist Fleisch x). Die Kräfte, die die Menschen durch ihre natürliche Geburt bekommen, haben einen fleischlichen Trieb, sind zu nichts, als schändlichen Wollüsten und unedlen Endzwecken geneigt. Unser Heiland schärfet diese Erinnerung abermals ein, und erläutert sie durch einen sehr merkwürdigen Ausdruck. Sie können die Antwort nicht vergessen haben, die er an einen Jünger, der es aufschieben wollte, ihm nachzufolgen, ergehen ließ: Laß die Todten ihre Todten begraben y), wodurch er zu verstehen geben will, daß diejenigen, die von dem heiligen Geiste noch nicht gehei=

---

u) 1 B. Mos. VI, 3. Das Wort Fleisch, womit der allweise Schöpfer den Charakter des Menschen anzeiget, bedeutet bey den heiligen Schriftstellern alles, was an sich selbst schändlich ist, was Gottes Zorn reizet, und das Verderben des Menschen nach sich ziehet. Die Werke des Fleisches sind ein Inbegriff aller Gottlosigkeit. Gal. V, 19. 20. 21. Nach dem Fleische wandeln ist das Gegentheil von dem Wandeln nach dem Geiste, und dem göttlichen Gesetze und der wahren Heiligkeit schnurstracks zuwider. Röm. VIII, 4. Fleischlich gesinnet seyn, oder wenn der Einfluß, der Geschmack des Fleisches, (φρονημα σαρκος,) die Oberherrschaft in unsern Gemüthern hat, das ist der geistliche Tod der Seele, und eine Vorbedeutung des ewigen Todes beydes an der Seele und auch am Leibe. Röm. VIII, 6.

x) Joh. III, 6.   y) Matth. VIII, 20.

Das XI Gespräch.

geheiliget worden, ungeachtet sie das thierische Leben besitzen, dennoch des göttlichen Lebens beraubet, und zum Himmelreiche, zur Gemeinschaft und zur Freude desselben eben so wenig geschickt sind, als ein todter Körper in einem Sarge, oder dürre Knochen im Beinhause die geringsten weltlichen Geschäffte auszurichten vermögen.

A. Der heilige Paulus setzet in verschiedenen Stellen seiner Briefe, das Siegel des Himmels auf diese wichtige Wahrheit. Lassen Sie mich aus der ganzen Menge nur eine aussuchen, und sie Ihrer ernsthaften Ueberlegung anpreisen. Ihr, saget er zu den Colossern, die ihr weiland Fremde und Feinde waret. Die Colosser und alle Menschen sind von dem lebendigen Gott entfremdet gewesen, haben keine wahre Erkenntniß von ihm, und was noch ärger ist, kein wahres Verlangen nach ihm gehabt. Ja, sie sind nicht nur Fremde, sondern auch Feinde, und in einem feindlichen Zustande gegen seine heilige Natur und seinen himmlischen Willen gewesen. Was kann eine größere Verderbniß ausdrücken? Nichts, es möchte denn der darauf folgende Satz seyn: durch die Vernunft in bösen Werken z), durch ein Gemüth, so nicht nur

von

---

z) Coloss. I, 21. Τῇ διανοια εν τοις εργοις τοις πονηροις. Mente malis operibus intenta. Ein berühmter Criticus will diese Worte auf gedachte Weise auslegen und giebt wegen seiner Veränderung diese Ursache an: Mens enim dicitur, esse in ea re, quam semper cogitat, ad quam cupidine fertur et inclinatur. DAVENANT. Die Worte mögen nun auf diese oder auf die bisherige Weise übersetzet werden, so reden sie doch die Sprache und bestätigen die Meynung dieses ganzen Gespräches.

Das XI Gespräch.

von allem Guten abgeneigt ist, sondern auch eine eifrige Zuneigung zu allem Bösen hat.

Theron. Einige wenige aufgesuchte Stellen von einem figürlichen Innhalte, die durch eine geschickte Auslegung künstlich mit einander verknüpfet werden, mögen ihre Sache wohl zu unterstützen scheinen.

Aspasio. Ach, Theron, es brauchet hier gar keiner Kunstgriffe. Wer die Schrift nur durchläuft, kann diese Lehre in den heiligen Verfassern derselben lesen. Sie ist in der ganzen Reihe ihrer historischen Bücher eingeflochten, und machet einen hauptsächlichen Theil ihrer praktischen Schriften aus.

Was ist den von Gott getriebenen Schriftstellern gewöhnlicher, als einen schändlichen Lebenslauf, durch ein Nachfolgen unserer eigenen Gedanken und durch ein Wandeln in unsern eigenen Wegen vorzustellen? Als das Laster und die Ruchlosigkeit in Israel die Oberhand hatte, sich nicht einschränken ließ und keine Gränzen kannte, wie beschrieb da der keinem Irrthume unterworfene Geschichtschreiber diesen entsetzlichen Zustand der Dinge? Ein jeglicher that, was ihm recht deuchte a). Nichts kann das gänzliche Verderben des menschlichen Geschlechts stärker vorstellen, als ein solcher Ausdruck, als welcher es zu einerley Ding machet, seinen eigenen natürlichen Neigungen folgen, und wie ein ruchloser Sünder handeln.

Der heilige Judas kann nicht einmal einige wenige Zeilen schreiben, ohne die Materie zu berühren, und

a) Richt. XVII, 6. Siehe auch Ps. LXXXI, 12. Pred. Sal. XI, 9. Ap. Gesch. XIV, 16.

umb diese ernstbrigende Lehre vorzutragen. Fleischliche saget er, die da keinen Geist haben b). Seiner Einsicht nach ist von der Kraft der besondern Gnade nicht getrieben werden eben so viel, als unter der Herrschaft der Sinnlichkeit bleiben. Ein jeder Mensch wird, so lange er von dem Geiste Gottes nicht erneuert ist, vom Fleische und den Sinnen regieret. Kann also wohl ein Mensch behaupten, von dem Einflusse des Verderbens ursprünglich frey zu seyn?

Paulus nimmt weder sich selbst, noch die größten Heiligen von dieser schimpflichen Beschuldigung aus: **Wir haben alle**, saget er, **weiland unsern Wandel gehabt in den Lüsten unsers Fleisches, und thäten den Willen des Fleisches und der Vernunft**, welche Lüste sowohl in uns, als in den abgöttischen Heiden, niederträchtig, schändlich und verunreinigend waren, so gar, daß auch wir selbst, die wir Juden durch die natürliche, und Kinder Gottes durch die neue Geburt geworden, **von Natur Kinder des Zorns sind** c).

Theron. Was saget Jacobus? Bald hätte ich dessen Zeugniß vergessen, da es sich doch zu meinem

---

b) Jud. 19. V. Der Ausdruck der Grundsprache ist ψυχικοι, und bedeutet Personen, die keine höhere Triebe, als das thierische Leben, und die vernünftige Seele haben.

c) Eph. II, 3. Hoc uno loco, saget Beza, quasi fulmine totus homo, quantus quantus est, prosternitur. Neque enim naturam dicit *lasam*, sed *mortuam*, per peccatum; ideoque *irae* obnoxiam.

nem Endzwecke so vollkommen schicket, und so ausdrücklich zum Vortheile meiner Sache gereichet. Der Mensch ist nach dem Bilde Gottes gemacht. Das Bild Gottes bedeutet in den heiligen Büchern die moralischen Fähigkeiten, die ihren Besitzer beydes vom Viehe und dem Teufel unterscheiden. Und sind die Menschen nach diesem Bilde gemacht, oder mit diesen Fähigkeiten ausgerüstet, wo bleibt denn Ihre Lehre von der Erbsünde?

Aspasio. Ich fieng schon an mir zu schmeicheln, daß Ihre Einwürfe bereits erschöpfet wären. Da ich mich aber in diesem Stücke irre, so muß es gewiß ein eben so großer Irrthum seyn, sich einbilden, daß der Apostel eine Meynung behaupten sollte, die den vorhin angeführten Schriftstellen, und der allgemeinen Bemerkung so sehr zuwider ist. Finden Sie nicht das Gegentheil in Absicht auf Ihre Kinder vollkommen wahr? Warum lassen Sie ein solches zärtliches Bitten, so eifrige Ermahnungen und so oft wiederholte Vorstellungen an Sie ergehen? Warum locken Sie dieselben mit Verheißungen zu ihren Pflichten an, und schrecken sie mit Drohungen von der Verletzung derselben ab? Ist alles dieses Verfahren, ist alle diese Zucht für Creaturen nöthig, die das Bild Gottes an sich tragen?

Sie sind nach dem Bilde Gottes gemacht! Sie haben also des erneuernden Einflusses des heiligen Geistes nicht nöthig im Falle sie leben, auch nicht der Versöhnung des Blutes Christi, im Falle sie sterben. Würde Jacobus, des Herrn Bruder, einen so ausnehmenden Irrthum behaupten, der nicht etwa wa einem einzigen Aetikel des Christenthums zuwider ist, sondern die ganze Verfassung desselben untergräbt, der die Heiligung des Geistes Gottes, und den Versöhnungstod des Erlösers bey Seite setzet? Es ist solches ihm zu behaupten, und uns zu glauben unmöglich.

Jacobus redet von einer Sache, die geschehen ist, er redet so von den Menschen, als wenn sie alle in ihrem ersten Stammvater zusammen gefasset wären. Die Stelle sollte, meiner Meynung nach, nicht die Menschen sind, sondern die Menschen waren c) nach dem Ebenbilde Gottes geschaffen, übersetzet werden. Die Schrift betrachtet Adam als den gemeinschaftlichen Vater unser aller, ja noch mehr, sie betrachtet uns alle als in unserm großem Stammvater, daseyend, welches die Sache, welche Sie bestreiten, so wenig übern Haufen wirft, daß es dieselbe vielmehr bestätiget. Denn wenn wir alle in und mit Adam nach dem Bilde Gottes sind gemacht worden: so muß folgen, daß wir alle in und mit Adam auch unsere Gleichheit mit Gott verloren haben. Und wenn dem also ist, so muß ich für dieses einzigemal meines Freundes Frage wieder an ihn zurück ergehen lassen, wo ist denn die Erbsünde nicht?

Es

---

c) Daß dieses die genaue Bedeutung des Participii γεγονοτας, sey, erhellet aus 1 Tim. V, 9. wo γεγονυια durch gewesen sey, übersetzet ist, und sich folglich nicht auf den gegenwärtigen, sondern auf den vergangenen Zustand der Witwe beziehen muß.

II Theil.   P p

Es findet sich diese Wahrheit allenthalben in unserer Liturgie, sie ist ein wesentlicher Theil unserer Artikel, und wird in unsern Homilien auf das nachdrücklichste eingeschärfet. Soll ich einige von diesen Zeugnissen anführen, die so deutlich als häufig sind?

Theron. Ich verlange keine weitere Zeugnisse, mein guter Aspasio. Sagen Sie mir vielmehr, was kann für ein Vortheil daraus erwachsen, daß Sie eine solche Lehre einschärfen, und daß ich dieselbe annehme? Gesetzt, sie wäre unwidersprechlich wahr; so sollten doch billig unangenehme Wahrheiten, so, wie Dinge, die unangenehm zu sehen sind, der Finsterniß überlassen, und unserm Gesichte nicht aufgedrungen werden. Bey einer solchen Gelegenheit würde ich ebendieselbe Antwort ertheilen, als ehemals Themistokles. Einer von den Gelehrten Griechenlandes erboth sich, ihm eine sehr wohl ausgearbeitete und ganz besondere Erfindung mitzutheilen, vermittelst deren sein Gedächtniß, so wunderbarlich sollte gestärket werden, daß er alles, was er läse und hörete, behalten könnte. „Mein Freund, antwortete dieser „Held, du erwählest einen ganz unrechten Weg, mir „zu dienen. Ich verlange nicht die Kunst des Be„haltens, wohl aber die Kunst des Vergessens zu „lernen.„

Aspasio. Wenn das Vergessen unserer Krankheit ein wahrscheinliches Mittel wäre, unsere Gesundheit wieder herzustellen, so würde ich mit Ihres Helden Art zu denken gar leicht übereinstimmen. Da dieses aber schwerlich wird können zugelassen werden,

so

Das XI Gespräch.

so muß ich es nothwendig für viel geratheher halten, uns unserer Krankheit zu erinnern, damit wir uns um Hülfe für dieselbige erkundigen können.

Theron. Wo ist denn dieses Mittel zu haben?

Aspasio. Nicht auf der Erde, sondern im Himmel. Die Schulen der Wissenschaften können es nicht entdecken. Die königlichen Höfe sind nicht im Stande, es zu verschaffen. Das Collegium der Aerzte weiß dasselbe nicht zu verordnen. Bloß das Evangelium von unserer Seligkeit verordnet es und theilet es mit. Die Sprache Christi in seinem heiligen Worte ist: Ich will sie heilen und gesund machen d). Die Empfindung unserer Krankheit ist schon der Anfang ihrer Heilung.

Wir lernen daraus bemüthig zu seyn. Das Register unserer wirklichen Uebertretungen übersehen ist eine kränkende Beschäfftigung. Dasjenige aber, welches die Seele am tiefsten erniedriget, ist die Ueberzeugung von der angebohrnen Unart. Dieß greift selbst die Wurzel der menschlichen Eitelkeit an, und zerschneidet die Sehnen der von sich selbst gefaßten Einbildung. Blindheit im Verstande, Ohnmacht im Willen, Unordnung in den Begierden sind keine besuchende Gäste, sondern Einwohner e), die mit unserm Daseyn einen gleichen Ursprung haben, und in unserer Natur eingewurzelt sind. Wie kön-

---

d) Jer. XXXIII, 6.
e) Daher heißt es: η οικουσα εν εμοι αμαρτια, die Sünde, die in mir wohnet. Röm. VII, 17.

nen wir also auf unsere moralische Schönheit eitel seyn, da allen unsern Kräften eine angeerbte Befleckung anklebet? Dieß muß gewiß den Pharisäer aus unsrer Brust vertreiben, und uns die Gedanken jenes aufrichtig Bußfertigen einflößen: Ich schuldige mich, und thue Buße in Staub und Aschen f); es muß uns die Sprache des beschämten Aussätzigen lehren: Unrein, unrein g).

Theron. Ich sollte glauben, es würde uns vielmehr melancholisch, als demüthig machen, und zu keinem andern Ende dienen, als uns eine betrübte Empfindung unsers äußersten Elendes verursachen.

Aspasio. Wenn wir Willens wären, es hierbey bewenden zu lassen, so würde ihre Furcht gerecht seyn. Wir dringen aber auf die Lehre der ursprünglichen Verderbniß, als auf eine Vorbereitung zur Erlösung Christi. Es ist merkwürdig, daß sich sonst fast niemand zu dem Herrn Christo in den Tagen seines Fleisches wendete, als diejenigen, so mit Kreuz beschweret waren. Diese fühleten ihre Noth, hatten ein Verlangen nach Hülfe, und fielen demüthig zu seinen Füßen; da hingegen andere, die einer starken Gesundheit genossen und muntere Geister hatten, ihn mit Verachtung verwarfen. Wenn wir die Krankheit unsers Herzens merken, und die Eiterbeulen fühlen, womit unsere Natur ganz überzogen ist, so werden wir den
Herrn

f) Hiob XLII. 6.
g) 3 Buch Mos. XIII. 45.

Das XI Gespräch.

Herrn unsern Arzt gleichfalls eifrig suchen. Wenn wir uns dem Fluche des Gesetzes, der Tyranney des Satans, und der ewigen Verdammniß unterworfen finden, alsdann wird uns der göttliche Erlöser in der That recht kostbar. Wenn wir hingegen bey unserm Elende unempfindlich bleiben, so wird das Evangelium, welches der zerknirschten Seele eine seligmachende Gesundheit ist, unsern Ohren eine Historie seyn, die uns gar nicht rühret. Wir können es als eine zeitvertreibende Erzählung hören und lesen, aber es nicht als ein kräftiges Hülfsmittel annehmen.

Theron. Das Evangelium nicht annehmen! Kaum verstehe ich, was Sie meynen. Ich lese das Evangelium fleißig, ich glaube, es sey eine göttliche Offenbarung, und bemühe mich, seinen Anweisungen zu folgen. Ich betrachte es als den schönsten Zusammenhang der Sittenlehre, als eine Lehre, die eine jede Tugend durch die stärksten Bewegungsgründe einschärfet, und sie alle vermittelst des liebenswürdigsten Exempels anpreist.

Aspasio. Was halten Sie aber von einer grossen Lehre, von einem sehr vorzüglichen Vorrechte des Evangelii? Ich meyne die Lehre und das Vorrecht der geistlichen Erneuerung, ohne welche alle Bemühung die wahre Tugend zu besitzen eben so viel ist, als ohne Flügel fliegen, und ohne Füße laufen wollen.

So lange wir noch keinen Eindruck von der Empfindung unsers ursprünglichen Verderbens haben, ist es wahrscheinlich, daß wir mit einer Besserung, die nur so obenhin geschieht, zufrieden seyn, und nicht nach einer rechten Erneuerung des Herzens trachten werden. Ein geselliges bürgerliches Betragen wird für Heiligkeit und eine gemäßigte Gemüthsbeschaffenheit, für eine durch die Wirkung der Gnade erlangte Gewohnheit gehalten werden. Warum wird die neue Geburt, warum werden alle seligmachende Wirkungen des heiligen Geistes von einigen nicht geachtet, und von andern verlachet? Weil solche Personen von ihrer äußersten Unfähigkeit zu allem Guten, und von ihrer niederträchtigen Sclaverey in allem Bösen nicht die geringste Empfindung haben. Sie sehen daher keine Ursache zu dieser göttlichen Wirkung, oder zu dieser allgemeinen Veränderung.

Auch Sie, mein werther Freund, können, so lange Ihnen Ihr natürliches Verderben nicht bekannt ist, weder die Ursache, noch die Nothwendigkeit, der Erneuerung im Geiste des Gemüthes h) erkennen. Allein wenn die Erfahrung Sie das erstere gelehret hat, so wird es Ihnen an keinen Gründen fehlen, Sie von dem letztern zu überzeugen. Können Creaturen, die in ihrem Verstande blind sind, Dinge einsehen, die ihnen zu ihrem ewigen Frieden dienen? Können Creaturen, die todt in Sünden sind, die Pflichten des Christenthums ausüben? Können Creaturen, deren Herz eine Feindschaft wider Gott ist, ein Vergnügen daran finden, allhier seinen Willen zu thun,

h) Eph. IV, 23.

chun, und dort zu seiner seligmachenden Gegenwart geschickt seyn?

Unter dem Einflusse solcher Ueberzeugungen wird die neue Geburt, die uns das Evangelium Christi verspricht, und die der Geist Gottes hervorbringt, ihrem Zustande eben so nothwendig scheinen, und ihrer Seele eben so angenehm seyn, als der sanfte Thau den schmachtenden Kräutern nothwendig, und dem dürstigen Boden angenehm ist.

Theron. Der Thau, der die Blumen erfrischet, kann vielleicht für unsere Natur zu kalt seyn. Und sehen Sie, der Abendstern giebt uns durch seine Verkündigung der Annäherung der Nacht eine Erinnerung, unsere Laube zu verlassen. Wir müssen diese Untersuchung auf einandermal wieder vornehmen. Denn ich bin noch gar nicht überzeuget, daß ihre Theorie mit der Erfahrung übereinstimmet.

Aspasio. Ich fürchte, ich habe Sie bereits zu lange aufgehalten. Lassen Sie mich nur noch im Hineingehen bemerken, daß diese Lehre, so unangenehm sie auch an und für sich selbst ist, dennoch zu einem vortheilhaften Endzwecke leitet. Sie verschaffet einen weit gegründetern Trost, als den, welchen der große aber vertriebene Marius nach dem Berichte der Historie hatte. Als er in seinen elenden Umständen auf der Flucht begriffen war, um den schlechten Ueberrest seines Lebens unter den Ruinen von Carthago zuzubringen, was war dabey sein Haupttrost? Als er die berühmte Stadt, saget mein Autor, in der

Asche

Asche betrachtete, so war er über seinen eigenen Fall, um so viel weniger bekümmert i).

Wir werden mit einem solchen kalten Troste nicht abgespeiset. Die Lehre von der Erbsünde machet uns demüthig, zeiget uns die Nothwendigkeit Christi, erwecket in uns einen Hunger und Durst nach dem erneuernden Einflusse seines Geistes, und nach dem rechtfertigenden Verdienste seiner Gerechtigkeit, daß es also unserm eigenen verkehrten Sinne, oder unserer eigenen Nachläßigkeit zuzuschreiben ist, wenn wir uns unseres Verlustes nicht zu Nutze machen, und selbst durch unsern Fall steigen.

i) Inopem vitam in tugurio ruinarum Carthaginensium tolerauit: cum Marius aspiciens Carthaginem, ille intuens Marium, alter alteri possent esse solatio.

VELL. PATERC.

Ende des zweyten Theils.

www.ingramcontent.com/pod-product-compliance
Lightning Source LLC
Chambersburg PA
CBHW021225300426
44111CB00007B/425